中国农业科学院农业经济与发展研究所

中国农村微观经济数据汇编

2012—2018

◎中国农业科学院农业经济与发展研究所 编

中国农业科学技术出版社

图书在版编目（CIP）数据

中国农业科学院农业经济与发展研究所中国农村微观经济数据汇编：2012—2018年 / 中国农业科学院农业经济与发展研究所编 .—北京：中国农业科学技术出版社，2020.12
ISBN 978-7-5116-5108-2

Ⅰ. ①中… Ⅱ. ①中… Ⅲ. ①农业经济—经济统计—统计数据—汇编—中国— 2012-2018 Ⅳ. ① F32

中国版本图书馆 CIP 数据核字（2020）第 247772 号

责任编辑 徐定娜
责任校对 贾海霞

出 版 者 中国农业科学技术出版社
北京市中关村南大街 12 号 邮编：100081
电　　话 （010）82105169（编辑室）（010）82109702（发行部）
（010）82109709（读者服务部）
传　　真 （010）82109707
网　　址 http://www.castp.cn
发　　行 各地新华书店
印 刷 者 北京建宏印刷有限公司
开　　本 880 mm × 1 230 mm 1 /16
印　　张 20.25
字　　数 506 千字
版　　次 2020 年 12 月第 1 版 2020 年 12 月第 1 次印刷
定　　价 168.00 元

项目资助

2012—2019 年中央级科学事业单位修缮购置专项（125161005301）

中国农业科学院科技创新工程（ASTIP-IAED-2019、ASTIP-IAED-2020-QT-03）

中央级公益性科研院所基本科研业务费专项（Y2020ZK01、161005202007）

特此致谢

中国农业科学院农业经济与发展研究所
中国农村微观经济数据汇编（2012—2018年）
编写人员

主　　编：袁龙江

副 主 编：李思经　　孙东升　　毛世平　　朱铁辉

编写人员：韩昕儒　　崔伟华　　魏　赛　　胡向东

前　言

中国农业科学院农业经济与发展研究所（下简称“农经所”）国家农业政策开放实验室始建于2003年，旨在为我国政府解决“三农”问题，实现城乡经济社会协调发展，建设现代农业和社会主义新农村，提供科学有效的决策支持；同时，基于中国的经验，为发展中国家农业政策研究与分析提供咨询服务。2007年，国家农业政策开放实验室被批准为中国农业科学院重点开放实验室（农科院科〔2007〕304号）。

为有效支撑国家农业政策开放实验室开展农业政策分析与决策支持，及时掌握农业生产的动态情况，了解国家农业政策的落实情况与实际效果，促进以农业为主的农村社会的和谐发展，农经所通过常年固定采集农村微观经济数据建立了完整的、连续的中国农村微观经济数据库（Survey for Agriculture and Village Economy, SAVE）。

中国农村微观经济数据库从2011年开始计划实施，2012年开始进行数据调查。农经所组织专家设计数据调查表，调查内容以农户数据为主，辅以行政村经济发展数据。通过农户调查表和行政村调查表进行数据采集。其中农户调查表主要包括农户家庭基本情况、农户家庭生产情况、农户家庭收支情况和其他等四部分，涉及数据指标344个；行政村调查表主要包括行政村基本情况、行政村经济发展、行政村村庄治理、行政村社会发展和行政村生态建设等五部分，涉及数据指标307个。

中国农村微观经济数据库按照华北地区、东北地区、华东地区、中南地区、西南地区和西北地区各省份2008—2010年农民人均纯收入的均值进行排序，并分别从各地区选择均值位于中间的省份作为调查对象。2012年，中国农村微观经济数据库选取了河北省、河南省、福建省、吉林省、陕西省、云南省、山东省、新疆维吾尔自治区八省（自治区）。除新疆外，每个省份各选取3个县（市、区），每个县（市、区）分别选取3个行政村，每个行政村选取20户进行问卷调查；在新疆选取了7个县（市、区），54个行政村。2012—2018年，中国农村微观经济数据库的数据采集涉及8省（自治区）、28个县（市、区）、117个行政村、

4590户农户。2019年，中国农村微观经济数据库新增安徽省、黑龙江省、湖南省、四川省等省份和新疆生产建设兵团。除新疆生产建设兵团外，每个省份各选取3个县（市、区），每个县（市、区）分别选取3个行政村，每个行政村选取20户进行问卷调查；新疆生产建设兵团共选取200户农户参与问卷调查。目前，中国农村微观经济数据库共覆盖201个行政村，每年参与调查的农户数量达到6950户。

本书对2012—2018年的中国农村微观经济数据库的微观调查数据分别按照年份和省份取均值进行汇编。需要说明的是，中国农村微观经济数据库的相关指标与国家统计局的相关指标存在一定口径上的差异，抽样方式也存在一定差异，两者无法进行直接对比。此外，问卷中部分无法直接量化的指标未纳入本书。

本书主要包括两部分内容。第一部分是2012—2018年农户统计，包括农户家庭基本情况、农户家庭生产情况和农户家庭收支情况；第二部分是2012—2018年村庄统计，为村级层面的汇总，包括行政村的基本情况、行政村经济发展情况、行政村村庄治理情况、行政村社会发展情况和行政村生态建设情况。

目　　录

第一部分　2012—2018 年农户统计

第二部分 2012—2018 年村庄统计

第一部分

2012—2018 年

农户统计

1

2012—2018 年全部样本的农户统计

1.1　农户家庭基本情况

1.1.1　家庭成员基本特征

指标名称	单位	2012	2013	2014	2015	2016	2017	2018
年龄	周岁	49.08	50.24	51.30	52.06	53.08	53.68	54.48
受教育年限	年	7.67	7.77	7.72	7.70	7.74	7.76	7.70
本年累计在家居住时间	0~12 月	11.18	11.24	11.15	11.06	11.21	11.13	10.85
本年务工天数（没有，填 0）	天		82.50	103.78	112.04	108.29	113.15	119.12
本年如有务工，平均月工资（没有，不填）	元		1700.25	1690.53	1616.77	1674.46	1665.93	1751.59
本年全家报销的医疗费用（含新农合、商业保险等）	元	323.25	399.60	410.39	470.78	524.58	519.11	540.40

注：空白表示无数据，全书同。

1.1.2　土地、家庭信贷及其他情况

1.1.2.1　土地情况

指标名称	单位	2012	2013	2014	2015	2016	2017	2018
承包的土地面积（即依法承包村集体的土地面积）	亩	12.38	9.00	9.06	8.80	9.20	9.21	9.69
耕地面积	亩	8.18	6.94	7.06	7.05	7.39	7.73	7.87
园地面积	亩	2.44	0.46	0.52	0.53	0.55	0.54	0.34
林地面积	亩	1.64	0.20	0.21	0.25	0.24	0.24	0.24
草地面积	亩		1.76	2.26	1.26	1.17	0.41	1.30
荒山、荒沟、荒丘、荒滩面积	亩		0.10	0.08	0.11	0.08	0.07	0.05
未计入承包地的耕地面积（如自留地、开荒地）	亩		0.92	0.94	1.03	0.87	0.87	0.66
撂荒的耕地面积	亩		0.15	0.09	0.16	0.10	0.13	0.13
其中：承包的耕地面积	亩		3.04	2.84	2.89	3.53	3.85	2.18
本年转出耕地的面积	亩	0.00	3.18	3.00	2.91	3.32	4.54	4.18

注：1 亩≈ 666.67 平方米，1 公顷 =15 亩，全书同。

（续表）

指标名称	单位	2012	2013	2014	2015	2016	2017	2018
本年转出耕地的收入（含实物折价）	元/（亩·年）	300.00	393.49	373.56	389.45	442.75	435.13	420.94
本年转入耕地的面积	亩	11.33	13.72	11.21	10.22	10.31	11.72	9.28
本年转入耕地的支出（含实物折价）	元/（亩·年）	366.67	283.81	217.35	212.04	213.39	225.09	240.51
本年经营耕地面积（即实际耕种面积）	亩	15.24	17.37	19.55	22.59	42.03	20.41	18.19
其中：<1 亩耕地的块数	块	4.18	3.07	3.14	2.68	16.73	3.38	3.19
1 亩≤且 <3 亩耕地的块数	块	3.79	2.03	1.96	2.01	1.88	1.92	1.96
3 亩≤且 <5 亩耕地的块数	块	1.75	1.71	1.36	1.45	1.35	1.33	1.36
≥ 5 亩耕地的块数	块	3.00	2.13	1.70	9.37	1.43	2.13	1.25
水田面积	亩	2.00	4.06	5.64	7.95	6.38	9.73	9.26
水浇地面积	亩		8.34	7.56	7.29	8.06	7.73	7.69
旱地面积	亩	12.60	10.15	12.20	25.92	11.03	31.26	13.95
本年经营温室大棚面积	亩	0.37	2.31	1.95	0.69	1.07	1.39	1.73
本年经营园地面积	亩	0.90	2.42	2.59	2.40	2.42	2.54	2.43
其中：果园面积	亩	0.82	2.62	2.28	2.29	2.32	2.33	2.29
茶园面积	亩	0.14	0.59	0.70	0.62	0.65	0.80	0.53
桑园面积	亩	0.00	0.00	0.00	0.00	0.00	0.00	0.00
本年经营林地面积	亩	1.22	2.74	2.46	1.97	2.90	3.30	1.96
本年经营草地面积	亩	0.14	0.63	0.92	0.62	0.48	0.66	0.57
其中：天然草地面积	亩	0.37	1.85	1.62	1.32	0.80	0.71	0.89
本年经营水面面积	亩	0.00	0.00	0.00	0.00	0.00	0.00	0.00
其中：海水养殖面积	亩	8.83	38.76	8.06	0.01	0.00	20.15	0.00
淡水养殖面积	亩	0.00	0.00	0.00	0.00	0.00	0.00	0.00

1.1.2.2 家庭存款、贷款及投资

指标名称	单位	2012	2013	2014	2015	2016	2017	2018
本年末家庭银行存款总额	元	18031.91	26591.26	29095.31	31444.82	32237.68	34213.17	33874.46
本年末家中存有现金多少	元	3794.48	4316.94	4438.39	4536.77	4671.85	4555.46	4496.96
本年末家庭持有的全部对外投资	元	1794.24	1818.60	2065.46	2473.82	1971.52	1908.31	1703.56
其中：持有股票、基金、债券等证券类投资	元	375.81	1708.46	1262.59	1367.79	177.04	429.50	
其中：对企业、合作社等投入的股权类投资	元				836.01	664.84	905.00	
本年全年您家借出去的钱	元	1283.30	3599.97	3496.07	3018.42	2260.22	2425.48	1756.42
别人借您家的钱到本年底还有多少没有收回	元	1096.03	3224.02	3192.54	3074.05	2260.42	2143.86	2248.32
到本年底您家欠外债有多少	元	6220.42	16562.90	17908.17	18900.73	13451.10	17258.00	16723.88
这些外债有多少来自银行、信用社等正规金融机构	元	3199.97	9890.36	10844.06	11800.57	8857.76	12818.91	11486.91
其中：年利率多少	%	0.28	1.45	0.95	0.81	0.59	0.57	0.77

（续表）

指标名称	单位	2012	2013	2014	2015	2016	2017	2018
这些外债有多少来自民间借贷机构如农村资金互助社	元	1346.69	74.01	150.83	942.24	190.87	509.69	1204.49
其中：年利率多少	%	0.00	0.00	0.00	0.00	0.00	0.00	0.00
这些外债有多少来自亲戚朋友等私人关系	元	2566.65	9127.50	7743.86	7402.77	6027.08	6076.18	5890.56
其中：年利率多少	%	0.00	0.00	0.00	0.00	0.00	0.00	0.00

1.1.2.3 其他

指标名称	单位	2012	2013	2014	2015	2016	2017	2018
取饮用水往返一次需多长时间	分钟	1.25	1.34	1.44	1.60	1.63	1.37	1.11
如果购买了农业保险，支付了多少保费	元	49.95	74.19	70.21	76.73	70.55	79.47	78.77

1.1.3 住房、生产性固定资产和耐用消费品

指标名称	单位	2012	2013	2014	2015	2016	2017	2018
本年底，在本村住房面积	平方米	100.00	101.87	102.33	103.56	101.60	101.14	101.29
本年底，如有城镇住房，面积为多少（如没有，填 0）	平方米		91.04	91.34	90.49	93.80	94.67	96.84
生产性用房面积（如烤烟房、生产车间、仓库等）	平方米	34.22	34.28	33.87	33.76	33.08	33.66	30.20
拖拉机	台	0.35	0.73	0.77	0.75	0.73	0.76	0.24
三轮摩托车	台	0.20	0.59	0.64	0.63	0.62	0.64	0.32
机引农具	台	0.25	0.67	0.70	0.69	0.68	0.69	0.08
畜引农具	台	0.04	0.11	0.15	0.12	0.12	0.11	0.03
喷雾器 / 喷雾机	个	0.78	1.07	1.04	1.07	1.03	1.09	0.78
风车	辆	0.00	0.00	0.00	0.00	0.00	0.00	0.00
手推车 / 板车 / 三轮车 / 四轮车	辆	0.39	0.80	0.71	0.73	0.66	0.72	0.23
打稻（谷）机	台	0.05	0.23	0.23	0.18	0.27	0.29	0.15
脱粒机	台	0.05	0.20	0.22	0.19	0.21	0.26	0.02
抽水机	台	0.23	0.60	0.60	0.56	0.54	0.62	0.16
电动机	台	0.05	0.19	0.24	0.19	0.19	0.20	0.04
柴油机	台	0.07	0.21	0.24	0.19	0.21	0.26	0.06
加工机械	台	0.03	0.14	0.11	0.13	0.10	0.16	0.08
船（只）	只	0.00	0.00	0.00	0.00	0.00	0.00	0.00
粉粹机	台	0.06	0.22	0.26	0.25	0.18	0.26	0.04
木工多用机	台	0.00	0.00	0.00	0.00	0.00	0.00	0.00
温室大棚	平方米	4.50	25.79	29.73	34.62	27.06	34.55	4.89

（续表）

指标名称	单位	2012	2013	2014	2015	2016	2017	2018
牛、羊等牲畜养殖场	平方米	5.77	22.11	25.85	25.27	18.25	17.43	4.34
生猪养殖场	平方米	3.30	11.25	9.98	8.70	9.37	11.35	3.32
鸡鸭鹅等禽类养殖场	平方米	0.79	3.15	2.49	3.23	1.71	2.46	0.68
兔子、貂等特种养殖场	平方米	0.00	0.00	0.00	0.00	0.00	0.00	0.00
鱼塘	平方米	0.00	0.00	0.00	0.00	0.00	0.00	0.00
缝纫机	台	0.54	0.84	0.81	0.77	0.74	0.75	0.50
电冰箱 / 空调	台	0.90	1.13	1.14	1.19	1.22	1.28	1.10
电视卫星接收器	台	0.45	0.76	0.79	0.75	0.71	0.74	0.38
收音机 /VCD/DVD	台	0.23	0.51	0.42	0.36	0.32	0.34	0.07
组合音响	台	0.10	0.27	0.24	0.21	0.17	0.21	0.06
电话座机、手机	个	2.24	2.39	2.41	2.51	2.59	2.63	2.54
电饭锅 / 微波炉 / 压力锅 / 电磁炉	个	1.45	1.66	1.64	1.69	1.74	1.83	1.73
抽油烟机	台	0.13	0.44	0.50	0.55	0.57	0.66	0.34
彩色电视机	台	1.09	1.14	1.14	1.14	1.17	1.18	1.11
沼气灶 / 炉子	台	0.33	0.75	0.72	0.73	0.74	0.74	0.25
照相机	台	0.07	0.21	0.21	0.18	0.15	0.15	0.01
摄像机	台	0.00	0.00	0.00	0.00	0.00	0.00	0.00
吸尘器	台	0.00	0.00	0.00	0.00	0.00	0.00	0.00
自行车	辆	0.47	0.83	0.81	0.75	0.68	0.69	0.31
电动车	辆	0.43	0.88	0.96	0.97	1.02	1.06	0.68
摩托车	辆	0.69	0.92	0.93	0.90	0.89	0.93	0.67
小汽车	辆	0.18	0.55	0.62	0.63	0.65	0.71	0.40
电脑	台	0.31	0.69	0.71	0.74	0.71	0.76	0.45
洗衣机	台	0.78	0.95	0.95	0.95	0.95	0.96	0.80
电风扇 / 电暖气	台	0.95	1.43	1.43	1.36	1.41	1.45	1.19
热水器	个	0.24	0.59	0.62	0.61	0.62	0.71	0.49
太阳能	台	0.37	0.81	0.84	0.86	0.87	0.90	0.53
床、炕	个	2.39	2.54	2.44	2.52	2.56	2.59	2.53
柜子 / 碗柜 / 衣柜	个	1.84	2.12	1.98	2.01	2.02	2.05	1.79
写字台 / 桌子	个	1.07	1.44	1.41	1.38	1.39	1.43	1.07
箱子	只	0.58	1.16	1.13	1.00	0.92	1.04	0.58
椅子、沙发	个	2.45	2.91	2.67	2.76	2.65	2.72	2.25
压面机	台	0.10	0.31	0.29	0.28	0.23	0.29	0.05

1.2　农户家庭生产情况

1.2.1　种植业

1.2.1.1　稻谷

（1）当年稻谷生产及销售情况

指标名称	单位	2012	2013	2014	2015	2016	2017	2018
年初库存	千克		250.57	289.55	249.24	273.80	207.34	247.88
播种面积	亩	2.99	3.59	3.33	4.05	4.33	4.07	3.61
当年产量	千克	1496.35	1746.29	1591.99	1880.17	1877.61	1677.09	1350.81
因灾减产	千克	68.82	132.98	76.69	93.51	62.92	56.26	161.86
获得农业保险赔偿	元	13.24	48.80	50.52	131.69	96.14	68.03	44.11
自食、送人数量	千克	633.53	687.28	705.90	715.57	724.20	655.39	627.70
用于饲料数量	千克	19.37	96.85	82.26	104.95	110.50	85.21	146.94
总销售量	千克		1461.64	1490.43	1764.74	1969.73	1515.43	1430.70
总销售收入	元		3932.49	4114.47	5052.84	5463.06	5236.08	4620.33
留种自用	千克	4.80	38.21	32.67	35.02	25.14	36.82	14.85
本年末库存	千克	193.05	437.34	394.84	436.38	441.87	396.57	388.90
本年副产品收入	元	66.24	107.78	61.85	100.16	32.52	43.36	102.40
下年预计播种面积	亩	2.53	3.49	3.33	3.86	3.74	3.71	3.05

（2）稻谷成本投入

指标名称	单位	2012	2013	2014	2015	2016	2017	2018
种子、秧苗数量	千克	10.44	9.32	9.45	8.85	8.47	9.85	10.60
种子、秧苗金额	元	160.25	192.68	178.19	225.46	217.92	230.45	217.55
化肥施用量	千克	221.86	263.42	266.82	307.86	284.62	278.19	255.45
化肥金额	元	496.26	576.09	577.94	628.14	615.28	621.46	570.29
有机肥自产	元	94.68	193.72	176.29	179.16	146.61	173.69	170.00
有机肥外购	元	4.85	12.91	42.42	88.55	21.09	30.46	26.90
农药、除草剂费	元	117.54	154.48	152.98	164.76	155.30	151.00	149.14
农膜费	元	23.75	34.34	46.18	55.35	42.36	53.62	60.06
排灌费	元	37.83	84.73	97.91	125.57	128.79	126.81	128.01
机械费	元	168.22	388.02	343.33	514.98	529.51	516.22	432.12
土地租赁费（含实物折价）	元 / 年	25.99	240.42	325.92	232.60	603.07	385.39	483.72
自家投劳	工日	39.13	40.61	40.11	48.67	45.81	43.02	44.10
雇工	工日	1.43	4.84	4.78	5.94	6.04	6.40	5.75
雇工平均价格	元 / 工日	13.79	51.31	56.28	76.24	79.88	74.19	64.66
运输仓储费	元	13.23	37.85	36.71	44.60	22.96	17.03	14.73
贷款利息	元	0.00	0.00	0.00	0.00	0.00	0.00	0.00

（续表）

指标名称	单位	2012	2013	2014	2015	2016	2017	2018
保险费支出	元	1.47	10.92	7.85	13.86	10.71	10.02	9.73
其他费用	元	20.31	71.61	72.31	91.56	85.45	73.97	95.39

1.2.1.2 小麦

（1）当年小麦生产及销售情况

指标名称	单位	2012	2013	2014	2015	2016	2017	2018
年初库存	千克	41.67	186.03	176.93	172.31	147.85	121.75	108.40
播种面积	亩	5.26	5.09	5.21	5.12	5.47	5.30	5.47
当年产量	千克	1947.43	1678.37	1887.87	1879.60	1895.24	1915.00	1837.70
因灾减产	千克	97.57	281.13	129.24	86.69	133.43	122.05	236.85
获得农业保险赔偿	元	3.68	22.75	18.16	28.63	27.72	26.27	7.52
自食、送人数量	千克	471.10	482.84	482.29	461.81	418.06	420.04	357.06
用于饲料数量	千克	46.99	138.88	134.54	159.40	193.31	295.89	205.04
总销售量	千克	2000.00	1879.06	2203.87	2284.84	2497.93	2566.02	2233.33
总销售收入	元	4000.00	3949.33	4727.05	4926.01	5214.57	5340.41	4820.33
留种自用	千克	18.15	47.70	30.79	30.14	27.35	30.30	24.67
本年末库存	千克	213.80	442.07	434.67	474.45	436.09	476.82	376.63
本年副产品收入	元	31.41	29.38	20.95	27.92	5.69	9.44	44.69
下年预计播种面积	亩	4.66	5.00	5.04	4.88	5.38	5.48	5.41

（2）小麦成本投入

指标名称	单位	2012	2013	2014	2015	2016	2017	2018
种子、秧苗数量	千克	66.29	67.54	67.24	70.57	69.10	66.58	70.38
种子、秧苗金额	元	237.35	255.07	269.84	265.30	287.01	288.58	293.27
化肥施用量	千克	316.94	290.22	305.36	327.55	310.36	311.63	309.92
化肥金额	元	762.73	740.70	751.91	715.11	733.96	726.87	737.77
有机肥自产	元	110.15	199.35	147.63	241.20	102.63	129.25	102.83
有机肥外购	元	77.77	471.69	127.06	228.72	149.55	74.93	118.61
农药、除草剂费	元	104.46	110.81	99.47	101.59	106.73	111.00	121.87
农膜费	元	0.55	1.34	1.18	7.41	1.70	4.00	2.18
排灌费	元	116.38	179.83	208.22	240.65	247.42	260.92	270.89
机械费	元	384.47	391.54	433.72	456.15	447.50	464.30	497.24
土地租赁费（含实物折价）	元/年	12.39	43.97	33.21	52.86	38.61	55.90	40.19
自家投劳	工日	113.89	40.98	31.56	33.57	30.77	25.49	35.24
雇工	工日	17.65	5.22	5.45	7.16	3.58	20.49	6.15
雇工平均价格	元/工日	92.84	81.53	34.48	59.18	45.01	40.36	22.72

（续表）

指标名称	单位	2012	2013	2014	2015	2016	2017	2018
运输仓储费	元	950.33	153.46	161.28	168.21	167.35	82.39	133.46
贷款利息	元	43.30	213.00	313.38	239.17	240.06	720.05	371.12
保险费支出	元	10.04	49.63	42.57	57.89	63.61	39.32	52.79
其他费用	元	11.14	52.76	102.18	578.52	667.17	162.76	115.99

1.2.1.3 玉米

（1）当年玉米生产及销售情况

指标名称	单位	2012	2013	2014	2015	2016	2017	2018
年初库存	千克	0.00	113.29	96.09	115.82	115.95	98.69	92.80
播种面积	亩	8.20	8.68	8.88	9.06	9.25	8.78	8.39
当年产量	千克	4068.57	4138.06	4576.09	4882.91	4790.85	4321.92	4049.60
因灾减产	千克	283.23	458.72	375.35	459.15	358.60	435.03	541.43
获得农业保险赔偿	元	21.75	55.64	61.16	82.28	89.73	73.40	56.30
自食、送人数量	千克	69.20	93.88	117.17	106.52	93.17	90.12	75.47
用于饲料数量	千克	463.37	770.05	758.40	724.59	746.32	781.47	604.17
总销售量	千克	10750.00	4723.47	5264.38	6151.17	5950.02	5093.14	4546.83
总销售收入	元	18175.00	8837.86	10082.14	10054.13	8462.76	8273.22	7800.42
留种自用	千克	1.66	8.31	6.83	14.73	3.77	8.50	6.77
本年末库存	千克	220.28	456.10	435.53	496.26	429.01	455.52	328.82
本年副产品收入	元	34.25	43.50	40.06	59.98	18.04	25.77	41.02
下年预计播种面积	亩	7.03	7.73	7.70	8.52	8.01	7.98	7.39

（2）玉米成本投入

指标名称	单位	2012	2013	2014	2015	2016	2017	2018
种子、秧苗数量	千克	24.07	23.76	25.18	29.44	24.92	24.10	27.27
种子、秧苗金额	元	400.57	417.81	445.08	508.80	504.04	454.64	475.08
化肥施用量	千克	408.79	414.85	450.40	448.17	456.73	435.60	449.17
化肥金额	元	1084.65	1148.30	1185.73	1236.02	1167.66	1093.75	1162.94
有机肥自产	元	98.52	182.50	163.46	205.01	168.89	162.36	101.79
有机肥外购	元	11.26	53.52	35.71	51.39	57.51	65.34	55.77
农药、除草剂费	元	143.70	165.57	173.63	185.27	184.01	178.24	187.75
农膜费	元	91.65	227.05	270.13	265.09	222.93	244.57	175.45
排灌费	元	158.38	317.24	414.09	394.44	331.46	391.87	468.22
机械费	元	343.50	513.80	599.57	597.49	585.01	488.86	566.81
土地租赁费（含实物折价）	元 / 年	133.34	601.99	655.07	506.21	643.71	398.50	337.26
自家投劳	工日	33.52	35.57	35.11	39.76	37.19	33.46	32.08

（续表）

指标名称	单位	2012	2013	2014	2015	2016	2017	2018
雇工	工日	1.16	3.15	2.42	2.94	3.33	2.65	1.03
雇工平均价格	元/工日	8.65	28.45	22.51	26.51	26.48	23.06	15.75
运输仓储费	元	53.57	97.51	84.86	107.56	70.59	85.19	69.39
贷款利息	元	12.30	24.85	39.86	31.76	17.86	21.48	29.85
保险费支出	元	11.90	34.01	32.65	33.79	37.29	34.62	36.97
其他费用	元	22.26	82.33	77.19	104.84	98.26	145.76	100.06

1.2.2 畜牧业

1.2.2.1 生猪

（1）生猪生产及销售情况

指标名称	单位	2012	2013	2014	2015	2016	2017	2018
年末存栏数量	头	7.17	6.57	6.88	6.42	6.74	6.67	5.81
年末能繁母畜存栏数量	头	1.25	1.34	1.43	1.33	1.36	1.22	1.26
新生、新购数量	头	11.85	11.31	11.37	11.05	12.56	9.79	9.42
出栏或产量	头	19.55	28.09	28.51	24.42	26.19	28.65	31.10
因灾减产或死亡	头	1.61	2.95	3.78	2.96	2.83	3.01	3.02
获得农业保险赔偿	元	0.51	1.75	1.25	2.14	0.49	0.64	0.20
自食或送人数量	千克	6.83	10.48	8.71	7.12	5.21	4.68	4.03
总销售收入	元		16056.13	15659.88	16605.54	14916.86	15350.96	12938.17
仔（中）畜（禽苗）销售收入	元		3646.19	3668.68	4847.92	4963.92	5492.53	3991.94
平均出栏活重或单产	千克/头	74.42	105.48	116.08	118.71	128.00	108.77	111.42
副产品收入	元	26.73	32.67	15.73	15.38	7.73	10.33	10.75
下年生产计划	头	13.61	16.25	16.76	17.20	13.54	14.15	15.14

（2）生猪成本投入

指标名称	单位	2012	2013	2014	2015	2016	2017	2018
仔畜（禽苗）自繁数量	头	10.06	11.02	10.22	10.15	8.43	8.51	8.77
仔畜（禽苗）外购数量	头	5.87	5.99	6.63	5.23	6.25	6.45	5.72
仔畜（禽苗）外购金额	元	984.95	911.55	1069.67	1330.42	1781.58	1313.01	1085.29
饲料外购数量	千克	2741.05	2629.24	2674.86	2531.24	2497.14	3186.78	2089.69
饲料外购金额	元	6572.65	7055.30	7142.13	8336.52	7511.36	7396.77	7382.43
饲料自产数量	千克	928.68	1067.87	1196.26	1071.38	1230.00	1222.81	1137.28
饲料自产折价金额	元	1451.30	2000.33	2192.70	2073.70	2340.11	2070.41	2263.79
防疫及兽药	元	295.72	405.57	403.34	500.44	517.93	505.02	564.78

（续表）

指标名称	单位	2012	2013	2014	2015	2016	2017	2018
水电费	元	119.72	207.64	269.00	264.99	269.72	299.31	229.79
自家投劳数量	工日	80.09	119.72	120.33	131.59	137.32	146.81	144.81
雇工数量	工日	0.05	0.00	0.00	0.00	0.00	0.00	0.04
雇工价格	元 / 工日	0.00	0.00	0.00	0.00	0.00	0.00	0.00
场地租赁费（包括实物折价）	元 / 年	5.80	32.47	31.71	24.75	27.22	28.60	41.10
贷款利息	元	11.98	27.61	49.86	53.89	54.19	27.34	0.00
保险费支出	元	4.83	16.88	17.40	22.50	21.71	19.66	19.26
其他费用	元	17.87	62.68	84.15	77.22	80.86	119.25	53.04

1.2.2.2 肉牛

（1）肉牛生产及销售情况

指标名称	单位	2012	2013	2014	2015	2016	2017	2018
年末存栏数量	头	5.18	5.26	6.36	5.65	6.93	7.52	7.10
年末能繁母畜存栏数量	头	3.15	3.31	3.62	3.36	3.31	4.34	4.44
新生、新购数量	头	2.20	2.20	2.06	2.42	2.34	2.71	2.79
出栏或产量	头	1.86	3.71	5.40	4.48	4.26	4.09	5.05
因灾减产或死亡	头	0.14	0.75	0.85	1.06	0.90	1.29	0.91
获得农业保险赔偿	元	1.31	0.03	8.79	0.08	2.56	0.92	5.41
自食或送人数量	千克	0.58	2.99	2.94	5.61	989.39	765.60	362.12
总销售收入	元		17226.69	20781.49	19881.08	21356.90	18326.20	19823.85
仔（中）畜（禽苗）销售收入	元		6792.07	5402.77	4662.16	6784.17	5261.37	8331.65
平均出栏活重或单产	千克 / 头	64.02	148.11	123.78	235.62	219.00	198.34	191.06
副产品收入	元	87.26	149.74	0.00	383.57	108.75	40.87	242.83
下年生产计划	头	3.23	6.05	5.70	5.77	7.84	6.65	8.71

（2）肉牛成本投入

指标名称	单位	2012	2013	2014	2015	2016	2017	2018
仔畜（禽苗）自繁数量	头	2.35	2.51	2.77	2.86	2.98	2.68	3.42
仔畜（禽苗）外购数量	头	0.87	0.87	1.06	0.94	1.56	1.15	0.89
仔畜（禽苗）外购金额	元	2697.36	2664.12	3067.36	2427.57	2096.62	1948.68	1740.16
饲料外购数量	千克	603.24	1877.00	1880.58	1725.67	2526.60	3090.57	1658.16
饲料外购金额	元	1341.40	3328.26	4747.72	2491.92	3899.44	5652.26	3214.22
饲料自产数量	千克	1693.20	4087.51	1929.68	2550.06	2542.41	2544.88	2547.31
饲料自产折价金额	元	1080.98	2364.87	2543.47	2789.75	2364.51	2739.68	2758.27
防疫及兽药	元	76.42	192.12	337.42	364.87	400.30	308.94	265.55
水电费	元	48.38	202.69	201.89	178.00	200.91	199.15	235.95
自家投劳数量	工日	111.07	167.92	177.26	147.34	131.21	194.89	167.61

（续表）

指标名称	单位	2012	2013	2014	2015	2016	2017	2018
雇工数量	工日	1.54	10.70	134.76	59.24	22.63	40.00	49.23
雇工价格	元/工日	3.93	143.33	35.84	223.31	24.53	24.62	30.23
场地租赁费（包括实物折价）	元/年	0.00	0.00	0.00	0.00	0.00	0.00	0.00
贷款利息	元	94.32	581.64	776.67	526.67	772.86	0.00	583.33
保险费支出	元	2.10	10.53	38.18	8.18	2.00	0.00	102.25
其他费用	元	57.25	87.08	956.56	532.16	387.83	432.50	287.27

1.2.2.3 肉羊

（1）肉羊生产及销售情况

指标名称	单位	2012	2013	2014	2015	2016	2017	2018
年末存栏数量	只	55.02	57.75	58.28	58.48	49.78	46.80	52.57
年末能繁母畜存栏数量	只	40.70	40.46	37.85	41.85	29.94	33.08	36.63
新生、新购数量	只	27.59	25.71	26.31	26.97	18.04	23.30	22.60
出栏或产量	只	28.27	27.93	28.73	32.08	33.92	41.14	32.20
因灾减产或死亡	只	3.86	4.40	6.21	4.75	5.32	4.47	4.68
获得农业保险赔偿	元	0.38	0.74	3.13	1.13	6.62	5.94	1.90
自食或送人数量	千克	13.77	10.65	10.31	10.34	3.92	14.03	12.26
总销售收入	元		21284.60	18834.19	18774.81	17857.37	19371.19	26305.81
仔（中）畜（禽苗）销售收入	元		12168.13	15972.43	16268.62	4883.55	719.83	16442.14
平均出栏活重或单产	千克/只	24.29	36.49	37.92	34.23	35.45	27.68	29.51
副产品收入	元	1112.13	1380.95	2683.33	2191.94	824.43	291.22	411.00
下年生产计划	只	54.84	66.20	64.69	73.36	29.74	38.21	63.81

（2）肉羊成本投入

指标名称	单位	2012	2013	2014	2015	2016	2017	2018
仔畜（禽苗）自繁数量	只	31.97	24.04	25.84	28.87	20.46	17.56	26.83
仔畜（禽苗）外购数量	只	5.46	1.42	1.67	1.05	2.60	2.51	0.87
仔畜（禽苗）外购金额	元	2909.03	768.50	513.52	522.84	1155.27	372.06	570.89
饲料外购数量	千克	2513.31	2590.95	2358.72	2286.16	2003.24	2625.36	2313.24
饲料外购金额	元	3675.07	4224.81	4717.71	4210.86	3579.54	4046.97	4290.79
饲料自产数量	千克	2010.38	2683.47	2203.17	2243.68	1335.90	1539.85	3009.20
饲料自产折价金额	元	2389.61	2536.05	2920.56	2643.77	2333.09	2198.41	2534.04
防疫及兽药	元	306.63	346.88	323.83	364.15	317.30	264.82	402.15
水电费	元	187.10	260.38	170.48	126.73	322.87	123.96	196.62
自家投劳数量	工日	179.39	245.78	247.69	232.38	158.43	181.85	109.58
雇工数量	工日	38.01	116.80	177.89	188.78	92.47	45.87	100.37
雇工价格	元/工日	165.19	2284.80	2804.76	2154.22	33.83	76.00	997.65

（续表）

指标名称	单位	2012	2013	2014	2015	2016	2017	2018
场地租赁费（包括实物折价）	元 / 年	5.71	125.00	100.00	200.00	198.11	0.00	150.00
贷款利息	元	1.45	106.57	1110.00	793.33	333.33	153.85	891.67
保险费支出	元	5.19	9.09	0.00	0.91	43.50	0.00	0.00
其他费用	元	573.08	1249.10	431.72	1114.56	224.71	922.35	1305.60

1.2.2.4　肉鸡

（1）肉鸡生产及销售情况

指标名称	单位	2012	2013	2014	2015	2016	2017	2018
年末存栏数量	只	12.76	11.84	10.48	10.70	11.96	12.99	11.99
年末能繁母畜存栏数量	只	2.69	2.80	2.26	2.17	1.44	1.42	1.60
新生、新购数量	只	13.00	13.36	17.09	15.30	13.29	14.00	14.32
出栏或产量	只	56.22	18.96	65.85	35.23	24.43	25.31	32.22
因灾减产或死亡	只	3.55	7.60	5.19	5.25	5.37	6.85	11.51
获得农业保险赔偿	元	0.01	0.35	0.74	1.11	1.04	2.05	0.34
自食或送人数量	只	10.47	11.05	11.89	12.63	11.83	11.87	10.45
总销售收入	元		17051.89	12287.30	12029.41	7541.24	7917.75	29752.41
仔（中）畜（禽苗）销售收入	元		148.58	170.90	103.25	91.86	223.29	179.44
平均出栏活重或单产	千克 / 只	2.28	2.74	2.96	3.71	3.89	3.83	3.92
副产品收入	元	37.74	112.00	48.88	133.00	108.11	36.08	45.91
下年生产计划	只	16.98	22.88	24.96	28.71	22.78	21.48	23.50

（2）肉鸡成本投入

指标名称	单位	2012	2013	2014	2015	2016	2017	2018
仔畜（禽苗）自繁数量	只	4.04	4.03	5.05	4.31	4.50	5.39	4.44
仔畜（禽苗）外购数量	只	19.86	18.08	18.91	17.07	16.60	17.07	16.56
仔畜（禽苗）外购金额	元	135.02	137.64	253.54	284.32	269.52	262.93	265.96
饲料外购数量	千克	192.91	99.77	98.48	127.84	150.99	151.72	174.33
饲料外购金额	元	234.18	347.55	306.37	518.81	554.12	405.58	479.78
饲料自产数量	千克	131.30	196.19	242.61	232.66	216.45	233.08	257.59
饲料自产折价金额	元	247.04	403.84	474.79	442.10	423.42	412.49	459.99
防疫及兽药	元	40.25	81.86	69.60	59.19	39.57	56.10	63.83
水电费	元	21.82	32.66	28.31	70.69	76.20	45.04	86.22
自家投劳数量	工日	34.13	37.88	58.58	53.42	40.34	41.11	37.54
雇工数量	工日	0.09	0.53	1.62	2.98	2.90	1.09	0.63
雇工价格	元 / 工日	0.36	2.04	3.95	6.13	4.74	3.75	1.82
场地租赁费（包括实物折价）	元 / 年	0.00	0.00	0.00	0.00	0.00	0.00	0.00
贷款利息	元	0.00	0.00	0.00	0.00	0.00	0.00	0.00

(续表)

指标名称	单位	2012	2013	2014	2015	2016	2017	2018
保险费支出	元	0.00	0.00	0.00	0.00	0.00	0.00	0.00
其他费用	元	18.04	100.20	144.10	102.44	106.84	141.32	98.05

1.3 农户家庭收支情况

1.3.1 农户家庭收入

指标名称	单位	2012	2013	2014	2015	2016	2017	2018
出售家庭资产收入（如房子、机械、家电等）	元	4.13	6.12	9.02	4.01	5.67	8.16	11.84
县域内农业务工收入	元	1896.92	1654.39	1472.22	1597.43	1408.45	2332.38	3705.67
县域内工业、建筑业、采矿业打工收入	元	2789.36	2728.56	2933.15	3007.41	3180.70	5301.17	9318.87
县域内交通运输、邮电业打工收入	元	303.70	1788.84	1582.12	1188.26	1244.82	1099.73	1930.14
县域内批发、零售、贸易、餐饮业打工收入	元	651.63	3709.29	3549.37	3740.25	3501.68	4183.97	4984.25
县域内社会服务业、文教卫生业打工收入	元	1220.43	5000.07	5341.35	6422.72	5553.44	6242.66	8339.32
县域外农业务工收入	元	418.61	1368.34	796.46	1261.68	1018.60	1099.20	1340.29
县域外工业、建筑业、采矿业打工收入	元	2688.18	8395.06	9071.59	9885.19	9452.27	11426.08	13201.33
县域外交通运输、邮电业打工收入	元	148.66	835.43	620.00	1095.63	647.35	1136.30	1330.98
县域外批发、零售、贸易、餐饮业打工收入	元	740.32	2989.64	3035.56	3821.88	3334.58	3814.90	4845.39
县域外社会服务业、文教卫生业打工收入	元	578.05	3031.81	2866.56	3552.52	3797.41	3821.17	5813.24
利息	元	168.90	678.61	839.76	747.19	708.63	821.37	987.63
股息	元	0.00	0.00	0.00	0.00	0.00	0.00	0.00
土地征用补偿	元	4.83	21.84	21.78	39.88	40.42	57.15	24.46
土地出租租金	元	104.09	506.35	699.72	937.82	982.67	1158.85	1482.63
房屋租赁收入	元	0.06	0.00	0.00	0.00	0.29	0.37	0.66
机械设备租赁收入	元	0.00	0.00	0.00	0.00	0.00	0.00	0.00
从村集体分得福利收入	元	2.80	30.72	14.78	13.53	9.69	8.49	5.19
种粮补贴（包括粮食直接补贴、粮食作物良种补贴、农业生产资料综合补贴和农机具购置补贴）	元	115.24	685.87	684.60	645.53	648.73	649.33	659.75
非粮食类农作物良种补贴	元	8.07	65.24	72.78	99.09	68.14	95.12	112.97

（续表）

指标名称	单位	2012	2013	2014	2015	2016	2017	2018
畜牧业补贴	元	0.00	0.00	0.00	0.00	0.00	0.00	0.00
渔业补贴	元	0.00	0.00	0.00	0.00	0.00	0.00	0.00
林业补贴（不包括退耕还林还草）	元	0.81	4.28	4.41	5.74	6.36	7.92	5.89
退耕还林还草补偿	元	14.71	47.43	48.03	43.72	32.65	38.59	54.82
草原生态补贴	元	99.34	424.51	479.66	605.73	245.37	392.26	602.46
救济金、救灾款	元	0.00	0.00	0.00	0.00	0.00	0.00	0.00
无偿扶贫款	元	0.00	0.00	0.00	0.00	0.00	0.00	0.00
抚恤金	元	0.00	0.00	0.00	0.00	0.00	0.00	0.00
低保金	元	71.73	326.51	349.51	384.62	286.92	364.66	333.26
退休金	元	8.66	59.41	68.73	72.00	80.35	88.93	154.87
合作社利润返还	元	0.00	0.00	0.00	0.00	0.00	0.00	0.00
社会保障收入	元	57.14	278.51	370.69	384.25	524.45	428.26	344.76
社会保障收入其中：农村新型合作医疗报销	元	288.64	604.07	630.67	671.58	712.09	829.92	840.22
社会保障收入农村养老保险年金	元	185.46	692.62	765.99	952.05	1033.14	1111.97	1161.24
社会保障收入城镇医疗保险报销	元	0.00	0.00	0.00	0.00	0.00	0.00	0.00
社会保障收入城镇养老保险年金	元	7.01	108.46	128.59	174.16	215.56	470.27	237.38
棋牌娱乐收入（如亏损，用负数表示）	元	10.56	53.22	56.84	62.17	63.63	48.16	28.45
人情礼收入	元	272.81	990.76	1043.49	1094.78	901.20	857.71	891.50
彩礼、陪嫁	元	2.16	17.15	33.43	9.02	10.39	28.17	10.64
商业保险赔付	元	0.00	0.00	0.00	0.00	0.00	0.00	0.00
家庭非常住人口寄回或带回、亲友赠送	元	86.78	550.23	704.24	880.16	875.52	897.62	926.78
新农村建设建房补贴	元	5.66	79.84	14.08	5.07	31.15	44.92	27.19

1.3.2 农户家庭收入（分行业）

指标名称	单位	2012	2013	2014	2015	2016	2017	2018
农业生产服务总收入	元	9973.27	13210.34	15312.87	14350.94	17052.22	18587.49	15748.40
收入林业总收入	元	0.00	0.00	0.00	0.00	0.00	0.00	−0.41
工业总收入	元	0.00	0.00	0.00	0.00	0.00	0.00	0.00
建筑业总收入	元	472.38	737.71	550.30	593.14	477.01	456.66	478.27
交通运输业、邮电业总收入	元	412.28	1038.09	834.27	897.43	603.50	776.66	596.89
批发和零售贸易、餐饮业总收入	元	1753.93	4857.22	4593.23	5284.01	4322.94	6111.39	4652.86
社会服务业总收入	元	79.41	142.05	79.62	144.65	118.42	183.11	114.89
文教卫生业总收入	元	0.00	0.00	0.00	0.00	0.00	0.00	0.00

1.3.3 农户家庭经营支出、生产性固定资产支出和税费支出

指标名称	单位	2012	2013	2014	2015	2016	2017	2018
农业生产服务支出	元	4144.01	4472.63	4611.31	4161.31	4398.88	5184.56	4011.97
林业支出	元	0.00	0.00	0.00	0.00	0.00	0.00	0.00
工业生产支出	元	0.00	0.00	0.00	0.00	0.00	0.00	0.00
建筑业生产支出	元	55.82	69.49	50.75	38.40	51.72	59.61	57.97
交通运输业、邮电业支出	元	492.95	532.11	585.06	591.60	512.74	629.34	477.17
批发和零售贸易、餐饮业支出	元	824.16	1084.52	1068.74	1242.09	1013.02	1272.00	1040.76
社会服务业支出	元	26.88	37.21	26.90	23.14	29.38	39.21	39.39
文教卫生业支出	元	450.08	537.77	484.24	512.79	538.03	627.57	571.36
其他家庭经营费用支出	元	447.52	479.34	467.49	487.74	480.86	586.06	494.03
建造和购置生产性固定资产的费用支出	元	459.24	634.09	543.99	589.24	540.54	645.53	506.09
生产性固定资产折旧（使用年限 15 年）	元	388.79	356.38	405.38	408.50	420.14	443.65	425.01
第一产业纳税（农、林、牧、渔业）	元	45.76	39.28	46.25	95.68	123.58	97.68	4.39
第二产业纳税（工业和建筑业）	元	0.00	0.00	0.00	0.00	0.00	0.00	0.00
第三产业纳税（商业和服务业）	元	0.00	0.00	0.00	0.00	0.00	0.00	0.00
“一事一议”筹资	元	30.18	33.39	31.57	34.42	29.51	32.33	32.03
其他各项集资收费	元	0.00	0.00	0.00	0.00	0.00	0.00	0.00

1.3.4 农户家庭食品消费数量及支出

1.3.4.1 农户家庭全年食品购买数量（不含自产自用）

指标名称	单位	2012	2013	2014	2015	2016	2017	2018
面粉	千克	142.44	147.41	146.60	147.86	125.50	121.61	122.18
大米	千克	105.21	106.42	105.86	104.55	107.59	105.34	102.27
玉米面	千克	6.96	15.24	16.26	18.67	13.93	13.80	16.14
小米	千克	6.52	12.37	13.22	13.86	14.16	13.73	15.17
高粱	千克	0.00	0.00	0.00	0.00	0.00	0.00	0.00
其他谷物及其制品（荞麦、燕麦、大麦、糜子、黍子、薏仁、籽粒苋等，谷物制品折粮计算）	千克	0.37	2.44	2.60	2.94	2.77	3.19	2.81
薯类（红薯、马铃薯、木薯、芋类等，不包括菜用）	千克	26.91	52.32	48.32	46.01	40.30	38.23	37.13
粮食复制品（利用原粮加工而成的食品，如挂面、年糕等；但不包括用粮食加工成的豆油、豆腐、粉条、酒等）	千克	9.49	16.20	16.20	17.73	15.81	16.74	16.81

（续表）

指标名称	单位	2012	2013	2014	2015	2016	2017	2018
大豆	千克	2.51	7.17	7.58	7.43	6.79	6.57	6.75
杂豆（绿豆、红豆、蚕豆、豌豆、豇豆、扁豆、黑豆等）	千克	2.64	6.44	6.61	6.30	6.46	6.49	6.50
豆制品（各种豆腐、豆腐干 / 皮 / 丝、千张、素鸡、腐竹、豆浆粉、豆浆、豆奶、豆腐脑等）	千克	12.82	18.59	18.15	19.24	17.92	18.09	18.29
植物性食用油（花生油、芝麻油、菜籽油、豆油、茶油、棉籽油等）	千克	34.68	37.16	38.40	40.37	37.20	37.45	36.97
动物性食用油（猪油、牛油、羊油等）	千克	4.65	12.15	12.12	11.75	12.18	12.81	11.23
猪肉及制品	千克	41.72	48.05	48.41	46.93	45.69	45.37	44.22
牛肉及制品	千克	6.40	12.61	13.44	13.09	11.68	12.54	9.38
羊肉及制品	千克	7.79	17.32	18.24	18.09	16.09	14.41	11.60
鸡肉及制品	千克	10.26	15.82	16.41	15.62	15.21	14.80	14.30
其他禽肉及制品（鸭、鹅、鹌鹑、鸽、麻雀、火鸡等）	千克	0.96	3.33	2.80	2.85	3.13	3.34	3.19
其他肉类及制品（狗肉、驴肉、马肉、蛇肉、兔肉、鹿肉、蛙类等，但不包括鱼、虾等水产品）	千克	0.25	0.68	0.60	0.76	0.83	0.87	0.93
畜禽下水（内脏）及制品	千克	0.47	1.66	1.50	1.65	1.33	1.56	1.36
鸡蛋及制品	千克	21.55	26.34	25.78	26.09	26.91	26.37	28.36
鸭蛋及制品	千克	1.60	3.79	3.80	3.79	4.51	4.48	4.14
其他蛋类及制品（鹅蛋、鹌鹑蛋、鸽蛋等）	千克	0.04	0.17	0.14	0.31	0.17	0.30	0.32
鲜奶（牛奶、羊奶等）	千克	10.12	30.12	28.27	32.23	22.76	22.44	24.47
奶制品（酥油、奶粉、酸奶、炼乳、可可奶、麦乳精等）	千克	4.14	9.96	9.77	9.62	8.17	9.82	9.23
鱼类及制品	千克	12.28	15.91	16.43	16.25	16.01	15.98	15.88
虾蟹类及制品	千克	0.97	2.50	2.60	2.96	2.26	2.52	2.75
其他水产品及制品	千克	0.35	1.01	0.93	1.03	0.94	1.03	1.07
蔬菜及菜制品（鲜菜、干菜，以及腌菜、榨菜、泡菜、酱菜等各类菜制品和蔬菜罐头，蔬菜和菜制品按鲜菜数量进行统计）	千克	133.72	162.14	169.34	162.49	158.60	158.84	153.72
水果及水果制品（各类鲜食水果、果用瓜、干果、蜜饯及水果罐头等）	千克	50.16	58.88	61.05	62.62	59.60	61.15	55.47
坚果及果仁制品（核桃、板栗、开心果、榛子、杏仁等坚果、果仁及其制品）	千克	4.14	9.77	8.48	9.12	7.77	8.00	7.16
卷烟（盒）	千克	134.65	186.63	189.80	187.48	183.54	185.55	176.37

（续表）

指标名称	单位	2012	2013	2014	2015	2016	2017	2018
烟丝、烟叶等其他烟	千克	0.67	2.00	1.90	1.74	1.56	1.72	1.49
酒类（白酒、黄酒、啤酒、果酒等）	千克	26.53	35.87	35.70	34.08	34.19	33.58	31.92
食糖（白糖、红糖、冰糖、方糖等，不包括糖果、糖精）	千克	5.38	7.11	6.98	7.15	6.65	6.86	6.46
蜂蜜	千克	0.63	1.76	1.85	2.00	1.71	1.67	1.71
茶叶	千克	2.05	3.15	3.09	3.12	2.81	2.72	2.43
其他饮料（瓶 / 桶装水、碳酸类、果汁类、冲泡类等除酒、茶外的各种固 / 液体饮料以及雪糕等冷饮）	千克	11.60	21.12	19.42	20.32	17.87	18.56	16.96
调味品	千克	13.44	16.07	15.62	14.39	13.54	13.75	13.80

1.3.4.2　农户家庭全年食品购买金额（不含自产自用）

指标名称	单位	2012	2013	2014	2015	2016	2017	2018
面粉	元	431.92	443.70	445.68	462.08	447.72	407.43	413.07
大米	元	483.40	477.78	495.39	500.06	484.90	488.95	475.80
玉米面	元	32.30	42.56	48.16	46.17	45.61	44.71	50.19
小米	元	67.64	84.82	88.25	88.44	92.81	91.89	94.63
高粱	元	0.00	0.00	0.00	0.00	0.00	0.00	0.00
其他谷物及其制品（荞麦、燕麦、大麦、糜子、黍子、薏仁、籽粒苋等，谷物制品折粮计算）	元	7.60	13.51	13.41	12.14	13.31	12.94	12.49
薯类（红薯、马铃薯、木薯、芋类等，不包括菜用）	元	80.96	91.86	96.69	95.92	98.18	92.61	88.05
粮食复制品（利用原粮加工而成的食品，如挂面、年糕等；但不包括用粮食加工成的豆油、豆腐、粉条、酒等）	元	88.10	99.41	100.74	105.74	102.89	104.27	105.37
大豆	元	29.27	34.48	36.45	39.88	37.50	37.19	38.12
杂豆（绿豆、红豆、蚕豆、豌豆、豇豆、扁豆、黑豆等）	元	34.36	41.36	42.46	41.69	43.54	41.16	40.30
豆制品（各种豆腐、豆腐干 / 皮 / 丝、千张、素鸡、腐竹、豆浆粉、豆浆、豆奶、豆腐脑等）	元	96.85	109.29	106.18	113.12	113.38	109.62	111.78
植物性食用油（花生油、芝麻油、菜籽油、豆油、茶油、棉籽油等）	元	479.81	479.21	473.38	489.97	474.65	459.46	458.02
动物性食用油（猪油、牛油、羊油等）	元	148.77	206.37	190.97	179.99	204.47	211.22	182.57
猪肉及制品	元	902.91	955.46	936.02	945.68	943.09	949.24	921.51
牛肉及制品	元	457.81	539.51	540.93	547.48	517.88	527.98	477.47

（续表）

指标名称	单位	2012	2013	2014	2015	2016	2017	2018
羊肉及制品	元	629.25	768.90	769.52	770.33	745.73	691.61	577.78
鸡肉及制品	元	226.26	260.10	250.13	248.43	257.03	250.50	253.58
其他禽肉及制品（鸭、鹅、鹌鹑、鸽、麻雀、火鸡等）	元	44.20	60.36	61.33	51.47	58.05	56.40	54.99
其他肉类及制品（狗肉、驴肉、马肉、蛇肉、兔肉、鹿肉、蛙类等，但不包括鱼、虾等水产品）	元	17.27	19.77	23.39	16.00	20.07	20.11	19.59
畜禽下水（内脏）及制品	元	23.75	33.29	34.76	31.80	31.77	32.89	32.22
鸡蛋及制品	元	209.70	217.60	214.31	214.52	210.81	212.16	225.39
鸭蛋及制品	元	35.50	44.20	44.31	41.50	45.99	47.21	44.17
其他蛋类及制品（鹅蛋、鹌鹑蛋、鸽蛋等）	元	0.87	1.55	1.29	1.52	1.43	1.25	1.75
鲜奶（牛奶、羊奶等）	元	161.22	211.12	208.33	216.42	214.00	200.40	206.17
奶制品（酥油、奶粉、酸奶、炼乳、可可奶、麦乳精等）	元	109.44	144.98	138.05	130.81	131.32	134.02	135.90
鱼类及制品	元	186.58	203.03	205.66	201.78	206.72	207.15	202.97
虾蟹类及制品	元	66.76	81.48	84.12	74.58	74.96	79.50	84.63
其他水产品及制品	元	13.46	18.83	17.58	13.64	18.03	16.32	16.73
蔬菜及菜制品（鲜菜、干菜，以及腌菜、榨菜、泡菜、酱菜等各类菜制品和蔬菜罐头，蔬菜和菜制品按鲜菜数量进行统计）	元	585.82	608.47	617.78	624.19	613.87	593.80	578.57
水果及水果制品（各类鲜食水果、果用瓜、干果、蜜饯及水果罐头等）	元	304.01	324.51	328.81	323.60	316.89	316.32	319.02
坚果及果仁制品（核桃、板栗、开心果、榛子、杏仁等坚果、果仁及其制品）	元	142.61	176.37	188.40	176.98	164.45	167.50	145.37
卷烟（盒）	元	1175.80	1354.34	1314.44	1323.00	1329.90	1324.21	1317.75
烟丝、烟叶等其他烟	元	31.53	41.29	46.10	41.44	38.76	41.21	44.46
酒类（白酒、黄酒、啤酒、果酒等）	元	457.42	499.37	499.54	475.80	492.66	491.14	492.43
食糖（白糖、红糖、冰糖、方糖等，不包括糖果、糖精）	元	63.17	64.98	66.23	66.66	64.49	63.22	63.25
蜂蜜	元	36.47	50.34	51.52	49.13	47.97	47.81	46.37
茶叶	元	145.16	162.39	160.09	159.48	159.82	158.30	149.85
其他饮料（瓶 / 桶装水、碳酸类、果汁类、冲泡类等除酒、茶外的各种固 / 液体饮料以及雪糕等冷饮）	元	115.88	135.06	128.23	125.11	121.63	126.19	123.56
调味品	元	173.64	181.74	174.45	172.05	173.97	171.16	178.06
其他户内食品消费支出	元	98.24	123.94	117.33	110.83	112.11	118.86	112.39
食品加工费	元	30.68	32.13	32.05	30.94	30.05	30.87	31.32

1.3.4.3 家庭成员户外食品消费支出

指标名称	单位	2012	2013	2014	2015	2016	2017	2018
在外吃饭的外出务工成员的户外食品	元	1947.46	2163.92	2047.03	1889.80	1979.58	1982.00	1965.14
在外吃饭的学生及陪读成员的户外食品	元	1861.47	2071.29	1941.06	1790.95	1722.77	1789.89	1705.00
在医院吃饭的病号及陪护成员的户外食品	元	143.29	147.98	131.40	123.35	119.60	117.66	116.10
在家吃饭的家庭成员外出办事、购物、探亲访友、旅游等偶然性或临时性户外食品	元	662.72	667.68	675.36	615.88	655.88	637.51	590.07
其他户外食品	元	3.62	4.93	5.05	5.19	4.58	3.38	4.72

1.3.5 农户家庭非食品生活消费支出

指标名称	单位	2012	2013	2014	2015	2016	2017	2018
衣着	元	2055.48	2010.15	2083.57	2064.64	2057.69	2032.55	1959.55
居住	元	358.00	433.27	380.79	375.40	380.09	380.81	389.39
其中：在家居住成员租赁生活用房所付的租金（不包括外出住旅店和招待所所支付的住宿费，以及外出打工、在外陪读、在医院陪护等的房屋租赁支出或住宿费）	元	0.00	0.00	0.00	0.00	0.00	0.00	0.00
外出打工成员租赁生活用房所付的租金或在外住宿费	元	595.49	700.70	609.99	746.04	666.93	772.64	781.85
生活用水费	元	136.21	147.65	144.24	150.58	157.47	156.19	150.66
生活用电费	元	642.01	645.14	648.37	644.73	674.16	666.58	675.19
生活用燃料支出（用于做饭、烧水、照明、洗漱和取暖等的生活能源支出，但不包括烧饲料用的燃料和交通用柴油、汽油等燃料）	元	958.56	1046.75	1054.26	1056.23	1041.29	1065.26	1023.02
家庭设备、用品及服务支出	元	855.26	887.06	901.31	950.47	828.63	924.89	890.91
医疗保健	元	1012.26	1034.16	1037.75	1107.87	1063.53	1064.71	1016.55
交通通信	元	1505.25	1484.73	1501.93	1510.91	1497.83	1551.51	1507.48
其中：因外出打工而产生的交通费支出	元	404.87	470.70	438.33	490.55	461.88	503.29	487.38
文教娱乐用品及服务支出	元	2346.19	2285.24	2190.54	2265.78	2142.80	2214.16	2350.39
其中：子女教育支出	元	4257.97	4334.31	4375.14	4588.86	4533.18	4597.49	4360.02
其他商品（化妆品、金银珠宝饰品，以及手表、迷信用品等其他生活用商品的消费）	元	413.10	442.27	441.86	459.81	453.24	486.95	437.80
其他服务（旅店住宿费、洗澡费、美容美发、照相费、殡殓费等）	元	224.85	239.44	243.82	248.66	254.30	262.06	247.51
家庭成员外出务工成本支出（指中介费、职业介绍费、培训费、办证费及其他费用）	元	11.21	15.34	14.86	15.54	15.05	16.11	13.11

1.3.6 农户家庭财产性支出和转移性支出

指标名称	单位	2012	2013	2014	2015	2016	2017	2018
非生产性贷款或借款的利息支出	元	0.00	0.00	0.00	0.00	0.00	0.00	0.00
宅基地使用费	元	0.00	0.00	0.00	0.00	0.00	0.00	0.00
土地承包费（包括承包集体和其他农户等）	元	138.64	109.85	93.88	100.88	123.36	214.21	313.92
承包租赁村组集体资产支出（不包括承包土地）	元	0.00	0.00	0.00	0.00	0.00	0.00	0.00
其他	元	0.00	0.00	0.00	0.00	0.00	0.00	0.00
寄给和带给家庭非常住人口	元	46.59	163.78	199.93	232.84	183.71	225.09	220.64
赠送亲友	元	206.83	481.25	619.27	681.63	520.42	531.71	479.51
赡养费、抚养费	元	189.63	527.25	564.12	561.07	407.01	507.21	483.74
公益事业捐赠（指对灾害、贫困、残疾人等群体或个人以及对文教卫体事业、环境保护、社会公共设施建设等社会公共和福利事业的爱心捐赠）	元	20.35	78.28	73.90	89.43	61.51	69.28	68.24
迷信、宗教活动捐赠	元	15.18	70.35	79.63	94.50	85.66	83.27	69.00
人情礼支出	元	1352.58	1737.07	1800.19	1820.76	1928.95	1932.37	1829.00
嫁妆、聘礼	元	69.89	312.57	421.24	438.85	290.07	502.86	160.08
各种红白喜事宴请支出（婚丧、升学、盖房等）	元	906.90	1791.21	2132.44	2233.85	2151.96	2274.24	1984.56
缴纳党费、团费	元	4.97	13.25	14.48	15.24	16.29	20.98	19.88
缴纳保险费支出	元	422.06	842.55	1010.91	1123.05	1214.16	1275.33	1364.53
其中：农村新型合作医疗	元	201.42	238.72	312.98	416.22	502.00	540.74	571.36
城镇医疗保险支出	元	5.35	27.04	18.18	43.05	30.72	37.83	23.95
商业医疗保险支出	元	1.01	6.79	7.93	6.44	7.73	5.48	3.62
农村养老保险支出	元	249.82	260.33	289.00	279.34	289.29	306.46	318.76
城镇养老保险支出	元	11.49	44.59	37.29	34.59	44.32	58.89	58.71
商业养老保险支出	元	1.14	6.47	6.76	7.31	1.85	5.04	3.79
工伤保险支出	元	0.00	0.00	0.00	0.00	0.00	0.00	0.00
支出车辆保险支出	元	250.01	846.87	1013.51	1181.47	1105.00	1249.49	1227.18
其他保险支出（如人身意外险、疾病保险、财产保险及各种储蓄型保险等）	元	37.08	131.73	111.53	125.49	101.02	128.93	107.81
罚款（如违反计划生育罚款、交通违章罚款、违反治安管理处罚条例罚款等）、赔款	元	5.86	27.08	27.46	37.17	37.54	35.53	36.05
购买彩票	元	0.20	1.01	0.24	0.59	0.46	0.31	0.20

（续表）

指标名称	单位	2012	2013	2014	2015	2016	2017	2018
其他（如：遗失、被盗等）	元	0.00	0.00	0.00	0.00	0.00	0.00	0.00

1.3.7 农户家庭生活用燃料数量及支出

1.3.7.1 农户家庭生活用燃料购买数量（不含交通用燃料）

指标名称	单位	2012	2013	2014	2015	2016	2017	2018
秸秆	吨	16.91	14.49	15.02	14.21	14.21	13.70	13.22
薪柴	吨	69.89	72.76	68.30	64.70	70.67	71.53	69.50
煤炭	吨	264.97	269.80	275.22	275.60	238.07	239.78	234.48
罐装液化石油气	千克	18.63	15.05	15.00	14.39	13.07	13.36	12.73
管道天然气	立方米	0.02	0.03	0.02	0.05	0.02	0.05	0.01
管道煤气	立方米	0.00	0.00	0.00	0.00	0.00	0.00	0.00
汽油	升	4.78	4.80	5.22	4.33	4.69	4.96	4.14
柴油	升	1.91	2.10	2.23	2.24	2.26	2.67	1.76
沼气	立方米	0.03	0.02	0.04	0.03	0.03	0.03	0.02

1.3.7.2 农户家庭生活用燃料购买金额（不含交通用燃料）

指标名称	单位	2012	2013	2014	2015	2016	2017	2018
秸秆	元	41.92	46.49	43.62	45.10	45.80	41.80	42.68
薪柴	元	119.92	114.63	108.75	104.67	105.59	105.82	108.48
煤炭	元	543.86	548.42	556.09	541.79	521.80	528.56	511.38
罐装液化石油气	元	325.56	337.16	335.13	329.94	321.95	312.00	305.76
管道天然气	元	4.21	7.12	8.07	8.88	9.91	10.67	5.87
管道煤气	元	0.00	0.00	0.00	0.00	0.00	0.00	0.00
汽油	元	340.51	402.14	414.66	368.23	397.23	447.24	387.45
柴油	元	223.30	253.32	231.52	221.78	258.52	259.14	235.43
沼气	元	2.89	4.57	3.14	2.78	5.57	4.18	4.37

2

2018 年分省样本的农户统计

2.1 农户家庭基本情况

2.1.1 家庭成员基本特征

指标名称	单位	河北	吉林	福建	山东	河南	云南	陕西	新疆	全国
年龄	周岁	55.03	54.54	54.68	59.37	54.25	49.46	55.40	54.28	54.48
受教育年限	年	8.05	7.82	7.21	7.85	7.81	7.15	8.53	7.09	7.70
本年累计在家居住时间	（0~12）月	10.33	11.21	10.69	11.87	9.86	10.73	10.93	11.46	10.85
本年务工天数（没有，填0）	天	174.99	68.86	127.31	42.04	149.69	139.83	125.87	123.26	119.12
本年如有务工，平均月工资（没有，不填）	元	2148.03	1415.21	2141.32	368.17	2860.94	1543.31	2355.01	2003.28	1751.59
本年全家报销的医疗费用（含新农合、商业保险等）有多少元？	元	382.75	619.76	387.41	399.60	468.81	757.87	876.36	754.89	540.40

2.1.2 土地、家庭信贷及其他情况

2.1.2.1 土地情况

指标名称	单位	河北	吉林	福建	山东	河南	云南	陕西	新疆	全国
您家承包的土地面积（即依法承包村集体的土地面积）	亩	5.37	20.40	4.90	6.18	6.25	8.34	9.71	18.60	9.69
其中：耕地面积	亩	5.16	19.11	3.09	5.65	6.09	7.12	5.76	11.03	7.87
园地面积	亩	0.00	0.07	0.52	0.11	0.01	0.12	1.97	0.12	0.34
林地面积	亩	0.04	0.26	0.69	0.07	0.06	0.53	0.25	0.07	0.24
草地面积	亩	0.00	12.80	0.16	0.00		0.49		8.18	1.30
荒山、荒沟、荒丘、荒滩面积	亩	0.00	1.02	0.15	0.00	3.00	0.09	1.60	0.03	0.05

（续表）

指标名称	单位	河北	吉林	福建	山东	河南	云南	陕西	新疆	全国
您家未计入承包地的耕地面积（如自留地、开荒地）	亩	0.33	5.00	1.32	0.06	3.40	1.17	1.78	0.00	0.66
您家撂荒的耕地面积	亩	0.48	1.50	0.77	0.01		0.22		0.00	0.13
其中：承包的耕地面积	亩	0.69	14.58	1.85	0.13	7.41	1.81	8.18	3.87	2.18
本年转出耕地的面积	亩	4.29	15.88	2.35	0.99	4.33	2.11	5.05	15.10	4.18
本年转出耕地的收入（含实物折价）	元/（亩·年）	741.89	216.86	529.04	199.34	829.26	447.90	631.62	360.61	420.94
本年转入耕地的面积	亩	11.74	36.59	13.03	1.20	3.46	3.48	6.98	41.09	9.28
本年转入耕地的支出（含实物折价）	元/（亩·年）	249.24	223.18	503.23	159.58	427.40	218.23	298.54	389.80	240.51
本年经营耕地面积（即实际耕种面积）	亩	8.76	37.34	8.52	6.05	8.64	8.56	9.04	69.09	18.19
其中：<1亩耕地的块数	块	3.42	3.23	4.44	0.79	1.62	5.27	3.27	2.68	3.19
1≤且<3亩耕地的块数	块	1.85	2.67	2.52	1.23	1.84	2.06	2.10	2.10	1.96
3≤且<5亩耕地的块数	块	1.37	2.59	2.08	0.37	1.49	0.83	1.63	2.63	1.36
≥5亩耕地的块数	块	1.68	3.07	1.00	0.33	1.21	0.67	1.23	2.01	1.25
其中：水田面积	亩	4.11	11.91	10.93	14.31	2.33	2.58	6.56	27.03	9.26
水浇地面积	亩	6.41	24.48	1.22	4.76	5.38	1.69	6.14	32.49	7.69
旱地面积	亩	2.10	34.32	1.05	5.43	6.91	10.21	15.95	74.66	13.95
本年经营温室大棚面积	亩	0.00	8.78	0.82	0.93	6.50	1.86	6.54	40.80	1.73
本年经营园地面积	亩	6.00	1.70	11.02	1.72		1.60	6.68	58.83	4.05
其中：果园面积	亩	0.90	0.50	4.99	20.64		1.55	5.89	36.59	11.44
茶园面积	亩	0.00	0.50	12.83	14.35		1.10	6.83		9.84
桑园面积	亩	0.00	3.75	1.14	14.41	10.00	0.52	1.77	118.10	9.76
本年经营林地面积	亩	0.48	55.15	17.02	19.26	16.25	5.59	1366.94	322.71	84.56
本年经营草地面积	亩		28.50	0.44	4.79		0.58	2500.75	1025.11	96.01
其中：天然草地面积	亩		28.85	0.00	0.00		0.19		1037.50	78.45
本年经营水面面积	亩		5.50	0.00	0.00	10.00	0.03		120.00	0.24
其中：海水养殖面积	亩	0.00	0.00	0.00	0.00		0.00			0.00
淡水养殖面积	亩		0.00	0.00	0.00		0.00			0.00

2.1.2.2 家庭存款、贷款及投资

指标名称	单位	河北	吉林	福建	山东	河南	云南	陕西	新疆	全国
本年末家庭银行存款总额	元	54009.21	22435.35	35572.50	23670.89	36197.04	25899.28	33836.27	34719.02	33874.46
本年末家中存有现金多少	元	3953.08	5516.84	6452.79	3504.03	3790.10	4423.45	4454.35	4684.56	4496.96

（续表）

指标名称	单位	河北	吉林	福建	山东	河南	云南	陕西	新疆	全国
本年末家庭持有的全部对外投资	元	2100.00	2500.00		631.00		1750.50			1703.56
其中：持有股票、基金、债券等证券类投资金额	元									
其中：对企业、合作社等投入的股权类投资金额	元									
本年全年您家借出去的钱共有多少	元	4500.00	8676.47	4642.86	410.30	20000.00	1937.68	14000.00	7100.03	1756.42
别人借您家的钱到本年底还有多少没有收回	元	10333.33	11583.33	5967.57	643.55	15375.00	1872.17	4166.67	8983.74	2248.32
到本年底您家欠外债有多少	元	33423.08	31543.10	22895.52	4684.68	46883.33	16101.13	33254.90	40516.36	16723.88
这些外债有多少来自银行、信用社等正规金融机构	元	52375.00	30793.31	36571.43	1624.09	60000.00	12022.96	40390.00	42922.13	11486.91
其中：年利率多少	%	2.94	1.60	1.39	0.11	3.15	1.18	2.25	4.39	0.77
这些外债有多少来自民间借贷机构如农村资金互助社	元	2.00	1180.00	1250.00	1597.40		751.18	2000.00	1253.50	1204.49
其中：年利率多少	%		0.02	0.01	0.00		0.00			0.00
这些外债有多少来自亲戚朋友等私人关系	元	23214.29	22184.21	25533.33	1071.64	22963.64	4681.94	23564.10	16684.47	5890.56
其中：年利率多少	%		0.00	0.00	0.00		0.00	0.00	0.00	0.00

2.1.2.3 其他

指标名称	单位	河北	吉林	福建	山东	河南	云南	陕西	新疆	全国
取饮用水往返一次需多长时间	分钟	0.43	1.46	0.10	1.97	1.17	1.54	0.87	1.02	1.11
如果购买了农业保险，支付了多少保费	元	62.98	164.66	66.56	31.64	22.15	56.83	30.80	233.52	78.77

2.1.3 住房、生产性固定资产和耐用消费品

指标名称	单位	河北	吉林	福建	山东	河南	云南	陕西	新疆	全国
本年底，在本村住房面积	平方米	106.65	88.13	114.95	74.36	60.05	109.51	118.59	59.54	101.29
本年底，如有城镇住房，面积为多少（如没有，填0）	平方米	100.09		102.00			106.00	91.11	86.57	96.84
生产性用房面积（如烤烟房、生产车间、仓库等）	平方米	35.90		34.06			27.87		30.00	30.20
拖拉机	台	0.89	1.00	1.06	0.03		0.12	1.00	0.95	0.24
三轮摩托车	台	0.88	1.00	1.00	0.04		0.20	1.00	0.94	0.32
机引农具	台	0.67	1.00	1.00	0.01		0.04	1.00	1.59	0.08
畜引农具	台	0.50	1.00		0.01		0.07		1.00	0.03
喷雾器 / 喷雾机	个	1.08	1.00	1.28	0.12		0.74	1.08	1.14	0.78
风车	辆	0.00			0.00		0.00			0.00
手推车 / 板车 / 三轮车 / 四轮车	辆	1.00	1.00	1.00	0.03		0.06	1.05	0.59	0.23
打稻（谷）机	台	1.00		1.00	0.00		0.03		1.00	0.15
脱粒机	台	0.75		1.00	0.00		0.04		1.00	0.02
抽水机	台	1.00	1.00	1.00	0.03		0.12	1.00	1.00	0.16
电动机	台	1.00		1.00	0.00		0.02	1.00	0.57	0.04
柴油机	台	1.00	1.00	1.00	0.00		0.03	1.00		0.06
加工机械	台	1.00		1.00	0.00		0.08			0.08
船（只）	只				0.00		0.00			0.00
粉粹机	台	0.75		1.00	0.00		0.05	1.00	0.89	0.04
木工多用机	台				0.00		0.00			0.00
温室大棚	平方米				0.01		0.00		122.83	4.89
牛、羊等牲畜养殖场	平方米	20.50	95.00		0.00		2.94	37.50	31.34	4.34
生猪养殖场	平方米	150.00	150.00	49.00	0.06		6.39	180.00	80.00	3.32
鸡鸭鹅等禽类养殖场	平方米		10.00	13.22	0.01		0.05		15.30	0.68
兔子、貂等特种养殖场	平方米				0.00		0.00			0.00
鱼塘	平方米				0.00		0.00			0.00
缝纫机	台	0.99		1.02	0.09		0.16	1.00	0.97	0.50
电冰箱 / 空调	台	1.17	1.00	1.64	0.71		0.65	1.08	0.85	1.10
电视卫星接收器	台	0.92	1.00	1.00	0.01		0.40	1.00	0.87	0.38
收音机 /VCD/DVD	台	0.33		1.00	0.02		0.03	1.00	1.00	0.07
组合音响	台	0.75		1.00	0.01		0.02	1.00	0.83	0.06
电话座机、手机	个	2.56	2.13	3.02	1.21		2.79	2.73	1.79	2.54
电饭锅 / 微波炉 / 压力锅 / 电磁炉	个	2.01	1.00	2.59	0.30		1.80	1.38	0.87	1.73

（续表）

指标名称	单位	河北	吉林	福建	山东	河南	云南	陕西	新疆	全国
抽油烟机	台	0.62		0.99	0.02		0.05	1.00	0.73	0.34
彩色电视机	台	1.23	1.14	1.47	0.55		0.94	1.06	0.71	1.11
沼气灶 / 炉子	台	1.23	1.00	1.10	0.10		0.12	1.00	0.78	0.25
照相机	台	0.75		1.00	0.00		0.00			0.01
摄像机	台	0.00			0.00		0.00			0.00
吸尘器	台	0.00			0.00		0.00		0.00	0.00
自行车	辆	1.18	1.00	1.11	0.05		0.01	1.06	1.25	0.31
电动车	辆	1.20	1.00	1.31	0.15		0.04	1.04	1.03	0.68
摩托车	辆	0.96	1.00	1.41	0.02		0.46	1.03	0.90	0.67
小汽车	辆	0.94	0.00	1.00	0.03		0.16	1.00	0.78	0.40
电脑	台	0.93	1.00	1.00	0.04		0.06	1.00	0.98	0.45
洗衣机	台	0.96	1.00	1.00	0.21		0.66	1.00	0.73	0.80
电风扇 / 电暖气	台	1.64	1.00	2.28	0.29		0.29	1.11	1.07	1.19
热水器	个	1.13		1.16	0.01		0.14	1.00	0.54	0.49
太阳能	台	0.80		1.04	0.14		0.50	1.02	1.18	0.53
床、炕	个	2.04	2.00	3.30	1.10		2.85	2.27	1.81	2.53
柜子 / 碗柜 / 衣柜	个	2.09	1.67	2.50	0.55		1.31	2.03	1.71	1.79
写字台 / 桌子	个	1.32	1.00	1.81	0.27		0.49	2.27	1.11	1.07
箱子	只	1.53	0.50	2.07	0.01	2.00	0.39	2.29	2.18	0.58
椅子、沙发	个	2.89	2.00	2.59	0.64		2.02	2.49	2.76	2.25
压面机	台	0.73			0.01		0.00	1.00	0.96	0.05

2.2　农户家庭生产情况

2.2.1　种植业

2.2.1.1　稻谷

（1）当年稻谷生产及销售情况

指标名称	单位	河北	吉林	福建	山东	河南	云南	陕西	新疆	全国
年初库存	千克	90.32	292.45	530.04		46.32	164.97		21.43	247.88
播种面积	亩	5.45	5.28	5.97		0.53	1.84		7.25	3.61
当年产量	千克	3937.10	2393.05	1887.21		213.16	694.23		1100.00	1350.81
因灾减产	千克		285.36	89.57		110.20	163.41			161.86
获得农业保险赔偿	元		190.91	272.50			14.58			44.11
自食、送人数量	千克	1019.64	440.19	1034.40		172.86	433.39		850.00	627.70

（续表）

指标名称	单位	河北	吉林	福建	山东	河南	云南	陕西	新疆	全国
用于饲料数量	千克	50.00	80.00	158.73			141.42			146.94
总销售量	千克	3266.67	2726.28	3309.86		533.33	166.48		2466.67	1430.70
总销售收入	元	10400.00	7427.46	8682.15		1183.33	1030.74		14033.33	4620.33
留种自用	千克	42.86	300.00	63.75			2.24			14.85
本年末库存	千克	1680.00	386.11	653.75		155.71	244.10		300.00	388.90
本年副产品收入	元		200.00	38.75		0.00	107.03			102.40
下年预计播种面积	亩	5.22	4.29	6.64		1.26	1.42			3.05

（2）稻谷成本投入

指标名称	单位	河北	吉林	福建	山东	河南	云南	陕西	新疆	全国
种子、秧苗数量	千克	33.74	111.12	8.76		2.86	23.10		166.67	34.68
种子、秧苗金额	元	226.80	817.33	585.42		65.29	165.33		766.67	390.91
化肥施用量	千克	576.45	452.54	904.73		56.43	153.33		515.00	438.66
化肥金额	元	1769.68	1352.18	1571.36		181.43	247.86		898.17	896.66
有机肥自产	元			115.63			268.40		600.00	250.34
有机肥外购	元		1205.00	170.56			30.59			91.38
农药、除草剂费	元	537.74	359.04	286.10		90.00	104.49		260.00	230.93
农膜费	元	129.00	341.47	130.22			23.98		802.50	118.11
排灌费	元	438.89	419.63	53.33		80.00	28.10		2300.00	227.20
机械费	元	1128.50	1480.51	3058.96		98.57	107.49		3233.33	1345.48
土地租赁费（含实物折价）	元/年	2400.00	16037.78	5971.80			21.06		2325.00	2658.34
自家投劳	工日	108.06	43.49	74.87		15.71	38.12		63.33	53.27
雇工	工日	14.72	10.20	31.16		3.00	2.50			10.40
雇工平均价格	元/工日	192.22	112.86	134.69		80.00	15.82			67.73
运输仓储费	元	70.00	148.33	0.00			6.07			17.13
贷款利息	元			912.50			0.00			43.45
保险费支出	元		56.99	83.88			0.00		175.00	37.70
其他费用	元			4720.14			64.84		2500.00	1726.29

2.2.1.2 小麦

（1）当年小麦生产及销售情况

指标名称	单位	河北	吉林	福建	山东	河南	云南	陕西	新疆	全国
年初库存	千克	57.64	0.00		123.60	155.90	56.75	97.95	108.32	108.40
播种面积	亩	5.79	10.00		6.04	6.29	2.95	4.46	6.68	5.47
当年产量	千克	2483.29	800.00		2586.78	2323.64	565.14	1010.37	1354.51	1837.70
因灾减产	千克	0.00	500.00		86.61	415.64	287.21	382.86	389.17	236.85
获得农业保险赔偿	元	0.00	180.00		5.65	62.44	1.33		60.00	7.52
自食、送人数量	千克	433.29			280.94	404.99	15.79	432.89	420.50	357.06

（续表）

指标名称	单位	河北	吉林	福建	山东	河南	云南	陕西	新疆	全国
用于饲料数量	千克	0.00			1.32	1000.00	349.14	525.00	895.20	205.04
总销售量	千克	2627.18			2307.44	2567.21	352.27	1388.15	3943.23	2233.33
总销售收入	元	5834.64	2400.00		5237.41	5028.89	881.35	2773.72	7526.75	4820.33
留种自用	千克	82.88			11.60	50.00	5.07	80.69	190.00	24.67
本年末库存	千克	892.50			171.60	551.14	84.27	609.79	408.33	376.63
本年副产品收入	元	30.00			1.49	400.00	61.64	205.00	590.00	44.69
下年预计播种面积	亩	5.69			5.84	6.55	1.71	4.50	8.06	5.41

（2）小麦成本投入

指标名称	单位	河北	吉林	福建	山东	河南	云南	陕西	新疆	全国
种子、秧苗数量	千克	92.26	20.00		80.98	81.88	27.21	40.41	101.42	70.38
种子、秧苗金额	元	303.31	850.00		278.03	400.67	130.77	204.71	360.32	293.27
化肥施用量	千克	339.88	525.00		295.39	383.27	143.95	278.75	207.30	309.92
化肥金额	元	832.54	1640.00		751.64	1000.74	305.00	501.66	555.86	737.77
有机肥自产	元	228.18			2.46	659.35	61.09	50.00	250.67	102.83
有机肥外购	元	127.27			104.64	600.00	8.70	862.50	206.18	118.61
农药、除草剂费	元	99.06	250.00		145.65	161.53	79.22	80.77	111.00	121.87
农膜费	元	0.00			0.06		1.32	90.00	18.00	2.18
排灌费	元	330.77			306.61	187.04	3.16	291.11	246.48	270.89
机械费	元	554.10			453.46	597.74	198.83	419.78	467.95	497.24
土地租赁费（含实物折价）	元 / 年				20.20	216.67	0.37	347.00	219.41	40.19
自家投劳	工日	21.77	20.00		67.40	17.46	58.44	19.27	69.61	35.24
雇工	工日	4.60			0.80	100.71	0.05	69.56	6.67	6.15
雇工平均价格	元 / 工日	49.33			6.84	82.50	5.12	80.00	127.31	22.72
运输仓储费	元	0.00			18.93	55.79	5.13	133.89	975.46	133.46
贷款利息	元	0.00			0.08		0.00	100.00	4390.24	371.12
保险费支出	元	35.97	84.00		28.33	39.00	0.00		492.75	52.79
其他费用	元	107.33			12.21	172.96	182.70	145.00	684.75	115.99

2.2.1.3 玉米

（1）当年玉米生产及销售情况

指标名称	单位	河北	吉林	福建	山东	河南	云南	陕西	新疆	全国
年初库存	千克	18.20	244.70	0.00	33.02	14.31	142.39	0.00	58.20	92.80
播种面积	亩	5.28	17.98	1.07	5.85	6.69	3.93	4.37	16.73	8.39
当年产量	千克	2720.31	10037.97	1266.67	2659.66	2656.10	1133.04	1838.01	9924.26	4049.60
因灾减产	千克	254.00	1322.89		101.36	528.98	482.03		1190.93	541.43

（续表）

指标名称	单位	河北	吉林	福建	山东	河南	云南	陕西	新疆	全国
获得农业保险赔偿	元	81.14	200.89		8.50	22.14	2.18		27.06	56.30
自食、送人数量	千克	124.95	285.71		67.70	55.00	27.29	82.00	29.70	75.47
用于饲料数量	千克	339.81	1097.79	100.00	60.76	2718.18	673.75	2400.00	802.70	604.17
总销售量	千克	3008.16	10570.70	1233.33	2511.76	2659.39	774.95	1929.25	12310.08	4546.83
总销售收入	元	5523.18	15002.26	2433.33	4125.96	4269.83	2310.49	3264.07	25381.93	7800.42
留种自用	千克	30.00	128.33		1.46		6.36	100.00	175.00	6.77
本年末库存	千克	840.53	922.99		73.26	58.78	213.72	1200.00	830.00	328.82
本年副产品收入	元	84.12	366.67		1.44	75.00	68.14	300.00	0.00	41.02
下年预计播种面积	亩	5.71	17.97		5.48	6.69	2.32	4.42	20.05	7.39

（2）玉米成本投入

指标名称	单位	河北	吉林	福建	山东	河南	云南	陕西	新疆	全国
种子、秧苗数量	千克	14.22	41.88	0.40	19.86	18.95	21.84	9.81	76.92	27.27
种子、秧苗金额	元	274.86	1005.12	153.33	281.37	323.92	293.35	207.85	1013.81	475.08
化肥施用量	千克	281.07	911.58	116.67	304.74	373.81	283.90	272.10	782.80	449.17
化肥金额	元	664.90	2662.91	263.33	719.69	959.05	528.46	528.49	2177.99	1162.94
有机肥自产	元	114.81	771.71		1.11	336.67	177.89	50.00	268.86	101.79
有机肥外购	元	203.43	555.13	86.67	17.15		46.04	130.00	95.27	55.77
农药、除草剂费	元	92.35	345.98	63.33	166.99	144.26	129.48	75.56	323.96	187.75
农膜费	元	0.00	377.78		8.04		22.70		781.78	175.45
排灌费	元	371.98	1293.85		250.51	166.46	12.86	160.00	1548.13	468.22
机械费	元	402.87	1132.56	146.67	436.41	468.86	110.64	448.51	1694.12	566.81
土地租赁费（含实物折价）	元/年	85.00	3048.95		62.27	120.00	76.75	3000.00	1300.11	337.26
自家投劳	工日	21.80	49.24		30.59	16.55	38.19	24.44	28.45	32.08
雇工	工日	6.80	12.38		0.22	13.40	0.73		2.16	1.03
雇工平均价格	元/工日	48.20	112.05		2.06	100.00	5.36	70.00	62.27	15.75
运输仓储费	元	0.00	488.24		19.12	55.00	12.69	153.38	395.36	69.39
贷款利息	元		500.38		0.07		0.79		620.47	29.85
保险费支出	元	30.80	110.63		18.98	0.00	1.55		43.66	36.97
其他费用	元	85.75	531.62		0.57	164.00	66.48		215.71	100.06

2.2.2 畜牧业

2.2.2.1 生猪

（1）生猪生产及销售情况

指标名称	单位	河北	吉林	福建	山东	河南	云南	陕西	新疆	全国
年末存栏数量	头	23.85	15.67	1.40	80.00	29.40	2.77	60.00	19.53	5.81
年末能繁母畜存栏数量	头	5.47	0.67	0.00	15.00	4.50	0.71	7.50	3.53	1.26
新生、新购数量	头	40.40	5.33	0.80	100.00	28.75	7.50	0.00	13.42	9.42
出栏或产量	头	119.71	78.00	2.00	100.00	114.17	21.50	105.00	19.21	31.10
因灾减产或死亡	头	13.20			0.00	5.00	2.37		3.67	3.02
获得农业保险赔偿	元	0.00			0.00		0.18		0.75	0.20
自食或送人数量	千克	9.50	12.00		0.00	3.00	3.28		12.92	4.03
总销售收入	元	39824.29	15000.00	7250.00		10562.50	10553.57	64000.00	23592.86	12938.17
仔（中）畜（禽苗）销售收入	元	0.00			0.00	5200.00	3624.35		8501.63	3991.94
平均出栏活重或单产	千克 / 头	150.45	120.00	150.00	120.00	118.33	106.75		115.00	111.42
副产品收入	元	600.00			0.00	100.00	0.31			10.75
下年生产计划	头	83.50	20.00	2.00	100.00	83.00	8.75		5.00	15.14

（2）生猪成本投入

指标名称	单位	河北	吉林	福建	山东	河南	云南	陕西	新疆	全国
仔畜（禽苗）自繁数量	头	58.46	4.00	0.00	0.00	26.50	4.99	60.00	19.19	8.77
仔畜（禽苗）外购数量	头	47.64	0.60	2.20	0.00	11.67	3.32	30.00	3.67	5.72
仔畜（禽苗）外购金额	元	1691.67	300.00	1368.00	0.00	1400.00	1007.51	0.00	2098.67	1085.29
饲料外购数量	千克	9770.00		470.00	5000.00	7562.50	1031.67	29500.00	7157.14	2089.69
饲料外购金额	元	46902.22	20620.00	1196.00	30000.00	43700.00	3621.25	45750.00	11660.71	7382.43
饲料自产数量	千克	445.00	2300.00	312.50		3302.00	1060.07		2268.75	1137.28
饲料自产折价金额	元	2132.86	966.67	375.00	8000.00	3350.00	2210.12		3992.86	2263.79
防疫及兽药	元	3061.11	600.00	120.00	2500.00	1278.33	265.06	2100.00	471.67	564.78
水电费	元	675.56	250.00	52.00		796.67	131.06	700.00	294.29	229.79
自家投劳数量	工日	202.08	215.00	35.00		291.67	136.02	280.00	114.00	144.81
雇工数量	工日		1.00		0.00	0.00	0.03			0.04
雇工价格	元 / 工日				0.00		0.00			0.00

（续表）

指标名称	单位	河北	吉林	福建	山东	河南	云南	陕西	新疆	全国
场地租赁费（包括实物折价）	元/年	385.71			0.00		0.00		300.00	41.10
贷款利息	元				0.00		0.00			0.00
保险费支出	元						19.26			19.26
其他费用	元	200.00	200.00		0.00	1000.00	34.77			53.04

2.2.2.2 肉牛

（1）肉牛生产及销售情况

指标名称	单位	河北	吉林	福建	山东	河南	云南	陕西	新疆	全国
年末存栏数量	头	0.00	4.61		6.67		3.89		9.25	7.10
年末能繁母畜存栏数量	头	0.00	3.63				1.87		5.95	4.44
新生、新购数量	头		1.92				2.11		3.38	2.79
出栏或产量	头	12.00	5.29				3.15		5.35	5.05
因灾减产或死亡	头		2.00		0.00		0.00		1.42	0.91
获得农业保险赔偿	元		90.00		0.00		0.00		0.29	5.41
自食或送人数量	千克		1.00		0.00		1549.00		2.82	362.12
总销售收入	元	96000.00	22750.00		513.33		16389.33		20007.83	19823.85
仔（中）畜（禽苗）销售收入	元		20500.13		341.67		742.64		8720.15	8331.65
平均出栏活重或单产	千克/头	450.00	160.60				233.92		149.67	191.06
副产品收入	元	0.00	105.00				0.22		609.14	242.83
下年生产计划	头	0.00	10.67				4.00		10.97	8.71

（2）肉牛成本投入

指标名称	单位	河北	吉林	福建	山东	河南	云南	陕西	新疆	全国
仔畜（禽苗）自繁数量	头	3.00	3.54				2.53		4.06	3.42
仔畜（禽苗）外购数量	头		1.16				0.85		0.75	0.89
仔畜（禽苗）外购金额	元		1012.08				2209.36		1738.00	1740.16
饲料外购数量	千克	1000.00	2073.00				850.74		1938.40	1658.16
饲料外购金额	元	5000.00	2660.00				2127.08		3814.29	3214.22
饲料自产数量	千克		2478.64				845.79		3957.29	2547.31
饲料自产折价金额	元		3310.00				1687.90		3452.00	2758.27
防疫及兽药	元		600.00				71.15		173.33	265.55
水电费	元		307.14				134.17		250.00	235.95
自家投劳数量	工日	250.00	238.67				154.97		137.85	167.61
雇工数量	工日						0.00		160.00	49.23
雇工价格	元/工日						23.64		66.50	30.23

（续表）

指标名称	单位	河北	吉林	福建	山东	河南	云南	陕西	新疆	全国
场地租赁费（包括实物折价）	元 / 年						0.00		0.00	0.00
贷款利息	元						200.00		2500.00	583.33
保险费支出	元		400.00				0.00		206.00	102.25
其他费用	元		500.00				0.00		485.00	287.27

2.2.2.3 肉羊

（1）肉羊生产及销售情况

指标名称	单位	河北	吉林	福建	山东	河南	云南	陕西	新疆	全国
年末存栏数量	只	60.00	59.29		50.00	80.00	22.14		55.37	52.57
年末能繁母畜存栏数量	只	15.00	21.13		20.00	80.00	11.36		40.61	36.63
新生、新购数量	只	0.00	11.57		20.00	150.00	9.71		23.87	22.60
出栏或产量	只	57.00	43.00		21.00	80.00	11.20		32.08	32.20
因灾减产或死亡	只				1.00	10.00	2.00		4.94	4.68
获得农业保险赔偿	元						0.00		2.53	1.90
自食或送人数量	千克	1.00	6.50			2.00	0.00		13.15	12.26
总销售收入	元	57000.00	33500.00				8670.00		27684.31	26305.81
仔（中）畜（禽苗）销售收入	元		50000.00				1.20		16861.28	16442.14
平均出栏活重或单产	千克 / 只	30.00	36.67		50.00		38.50		26.50	29.51
副产品收入	元						0.00		508.86	411.00
下年生产计划	只	3.00	156.67		20.00		9.17		68.63	63.81

（2）肉羊成本投入

指标名称	单位	河北	吉林	福建	山东	河南	云南	陕西	新疆	全国
仔畜（禽苗）自繁数量	只	0.00	18.71		20.00	150.00	7.90		28.63	26.83
仔畜（禽苗）外购数量	只	0.00	2.00			0.00	1.20		0.78	0.87
仔畜（禽苗）外购金额	元	0.00	12.50			0.00	620.00		604.82	570.89
饲料外购数量	千克		8500.00		350.00	0.00	0.00		2307.70	2313.24
饲料外购金额	元		6425.00		730.00	0.00	142.86		4701.67	4290.79
饲料自产数量	千克	50.00	6783.33		4200.00	530.00	250.00		3072.59	3009.20
饲料自产折价金额	元	300.00	4036.00		7560.00		525.00		2685.90	2534.04
防疫及兽药	元		1166.67				221.43		379.29	402.15
水电费	元		430.00		200.00		5.71		211.55	196.62
自家投劳数量	工日	200.00	236.00		180.00	365.00	203.33		82.16	109.58
雇工数量	工日						0.00		146.69	100.37
雇工价格	元 / 工日						8.57		1690.00	997.65

（续表）

指标名称	单位	河北	吉林	福建	山东	河南	云南	陕西	新疆	全国
场地租赁费（包括实物折价）	元/年				1200.00		0.00		0.00	150.00
贷款利息	元		3000.00		4800.00		0.00		725.00	891.67
保险费支出	元						0.00		0.00	0.00
其他费用	元		500.00				0.00		1785.56	1305.60

2.2.2.4 肉鸡

（1）肉鸡生产及销售情况

指标名称	单位	河北	吉林	福建	山东	河南	云南	陕西	新疆	全国
年末存栏数量	只		10.00	11.41	0.33	0.00	11.73		24.11	11.99
年末能繁母畜存栏数量	只		10.00	1.25		0.00	1.59		3.60	1.60
新生、新购数量	只		0.00	15.87	40.00		13.46		20.00	14.32
出栏或产量	只			20.20	260.00		25.04		56.75	32.22
因灾减产或死亡	只			0.33	0.00	180.00	7.31		16.20	11.51
获得农业保险赔偿	元			1.67	0.00		0.21			0.34
自食或送人数量	只			11.87	0.00	20.00	9.99		13.00	10.45
总销售收入	元			57493.75	346.67	94990.00	26363.21		1450.00	29752.41
仔（中）畜（禽苗）销售收入	元			6.25	335.00		186.50			179.44
平均出栏活重或单产	千克/只			3.54			4.18		2.65	3.92
副产品收入	元			0.00		1200.00	0.52		300.00	45.91
下年生产计划	只			25.58			23.45		12.50	23.50

（2）肉鸡成本投入

指标名称	单位	河北	吉林	福建	山东	河南	云南	陕西	新疆	全国
仔畜（禽苗）自繁数量	只		15.71	4.28		0.00	3.64		10.83	4.44
仔畜（禽苗）外购数量	只		2.86	12.54		17.50	19.52		7.50	16.56
仔畜（禽苗）外购金额	元		5.71	210.12		87.50	317.77		66.67	265.96
饲料外购数量	千克		250.00	235.93			148.69		73.00	174.33
饲料外购金额	元		460.00	537.24			472.33		186.00	479.78
饲料自产数量	千克		250.00	190.48		200.00	305.39		66.67	257.59
饲料自产折价金额	元		800.00	307.90		327.50	557.14		115.00	459.99
防疫及兽药	元			42.93		10.00	81.64		50.00	63.83
水电费	元		200.00	2.50		15.00	95.92		10.00	86.22
自家投劳数量	工日		26.00	18.59		59.33	44.63			37.54
雇工数量	工日			0.00		10.00	0.39			0.63
雇工价格	元/工日			0.00		60.00	0.00			1.82

（续表）

指标名称	单位	河北	吉林	福建	山东	河南	云南	陕西	新疆	全国
场地租赁费（包括实物折价）	元 / 年			0.00			0.00			0.00
贷款利息	元			0.00			0.00			0.00
保险费支出	元			0.00			0.00			0.00
其他费用	元			114.17			91.38			98.05

2.3 农户家庭收支情况

2.3.1 农户家庭收入

指标名称	单位	河北	吉林	福建	山东	河南	云南	陕西	新疆	全国
出售家庭资产收入（如房子、机械、家电等）	元	0.94	38.46	21.71	6.91	35.80	9.34	500.00	56.82	11.84
县域内农业务工收入	元	1135.78	12045.25	6822.37	553.57	8285.71	3763.25	10186.21	5358.20	3705.67
县域内工业、建筑业、采矿业打工收入	元	7794.10	16662.16	19572.28	1630.85	20834.15	7721.38	16712.99	6973.53	9318.87
县域内交通运输、邮电业打工收入	元	1630.68	9850.00	15908.33	367.77	18600.00	1831.01	8300.00	16750.00	1930.14
县域内批发、零售、贸易、餐饮业打工收入	元	9386.18	14775.00	14733.33	745.00	18300.00	1661.74	15212.00	17200.00	4984.25
县域内社会服务业、文教卫生业打工收入	元	11276.04	14094.12	18890.80	1829.15	19788.00	5009.09	15172.73	19974.32	8339.32
县域外农业务工收入	元	6000.00	17400.00	12000.00	0.00	11000.00	1180.70	9833.33	12000.00	1340.29
县域外工业、建筑业、采矿业打工收入	元	28301.14	29090.91	27381.60	480.39	29485.71	7594.31	24920.75	25360.00	13201.33
县域外交通运输、邮电业打工收入	元	7088.24	7500.00	17000.00	0.00		1336.72	17500.00	17200.00	1330.98
县域外批发、零售、贸易、餐饮业打工收入	元	18028.57		24532.31	0.00	22000.00	2470.54	22940.00	22500.00	4845.39
县域外社会服务业、文教卫生业打工收入	元	18506.82	26000.00	23084.62	257.56	21666.67	2448.28	22505.00	12200.00	5813.24
利息	元	1474.02	914.29	790.34	531.39	1184.20	195.79	1534.12	1377.65	987.63
股息	元	0.00			0.00		0.00			0.00
土地征用补偿	元	225.20	1800.00	800.00	12.18		17.40			24.46

（续表）

指标名称	单位	河北	吉林	福建	山东	河南	云南	陕西	新疆	全国
土地出租租金	元	3249.81	2942.76	1608.53	244.64	3486.17	843.07	1600.00	3280.00	1482.63
房屋租赁收入	元	0.00			0.00		0.00		200.00	0.66
机械设备租赁收入	元	0.00			0.00		0.00			0.00
从村集体分得福利收入	元	0.00			7.89		0.00			5.19
种粮补贴（包括粮食直接补贴、粮食作物良种补贴、农业生产资料综合补贴和农机具购置补贴）	元	500.55	2052.59	256.64	301.16	692.94	416.39	479.52	685.12	659.75
非粮食类农作物良种补贴	元	724.48			0.61	687.00	128.31		542.13	112.97
畜牧业补贴	元	0.00			0.00		0.00		0.00	0.00
渔业补贴	元	0.00			0.00		0.00		0.00	0.00
林业补贴（不包括退耕还林还草）	元	35.25	100.00	60.58	0.00		5.42	75.06	0.00	5.89
退耕还林还草补偿	元	49.67	298.57		0.00	33.00	33.13	321.96	0.00	54.82
草原生态补贴	元	0.00	500.00		0.00		73.05	35.00	4308.22	602.46
救济金、救灾款	元	0.00			0.00		0.00		0.00	0.00
无偿扶贫款	元	0.00			0.00		0.00		0.00	0.00
抚恤金	元	0.00			0.00		0.00		0.00	0.00
低保金	元	1770.25	1774.67	2300.00	30.24	2168.00	280.34	1875.67	1977.29	333.26
退休金	元	550.00	1352.00	1440.00	67.98	1920.00	147.66		1560.00	154.87
合作社利润返还	元	0.00			0.00		0.00			0.00
社会保障收入	元	1214.57			60.74	1210.00	67.62			344.76
社会保障收入其中：农村新型合作医疗报销	元	459.67	1292.48	1179.38	523.05	802.28	1020.68	1142.60	1663.11	840.22
社会保障收入农村养老保险年金	元	1518.18	1458.07	1765.09	560.74	1675.14	630.54	1383.72	1525.00	1161.24
社会保障收入城镇医疗保险报销	元	0.00			0.00		0.00			0.00
社会保障收入城镇养老保险年金	元	1394.83	9433.33	3980.00	28.10	9360.00	46.25	1250.00		237.38
棋牌娱乐收入（如亏损，用负数表示）	元	114.75		-498.00	4.49	766.67	-52.17	-636.67	-790.00	28.45
人情礼收入	元	618.45	3978.57	2306.25	370.87	1989.86	367.20	5012.50	1035.25	891.50
彩礼、陪嫁	元	0.00			0.00		14.75		850.00	10.64
商业保险赔付	元	0.00			0.00		0.00			0.00

（续表）

指标名称	单位	河北	吉林	福建	山东	河南	云南	陕西	新疆	全国
家庭非常住人口寄回或带回、亲友赠送	元	1496.92	1500.00	3283.33	732.24	3014.29	161.40	1300.00	1235.24	926.78
新农村建设建房补贴	元	0.00			0.00		28.69		2750.00	27.19

2.3.2 农户家庭收入（分行业）

指标名称	单位	河北	吉林	福建	山东	河南	云南	陕西	新疆	全国
农业生产服务总收入	元	1491.23	30623.11	36578.67	486.00	2260.83	16469.67	25339.16	39194.38	15748.40
收入林业总收入	元	0.00	0.00	0.00	−1.32	0.00	0.00	0.00	0.00	−0.41
工业总收入	元	0.00	0.00	0.00	0.00	0.00	0.00	0.00	0.00	0.00
建筑业总收入	元	0.00	11666.67		35.09		234.57	14940.00		478.27
交通运输业、邮电业总收入	元	4285.71	14800.00	24266.67	0.00	15000.00	375.00	0.00		596.89
批发和零售贸易、餐饮业总收入	元	32200.00	17714.29	37246.67	681.42	30.00	3602.60	18330.00	35000.00	4652.86
社会服务业总收入	元		7000.00	10000.00	0.00		0.00	5500.00	1000.00	114.89
文教卫生业总收入	元				0.00		0.00			0.00
农业生产服务纯收入	元	1114.04	17912.00	16324.99	61.92	1485.71	11539.66	4315.79	24392.01	8824.81
林业纯收入	元	0.00	0.00	0.00	0.00	0.00	0.00	0.00	0.00	0.00
工业纯收入	元	0.00	0.00	0.00	0.00	0.00	0.00	0.00	0.00	0.00
建筑业纯收入	元	0.00	10750.00	20000.00	35.24	11666.67	527.78			534.29
交通运输业、邮电业纯收入	元	2142.86	18000.00	12067.50	0.00		289.86	0.00	500.00	442.99
批发和零售贸易、餐饮业纯收入	元	22500.00	16800.00	19433.33	530.97	30000.00	2226.06	28000.00	25333.33	3373.66
社会服务业纯收入	元		9500.00	8000.00	0.00	11520.00	544.44		6000.00	289.49
文教卫生业纯收入	元				0.00		0.00			0.00

2.3.3 农户家庭经营支出、生产性固定资产支出和税费支出

指标名称	单位	河北	吉林	福建	山东	河南	云南	陕西	新疆	全国
农业生产服务支出	元	413.56	7898.86	8066.50	243.56	751.72	3456.60	4291.74	7474.85	4011.97
林业支出	元	0.00	0.00	0.00	0.00	0.00	0.00	0.00	0.00	0.00
工业生产支出	元	0.00	0.00	0.00	0.00	0.00	0.00	0.00	0.00	0.00
建筑业生产支出	元	23.26	240.00	83.33	12.47	28.70	102.19	43.59	1000.00	57.97
交通运输业、邮电业支出	元	531.53	815.88	1716.13	23.04	177.97	481.97	382.61	2833.89	477.17
批发和零售贸易、餐饮业支出	元	2316.33	1295.81	6117.65	86.97	361.02	745.27	4247.92	2800.16	1040.76

（续表）

指标名称	单位	河北	吉林	福建	山东	河南	云南	陕西	新疆	全国
社会服务业支出	元	5.77	17.86	170.43	0.45	55.98	26.64	244.19	1011.82	39.39
文教卫生业支出	元	451.36	1482.53	1343.75	60.22	169.74	489.96	1644.90	4241.40	571.36
其他家庭经营费用支出	元	1007.65	2565.18	1398.08	6.53	26.55	363.07	545.71	3591.29	494.03
建造和购置生产性固定资产的费用支出	元	242.15	820.97	105.00	370.53	876.86	313.51	1036.11	3239.47	506.09
生产性固定资产折旧（使用年限15年）	元	52.53	788.76	130.43	538.28	487.35	120.46	136.36	1757.14	425.01
第一产业纳税（农、林、牧、渔业）	元	0.00	0.00	0.00	3.75	0.00	1.16	0.00	408.83	4.39
第二产业纳税（工业和建筑业）	元	0.00	0.00	0.00	0.00	0.00	0.00	0.00	0.00	0.00
第三产业纳税（商业和服务业）	元	0.00	0.00	0.00	0.00	0.00	0.00	0.00	0.00	0.00
“一事一议”筹资	元	88.24	18.19	30.00	5.07	16.25	9.48	137.44	158.18	32.03
其他各项集资收费	元	0.00	0.00	0.00	0.00	0.00	0.00	0.00	0.00	0.00

2.3.4 农户家庭食品消费数量及支出

2.3.4.1 农户家庭全年食品购买数量（不含自产自用）

指标名称	单位	河北	吉林	福建	山东	河南	云南	陕西	新疆	全国
面粉	千克	131.99	100.11	20.06	202.73	129.53	19.18	189.02	232.68	122.18
大米	千克	69.22	159.52	201.97	38.25	65.56	170.24	25.64	73.82	102.27
玉米面	千克	18.12	42.54	0.00	11.10	13.10	4.82	14.65	16.84	16.14
小米	千克	24.70	20.44	4.00	11.02	11.36	0.50	12.39	22.58	15.17
高粱	千克	0.00	0.00		0.00		0.00	0.00	0.00	0.00
其他谷物及其制品（荞麦、燕麦、大麦、糜子、黍子、薏仁、籽粒苋等，谷物制品折粮计算）	千克	12.34	9.38	5.00	0.15	10.00	5.55	12.67	3.75	2.81
薯类（红薯、马铃薯、木薯、芋类等，不包括菜用）	千克	27.78	68.74	26.64	17.59	33.79	67.65	28.48	52.72	37.13
粮食复制品（利用原粮加工而成的食品，如挂面、年糕等；但不包括用粮食加工成的豆油、豆腐、粉条、酒等）	千克	18.83	16.45	20.87	11.57	20.03	19.01	16.37	16.66	16.81
大豆	千克	12.79	18.29	9.74	2.85	7.43	5.31	6.77	4.00	6.75
杂豆（绿豆、红豆、蚕豆、豌豆、豇豆、扁豆、黑豆等）	千克	7.63	8.45	9.40	1.67	7.38	11.78	8.80	9.44	6.50

（续表）

指标名称	单位	河北	吉林	福建	山东	河南	云南	陕西	新疆	全国
豆制品（各种豆腐、豆腐干/皮/丝、千张、素鸡、腐竹、豆浆粉、豆浆、豆奶、豆腐脑等）	千克	18.58	23.07	18.54	9.55	24.19	18.08	23.06	15.58	18.29
植物性食用油（花生油、芝麻油、菜籽油、豆油、茶油、棉籽油等）	千克	38.03	36.78	35.79	30.02	39.27	25.17	44.81	51.51	36.97
动物性食用油（猪油、牛油、羊油等）	千克	10.88	21.74	18.96	0.03	17.50	22.91	6.62	10.42	11.23
猪肉及制品	千克	39.27	48.83	73.53	26.67	44.00	53.88	23.40	32.89	44.22
牛肉及制品	千克	8.19	10.21	12.65	1.90	7.55	9.40	4.98	27.27	9.38
羊肉及制品	千克	7.69	10.35	10.52	1.97	9.61	7.10	4.31	42.89	11.60
鸡肉及制品	千克	12.59	15.15	18.10	8.65	20.26	15.32	11.42	18.12	14.30
其他禽肉及制品（鸭、鹅、鹌鹑、鸽、麻雀、火鸡等）	千克	7.50	13.61	13.69	0.16	7.13	1.88	3.00	11.35	3.19
其他肉类及制品（狗肉、驴肉、马肉、蛇肉、兔肉、鹿肉、蛙类等，但不包括鱼、虾等水产品）	千克	7.60	7.16	7.08	0.14	5.00	0.26	4.00	3.25	0.93
畜禽下水（内脏）及制品	千克	6.29	5.17	3.81	0.15	4.84	0.33	10.00	5.00	1.36
鸡蛋及制品	千克	33.41	28.33	17.58	37.19	33.99	19.26	21.79	20.17	28.36
鸭蛋及制品	千克	5.92	8.62	12.02	0.44	6.43	1.81	2.00	3.33	4.14
其他蛋类及制品（鹅蛋、鹌鹑蛋、鸽蛋等）	千克	4.00	3.00		0.05	5.00	0.57	3.82	1.00	0.32
鲜奶（牛奶、羊奶等）	千克	25.25	15.69	34.64	23.37	36.67	12.45	22.98	32.49	24.47
奶制品（酥油、奶粉、酸奶、炼乳、可可奶、麦乳精等）	千克	18.54	19.44	12.49	0.72	19.43	9.72	12.67	14.73	9.23
鱼类及制品	千克	14.88	21.29	22.54	8.30	16.35	14.31	7.13	17.20	15.88
虾蟹类及制品	千克	7.17	5.72	6.41	1.42	7.50	1.06	6.00	5.89	2.75
其他水产品及制品	千克	7.31	7.17	5.81	0.20	5.40	0.16	5.11	3.33	1.07
蔬菜及菜制品（鲜菜、干菜，以及腌菜、榨菜、泡菜、酱菜等各类菜制品和蔬菜罐头，蔬菜和菜制品按鲜菜数量进行统计）	千克	158.52	108.15	149.06	186.22	164.69	134.83	138.28	181.89	153.72
水果及水果制品（各类鲜食水果、果用瓜、干果、蜜饯及水果罐头等）	千克	64.77	49.08	44.54	50.02	58.81	67.33	48.82	57.40	55.47
坚果及果仁制品（核桃、板栗、开心果、榛子、杏仁等坚果、果仁及其制品）	千克	8.67	12.11	6.65	2.74	8.96	8.73	9.09	11.59	7.16
卷烟（盒）	千克	168.25	217.32	261.10	95.93	206.97	165.31	197.26	157.99	176.37
烟丝、烟叶等其他烟	千克	5.30	6.52	1.25	0.31		3.27		6.00	1.49
酒类（白酒、黄酒、啤酒、果酒等）	千克	24.76	51.23	49.11	17.14	34.03	33.88	14.55	25.70	31.92

（续表）

指标名称	单位	河北	吉林	福建	山东	河南	云南	陕西	新疆	全国
食糖（白糖、红糖、冰糖、方糖等，不包括糖果、糖精）	千克	6.05	7.49	10.09	1.69	6.30	9.23	5.89	8.66	6.46
蜂蜜	千克	2.99	4.78	2.82	0.36	3.13	1.14	3.88	3.32	1.71
茶叶	千克	1.06	2.71	4.75	1.59	2.00	2.28	2.38	4.88	2.43
其他饮料（瓶/桶装水、碳酸类、果汁类、冲泡类等除酒、茶外的各种固/液体饮料以及雪糕等冷饮）	千克	16.31	32.42	19.83	2.35	26.46	28.17	20.75	16.45	16.96
调味品	千克	15.85	12.81	11.82	13.63	10.64	17.54	15.62	10.21	13.80

2.3.4.2 农户家庭全年食品购买金额（不含自产自用）

指标名称	单位	河北	吉林	福建	山东	河南	云南	陕西	新疆	全国
面粉	元	481.23	373.04	110.04	674.34	379.80	91.00	330.24	934.72	413.07
大米	元	279.64	796.03	823.62	204.59	321.91	668.58	148.92	533.38	475.80
玉米面	元	80.01	79.97	0.14	34.97	28.40	18.63	34.36	116.96	50.19
小米	元	167.27	114.32	1.93	90.85	88.39	1.34	61.45	73.15	94.63
高粱	元	0.00	0.00	0.00	0.00	0.00	0.00	0.00		0.00
其他谷物及其制品（荞麦、燕麦、大麦、糜子、黍子、薏仁、籽粒苋等，谷物制品折粮计算）	元	27.48	14.44	7.63	1.29	5.15	26.83	36.76	80.00	12.49
薯类（红薯、马铃薯、木薯、芋类等，不包括菜用）	元	65.25	127.92	70.68	47.38	79.21	136.59	106.34	134.10	88.05
粮食复制品（利用原粮加工而成的食品，如挂面、年糕等；但不包括用粮食加工成的豆油、豆腐、粉条、酒等）	元	95.73	100.21	153.34	66.99	131.35	131.62	88.75	138.07	105.37
大豆	元	59.08	77.32	49.72	16.74	18.63	22.17	39.67	75.85	38.12
杂豆（绿豆、红豆、蚕豆、豌豆、豇豆、扁豆、黑豆等）	元	52.00	47.03	60.65	13.45	29.62	57.04	54.49	86.63	40.30
豆制品（各种豆腐、豆腐干/皮/丝、千张、素鸡、腐竹、豆浆粉、豆浆、豆奶、豆腐脑等）	元	102.60	146.09	125.90	60.32	152.08	106.00	116.10	101.93	111.78
植物性食用油（花生油、芝麻油、菜籽油、豆油、茶油、棉籽油等）	元	445.79	367.35	498.69	400.41	492.86	311.53	641.81	651.67	458.02
动物性食用油（猪油、牛油、羊油等）	元	79.01	254.38	332.98	4.82	62.54	408.11	101.43	185.55	182.57
猪肉及制品	元	770.88	915.16	1485.88	667.96	978.19	1202.03	499.34	892.74	921.51
牛肉及制品	元	239.90	377.63	706.10	115.39	454.37	574.87	242.84	1426.66	477.47
羊肉及制品	元	261.74	222.72	591.91	122.16	343.87	354.68	120.18	2274.17	577.78

（续表）

指标名称	单位	河北	吉林	福建	山东	河南	云南	陕西	新疆	全国
鸡肉及制品	元	178.95	226.13	447.32	149.29	306.80	259.09	99.41	440.51	253.58
其他禽肉及制品（鸭、鹅、鹌鹑、鸽、麻雀、火鸡等）	元	53.94	66.16	237.39	5.23	52.74	44.50	25.00	229.38	54.99
其他肉类及制品（狗肉、驴肉、马肉、蛇肉、兔肉、鹿肉、蛙类等，但不包括鱼、虾等水产品）	元	40.31	61.23	94.49	2.69	8.18	8.42	7.20	243.33	19.59
畜禽下水（内脏）及制品	元	105.13	23.99	31.17	9.68	79.56	2.55	14.00	204.29	32.22
鸡蛋及制品	元	240.92	194.54	194.15	263.18	254.06	186.33	219.46	217.83	225.39
鸭蛋及制品	元	33.80	59.76	132.69	6.41	46.05	14.48	8.33	85.78	44.17
其他蛋类及制品（鹅蛋、鹌鹑蛋、鸽蛋等）	元	5.57	4.06	0.62	0.84	0.00	2.13	0.00	57.33	1.75
鲜奶（牛奶、羊奶等）	元	162.75	135.54	304.11	195.21	98.12	113.19	295.87	358.05	206.17
奶制品（酥油、奶粉、酸奶、炼乳、可可奶、麦乳精等）	元	215.19	77.97	184.40	23.09	304.57	100.84	161.34	260.52	135.90
鱼类及制品	元	184.05	243.04	317.09	119.29	182.38	202.37	87.30	236.07	202.97
虾蟹类及制品	元	196.09	65.59	179.45	64.12	34.17	18.29	0.00	175.83	84.63
其他水产品及制品	元	34.60	30.30	71.56	4.32	20.78	2.29	0.00	135.71	16.73
蔬菜及菜制品（鲜菜、干菜，以及腌菜、榨菜、泡菜、酱菜等各类菜制品和蔬菜罐头，蔬菜和菜制品按鲜菜数量进行统计）	元	385.97	477.89	749.70	725.94	434.21	425.42	878.53	834.60	578.57
水果及水果制品（各类鲜食水果、果用瓜、干果、蜜饯及水果罐头等）	元	241.82	284.44	392.07	262.62	309.88	409.51	319.63	442.52	319.02
坚果及果仁制品（核桃、板栗、开心果、榛子、杏仁等坚果、果仁及其制品）	元	146.68	85.67	153.10	60.66	129.71	172.39	146.89	375.43	145.37
卷烟（盒）	元	1090.88	1381.19	1939.42	753.08	1546.54	1232.56	1816.45	1471.29	1317.75
烟丝、烟叶等其他烟	元	73.31	69.20	25.53	11.63	14.55	92.17	41.07	240.59	44.46
酒类（白酒、黄酒、啤酒、果酒等）	元	436.86	434.95	724.31	261.67	693.15	451.24	355.19	781.55	492.43
食糖（白糖、红糖、冰糖、方糖等，不包括糖果、糖精）	元	54.81	68.23	84.30	18.16	62.09	99.11	50.37	117.07	63.25
蜂蜜	元	56.02	63.05	76.10	16.90	34.94	37.25	44.97	139.35	46.37
茶叶	元	97.77	124.29	244.62	139.06	131.63	117.28	189.86	190.39	149.85
其他饮料（瓶 / 桶装水、碳酸类、果汁类、冲泡类等除酒、茶外的各种固 / 液体饮料以及雪糕等冷饮）	元	144.44	97.64	168.69	26.54	178.76	169.95	128.25	215.85	123.56

（续表）

指标名称	单位	河北	吉林	福建	山东	河南	云南	陕西	新疆	全国
调味品	元	122.90	176.52	215.54	160.78	198.96	190.90	219.50	200.53	178.06
其他户内食品消费支出	元	167.40	122.77	181.02	35.26	140.10	106.05	142.14	272.07	112.39
食品加工费	元	81.76	12.80	56.23	6.28	55.75	25.45	68.96	125.00	31.32

2.3.4.3 家庭成员户外食品消费支出

指标名称	单位	河北	吉林	福建	山东	河南	云南	陕西	新疆	全国
在外吃饭的外出务工成员的户外食品（元）	元	2458.51	1347.84	4692.84	291.53	2747.59	1716.24	4761.15	1866.88	1965.14
在外吃饭的学生及陪读成员的户外食品（元）	元	3170.85	2337.79	3919.83	211.11	2806.56	1436.55	3782.61	2848.79	1705.00
在医院吃饭的病号及陪护成员的户外食品（元）	元	242.68	400.27	178.57	12.02	250.85	82.35	251.43	606.44	116.10
在家吃饭的家庭成员外出办事、购物、探亲访友、旅游等偶然性或临时性户外食品（元）	元	527.97	704.40	1333.23	82.10	1009.58	578.98	939.81	1354.36	590.07
其他户外食品消费支出	元	1.05	30.83	0.00	0.26	0.00	7.17	0.00	145.56	4.72

2.3.5 农户家庭非食品生活消费支出

指标名称	单位	河北	吉林	福建	山东	河南	云南	陕西	新疆	全国
衣着消费支出	元	1942.28	1507.03	2777.24	1420.01	1874.11	2105.18	1860.56	2438.66	1959.55
居住消费支出	元	373.27	148.06	179.77	1618.84	201.13	341.75	186.00	97.12	389.39
其中：在家居住成员租赁生活用房所付的租金（不包括外出住旅店和招待所所支付的住宿费，以及外出打工、在外陪读、在医院陪护等的房屋租赁支出或住宿费）	元	0.00	0.00	0.00	0.00	0.00	0.00	0.00	0.00	0.00
外出打工成员租赁生活用房所付的租金或在外住宿费	元	954.70	409.34	2559.41	84.70	708.13	723.94	1962.17	864.92	781.85
生活用水费	元	112.70	101.53	160.22	117.77	134.98	138.89	182.54	296.30	150.66
生活用电费	元	580.53	512.32	1142.66	767.32	810.10	560.91	566.94	623.20	675.19

（续表）

指标名称	单位	河北	吉林	福建	山东	河南	云南	陕西	新疆	全国
生活用燃料支出（用于做饭、烧水、照明、洗漱和取暖等的生活能源支出，但不包括烧饲料用的燃料和交通用柴油、汽油等燃料）	元	1541.56	827.26	942.21	950.72	705.77	666.29	1028.64	1439.87	1023.02
家庭设备、用品及服务支出	元	574.01	745.57	1142.00	1045.60	837.97	759.64	912.92	1045.96	890.91
医疗保健消费支出	元	732.52	1076.37	918.79	936.37	995.53	1007.96	1162.11	1970.34	1016.55
交通通信消费支出	元	1525.90	903.98	2482.03	990.78	1453.10	1726.04	1577.66	1593.09	1507.48
其中：（1）因外出打工而产生的交通费支出	元	510.91	374.62	997.05	100.99	743.98	471.79	729.75	1023.61	487.38
文教娱乐用品及服务支出	元	2876.48	4206.30	3474.26	1640.41	2049.26	1918.35	2717.58	3054.41	2350.39
其中：子女教育支出	元	4137.82	7927.64	6287.47	2176.08	3699.03	4070.67	6758.14	5268.98	4360.02
其他商品消费支出（化妆品、金银珠宝饰品，以及手表、迷信用品等其他生活用商品的消费支出）	元	408.63	435.14	626.31	210.91	339.86	388.02	541.23	983.98	437.80
其他服务消费支出（旅店住宿费、洗澡费、美容美发、照相费、殡殓费等）	元	255.40	229.10	375.57	210.60	235.94	188.04	244.47	391.76	247.51
家庭成员外出务工成本支出（指中介费、职业介绍费、培训费、办证费及其他费用）	元	23.39	4.00	45.35	1.18	36.67	12.25	36.27	181.82	13.11

2.3.6 农户家庭财产性支出和转移性支出

指标名称	单位	河北	吉林	福建	山东	河南	云南	陕西	新疆	全国
非生产性贷款或借款的利息支出	元	0.00	0.00	0.00	0.00	0.00	0.00	0.00	0.00	0.00
宅基地使用费	元	0.00		0.00	0.00	0.00	0.00		0.00	0.00
土地承包费（包括承包集体和其他农户等）	元	87.77	2672.12	2236.92	194.92	2896.36	221.94	1031.20	2103.08	313.92
承包租赁村组集体资产支出（不包括承包土地）	元	0.00			0.00		0.00			0.00
其他	元	0.00			0.00		0.00			0.00
寄给和带给家庭非常住人口	元	450.00	766.67	1575.00	178.38	1000.00	88.42	1315.79	837.39	220.64
赠送亲友	元	927.08	939.49	1080.56	245.76	1355.56	267.28	1278.38	848.95	479.51
赡养费、抚养费	元	1264.29	1199.35	1275.33	67.92	1067.24	385.07	1347.62	1414.29	483.74

（续表）

指标名称	单位	河北	吉林	福建	山东	河南	云南	陕西	新疆	全国
公益事业捐赠（指对灾害、贫困、残疾人等群体或个人以及对文教卫体事业、环境保护、社会公共设施建设等社会公共和福利事业的爱心捐赠）	元	169.86	211.30	345.00	31.69	100.00	27.22	441.67	246.34	68.24
迷信、宗教活动捐赠	元	73.27	212.00	277.11	5.42	110.00	73.19	150.00	54.80	69.00
人情礼支出	元	1054.21	2752.06	2739.25	1134.59	2024.85	1923.29	2108.21	1731.60	1829.00
嫁妆、聘礼	元	750.00	1550.00	2320.00	32.96	2225.00	130.54	1150.00	1855.39	160.08
各种红白喜事宴请支出（婚丧、升学、盖房等）	元	1775.97	3490.79	2810.64	363.33	3237.82	2127.51	1869.10	3669.49	1984.56
交纳党费、团费	元	25.88	24.78	42.94	5.36	36.20	24.22	20.82	30.85	19.88
交纳保险费支出	元	1558.47	908.84	1228.73	1443.55	1574.78	1110.83	1216.67	697.76	1364.53
其中：农村新型合作医疗	人	623.45	574.55	667.25	526.13	594.95	509.84	568.20	518.49	571.36
城镇医疗保险支出	人	59.26	172.50	255.00	3.00	377.50	19.62	280.00	312.73	23.95
商业医疗保险支出	人	6.25	200.00	166.67	0.00	60.00	0.99		167.14	3.62
农村养老保险支出	人	253.83	323.24	261.58	416.93	393.91	240.82	372.20	300.13	318.76
城镇养老保险支出	人	65.00	300.60	379.17	9.11	266.67	43.49	431.16	443.00	58.71
商业养老保险支出	人	100.00		100.00	1.36		5.09	200.00	210.00	3.79
工伤保险支出	人	0.00			0.00		0.00			0.00
支出车辆保险支出	元	2050.35	1828.31	2092.50	305.80	1603.47	1129.66	2730.78	2027.91	1227.18
其他保险支出（如人身意外险、疾病保险、财产保险及各种储蓄型保险等）	元	138.41	172.73	299.55	24.12	72.31	96.33	625.00	381.67	107.81
罚款（如违反计划生育罚款、交通违章罚款、违反治安管理处罚条例罚款等）、赔款	元	213.03	230.00	230.00	4.88	60.00	25.83	350.00	416.67	36.05
购买彩票	元	10.00		50.00	0.07		0.00			0.20
其他（如：遗失、被盗等）	元	0.00			0.00		0.00			0.00

2.3.7 农户家庭生活用燃料数量及支出

2.3.7.1 农户家庭生活用燃料购买数量（不含交通用燃料）

指标名称	单位	河北	吉林	福建	山东	河南	云南	陕西	新疆	全国
秸秆	吨	7.53	51.06	0.51	5.53	13.00	2.00	25.30	1.41	13.22
薪柴	吨	35.23	63.07	98.01	36.53	71.57	133.47	109.91	7.49	69.50
煤炭	吨	729.66	55.12	2.26	347.65	203.06	222.28	242.16	187.75	234.48
罐装液化石油气	千克	8.64	23.30	23.51	5.85	14.45	2.84	6.70	41.08	12.73

（续表）

指标名称	单位	河北	吉林	福建	山东	河南	云南	陕西	新疆	全国
管道天然气	立方米	0.00	0.00	0.00	0.00	0.00	0.00	0.00	1.00	0.01
管道煤气	立方米	0.00	0.00	0.00	0.00	0.00	0.00	0.00	0.00	0.00
汽油	升	5.50	7.93	13.45	0.19	1.79	4.20	6.06	11.02	4.14
柴油	升	2.63	6.08	0.99	0.22	0.45	1.21	3.86	6.30	1.76
沼气	立方米	0.00	0.00	0.00	0.00	0.34	0.01	0.02	0.00	0.02

2.3.7.2 农户家庭生活用燃料购买金额（不含交通用燃料）

指标名称	单位	河北	吉林	福建	山东	河南	云南	陕西	新疆	全国
秸秆	元	7.00	205.70	5.03	7.21	59.06	34.14	23.76	15.55	42.68
薪柴	元	30.93	84.90	212.83	74.13	14.37	292.52	96.94	33.01	108.48
煤炭	元	1172.25	89.70	3.24	527.17	129.56	251.59	817.33	1264.82	511.38
罐装液化石油气	元	254.03	252.68	535.08	254.47	549.24	50.18	242.06	454.93	305.76
管道天然气	元	0.00	12.73	6.58	2.53	22.50	0.00	2.33	204.55	5.87
管道煤气	元	0.00	0.00	0.00	0.00	0.00	0.00	0.00		0.00
汽油	元	292.19	577.38	488.43	22.71	245.45	371.89	719.05	1345.73	387.45
柴油	元	119.76	771.96	134.32	30.83	67.32	66.13	390.56	1324.91	235.43
沼气	元	9.74	3.14	12.82	0.23	11.03	9.25	0.00		4.37

3

2017年分省样本的农户统计

3.1 农户家庭基本情况

3.1.1 家庭成员基本特征

指标名称	单位	河北	吉林	福建	山东	河南	云南	陕西	新疆	全国
年龄	周岁	54.15	53.64	53.36	59.40	54.85	49.64	54.23	50.74	53.68
受教育年限	年	8.05	7.91	7.53	7.60	8.08	7.18	8.62	7.10	7.76
本年累计在家居住时间	（0~12）月	10.51	11.28	11.37	11.86	10.84	10.75	11.14	11.45	11.13
本年务工天数（没有，填0）	天	173.79	50.49	134.04	56.96	170.55	100.21	131.40	143.22	113.15
本年如有务工，平均月工资（没有，不填）	元	2267.15	1427.09	1962.09	499.53	2818.07	1249.34	2196.58	1709.47	1665.93
本年全家报销的医疗费用（含新农合、商业保险等）有多少元？	元	413.46	531.59	304.92	400.50	421.11	795.24	933.17	597.14	519.11

3.1.2 土地、家庭信贷及其他情况

3.1.2.1 土地情况

指标名称	单位	河北	吉林	福建	山东	河南	云南	陕西	新疆	全国
您家承包的土地面积（即依法承包村集体的土地面积）	亩	5.37	19.67	5.44	5.70	6.14	7.38	8.96	15.90	9.21
其中：耕地面积	亩	5.20	19.03	3.98	4.16	5.99	6.47	5.62	12.01	7.73
园地面积	亩	0.00	0.04	0.62	1.07	0.02	0.15	2.44	0.17	0.54
林地面积	亩	0.04	0.21	0.61	0.04	0.08	0.64	0.17	0.15	0.24
草地面积	亩	0.00	11.25	0.45	0.00	0.08	0.36	0.00	18.40	0.41
荒山、荒沟、荒丘、荒滩面积	亩	0.00	1.75	0.21	0.00	0.00	0.11	0.86	1.50	0.07

（续表）

指标名称	单位	河北	吉林	福建	山东	河南	云南	陕西	新疆	全国
您家未计入承包地的耕地面积（如自留地、开荒地）	亩	0.35	4.78	1.48	0.05	3.25	1.38	1.19	3.15	0.87
您家撂荒的耕地面积	亩	0.38	2.33	0.81	0.01	0.00	0.19			0.13
其中：承包的耕地面积	亩	0.88	19.70	1.18	0.21	7.95	2.27	4.99	14.72	3.85
本年转出耕地的面积	亩	4.31	16.89	2.39	1.23	4.80	1.87	4.15	16.57	4.54
本年转出耕地的收入（含实物折价）	元/（亩·年）	792.87	251.79	618.96	257.65	836.61	361.46	610.28	376.70	435.13
本年转入耕地的面积	亩	9.86	36.98	12.19	1.18	4.25	2.88	13.13	40.93	11.72
本年转入耕地的支出（含实物折价）	元/（亩·年）	262.50	247.73	398.11	92.70	405.50	217.10	510.00	417.78	225.09
本年经营耕地面积（即实际耕种面积）	亩	6.89	34.84	9.14	4.02	9.00	8.24	8.23	86.67	20.41
其中：<1 亩耕地的块数	块	3.53	2.79	3.86	0.70	1.84	5.72	3.00	9.56	3.38
1 ≤且 <3 亩耕地的块数	块	1.85	2.87	2.64	0.74	1.83	2.04	2.14	2.16	1.92
3 ≤且 <5 亩耕地的块数	块	1.43	2.38	2.12	0.32	1.27	1.04	1.75	1.88	1.33
≥ 5 亩耕地的块数	块	1.48	2.71	1.21	0.26	1.47	0.62	1.55	5.92	2.13
其中：水田面积	亩	4.93	11.15	10.78	0.09	3.75	2.83	3.56	96.26	9.73
水浇地面积	亩	6.21	11.33	1.24	3.38	5.09	1.45	6.72	30.29	7.73
旱地面积	亩	2.27	33.85	4.72	0.40	7.16	5.79	8.68	1010.50	31.26
本年经营温室大棚面积	亩	0.24	8.33	3.17	0.69	0.00	1.62	7.73	4.00	1.39
本年经营园地面积	亩	6.53	0.57	4.96	1.25	0.33	1.19	5.86	2.50	2.54
其中：果园面积	亩	6.20		3.62	1.28	0.00	0.53	5.01	6.00	2.33
茶园面积	亩		0.00	4.49	0.04	0.00	0.83	2.30		0.80
桑园面积	亩			0.00	0.00	0.00	0.00			0.00
本年经营林地面积	亩	0.48	12.20	10.15	0.03	3.49	3.58	3.96	14.88	3.30
本年经营草地面积	亩		14.89	1.33	0.00	0.00	0.26	0.60	27.00	0.66
其中：天然草地面积	亩		30.00	0.00	0.00	0.00	0.19		26.00	0.71
本年经营水面面积	亩		0.00	0.00	0.00	0.00	0.00			0.00
其中：海水养殖面积	亩	0.00		0.00	0.00	0.00	60.00		8.80	20.15
淡水养殖面积	亩			0.00	0.00	0.00	0.00		0.00	0.00

3.1.2.2 家庭存款、贷款及投资

指标名称	单位	河北	吉林	福建	山东	河南	云南	陕西	新疆	全国
本年末家庭银行存款总额	元	51818.63	22578.20	33233.58	24867.72	42286.84	24316.91	30998.72	39299.26	34213.17
本年末家中存有现金多少	元	4117.42	4082.76	6026.39	4027.11	4938.31	4004.95	4433.03	4758.11	4555.46

（续表）

指标名称	单位	河北	吉林	福建	山东	河南	云南	陕西	新疆	全国
本年末家庭持有的全部对外投资	元	1802.00			1866.67	1000.00	2500.00		1000.00	1908.31
其中：持有股票、基金、债券等证券类投资金额	元	2000.00	100.00	8000.00	5.06	666.67	0.00	65000.00		429.50
其中：对企业、合作社等投入的股权类投资金额	元		5000.00	20590.91	381.68	0.00	45.45	50000.00	15002.50	905.00
本年全年您家借出去的钱共有多少	元	6800.00	9056.52	6596.55	921.20	8222.22	1309.38	6809.52	12832.46	2425.48
别人借您家的钱到本年底还有多少没有收回	元	12000.15	7005.00	5872.73	1080.59	8350.00	1182.54	3521.43	10592.89	2143.86
到本年底您家欠外债有多少	元	30907.17	24134.33	38742.52	2662.40	23452.38	13607.74	28658.95	53098.74	17258.00
这些外债有多少来自银行、信用社等正规金融机构	元	51666.67	28350.00	50542.77	442.74	14500.00	11780.33	28637.84	62828.50	12818.91
其中：年利率多少	%	2.73	2.51	1.40	0.07	1.50	0.85	0.96	1.60	0.57
这些外债有多少来自民间借贷机构如农村资金互助社	元	2.00	300.00	834.82	0.00		430.17	5000.00	1.91	509.69
其中：年利率多少	%		0.00	0.00	0.00	0.00	0.00		0.00	0.00
这些外债有多少来自亲戚朋友等私人关系	元	18001.76	17167.74	26702.17	1197.05	16980.95	2483.19	22928.57	9459.12	6076.18
其中：年利率多少	%	0.00	0.00	0.00	0.00	0.00	0.00		0.00	0.00

3.1.2.3 其他

指标名称	单位	河北	吉林	福建	山东	河南	云南	陕西	新疆	全国
取饮用水往返一次需多长时间	分钟	0.47	0.81	0.30	2.91	1.51	1.40	1.64	1.21	1.37
如果购买了农业保险，支付了多少保费	元	57.24	160.41	37.89	32.77	26.91	63.37	60.92	306.10	79.47

3.1.3 住房、生产性固定资产和耐用消费品

指标名称	单位	河北	吉林	福建	山东	河南	云南	陕西	新疆	全国
本年底，在本村住房面积	平方米	115.24	75.63	111.43	97.62	111.91	116.40	109.47	88.72	101.14
本年底，如有城镇住房，面积为多少（如没有，填0）	平方米	98.86	67.50	104.00	97.39	102.08	91.60	100.83	95.28	94.67

（续表）

指标名称	单位	河北	吉林	福建	山东	河南	云南	陕西	新疆	全国
生产性用房面积（如烤烟房、生产车间、仓库等）	平方米	35.64	41.40	32.21	23.65	33.65	27.36	35.28	43.56	33.66
拖拉机	台	1.02	1.14	1.03	0.28	1.04	0.38	1.03	1.15	0.76
三轮摩托车	台	1.00	0.96	0.88	0.32	1.00	0.53	1.00	1.00	0.64
机引农具	台	1.69	1.17	0.67	0.07	1.93	0.34	1.11	1.74	0.69
畜引农具	台	0.50	0.79	0.00	0.01	0.00	0.24	1.00	1.00	0.11
喷雾器 / 喷雾机	个	1.27	1.24	1.22	0.77	1.14	1.11	1.03	1.39	1.09
风车	辆			0.00	0.00		0.00			0.00
手推车 / 板车 / 三轮车 / 四轮车	辆	1.07	1.10	1.06	0.45	1.09	0.32	1.01	1.00	0.72
打稻（谷）机	台	1.00	1.00	0.99	0.00	1.00	0.24	1.00		0.29
脱粒机	台	1.00	1.00	0.50	0.02	1.00	0.35	1.00	1.00	0.26
抽水机	台	1.00	1.00	0.96	0.34	1.00	0.58	1.00	1.00	0.62
电动机	台	1.00	1.00	0.67	0.05	1.00	0.13	1.00	1.00	0.20
柴油机	台	1.00	1.00	0.94	0.04	1.00	0.16	1.00	1.00	0.26
加工机械	台	1.00	1.00	0.94	0.00	1.00	0.22	1.00		0.16
船（只）	只			0.00	0.00		0.00			0.00
粉粹机	台	1.00	1.00	0.50	0.01	1.00	0.32	1.00	1.00	0.26
木工多用机	台			0.00	0.00		0.00			0.00
温室大棚	平方米		202.24	0.00	30.54	600.00	14.57	459.08	239.00	34.55
牛、羊等牲畜养殖场	平方米	42.00	58.52	0.00	0.00	1.00	14.56	23.50	76.19	17.43
生猪养殖场	平方米	83.00	19.75	71.67	0.07	68.42	15.58	20.33	52.94	11.35
鸡鸭鹅等禽类养殖场	平方米	1.50	11.95	10.77	0.00	30.00	2.68	10.00	14.31	2.46
兔子、貂等特种养殖场	平方米			0.00	0.00		0.00			0.00
鱼塘	平方米			0.00	0.00		0.00			0.00
缝纫机	台	1.00	1.00	1.00	0.40	1.00	0.55	1.00	1.02	0.75
电冰箱 / 空调	台	1.33	1.07	1.53	1.31	1.79	0.97	1.27	1.15	1.28
电视卫星接收器	台	1.00	0.99	0.98	0.16	0.98	0.71	1.00	1.00	0.74
收音机 /VCD/DVD	台	1.00	1.00	0.92	0.14	0.95	0.19	1.00	0.99	0.34
组合音响	台	1.00	1.00	0.93	0.04	0.92	0.19	1.00	0.88	0.21
电话座机、手机	个	2.73	2.23	3.01	2.15	2.74	3.04	2.80	2.40	2.63
电饭锅 / 微波炉 / 压力锅 / 电磁炉	个	1.86	1.21	2.71	1.42	1.93	2.03	1.72	1.74	1.83
抽油烟机	台	1.00	1.00	0.98	0.37	0.98	0.31	1.00	1.00	0.66
彩色电视机	台	1.26	1.09	1.39	1.07	1.32	1.06	1.19	1.12	1.18
沼气灶 / 炉子	台	1.12	1.04	1.07	0.64	1.09	0.37	1.16	1.05	0.74
照相机	台	1.00	1.00	0.82	0.05	1.00	0.08	1.00	1.00	0.15
摄像机	台			0.00	0.00		0.00			0.00
吸尘器	台			0.00	0.00		0.00			0.00

（续表）

指标名称	单位	河北	吉林	福建	山东	河南	云南	陕西	新疆	全国
自行车	辆	1.20	1.03	1.00	0.44	1.11	0.15	1.12	1.07	0.69
电动车	辆	1.33	1.08	1.20	0.90	1.32	0.49	1.02	1.11	1.06
摩托车	辆	1.04	1.02	1.36	0.32	1.07	0.79	1.03	1.08	0.93
小汽车	辆	1.00	1.00	0.98	0.31	1.00	0.50	1.00	1.00	0.71
电脑	台	1.00	1.00	1.00	0.42	1.00	0.36	1.00	1.00	0.76
洗衣机	台	1.00	1.00	1.00	0.78	1.00	0.92	1.00	1.00	0.96
电风扇 / 电暖气	台	1.69	1.08	2.31	1.02	1.97	0.65	1.34	1.13	1.45
热水器	个	1.13	1.00	1.13	0.11	1.02	0.54	1.07	1.04	0.71
太阳能	台	1.01	1.00	0.99	0.67	1.03	0.90	1.07	1.00	0.90
床、炕	个	2.42	1.56	3.25	1.93	2.89	3.69	2.66	2.23	2.59
柜子 / 碗柜 / 衣柜	个	2.46	1.62	2.40	1.46	2.49	1.93	2.06	2.15	2.05
写字台 / 桌子	个	1.64	1.12	1.92	1.00	1.96	1.16	1.54	1.42	1.43
箱子	只	1.69	1.57	2.03	0.27	2.06	1.04	1.62	1.53	1.04
椅子、沙发	个	3.28	1.69	2.47	1.68	4.89	2.52	2.24	3.80	2.72
压面机	台	1.00	1.00	0.00	0.15	1.00	0.01	1.00	1.00	0.29

3.2 农户家庭生产情况

3.2.1 种植业

3.2.1.1 稻谷

（1）当年稻谷生产及销售情况

指标名称	单位	河北	吉林	福建	山东	河南	云南	陕西	新疆	全国
年初库存	千克	90.32	89.38	379.23	0.00	24.89	203.11	0.00	0.00	207.34
播种面积	亩	5.45	6.01	6.12	1.00	3.17	1.98	1.00	5.33	4.07
当年产量	千克	3816.77	2808.28	2596.37	400.00	153.32	924.04	250.00	800.00	1677.09
因灾减产	千克		209.52	100.00	0.00	18.97	36.35			56.26
获得农业保险赔偿	元		133.33	217.43	0.00	44.70	53.11			68.03
自食、送人数量	千克	934.48	479.11	926.45	0.00	182.84	589.26		100.00	655.39
用于饲料数量	千克	50.00	124.12	159.53	0.00	16.59	24.12		0.00	85.21
总销售量	千克	3600.00	2834.37	2705.71	400.00	146.16	372.06		2066.67	1515.43
总销售收入	元	11300.00	7576.39	7696.47	700.00	2415.92	1584.69		13000.00	5236.08
留种自用	千克	40.63	299.29	18.21	0.00		4.38			36.82
本年末库存	千克	1233.33	373.33	520.22	0.00	202.31	306.54		200.00	396.57
本年副产品收入	元		431.67	314.33	0.00	0.00	1.32			43.36
下年预计播种面积	亩	5.45	5.19	5.31	1.00	2.20	1.99			3.71

（2）稻谷成本投入

指标名称	单位	河北	吉林	福建	山东	河南	云南	陕西	新疆	全国
种子、秧苗数量	千克	31.59	87.44	22.20		24.31	10.95		75.00	27.06
种子、秧苗金额	元	219.48	743.37	911.66		148.41	191.81		262.00	507.36
化肥施用量	千克	586.25	864.37	1842.22		133.53	280.33		70.00	889.79
化肥金额	元	1761.88	3345.92	1747.47		341.39	326.21		245.00	1323.58
有机肥自产	元	500.00	300.00	199.26		0.00	297.88			282.70
有机肥外购	元		1793.56	187.86		0.00	48.64			188.36
农药、除草剂费	元	527.34	335.18	281.78		99.47	123.95			233.92
农膜费	元	131.43	357.62	83.36		0.00	47.53			118.10
排灌费	元	461.11	280.87	311.38		87.78	81.52			186.82
机械费	元	1109.60	2044.80	2106.37		198.44	141.89		180.00	1229.23
土地租赁费（含实物折价）	元 / 年	2700.00	5890.83	9744.92		0.00	22.20			2317.06
自家投劳	工日	111.59	45.73	68.56		27.94	41.04			53.84
雇工	工日	13.16	17.33	31.54		6.86	6.77			14.58
雇工平均价格	元 / 工日	195.26	142.14	133.51		67.86	32.50			83.39
运输仓储费	元	73.33	200.00	150.00		40.00	13.75		150.00	39.06
贷款利息	元		0.00	3591.67		0.00	0.00			219.90
保险费支出	元		37.00	65.38		0.00	77.78			67.89
其他费用	元		593.13	339.59		0.00	67.25		60.00	186.03

3.2.1.2　小麦

（1）当年小麦生产及销售情况

指标名称	单位	河北	吉林	福建	山东	河南	云南	陕西	新疆	全国
年初库存	千克	40.31	0.00	0.00	165.28	160.60	111.26	149.73	0.18	121.75
播种面积	亩	6.12	15.75	7.00	5.38	6.03	3.19	4.20	6.44	5.30
当年产量	千克	2637.99		4250.00	2313.47	2638.34	704.99	1017.32	1176.43	1915.00
因灾减产	千克	67.85	300.00		59.47	313.87	96.61	479.00	120.00	122.05
获得农业保险赔偿	元	105.96	198.00		12.22	76.00	0.00	100.00	50.00	26.27
自食、送人数量	千克	479.22	0.00	1000.00	339.27	464.47	27.18	458.38	577.27	420.04
用于饲料数量	千克		100.00		65.16	650.42	477.87	900.00	721.18	295.89
总销售量	千克	3374.78		1300.00	2165.48	2799.14	421.85	1491.23	4323.16	2566.02
总销售收入	元	7342.28	17500.00	3380.00	4357.17	5688.35	1270.82	2912.19	9588.00	5340.41
留种自用	千克	87.31	100.00		5.79	86.67	12.05	83.75	75.00	30.30
本年末库存	千克	927.04		1000.00	259.01	503.04	170.23	759.07	333.33	476.82
本年副产品收入	元	50.00			0.04	50.00	7.89	184.29	0.00	9.44
下年预计播种面积	亩	5.73		7.00	5.25	6.70	2.95	4.85	6.31	5.48

（2）小麦成本投入

指标名称	单位	河北	吉林	福建	山东	河南	云南	陕西	新疆	全国
种子、秧苗数量	千克	93.18			82.70	74.66	28.55	39.37	93.49	66.58
种子、秧苗金额	元	324.17			297.41	390.43	125.38	194.94	326.51	288.58
化肥施用量	千克	368.61			293.38	388.65	118.05	279.05	206.36	311.63
化肥金额	元	857.83			673.64	1012.91	225.29	537.48	537.08	726.87
有机肥自产	元	337.50			4.20	638.42	104.91	290.00	392.78	129.25
有机肥外购	元	203.13			69.97	200.00	28.92	885.00	30.00	74.93
农药、除草剂费	元	89.17			140.00	145.88	84.34	79.62	39.20	111.00
农膜费	元				0.16	60.00	1.39	103.33	21.60	4.00
排灌费	元	332.39			261.35	211.07	21.89	259.40	279.78	260.92
机械费	元	574.18			279.24	547.74	251.39	449.06	379.03	464.30
土地租赁费（含实物折价）	元/年	693.33			9.60	330.00	2.50	425.00	240.00	55.90
自家投劳	工日	23.00			35.06	22.29	37.63	17.61	43.67	25.49
雇工	工日	11.00			0.51	18.11	0.00	60.63	171.10	20.49
雇工平均价格	元/工日	68.00			23.31	100.00	3.33	405.00	98.95	40.36
运输仓储费	元				6.23	58.72	22.09	112.84	545.77	82.39
贷款利息	元				0.00		0.00	120.00	12660.80	720.05
保险费支出	元	38.33			22.24	40.65	0.00		338.92	39.32
其他费用	元	43.00			2.33	187.11	160.00	374.23	816.72	162.76

3.2.1.3 玉米

（1）当年玉米生产及销售情况

指标名称	单位	河北	吉林	福建	山东	河南	云南	陕西	新疆	全国
年初库存	千克	28.12	216.47	0.00	49.25	23.59	177.62	29.41	43.08	98.69
播种面积	亩	5.43	18.00	4.17	4.89	6.25	3.93	5.53	18.29	8.78
当年产量	千克	3003.25	9645.85	3725.00	2349.46	2822.76	1256.26	2108.65	9269.44	4321.92
因灾减产	千克	351.30	998.99		130.06	372.94	128.24	700.00	574.46	435.03
获得农业保险赔偿	元	114.32	203.92		12.98	1.50	3.60		53.73	73.40
自食、送人数量	千克	132.23	228.29	100.00	64.25	64.63	42.35	600.00	25.20	90.12
用于饲料数量	千克	391.52	945.61		110.06	2855.00	866.48		1304.78	781.47
总销售量	千克	3396.14	9827.71	3854.17	1995.09	2810.88	994.05	2909.62	14210.12	5093.14
总销售收入	元	5922.83	14823.83	7083.33	2680.96	4559.88	1732.98	4778.89	27450.20	8273.22
留种自用	千克	35.00	80.56		0.75	210.00	2.34	8.50	150.00	8.50
本年末库存	千克	1097.93	1179.37		130.22	68.78	241.33	833.33	1057.90	455.52
本年副产品收入	元	71.93	233.09		0.05		0.07		294.44	25.77
下年预计播种面积	亩	5.68	17.88	4.55	4.55	6.52	2.80	6.12	18.75	7.98

（2）玉米成本投入

指标名称	单位	河北	吉林	福建	山东	河南	云南	陕西	新疆	全国
种子、秧苗数量	千克	15.23	38.78	2.33	15.60	16.19	13.62	17.79	87.18	24.10
种子、秧苗金额	元	283.35	998.76	630.00	293.76	259.14	251.92	245.60	883.23	454.64
化肥施用量	千克	290.34	837.70	500.00	247.40	352.56	268.97	330.29	786.18	435.60
化肥金额	元	677.02	2410.31	1463.33	666.90	883.64	562.04	647.31	1922.67	1093.75
有机肥自产	元	296.67	718.18		7.19	523.33	193.05	140.00	155.63	162.36
有机肥外购	元	187.33	613.50		19.97	40.00	58.31		126.25	65.34
农药、除草剂费	元	85.56	312.51	400.00	116.32	130.41	124.90	122.28	406.35	178.24
农膜费	元	200.00	115.00		3.82	113.33	33.85		985.13	244.57
排灌费	元	329.42	837.64	77.92	164.48	187.40	22.28		1695.85	391.87
机械费	元	339.48	910.98	441.67	266.72	417.79	119.73	605.54	2136.38	488.86
土地租赁费（含实物折价）	元 / 年	383.33	2953.48		7.64	120.00	59.96	400.00	2779.13	398.50
自家投劳	工日	22.31	45.04	32.33	23.88	23.04	41.44	20.66	47.56	33.46
雇工	工日	7.60	6.41		0.24	18.20	1.26	12.00	13.33	2.65
雇工平均价格	元 / 工日	66.00	108.55		1.91	60.00	4.89		118.97	23.06
运输仓储费	元		386.21		4.97	76.50	20.74	75.00	516.33	85.19
贷款利息	元		566.67		0.00		0.00		783.33	21.48
保险费支出	元	29.75	99.27	11.00	10.23		0.23		58.67	34.62
其他费用	元	56.23	564.12		1.93	170.00	50.43	233.33	369.71	145.76

3.2.2 畜牧业

3.2.2.1 生猪

（1）生猪生产及销售情况

指标名称	单位	河北	吉林	福建	山东	河南	云南	陕西	新疆	全国
年末存栏数量	头	19.85	3.00	0.00		32.50	4.06	60.00	19.17	6.67
年末能繁母畜存栏数量	头	4.81	0.47	0.00	9.00	6.00	0.63	7.50	2.57	1.22
新生、新购数量	头	41.33	3.35	1.00	97.00	47.00	6.55	0.00	21.03	9.79
出栏或产量	头	134.31	9.75	2.00	183.50	103.29	15.67	105.00	46.63	28.65
因灾减产或死亡	头	11.40	4.00	0.00	0.00	9.00	2.07		5.38	3.01
获得农业保险赔偿	元	0.00			0.00		0.17		4.50	0.64
自食或送人数量	千克	16.40	1.00	0.00	0.00	4.83	4.19		14.23	4.68
总销售收入	元	13754.00	7257.14	104800.00	77000.00	96133.33	9201.08	64000.00	33077.50	15350.96
仔（中）畜（禽苗）销售收入	元	80000.00	26400.00	0.00	1500.00	10000.00	4824.49		1504.60	5492.53
平均出栏活重或单产	千克 / 头	150.17	135.00	90.00	110.00	130.00	103.19		114.42	108.77

（续表）

指标名称	单位	河北	吉林	福建	山东	河南	云南	陕西	新疆	全国
副产品收入	元	500.00		0.00	0.00		2.53		40.00	10.33
下年生产计划	头	70.17	17.33	0.00	140.00	63.75	9.38		17.67	14.15

（2）生猪成本投入

指标名称	单位	河北	吉林	福建	山东	河南	云南	陕西	新疆	全国
仔畜（禽苗）自繁数量	头	43.29	2.44	0.00	43.67	31.50	4.80	47.50	6.25	8.51
仔畜（禽苗）外购数量	头	35.81	1.55	1.00	5.67	22.59	3.74	30.00	3.63	6.45
仔畜（禽苗）外购金额	元	1353.85	209.33	1400.00	45.00	1300.00	1338.97	2333.33	2287.50	1313.01
饲料外购数量	千克	13123.00	693.08	500.00	40000.00	11386.84	1425.15	26000.00	5056.25	3186.78
饲料外购金额	元	36601.00	2446.00	1600.00	34333.33	38109.25	3003.06		8453.75	7396.77
饲料自产数量	千克	1140.00	700.00	100.00	0.00	4350.00	1119.28	1200.00	1583.33	1222.81
饲料自产折价金额	元	1923.75	2000.00	280.00	0.00	6611.00	1917.40	700.00	2408.33	2070.41
防疫及兽药	元	2406.82	425.00	110.00	5000.00	1097.65	251.15	1321.67	163.33	505.02
水电费	元	682.22	280.00	350.00	1350.00	845.00	153.36	550.00	314.38	299.31
自家投劳数量	工日	206.25	241.67	180.00	361.67	220.24	133.41	362.50	94.38	146.81
雇工数量	工日			0.00	0.00		0.00			0.00
雇工价格	元/工日			0.00	0.00		0.00			0.00
场地租赁费（包括实物折价）	元/年	351.43		0.00	0.00		0.00			28.60
贷款利息	元				0.00		28.42			27.34
保险费支出	元			0.00	0.00		20.51			19.66
其他费用	元	350.00	500.00	0.00	0.00	650.00	91.38			119.25

3.2.2.2 肉牛

（1）肉牛生产及销售情况

指标名称	单位	河北	吉林	福建	山东	河南	云南	陕西	新疆	全国
年末存栏数量	头	12.00	8.53				3.68		9.36	7.52
年末能繁母畜存栏数量	头	0.00	5.00				0.82		6.13	4.34
新生、新购数量	头		3.47				0.96		3.49	2.71
出栏或产量	头	20.00	4.65				2.00		4.40	4.09
因灾减产或死亡	头		2.25				0.00		1.84	1.29
获得农业保险赔偿	元		0.00				0.00		1.77	0.92
自食或送人数量	千克		0.00				1.18		1118.44	765.60
总销售收入	元		26125.00				7987.50		21188.11	18326.20
仔（中）畜（禽苗）销售收入	元		11500.00				1251.00		7367.73	5261.37
平均出栏活重或单产	千克/头	450.00	298.00				208.28		143.71	198.34

（续表）

指标名称	单位	河北	吉林	福建	山东	河南	云南	陕西	新疆	全国
副产品收入	元						0.00		72.31	40.87
下年生产计划	头	20.00	13.00				2.72		8.61	6.65

（2）肉牛成本投入

指标名称	单位	河北	吉林	福建	山东	河南	云南	陕西	新疆	全国
仔畜（禽苗）自繁数量	头	0.00	4.26				1.53		3.32	2.68
仔畜（禽苗）外购数量	头	12.00	1.47	0.00			1.00		1.07	1.15
仔畜（禽苗）外购金额	元		2388.24	0.00			2700.82		1234.72	1948.68
饲料外购数量	千克		950.00	200.00			3672.44		3344.58	3090.57
饲料外购金额	元	16000.00	3788.89	400.00			3980.71		6218.02	5652.26
饲料自产数量	千克	4000.00	2861.28	100.00			958.46		4133.65	2544.88
饲料自产折价金额	元	2000.00	3927.81	80.00			1619.63		3600.29	2739.68
防疫及兽药	元	1600.00	608.33				190.00		240.38	308.94
水电费	元		373.00				128.82		178.27	199.15
自家投劳数量	工日	365.00	232.69	10.00			148.48		247.50	194.89
雇工数量	工日		360.00				9.00		30.00	40.00
雇工价格	元 / 工日		60.00				0.00		200.00	24.62
场地租赁费（包括实物折价）	元 / 年						0.00			0.00
贷款利息	元						0.00			0.00
保险费支出	元						0.00			0.00
其他费用	元		672.50				0.00		544.67	432.50

3.2.2.3 肉羊

（1）肉羊生产及销售情况

指标名称	单位	河北	吉林	福建	山东	河南	云南	陕西	新疆	全国
年末存栏数量	只	38.33	76.63		70.00		25.35		48.07	46.80
年末能繁母畜存栏数量	只	10.67	36.25		60.00		11.78		35.55	33.08
新生、新购数量	只	21.00	71.43		100.00		9.35		22.87	23.30
出栏或产量	只	39.00	52.20		100.00		16.53		43.63	41.14
因灾减产或死亡	只		8.17		0.00		3.40		4.38	4.47
获得农业保险赔偿	元				0.00		0.00		7.46	5.94
自食或送人数量	千克	4.00	12.50		0.00		0.62		15.57	14.03
总销售收入	元	10488.00	30000.00				10738.71		20494.52	19371.19

（续表）

指标名称	单位	河北	吉林	福建	山东	河南	云南	陕西	新疆	全国
仔（中）畜（禽苗）销售收入	元		9000.50				1.00		188.68	719.83
平均出栏活重或单产	千克 / 只	50.00	24.00		20.00		39.17		23.11	27.68
副产品收入	元				0.00		0.00		436.83	291.22
下年生产计划	只	70.00	65.00		100.00		18.63		39.86	38.21

（2）肉羊成本投入

指标名称	单位	河北	吉林	福建	山东	河南	云南	陕西	新疆	全国
仔畜（禽苗）自繁数量	只	18.75	58.71		65.00		14.41		15.58	17.56
仔畜（禽苗）外购数量	只	0.00	0.00		0.00	0.00	0.50		3.26	2.51
仔畜（禽苗）外购金额	元	0.00	0.00		0.00	0.00	263.18		439.31	372.06
饲料外购数量	千克	0.00	1850.00		4000.00		38.89		3027.97	2625.36
饲料外购金额	元	0.00	5760.33				285.56		4259.43	4046.97
饲料自产数量	千克	326.67	4500.00		0.00	750.00	270.00		1754.19	1539.85
饲料自产折价金额	元	751.00	4880.00		0.00		578.33		2551.00	2198.41
防疫及兽药	元	96.67	1200.00		1200.00		204.36		212.62	264.82
水电费	元		420.00		1000.00		55.00		103.22	123.96
自家投劳数量	工日	266.67	217.14		75.50	365.00	245.29		147.40	181.85
雇工数量	工日	8.00			0.00		0.00		136.00	45.87
雇工价格	元 / 工日	480.00			0.00		51.43		60.00	76.00
场地租赁费（包括实物折价）	元 / 年						0.00		0.00	0.00
贷款利息	元				0.00		0.00		500.00	153.85
保险费支出	元				0.00		0.00		0.00	0.00
其他费用	元		1300.00		0.00		0.00		1137.94	922.35

3.2.2.4 肉鸡

（1）肉鸡生产及销售情况

指标名称	单位	河北	吉林	福建	山东	河南	云南	陕西	新疆	全国
年末存栏数量	只		20.40	10.56		0.00	13.75		13.35	12.99
年末能繁母畜存栏数量	只		3.80	0.71		0.00	1.58	0.00	1.85	1.42
新生、新购数量	只		0.40	11.13			16.33	0.00	9.73	14.00
出栏或产量	只		2.00	21.39			26.34		31.50	25.31
因灾减产或死亡	只		18.00	0.67		180.00	2.69		7.58	6.85
获得农业保险赔偿	元						2.05			2.05
自食或送人数量	只		16.50	11.23		20.00	11.16		21.09	11.87
总销售收入	元			3088.57		89562.00	7288.02	6000.00	700.00	7917.75

（续表）

指标名称	单位	河北	吉林	福建	山东	河南	云南	陕西	新疆	全国
仔（中）畜（禽苗）销售收入	元			0.00			237.13		4.00	223.29
平均出栏活重或单产	千克 / 只			3.29			4.08		3.94	3.83
副产品收入	元			0.00		1200.00	2.91			36.08
下年生产计划	只			17.88			22.27		21.38	21.48

（2）肉鸡成本投入

指标名称	单位	河北	吉林	福建	山东	河南	云南	陕西	新疆	全国
仔畜（禽苗）自繁数量	只		0.00	5.63		0.00	5.22		8.36	5.39
仔畜（禽苗）外购数量	只		23.00	9.58		15.00	19.70		19.33	17.07
仔畜（禽苗）外购金额	元		216.67	212.76		80.00	272.45		395.63	262.93
饲料外购数量	千克		200.00	264.69		40.00	89.32		101.36	151.72
饲料外购金额	元		260.00	551.60		130.00	343.45		198.18	405.58
饲料自产数量	千克			208.69		200.00	241.89		245.00	233.08
饲料自产折价金额	元		250.00	296.41		385.00	463.88		337.50	412.49
防疫及兽药	元		213.33	23.67		10.00	63.52		60.00	56.10
水电费	元		30.00	5.00			41.03		75.00	45.04
自家投劳数量	工日		150.00	19.21		60.00	38.24		141.43	41.11
雇工数量	工日			3.00		10.00	0.67			1.09
雇工价格	元 / 工日			0.00		60.00	2.00			3.75
场地租赁费（包括实物折价）	元 / 年			0.00			0.00			0.00
贷款利息	元			0.00			0.00			0.00
保险费支出	元			0.00			0.00			0.00
其他费用	元			100.00		300.00	138.87			141.32

3.3 农户家庭收支情况

3.3.1 农户家庭收入

指标名称	单位	河北	吉林	福建	山东	河南	云南	陕西	新疆	全国
出售家庭资产收入（如房子、机械、家电等）	元	4.36	0.00	19.76	0.74	12.31	5.20	15.00	13.85	8.16
县域内农业务工收入	元	1045.37	8976.53	5739.27	638.42	1718.61	2338.88	8529.33	941.51	2332.38
县域内工业、建筑业、采矿业打工收入	元	5254.70	14380.56	10488.17	2067.14	11265.70	3162.03	15327.09	1065.93	5301.17
县域内交通运输、邮电业打工收入	元	1014.49	5000.00	16135.71	183.82	11485.71	600.47	15975.00	10922.22	1099.73

（续表）

指标名称	单位	河北	吉林	福建	山东	河南	云南	陕西	新疆	全国
县域内批发、零售、贸易、餐饮业打工收入	元	6737.86	16454.55	15064.71	653.64	15357.89	1745.76	16116.67	19304.35	4183.97
县域内社会服务业、文教卫生业打工收入	元	11091.21	17000.00	17847.38	1226.96	17844.80	2119.44	17015.63	20663.27	6242.66
县域外农业务工收入	元	4050.00	7000.00	10750.00	0.00	10800.00	914.81	8026.32	8454.55	1099.20
县域外工业、建筑业、采矿业打工收入	元	26447.22	25682.35	27602.38	542.03	29873.68	7744.61	25125.64	27746.67	11426.08
县域外交通运输、邮电业打工收入	元	8438.46	16000.00	14200.00	55.36	18000.00	308.94	16142.86	16450.00	1136.30
县域外批发、零售、贸易、餐饮业打工收入	元	18349.02	21600.00	24727.78	165.70	10666.67	2021.16	20777.42	1802.20	3814.90
县域外社会服务业、文教卫生业打工收入	元	17874.47	22733.33	22243.33	169.16	21066.67	1346.05	19688.57	2484.91	3821.17
利息	元	1369.41	676.11	733.66	387.94	1379.74	183.90	1430.87	1677.35	821.37
股息	元	0.00			0.00		0.00			0.00
土地征用补偿	元	225.20			63.99		10.58	658.13	640.00	57.15
土地出租租金	元	2955.97	2608.78	1651.62	340.09	3452.65	570.26	2064.44	2996.91	1158.85
房屋租赁收入	元	0.00			0.00		1.07			0.37
机械设备租赁收入	元	0.00			0.00		0.00			0.00
从村集体分得福利收入	元	0.00	300.00	340.00	9.45		0.00			8.49
种粮补贴（包括粮食直接补贴、粮食作物良种补贴、农业生产资料综合补贴和农机具购置补贴）	元	495.86	2078.24	298.75	290.69	697.61	513.36	510.60	921.07	649.33
非粮食类农作物良种补贴	元	421.89	700.00		0.87	681.00	29.32	660.00	801.09	95.12
畜牧业补贴	元	0.00			0.00		0.00			0.00
渔业补贴	元	0.00			0.00		0.00			0.00
林业补贴（不包括退耕还林还草）	元	32.01		56.16	0.00	36.00	14.92	73.65		7.92
退耕还林还草补偿	元	51.88	393.33		0.00	39.00	48.70	339.03	300.00	38.59
草原生态补贴	元	0.00	1000.00		0.00		61.48	35.00	3999.64	392.26
救济金、救灾款	元	0.00			0.00		0.00			0.00
无偿扶贫款	元	0.00			0.00		0.00			0.00
抚恤金	元	0.00			0.00		0.00			0.00
低保金	元	1798.71	1789.64	1956.00	47.57	1386.00	375.68	2450.00	1812.46	364.66
退休金	元	0.00	947.38	2400.00	64.51		20.11	2000.00	1525.71	88.93
合作社利润返还	元	0.00			0.00		0.00		0.00	0.00
社会保障收入	元	1283.95	1200.00	800.00	1.81	350.00	286.64		1720.00	428.26

（续表）

指标名称	单位	河北	吉林	福建	山东	河南	云南	陕西	新疆	全国
社会保障收入其中：农村新型合作医疗报销	元	509.33	1252.84	838.98	403.93	798.57	1016.93	1257.28	1825.10	829.92
社会保障收入农村养老保险年金	元	1563.59	1285.92	1552.70	873.88	1520.61	539.36	1533.40	1233.76	1111.97
社会保障收入城镇医疗保险报销	元	0.00			0.00		0.00		0.00	0.00
社会保障收入城镇养老保险年金	元	6498.33	1850.00	4200.00	241.46		35.60	21150.00	8166.50	470.27
棋牌娱乐收入（如亏损，用负数表示）	元	342.86	533.33	742.22	3.87	1000.00	15.30	667.14	550.00	48.16
人情礼收入	元	790.26	6037.50	2642.17	590.68	1725.00	160.51	4814.38	1861.62	857.71
彩礼、陪嫁	元	100.00	1200.00		18.10		10.10		762.50	28.17
商业保险赔付	元	0.00			0.00		0.00		0.00	0.00
家庭非常住人口寄回或带回、亲友赠送	元	1412.63	3672.73	2880.00	844.06	2900.00	225.90	1300.00	1315.11	897.62
新农村建设建房补贴	元	0.00	4900.00	5000.00	18.52		9.80		1800.00	44.92

3.3.2 农户家庭收入（分行业）

指标名称	单位	河北	吉林	福建	山东	河南	云南	陕西	新疆	全国
农业生产服务总收入	元	3009.43	23638.09	36434.87	2440.23	3182.57	14928.01	6304.57	53700.89	18587.49
收入林业总收入	元	0.00	0.00	0.00	0.00	0.00	0.00	0.00	0.00	0.00
工业总收入	元	0.00	0.00	0.00	0.00	0.00	0.00	0.00	0.00	0.00
建筑业总收入	元	0.00	10266.67	0.00	34.58	4783.33	448.43	10000.00		456.66
交通运输业、邮电业总收入	元	3000.00	11740.00	18950.00	0.00	26000.00	475.74	12000.00	29500.00	776.66
批发和零售贸易、餐饮业总收入	元	31662.50	26116.67	38628.26	775.45	35207.14	5437.93	29011.11	29800.00	6111.39
社会服务业总收入	元		2000.00	10000.00	22.75	7920.00	49.01	8680.00	3500.00	183.11
文教卫生业总收入	元				0.00		0.00			0.00
农业生产服务纯收入	元	1855.15	15166.59	19920.17	1516.72	1350.28	9405.15	8068.04	28001.72	11247.04
林业纯收入	元	0.00	0.00	0.00	0.00	0.00	0.00	0.00	0.00	0.00
工业纯收入	元	0.00	0.00	0.00	0.00	0.00	0.00	0.00	0.00	0.00
建筑业纯收入	元	0.01	9523.08	12150.00	29.33	7087.50	439.87	9000.00	0.00	525.75
交通运输业、邮电业纯收入	元	2727.27	5571.43	8692.50	0.00	20000.00	426.98		17500.00	557.60
批发和零售贸易、餐饮业纯收入	元	18150.00	18760.00	23359.60	365.56	15241.67	3468.04	19550.00	21333.33	3837.13

（续表）

指标名称	单位	河北	吉林	福建	山东	河南	云南	陕西	新疆	全国
社会服务业纯收入	元		10600.00	7000.00	97.58	6940.00	197.85		12100.00	370.62
文教卫生业纯收入	元				0.00		0.00			0.00

3.3.3 农户家庭经营支出、生产性固定资产支出和税费支出

指标名称	单位	河北	吉林	福建	山东	河南	云南	陕西	新疆	全国
农业生产服务支出	元	417.05	8614.35	8795.01	472.96	796.86	3070.01	3483.47	11428.15	5184.56
林业支出	元	0.00	0.00	0.00	0.00	0.00	0.00	0.00	0.00	0.00
工业生产支出	元	0.00	0.00	0.00	0.00	0.00	0.00	0.00	0.00	0.00
建筑业生产支出	元	24.19	245.31	0.00	5.39	46.49	92.80	71.43	850.00	59.61
交通运输业、邮电业支出	元	541.82	894.63	1367.74	8.77	409.17	487.77	552.86	2714.75	629.34
批发和零售贸易、餐饮业支出	元	1839.24	626.91	6916.16	298.98	486.55	786.57	3760.16	3179.74	1272.00
社会服务业支出	元	2.33	19.23	155.00	0.00	28.13	23.31	115.38	900.00	39.21
文教卫生业支出	元	327.64	1391.25	1690.63	46.48	248.32	583.04	978.69	3512.19	627.57
其他家庭经营费用支出	元	765.43	2781.67	1076.92	39.37	125.86	378.25	501.89	3560.00	586.06
建造和购置生产性固定资产的费用支出	元	207.26	931.00	188.80	367.96	800.95	396.07	1513.56	3790.91	645.53
生产性固定资产折旧（使用年限 15 年）	元	46.52	1100.20	140.00	463.50	513.90	97.68	237.25	1753.20	443.65
第一产业纳税（农、林、牧、渔业）	元	0.00	96.15	0.00	44.80	0.00	0.00	0.00	3530.14	97.68
第二产业纳税（工业和建筑业）	元	0.00	0.00	0.00	0.00	0.00	0.00	0.00	0.00	0.00
第三产业纳税（商业和服务业）	元	0.00	0.00	0.00	0.00	0.00	0.00	0.00	0.00	0.00
“一事一议”筹资	元	87.98	18.00	34.00	3.58	14.35	6.93	120.00	141.43	32.33
其他各项集资收费	元	0.00	0.00	0.00	0.00	0.00	0.00	0.00	0.00	0.00

3.3.4 农户家庭食品消费数量及支出

3.3.4.1 农户家庭全年食品购买数量（不含自产自用）

指标名称	单位	河北	吉林	福建	山东	河南	云南	陕西	新疆	全国
面粉	千克	136.14	93.31	16.82	180.94	123.36	16.18	227.66	242.77	121.61
大米	千克	68.40	159.24	206.05	37.12	60.82	171.71	24.74	84.59	105.34
玉米面	千克	19.57	29.59	9.43	12.88	15.17	3.25	26.02	10.14	13.80
小米	千克	23.43	19.80	2.50	11.59	10.54	0.07	12.48	6.27	13.73
高粱	千克	0.00	0.00	0.00	0.00		0.00			0.00
其他谷物及其制品（荞麦、燕麦、大麦、糜子、黍子、薏仁、籽粒苋等，谷物制品折粮计算）	千克	10.19	6.91	4.50	0.46	13.75	4.21	12.83	5.61	3.19

（续表）

指标名称	单位	河北	吉林	福建	山东	河南	云南	陕西	新疆	全国
薯类（红薯、马铃薯、木薯、芋类等，不包括菜用）	千克	26.94	68.50	32.77	16.63	38.31	61.47	31.60	52.10	38.23
粮食复制品（利用原粮加工而成的食品，如挂面、年糕等；但不包括用粮食加工成的豆油、豆腐、粉条、酒等）	千克	18.21	18.94	19.18	8.13	21.14	19.98	15.62	23.11	16.74
大豆	千克	11.38	16.08	8.58	3.66	10.43	3.40	7.17	3.23	6.57
杂豆（绿豆、红豆、蚕豆、豌豆、豇豆、扁豆、黑豆等）	千克	6.89	7.26	9.67	2.12	8.47	9.95	9.65	5.49	6.49
豆制品（各种豆腐、豆腐干 / 皮 / 丝、千张、素鸡、腐竹、豆浆粉、豆浆、豆奶、豆腐脑等）	千克	18.10	20.82	16.64	12.63	25.11	18.58	24.81	11.18	18.09
植物性食用油（花生油、芝麻油、菜籽油、豆油、茶油、棉籽油等）	千克	39.13	37.63	34.69	31.07	37.14	23.14	47.46	53.17	37.45
动物性食用油（猪油、牛油、羊油等）	千克	8.64	20.77	19.62	0.96	5.00	25.62	7.94	13.31	12.81
猪肉及制品	千克	39.06	44.85	79.20	29.19	44.90	51.13	27.02	31.65	45.37
牛肉及制品	千克	7.36	8.80	11.00	3.12	8.65	12.06	5.43	35.74	12.54
羊肉及制品	千克	5.93	6.81	9.59	4.03	10.78	6.92	4.42	41.45	14.41
鸡肉及制品	千克	12.34	15.09	18.78	9.65	21.12	15.19	9.61	19.32	14.80
其他禽肉及制品（鸭、鹅、鹌鹑、鸽、麻雀、火鸡等）	千克	3.74	8.88	13.31	0.14	9.20	1.28	17.53	11.33	3.34
其他肉类及制品（狗肉、驴肉、马肉、蛇肉、兔肉、鹿肉、蛙类等，但不包括鱼、虾等水产品）	千克	1.56	6.29	6.55	0.12	10.00	0.27	10.00	6.08	0.87
畜禽下水（内脏）及制品	千克	5.46	3.75	4.44	0.34	5.09	0.35		9.06	1.56
鸡蛋及制品	千克	32.70	24.66	16.71	34.57	35.35	14.63	22.16	23.94	26.37
鸭蛋及制品	千克	2.43	8.18	12.35	0.40	7.90	1.03	12.33	7.00	4.48
其他蛋类及制品（鹅蛋、鹌鹑蛋、鸽蛋等）	千克	1.88	2.50	1.50	0.09		0.19	4.67	5.00	0.30
鲜奶（牛奶、羊奶等）	千克	21.42	14.18	35.28	17.48	21.45	10.82	23.44	39.91	22.44
奶制品（酥油、奶粉、酸奶、炼乳、可可奶、麦乳精等）	千克	17.82	8.42	15.35	2.58	22.67	5.52	15.06	17.58	9.82
鱼类及制品	千克	15.23	18.28	20.86	11.66	17.22	14.27	7.45	16.60	15.98
虾蟹类及制品	千克	6.76	4.28	5.50	1.39	9.00	0.78		5.19	2.52
其他水产品及制品	千克	4.20	5.95	5.22	0.18	5.18	0.13		6.75	1.03
蔬菜及菜制品（鲜菜、干菜，以及腌菜、榨菜、泡菜、酱菜等各类菜制品和蔬菜罐头，蔬菜和菜制品按鲜菜数量进行统计）	千克	159.07	100.15	165.96	159.99	165.35	130.78	189.00	211.39	158.84
水果及水果制品（各类鲜食水果、果用瓜、干果、蜜饯及水果罐头等）	千克	65.39	39.35	46.85	44.11	69.18	80.39	63.33	90.85	61.15
坚果及果仁制品（核桃、板栗、开心果、榛子、杏仁等坚果、果仁及其制品）	千克	7.47	9.96	9.40	3.06	8.33	8.46	10.59	13.59	8.00
卷烟（盒）	千克	171.41	201.14	270.90	97.60	199.82	155.72	269.05	215.41	185.55

（续表）

指标名称	单位	河北	吉林	福建	山东	河南	云南	陕西	新疆	全国
烟丝、烟叶等其他烟	千克	3.88	6.63	2.63	0.42	12.50	2.97	7.50	13.33	1.72
酒类（白酒、黄酒、啤酒、果酒等）	千克	27.24	41.96	51.57	17.36	36.31	38.59	27.69	25.55	33.58
食糖（白糖、红糖、冰糖、方糖等，不包括糖果、糖精）	千克	6.27	6.91	10.39	2.63	6.57	9.14	6.09	7.77	6.86
蜂蜜	千克	2.42	3.50	2.49	0.51	3.07	0.85	2.85	3.73	1.67
茶叶	千克	1.03	2.60	5.22	1.79	1.97	2.29	2.32	4.42	2.72
其他饮料（瓶/桶装水、碳酸类、果汁类、冲泡类等除酒、茶外的各种固/液体饮料以及雪糕等冷饮）	千克	18.28	24.92	19.39	1.92	30.48	29.26	26.79	22.55	18.56
调味品	千克	15.08	14.76	13.01	12.04	11.49	15.93	19.04	7.12	13.75

3.3.4.2 农户家庭全年食品购买金额（不含自产自用）

指标名称	单位	河北	吉林	福建	山东	河南	云南	陕西	新疆	全国
面粉	元	482.42	373.20	104.36	632.00	362.40	84.98	337.47	926.25	407.43
大米	元	256.66	721.45	842.27	187.05	322.43	736.47	156.04	569.41	488.95
玉米面	元	67.98	83.89	21.55	34.17	21.38	8.89	46.98	78.16	44.71
小米	元	170.77	120.17	1.00	86.51	77.23	0.51	68.36	81.18	91.89
高粱	元	0.00	0.00	0.00	0.00	0.00	0.00	0.00		0.00
其他谷物及其制品（荞麦、燕麦、大麦、糜子、黍子、薏仁、籽粒苋等，谷物制品折粮计算）	元	22.89	11.88	11.49	0.98	5.71	21.16	42.85	67.20	12.94
薯类（红薯、马铃薯、木薯、芋类等，不包括菜用）	元	64.51	129.72	76.23	48.74	82.84	137.65	104.98	133.48	92.61
粮食复制品（利用原粮加工而成的食品，如挂面、年糕等；但不包括用粮食加工成的豆油、豆腐、粉条、酒等）	元	85.81	94.16	160.94	59.94	128.95	118.72	106.43	142.78	104.27
大豆	元	54.09	70.93	60.14	21.91	15.82	20.06	32.12	51.36	37.19
杂豆（绿豆、红豆、蚕豆、豌豆、豇豆、扁豆、黑豆等）	元	51.29	44.49	60.36	16.85	39.86	45.09	57.64	66.55	41.16
豆制品（各种豆腐、豆腐干/皮/丝、千张、素鸡、腐竹、豆浆粉、豆浆、豆奶、豆腐脑等）	元	98.95	145.24	114.81	72.38	147.16	109.10	125.89	78.52	109.62
植物性食用油（花生油、芝麻油、菜籽油、豆油、茶油、棉籽油等）	元	460.19	358.73	495.29	387.38	509.77	263.37	624.87	675.81	459.46

（续表）

指标名称	单位	河北	吉林	福建	山东	河南	云南	陕西	新疆	全国
动物性食用油（猪油、牛油、羊油等）	元	66.40	291.75	337.89	10.94	41.65	433.82	135.57	242.10	211.22
猪肉及制品	元	766.80	884.98	1582.90	706.39	1023.07	1110.79	512.54	853.29	949.24
牛肉及制品	元	236.03	356.94	721.24	165.05	438.66	491.59	243.38	1457.39	527.98
羊肉及制品	元	232.75	187.58	640.22	190.44	298.91	359.51	148.08	2191.66	691.61
鸡肉及制品	元	178.07	223.31	440.33	142.09	301.29	232.35	140.36	422.30	250.50
其他禽肉及制品（鸭、鹅、鹌鹑、鸽、麻雀、火鸡等）	元	50.14	69.55	267.84	0.95	27.84	43.15	3.75	308.42	56.40
其他肉类及制品（狗肉、驴肉、马肉、蛇肉、兔肉、鹿肉、蛙类等，但不包括鱼、虾等水产品）	元	20.80	56.58	76.63	6.43	10.64	8.24	10.67	270.83	20.11
畜禽下水（内脏）及制品	元	102.97	25.04	33.88	15.75	81.11	5.00	0.00	127.06	32.89
鸡蛋及制品	元	232.73	187.70	182.69	237.65	262.60	161.35	212.60	215.92	212.16
鸭蛋及制品	元	38.19	41.83	144.43	7.33	49.58	11.81	0.00	80.00	47.21
其他蛋类及制品（鹅蛋、鹌鹑蛋、鸽蛋等）	元	4.11	2.78	1.67	0.58	0.95	0.88	0.00	40.00	1.25
鲜奶（牛奶、羊奶等）	元	152.91	108.40	401.71	151.91	139.14	92.58	227.61	350.22	200.40
奶制品（酥油、奶粉、酸奶、炼乳、可可奶、麦乳精等）	元	190.99	65.83	219.72	32.36	282.75	76.18	201.15	338.08	134.02
鱼类及制品	元	166.99	236.39	314.71	152.64	182.80	187.02	91.79	232.06	207.15
虾蟹类及制品	元	164.22	47.33	200.84	64.44	63.08	15.15	0.00	146.43	79.50
其他水产品及制品	元	30.86	25.79	69.82	4.14	23.96	2.40	0.00	130.94	16.32
蔬菜及菜制品（鲜菜、干菜，以及腌菜、榨菜、泡菜、酱菜等各类菜制品和蔬菜罐头，蔬菜和菜制品按鲜菜数量进行统计）	元	391.29	468.12	809.88	686.36	438.31	364.06	847.81	883.59	593.80
水果及水果制品（各类鲜食水果、果用瓜、干果、蜜饯及水果罐头等）	元	242.97	272.61	404.14	244.47	304.83	346.02	279.03	460.80	316.32
坚果及果仁制品（核桃、板栗、开心果、榛子、杏仁等坚果、果仁及其制品）	元	140.54	99.55	211.25	72.27	160.17	141.19	141.01	385.98	167.50
卷烟（盒）	元	1006.62	1235.59	2051.19	700.23	1501.90	1256.18	1773.46	1719.69	1324.21
烟丝、烟叶等其他烟	元	45.88	78.82	20.48	9.07	0.55	86.82	36.67	400.00	41.21
酒类（白酒、黄酒、啤酒、果酒等）	元	411.65	441.61	681.98	292.05	675.92	416.96	343.07	780.97	491.14
食糖（白糖、红糖、冰糖、方糖等，不包括糖果、糖精）	元	54.08	60.21	92.11	22.15	64.49	89.78	46.89	84.64	63.22
蜂蜜	元	48.84	58.87	94.98	18.86	41.68	24.84	59.90	120.88	47.81

（续表）

指标名称	单位	河北	吉林	福建	山东	河南	云南	陕西	新疆	全国
茶叶	元	93.44	130.73	274.76	149.41	149.67	106.45	203.32	184.77	158.30
其他饮料（瓶 / 桶装水、碳酸类、果汁类、冲泡类等除酒、茶外的各种固 / 液体饮料以及雪糕等冷饮）	元	129.70	119.44	166.57	27.04	205.64	153.87	155.85	169.87	126.19
调味品	元	117.48	157.86	217.00	142.91	200.90	190.08	220.47	169.56	171.16
其他户内食品消费支出	元	144.67	113.42	195.33	32.73	162.26	108.19	127.15	377.26	118.86
食品加工费	元	78.54	15.94	61.78	10.35	55.53	15.50	81.83	110.00	30.87

3.3.4.3 家庭成员户外食品消费支出

指标名称	单位	河北	吉林	福建	山东	河南	云南	陕西	新疆	全国
在外吃饭的外出务工成员的户外食品（元）	元	2215.36	1919.52	4668.26	447.92	2851.26	1454.60	5245.35	2143.84	1982.00
在外吃饭的学生及陪读成员的户外食品（元）	元	3053.94	2036.61	4455.38	239.79	2415.22	1267.02	4540.78	3697.22	1789.89
在医院吃饭的病号及陪护成员的户外食品（元）	元	225.80	325.15	392.50	13.68	310.54	53.00	371.67	652.13	117.66
在家吃饭的家庭成员外出办事、购物、探亲访友、旅游等偶然性或临时性户外食品（元）	元	481.04	800.00	1298.00	194.96	1106.04	416.55	943.54	1393.15	637.51
其他户外食品消费支出	元	0.00	0.00	0.00	0.27	36.67	4.91	0.00	200.00	3.38

3.3.5 农户家庭非食品生活消费支出

指标名称	单位	河北	吉林	福建	山东	河南	云南	陕西	新疆	全国
衣着消费支出	元	1884.95	1609.43	2784.97	1261.34	1886.98	2088.06	2068.96	2455.18	2032.55
居住消费支出	元	383.44	126.98	220.71	1591.33	288.55	328.00	223.97	111.04	380.81
其中：在家居住成员租赁生活用房所付的租金（不包括外出住旅店和招待所所支付的住宿费，以及外出打工、在外陪读、在医院陪护等的房屋租赁支出或住宿费）	元	0.00	0.00	0.00	0.00	0.00	0.00	0.00	0.00	0.00
外出打工成员租赁生活用房所付的租金或在外住宿费	元	1067.26	471.11	2578.99	84.47	586.89	772.41	1737.14	645.71	772.64
生活用水费	元	110.50	107.66	175.45	79.32	129.85	142.64	205.14	254.14	156.19
生活用电费	元	573.33	501.43	1100.68	665.96	757.95	538.15	639.83	643.09	666.58

（续表）

指标名称	单位	河北	吉林	福建	山东	河南	云南	陕西	新疆	全国
生活用燃料支出（用于做饭、烧水、照明、洗漱和取暖等的生活能源支出，但不包括烧饲料用的燃料和交通用柴油、汽油等燃料）	元	1574.95	831.53	896.72	1090.48	770.95	685.98	966.76	1426.15	1065.26
家庭设备、用品及服务支出	元	753.16	763.89	1059.12	904.73	792.53	789.85	1196.27	1272.04	924.89
医疗保健消费支出	元	753.52	1177.93	823.49	883.64	902.31	996.05	1492.65	1776.97	1064.71
交通通信消费支出	元	1454.49	950.35	2380.66	929.90	1530.76	1671.73	1860.01	1643.10	1551.51
其中：(1) 因外出打工而产生的交通费支出	元	509.73	359.23	989.19	61.34	738.99	538.09	684.59	913.33	503.29
文教娱乐用品及服务支出	元	2533.92	3842.35	3593.19	1226.76	1833.22	1966.66	2969.81	2689.79	2214.16
其中：子女教育支出	元	3968.64	8750.89	6219.73	1995.21	3660.14	4473.83	7725.16	5234.60	4597.49
其他商品消费支出（化妆品、金银珠宝饰品，以及手表、迷信用品等其他生活用商品的消费支出）	元	384.66	466.78	666.46	186.73	389.07	400.17	555.42	1058.01	486.95
其他服务消费支出（旅店住宿费、洗澡费、美容美发、照相费、殡殓费等）	元	247.51	252.54	384.69	198.45	265.57	182.68	255.85	441.63	262.06
家庭成员外出务工成本支出（指中介费、职业介绍费、培训费、办证费及其他费用）	元	33.49	18.46	50.39	0.24	27.85	10.60	31.79	134.19	16.11

3.3.6 农户家庭财产性支出和转移性支出

指标名称	单位	河北	吉林	福建	山东	河南	云南	陕西	新疆	全国
非生产性贷款或借款的利息支出	元	0.00		0.00	0.00	0.00	0.00	0.00	0.00	0.00
宅基地使用费	元	0.00		0.00	0.00	0.00	0.00	0.00	0.00	0.00
土地承包费（包括承包集体和其他农户等）	元	63.00	2804.21	495.21	53.29	108.87	186.86	612.50	436.17	214.21
承包租赁村组集体资产支出（不包括承包土地）	元	0.00			0.00	0.00	0.00		0.00	0.00
其他	元	0.00			0.00	0.00	0.00		0.00	0.00
寄给和带给家庭非常住人口	元	300.00	1422.22	1400.00	119.61	200.00	127.22	825.38	963.21	225.09
赠送亲友	元	858.05	771.88	1045.28	272.86	952.94	255.88	1307.50	910.10	531.71
赡养费、抚养费	元	1127.50	1073.39	1111.67	148.48	893.48	287.46	1059.09	1536.77	507.21

（续表）

指标名称	单位	河北	吉林	福建	山东	河南	云南	陕西	新疆	全国
公益事业捐赠（指对灾害、贫困、残疾人等群体或个人以及对文教卫体事业、环境保护、社会公共设施建设等社会公共和福利事业的爱心捐赠）	元	157.80	148.75	288.46	5.20	224.00	17.98	269.23	206.42	69.28
迷信、宗教活动捐赠	元	69.74	154.55	265.00	22.57	20.00	57.27	125.00	155.71	83.27
人情礼支出	元	975.39	2372.31	2870.25	1294.75	1980.00	2200.59	2438.16	1872.10	1932.37
嫁妆、聘礼	元	662.50	4000.00	1471.43	44.93	300.00	200.97	1825.00	3304.01	502.86
各种红白喜事宴请支出（婚丧、升学、盖房等）	元	1767.12	3003.25	2936.72	137.24	2228.85	2384.04	3426.05	3941.21	2274.24
交纳党费、团费	元	24.08	26.44	35.18	8.32	31.52	21.43	37.80	24.12	20.98
交纳保险费支出	元	1449.38	1009.15	1199.55	1366.73	1315.50	1172.99	788.52	1155.55	1275.33
其中：农村新型合作医疗	人	588.26	554.37	589.60	507.92	540.44	543.54	589.63	430.09	540.74
城镇医疗保险支出	人	79.63	243.75	66.67	12.62	340.00	17.77	281.10	222.54	37.83
商业医疗保险支出	人	44.44	150.00	66.67	0.01	100.00	3.64	150.00	120.00	5.48
农村养老保险支出	人	268.71	294.22	262.61	450.98	250.53	249.21	394.38	292.58	306.46
城镇养老保险支出	人	316.67	271.43	208.33	36.32	533.33	18.84	243.68	620.00	58.89
商业养老保险支出	人	33.33	200.00	270.00	0.00	0.00	5.51	400.00	166.67	5.04
工伤保险支出	人	0.00			0.00	0.00	0.00		0.00	0.00
支出车辆保险支出	元	2022.30	1581.50	2013.23	478.05	1499.30	809.53	2049.16	1957.22	1249.49
其他保险支出（如人身意外险、疾病保险、财产保险及各种储蓄型保险等）	元	148.76	327.22	335.86	26.92	176.43	69.51	731.25	398.43	128.93
罚款（如违反计划生育罚款、交通违章罚款、违反治安管理处罚条例罚款等）、赔款	元	191.89	300.00	214.71	2.83	50.00	4.62	337.50	334.62	35.53
购买彩票	元	25.00		30.00	0.06	0.00	0.00		0.00	0.31
其他（如遗失、被盗等）	元	0.00			0.00	0.00	0.00		0.00	0.00

3.3.7 农户家庭生活用燃料数量及支出

3.3.7.1 农户家庭生活用燃料购买数量（不含交通用燃料）

指标名称	单位	河北	吉林	福建	山东	河南	云南	陕西	新疆	全国
秸秆	吨	8.10	50.69	0.00	8.08	17.37	2.46	20.82	7.24	13.70
薪柴	吨	31.90	88.26	80.89	60.00	60.89	143.87	101.07	13.11	71.53
煤炭	吨	703.13	48.83	1.95	484.35	236.47	207.64	268.20	192.13	239.78
罐装液化石油气	千克	7.35	23.87	21.72	6.36	12.85	3.23	6.93	31.78	13.36

（续表）

指标名称	单位	河北	吉林	福建	山东	河南	云南	陕西	新疆	全国
管道天然气	立方米	0.00	0.00	0.00	0.00	0.00	0.00	0.00	1.31	0.05
管道煤气	立方米	0.00	0.00	0.00	0.00	0.00	0.00	0.00	0.00	0.00
汽油	升	2.80	9.29	11.73	0.65	1.92	3.67	5.76	13.11	4.96
柴油	升	1.61	7.95	1.35	0.57	0.42	1.17	4.52	8.71	2.67
沼气	立方米	0.04	0.00	0.00	0.00	0.16	0.02	0.00	0.36	0.03

3.3.7.2 农户家庭生活用燃料购买金额（不含交通用燃料）

指标名称	单位	河北	吉林	福建	山东	河南	云南	陕西	新疆	全国
秸秆	元	7.17	205.71	3.63	22.16	66.12	31.46	26.51	18.83	41.80
薪柴	元	27.81	100.95	141.09	123.19	8.32	312.48	89.72	31.37	105.82
煤炭	元	1172.75	71.35	4.82	631.46	111.04	234.22	767.41	1156.82	528.56
罐装液化石油气	元	251.09	239.36	539.35	249.97	551.64	27.82	198.34	480.94	312.00
管道天然气	元	4.00	7.79	0.00	1.44	13.58	0.00	0.00	183.21	10.67
管道煤气	元	0.00	0.00	0.00	0.00	0.00	0.00	0.00	0.00	0.00
汽油	元	227.25	562.07	411.43	55.44	236.55	310.03	833.74	1351.89	447.24
柴油	元	138.14	631.15	173.64	62.37	64.04	91.13	344.90	1132.14	259.14
沼气	元	0.00	1.23	5.00	0.00	9.44	10.10	0.00	70.71	4.18

4

2016年分省样本的农户统计

4.1 农户家庭基本情况

4.1.1 家庭成员基本特征

指标名称	单位	河北	吉林	福建	山东	河南	云南	陕西	新疆	全国
年龄	周岁	52.97	52.66	52.35	58.80	54.09	49.05	54.69	50.05	53.08
受教育年限	年	7.98	7.86	7.46	7.42	7.97	7.26	8.44	7.62	7.74
本年累计在家居住时间	（0~12）月	10.45	11.59	11.43	11.93	10.62	10.83	11.18	11.58	11.21
本年务工天数（没有，填0）	天	167.17	62.37	139.18	50.29	131.15	107.14	123.25	111.94	108.29
本年如有务工，平均月工资（没有，不填）	元	2218.73	1643.63	2086.65	500.48	2536.93	1455.49	2000.85	1741.44	1674.46
本年全家报销的医疗费用（含新农合、商业保险等）有多少元?	元	371.25	541.27	265.76	341.82	524.15	758.73	970.93	1111.01	524.58

4.1.2 土地、家庭信贷及其他情况

4.1.2.1 土地情况

指标名称	单位	河北	吉林	福建	山东	河南	云南	陕西	新疆	全国
您家承包的土地面积（即依法承包村集体的土地面积）	亩	5.63	20.33	5.69	5.85	6.72	6.58	8.02	15.94	9.20
其中：耕地面积	亩	5.48	18.81	4.16	4.22	6.64	5.79	4.15	10.89	7.39
园地面积	亩	0.01	0.02	0.64	1.00	0.01	0.17	2.49	0.27	0.55
林地面积	亩	0.04	0.27	0.63	0.07	0.05	0.53	0.14	0.21	0.24
草地面积	亩	0.00	17.63	0.33	0.00	0.00	0.17	7.67	18.68	1.17
荒山、荒沟、荒丘、荒滩面积	亩	0.05	0.00	0.95	0.00	0.00	0.15	1.93	0.27	0.08

（续表）

指标名称	单位	河北	吉林	福建	山东	河南	云南	陕西	新疆	全国
您家未计入承包地的耕地面积（如自留地、开荒地）	亩	0.32	4.31	1.76	0.08	1.88	1.27	3.07	2.85	0.87
您家撂荒的耕地面积	亩	0.17	0.00	0.73	0.01	0.00	0.23		0.00	0.10
其中：承包的耕地面积	亩	0.16	17.50	2.01	0.00	5.93	2.09	5.79	18.60	3.53
本年转出耕地的面积	亩	4.34	13.83	2.33	1.15	2.90	1.63	4.93	13.94	3.32
本年转出耕地的收入（含实物折价）	元 /（亩・年）	776.49	631.25	612.68	246.48	841.64	413.75	731.94	322.03	442.75
本年转入耕地的面积	亩	10.88	34.57	13.99	0.79	1.16	4.00	7.34	39.70	10.31
本年转入耕地的支出（含实物折价）	元 /（亩・年）	258.46	349.53	418.35	79.94	545.91	228.57	335.44	396.74	213.39
本年经营耕地面积（即实际耕种面积）	亩	6.62	34.09	199.53	4.52	40.43	8.05	9.83	81.00	42.03
其中：<1 亩耕地的块数	块	3.71	2.60	145.90	0.35	9.34	4.11	2.48	2.45	16.73
1 ≤且 <3 亩耕地的块数	块	1.81	2.52	2.81	0.73	1.79	2.31	1.95	2.14	1.88
3 ≤且 <5 亩耕地的块数	块	1.40	2.37	2.69	0.25	1.33	1.05	1.47	2.20	1.35
≥ 5 亩耕地的块数	块	1.56	2.68	1.53	0.20	1.16	0.49	1.40	3.17	1.43
其中：水田面积	亩	5.12	13.50	11.03	0.02	2.00	2.16	4.37	54.93	6.38
水浇地面积	亩	6.75	17.73	1.72	3.32	4.89	1.30	6.35	36.95	8.06
旱地面积	亩	1.80	33.29	5.29	0.33	6.90	5.77	7.43	122.32	11.03
本年经营温室大棚面积	亩		12.66	2.75	0.46	1.76	1.05	6.15	13.73	1.07
本年经营园地面积	亩	4.04	1.95	5.06	1.27	0.00	1.11	5.95	2.02	2.42
其中：果园面积	亩	3.70		4.15	1.29	0.83	0.59	5.30	3.04	2.32
茶园面积	亩			4.52	0.03	0.00	0.77	3.56	0.14	0.65
桑园面积	亩				0.00	0.00	0.00		0.00	0.00
本年经营林地面积	亩	0.48	16.38	11.30	0.06	2.22	3.33	3.22	9.30	2.90
本年经营草地面积	亩		23.75	5.00	0.00	0.00	0.17	0.60	3.72	0.48
其中：天然草地面积	亩		30.83		0.00	0.00	0.05		6.20	0.80
本年经营水面面积	亩				0.00	0.00	0.00		0.00	0.00
其中：海水养殖面积	亩	0.00			0.00	0.00	0.00		0.00	0.00
淡水养殖面积	亩				0.00	0.00	0.00		0.00	0.00

4.1.2.2 家庭存款、贷款及投资

指标名称	单位	河北	吉林	福建	山东	河南	云南	陕西	新疆	全国
本年末家庭银行存款总额	元	48830.88	26450.23	33864.14	21350.93	37673.74	23696.59	31164.92	36641.84	32237.68
本年末家中存有现金多少	元	4242.36	5699.17	5874.52	3530.67	4995.51	4375.61	4339.25	4754.73	4671.85
本年末家庭持有的全部对外投资	元	1391.33	2750.00		2400.00	1000.00	2500.00	1000.00	1833.33	1971.52
其中：持有股票、基金、债券等证券类投资金额	元	2000.00		6500.00	19.53	1250.00	10.99		0.00	177.04

（续表）

指标名称	单位	河北	吉林	福建	山东	河南	云南	陕西	新疆	全国
其中：对企业、合作社等投入的股权类投资金额	元		8000.00	15194.78	98.43	0.00	267.57	1000.00	20000.00	664.84
本年全年您家借出去的钱共有多少	元	8750.00	9388.89	8718.75	915.86	5588.24	1320.09	11884.62	8340.58	2260.22
别人借您家的钱到本年底还有多少没有收回	元	9500.00	7950.00	11221.88	943.64	3375.00	1488.11	11125.00	8086.00	2260.42
到本年底您家欠外债有多少	元	44076.92	24724.14	39240.00	2815.97	16100.00	11041.38	27925.50	33431.25	13451.10
这些外债有多少来自银行、信用社等正规金融机构	元	48857.14	22818.18	44296.63	841.58	1428.57	9287.48	33650.15	33085.07	8857.76
其中：年利率多少	%	2.73	0.89	1.37	0.09	0.00	0.62	0.88	3.81	0.59
这些外债有多少来自民间借贷机构如农村资金互助社	元	2.00	0.00	5000.00	0.00		2.76	2500.06	1.79	190.87
其中：年利率多少	%		0.06	0.00	0.00	0.00	0.00		0.02	0.00
这些外债有多少来自亲戚朋友等私人关系	元	32250.00	17000.00	30876.47	1448.50	16263.64	2793.89	20545.55	9378.49	6027.08
其中：年利率多少	%	0.00		0.00	0.00	0.00	0.00	0.00	0.00	0.00

4.1.2.3 其他

指标名称	单位	河北	吉林	福建	山东	河南	云南	陕西	新疆	全国
取饮用水往返一次需多长时间	分钟	0.40	1.61	0.16	2.61	1.28	1.83	1.55	2.60	1.63
如果购买了农业保险，支付了多少保费	元	56.93	152.21	37.46	22.85	70.70	75.32	82.00	169.15	70.55

4.1.3 住房、生产性固定资产和耐用消费品

指标名称	单位	河北	吉林	福建	山东	河南	云南	陕西	新疆	全国
本年底，在本村住房面积	平方米	114.01	78.26	110.02	97.04	110.52	112.21	118.46	91.97	101.60
本年底，如有城镇住房，面积为多少（如没有，填0）	平方米	99.90	68.56	99.69	100.98	102.92	94.23	96.36	92.99	93.80
生产性用房面积（如烤烟房、生产车间、仓库等）	平方米	37.00	39.49	32.53	24.80	33.09	28.04	32.64	43.21	33.08
拖拉机	台	1.03	1.09	1.06	0.21	0.99	0.29	1.00	1.16	0.73
三轮摩托车	台	0.98	0.98	1.00	0.29	0.94	0.49	1.00	0.99	0.62
机引农具	台	1.69	1.36	1.00	0.06	1.95	0.26	1.12	1.69	0.68

（续表）

指标名称	单位	河北	吉林	福建	山东	河南	云南	陕西	新疆	全国
畜引农具	台	0.80	0.88		0.01	0.09	0.29	1.00	1.00	0.12
喷雾器 / 喷雾机	个	1.30	1.23	1.20	0.63	1.12	1.01	1.03	1.13	1.03
风车	辆	0.00	0.00		0.00	0.00	0.00			0.00
手推车 / 板车 / 三轮车 / 四轮车	辆	1.06	1.03	1.07	0.35	1.07	0.26	1.01	1.10	0.66
打稻（谷）机	台	1.00	1.00	1.00	0.00	0.08	0.20		1.00	0.27
脱粒机	台	1.00	1.00	1.00	0.02	0.95	0.27	1.00	1.00	0.21
抽水机	台	1.00	1.00	1.00	0.26	0.97	0.49	1.00	1.00	0.54
电动机	台	1.00	0.96	1.00	0.04	0.89	0.10	1.00	1.00	0.19
柴油机	台	1.00	1.00	1.00	0.02	0.57	0.14	1.00	1.00	0.21
加工机械	台	1.00		1.00	0.00	0.80	0.17	1.00		0.10
船（只）	只				0.00	0.00	0.00			0.00
粉粹机	台	1.00	1.00	1.00	0.01	0.75	0.22	1.00	1.00	0.18
木工多用机	台				0.00	0.00	0.00			0.00
温室大棚	平方米		443.33	160.00	27.54	150.00	0.00	666.00	86.31	27.06
牛、羊等牲畜养殖场	平方米	31.83	67.12		0.00	20.25	11.83	1.00	71.82	18.25
生猪养殖场	平方米	100.00	20.77	81.67	0.00	64.71	14.38		63.75	9.37
鸡鸭鹅等禽类养殖场	平方米	1.50	9.52	11.82	0.00	9.60	1.91		16.05	1.71
兔子、貂等特种养殖场	平方米				0.00	0.00	0.00			0.00
鱼塘	平方米				0.00	0.00	0.00			0.00
缝纫机	台	1.00	1.00	1.01	0.34	0.99	0.54	1.00	1.00	0.74
电冰箱 / 空调	台	1.29	1.05	1.44	1.28	1.52	0.91	1.19	1.09	1.22
电视卫星接收器	台	1.00	1.00	1.00	0.13	0.90	0.61	1.00	0.98	0.71
收音机 /VCD/DVD	台	1.00	1.00	1.00	0.11	0.63	0.13	1.00	0.98	0.32
组合音响	台	1.00	1.00	1.00	0.03	0.52	0.16	1.00	0.63	0.17
电话座机、手机	个	2.60	2.22	2.98	2.17	2.68	2.92	3.03	2.31	2.59
电饭锅 / 微波炉 / 压力锅 / 电磁炉	个	1.80	1.19	2.67	1.35	1.80	1.86	1.78	1.51	1.74
抽油烟机	台	0.97	1.00	1.00	0.30	0.78	0.19	1.00	0.97	0.57
彩色电视机	台	1.23	1.07	1.38	1.07	1.29	1.04	1.17	1.10	1.17
沼气灶 / 炉子	台	1.05	1.00	1.12	0.63	0.96	0.32	1.20	1.03	0.74
照相机	台	0.93	0.88	1.00	0.05	0.38	0.05	1.00	0.78	0.15
摄像机	台	0.00			0.00	0.00	0.00		0.00	0.00
吸尘器	台	0.00			0.00	0.00	0.00		0.00	0.00
自行车	辆	1.22	1.08	1.11	0.41	1.06	0.08	1.09	1.03	0.68
电动车	辆	1.28	1.03	1.20	0.83	1.26	0.37	1.02	1.10	1.02
摩托车	辆	1.04	1.01	1.32	0.27	1.00	0.77	1.02	1.10	0.89
小汽车	辆	0.99	1.00	1.00	0.25	0.86	0.40	1.00	0.99	0.65

（续表）

指标名称	单位	河北	吉林	福建	山东	河南	云南	陕西	新疆	全国
电脑	台	0.99	1.00	1.00	0.36	0.93	0.26	1.00	0.99	0.71
洗衣机	台	1.00	1.00	1.00	0.75	1.00	0.85	1.00	1.00	0.95
电风扇 / 电暖气	台	1.63	1.02	2.37	0.98	1.94	0.55	1.37	1.03	1.41
热水器	个	1.12	1.00	1.12	0.07	0.87	0.41	1.11	1.00	0.62
太阳能	台	1.01	1.00	1.02	0.65	1.01	0.85	1.08	0.95	0.87
床、炕	个	2.35	1.69	3.14	2.04	2.67	3.61	2.75	2.27	2.56
柜子 / 碗柜 / 衣柜	个	2.33	1.90	2.35	1.37	2.37	1.80	2.28	2.16	2.02
写字台 / 桌子	个	1.56	1.04	1.85	1.00	1.84	0.94	1.84	1.42	1.39
箱子	只	1.70	1.25	2.11	0.13	1.69	0.97	1.67	1.32	0.92
椅子、沙发	个	3.19	3.08	2.49	1.62	4.26	2.43	2.28	3.35	2.65
压面机	台	1.00	1.00		0.10	0.73	0.00	1.00	0.96	0.23

4.2 农户家庭生产情况

4.2.1 种植业

4.2.1.1 稻谷

（1）当年稻谷生产及销售情况

指标名称	单位	河北	吉林	福建	山东	河南	云南	陕西	新疆	全国
年初库存	千克	97.73	283.98	395.52		115.29	222.89		99.41	273.80
播种面积	亩	5.38	6.19	6.29		1.49	2.12		7.56	4.33
当年产量	千克	3610.00	3242.97	2394.26		761.53	969.24	0.00	1623.59	1877.61
因灾减产	千克	50.00	240.00	95.94		0.00	41.89		175.67	62.92
获得农业保险赔偿	元		242.00	151.21		72.22	74.03			96.14
自食、送人数量	千克	890.00	382.54	941.37		256.67	656.33		450.00	724.20
用于饲料数量	千克		135.00	196.49		16.67	32.97			110.50
总销售量	千克	3600.00	3207.71	2864.87		1260.00	368.64		2966.67	1969.73
总销售收入	元	10666.67	9253.07	7419.21		1532.83	1380.03		10750.00	5463.06
留种自用	千克	40.00	200.00	180.00		0.00	3.76		300.00	25.14
本年末库存	千克	801.25	360.93	662.50		164.00	364.07		200.00	441.87
本年副产品收入	元		101.25	666.67		0.00	9.09			32.52
下年预计播种面积	亩	5.35	5.41	5.43		1.49	2.20		6.50	3.74

（2）稻谷成本投入

指标名称	单位	河北	吉林	福建	山东	河南	云南	陕西	新疆	全国
种子、秧苗数量	千克	31.09	134.40	8.81		11.32	5.22	90.00	516.67	28.83
种子、秧苗金额	元	200.13	736.28	608.13		94.39	166.47	101.25	2133.33	402.20
化肥施用量	千克	586.56	559.82	921.15		145.83	170.43	50.00	700.00	497.92
化肥金额	元	1744.84	1423.37	1804.89		367.39	327.94	550.00	2640.00	1067.11
有机肥自产	元	500.00	0.00	154.39		0.00	220.28			191.36
有机肥外购	元		0.00	48.50		0.00	42.47	200.00		40.23
农药、除草剂费	元	545.63	335.20	385.76		98.06	124.72	200.00	300.00	269.88
农膜费	元	131.58	347.50	72.39		3.33	43.01			92.36
排灌费	元	475.00	346.20	162.81		56.92	94.40			199.02
机械费	元	992.40	1596.26	2062.51		264.44	163.96	750.00	1100.00	1168.62
土地租赁费（含实物折价）	元 / 年	2700.00	12039.33	5537.02		0.42	128.58		4000.00	2881.81
自家投劳	工日	107.19	29.75	64.41		23.24	48.05	100.00	85.00	53.09
雇工	工日	9.89	5.25	41.82		3.17	5.65	1000.00		21.69
雇工平均价格	元 / 工日	200.00	192.15	138.63		80.00	55.51			102.89
运输仓储费	元	96.67	125.00	158.33		0.00	21.41			41.61
贷款利息	元		40.00	142.86		0.00	0.00			12.09
保险费支出	元		111.49	33.62		10.50	0.03		140.00	28.99
其他费用	元		241.25	636.64		0.00	60.48			233.35

4.2.1.2 小麦

（1）当年小麦生产及销售情况

指标名称	单位	河北	吉林	福建	山东	河南	云南	陕西	新疆	全国
年初库存	千克	37.00			158.57	178.13	88.61	230.03	28.62	147.85
播种面积	亩	5.79			5.57	6.64	2.88	4.48	6.93	5.47
当年产量	千克	2442.49			2339.61	2791.39	739.76	982.92	1211.70	1895.24
因灾减产	千克	100.79			63.07	270.28	109.89	240.00	240.63	133.43
获得农业保险赔偿	元	123.46			8.31	77.00	0.57	82.86	75.00	27.72
自食、送人数量	千克	479.23			358.13	447.13	53.04	445.92	680.33	418.06
用于饲料数量	千克	100.00			23.15	382.31	498.47	220.00	525.00	193.31
总销售量	千克	3049.62			2154.62	2975.10	503.89	1291.04	2926.17	2497.93
总销售收入	元	6817.45			4766.62	5732.87	1491.28	2911.40	5710.53	5214.57
留种自用	千克	83.20			6.88	29.00	5.95	70.35	191.67	27.35
本年末库存	千克	858.13			254.86	425.31	131.96	684.25	491.67	436.09
本年副产品收入	元	84.00			0.00	33.33	7.50	50.00		5.69
下年预计播种面积	亩	5.51			5.30	6.66	2.99	4.82	6.60	5.38

（2）小麦成本投入

指标名称	单位	河北	吉林	福建	山东	河南	云南	陕西	新疆	全国
种子、秧苗数量	千克	91.23	0.00		83.20	82.14	30.05	38.84	108.36	69.10
种子、秧苗金额	元	299.93	0.00		293.92	400.51	128.43	197.33	346.04	287.01
化肥施用量	千克	357.56	400.00		279.88	396.33	135.44	273.87	237.22	310.36
化肥金额	元	844.26	1080.00		678.23	1048.75	316.33	502.26	672.97	733.96
有机肥自产	元	247.27			3.02	268.75	103.19	112.50	834.62	102.63
有机肥外购	元	188.33			35.22	176.45	2.56		2292.50	149.55
农药、除草剂费	元	75.76	200.00		146.10	129.61	87.08	79.55	67.27	106.73
农膜费	元				0.71	7.06	1.25	110.00	0.00	1.70
排灌费	元	336.63	120.00		273.68	169.44	12.14	288.18	148.29	247.42
机械费	元	530.38			293.30	546.05	257.86	435.95	370.57	447.50
土地租赁费（含实物折价）	元/年	740.00			7.82	67.14	31.71	22.50	355.00	38.61
自家投劳	工日	26.10			41.80	22.85	46.73	22.59	56.60	30.77
雇工	工日	58.33			0.21	12.69	0.73	31.86	9.22	3.58
雇工平均价格	元/工日	64.40			21.10	105.00	4.39	77.50	708.75	45.01
运输仓储费	元				6.40	68.00	17.92	89.62	1666.60	167.35
贷款利息	元	90.00			0.00	0.00	0.00		6258.33	240.06
保险费支出	元	40.83			22.28	47.53	0.00		446.97	63.61
其他费用	元	92.80			2.77	178.00	140.00	56.17	9894.44	667.17

4.2.1.3 玉米

（1）当年玉米生产及销售情况

指标名称	单位	河北	吉林	福建	山东	河南	云南	陕西	新疆	全国
年初库存	千克	40.50	289.37	0.00	48.09	21.64	190.74	1.66	29.27	115.95
播种面积	亩	5.16	20.24	4.46	4.96	6.16	3.79	4.44	20.07	9.25
当年产量	千克	2800.02	11626.31	3692.31	2500.20	2776.02	1408.97	1511.24	10163.05	4790.85
因灾减产	千克	255.41	837.12		123.58	279.83	115.05	396.67	990.76	358.60
获得农业保险赔偿	元	116.05	208.08		15.73	55.00	3.42	0.00	57.63	89.73
自食、送人数量	千克	138.28	147.94		67.85	69.55	51.16	237.50	260.20	93.17
用于饲料数量	千克	436.12	823.74		40.34	2019.64	977.10	673.33	1398.12	746.32
总销售量	千克	3307.84	13286.51	3861.54	1976.42	2915.43	733.31	1437.10	14289.20	5950.02
总销售收入	元	5087.43	16315.17	6875.39	2944.05	4718.56	1577.12	2391.03	27461.43	8462.76
留种自用	千克	60.00	16.67		1.38	33.33	0.29	16.43	132.50	3.77
本年末库存	千克	1127.59	798.63		187.30	107.26	308.61	575.00	1000.00	429.01
本年副产品收入	元	62.46	172.69		0.00	0.00	7.83		500.00	18.04
下年预计播种面积	亩	5.29	19.18	4.58	4.68	6.29	2.93	4.33	20.36	8.01

（2）玉米成本投入

指标名称	单位	河北	吉林	福建	山东	河南	云南	陕西	新疆	全国
种子、秧苗数量	千克	14.38	45.05	1.86	14.61	17.96	9.63	8.96	91.50	24.92
种子、秧苗金额	元	276.18	1108.15	533.21	285.77	265.20	259.05	189.30	1194.13	504.04
化肥施用量	千克	270.01	990.41	546.43	257.98	360.62	259.21	224.77	638.93	456.73
化肥金额	元	669.11	2701.63	1369.23	638.36	951.14	505.18	548.54	1921.07	1167.66
有机肥自产	元	384.38	444.44		2.14	240.48	250.08	360.00	416.30	168.89
有机肥外购	元	185.63	476.67		19.94	0.14	42.40		186.77	57.51
农药、除草剂费	元	84.62	353.42	381.67	133.70	120.93	116.48	85.92	363.21	184.01
农膜费	元	157.50	365.33		2.99	20.63	29.90	80.00	1102.96	222.93
排灌费	元	268.14	701.19	73.50	173.45	201.94	28.29	400.00	1487.98	331.46
机械费	元	435.64	1086.18	425.00	247.05	445.94	130.43	515.87	2210.05	585.01
土地租赁费（含实物折价）	元 / 年	1348.33	3367.64		22.16	28.00	26.08		3922.32	643.71
自家投劳	工日	23.22	47.74	31.33	30.68	20.62	51.13	20.00	58.29	37.19
雇工	工日	13.00	11.49		0.03	16.20	1.84	20.00	16.47	3.33
雇工平均价格	元 / 工日	63.33	105.48		1.19	25.00	9.61	100.00	130.98	26.48
运输仓储费	元		475.24		5.81	57.44	25.98	84.44	387.50	70.59
贷款利息	元		585.00		0.17	0.00	0.00		490.00	17.86
保险费支出	元	30.77	93.56	10.00	12.77	18.67	0.26		66.00	37.29
其他费用	元	248.33	443.01		5.33	158.00	32.12	300.00	184.00	98.26

4.2.2 畜牧业

4.2.2.1 生猪

（1）生猪生产及销售情况

指标名称	单位	河北	吉林	福建	山东	河南	云南	陕西	新疆	全国
年末存栏数量	头	29.36	0.00	0.80		27.74	3.24	60.00	22.79	6.74
年末能繁母畜存栏数量	头	5.00	0.00	0.00	9.00	3.75	0.72	15.00	3.92	1.36
新生、新购数量	头	45.08	10.00	25.40	53.50	56.04	6.69	20.00	24.23	12.56
出栏或产量	头	135.33	10.00	56.00	202.33	55.25	12.56	150.00	36.00	26.19
因灾减产或死亡	头	11.43		3.00	0.00	5.33	1.71	20.00	6.50	2.83
获得农业保险赔偿	元	0.00			0.00	1.00	0.02		5.50	0.49
自食或送人数量	千克	40.17	3.00	50.00	0.00	1.00	3.27	70.00	63.00	5.21
总销售收入	元	32030.00	28000.00	5625.00	67333.33	59751.38	10520.82		23833.33	14916.86
仔（中）畜（禽苗）销售收入	元	5600.00			10100.00	13001.00	4202.66		8594.60	4963.92
平均出栏活重或单产	千克 / 头	145.20	20.00	146.33	110.00	128.82	127.74		90.00	128.00

（续表）

指标名称	单位	河北	吉林	福建	山东	河南	云南	陕西	新疆	全国
副产品收入	元	500.00			0.00	65.00	0.43		15.00	7.73
下年生产计划	头	111.67		1.00	140.00	56.83	6.75	60.00		13.54

（2）生猪成本投入

指标名称	单位	河北	吉林	福建	山东	河南	云南	陕西	新疆	全国
仔畜（禽苗）自繁数量	头	62.31	0.50	0.71	45.67	33.78	4.13		12.33	8.43
仔畜（禽苗）外购数量	头	33.31	3.67	17.63	33.33	24.40	2.93	0.00	3.00	6.25
仔畜（禽苗）外购金额	元	1766.83	566.67	548.57	0.00	2194.44	1806.20	0.00	2033.33	1781.58
饲料外购数量	千克	16956.25		332.00	40000.00	11940.00	951.84	40000.00	4166.67	2497.14
饲料外购金额	元	40773.33		23283.33	31500.00	38269.52	3233.37		11150.00	7511.36
饲料自产数量	千克	1830.00	2000.00	316.67	0.00	3407.14	1122.94		1800.00	1230.00
饲料自产折价金额	元	3404.29	4833.33	670.86	0.00	6621.54	2129.57		2880.00	2340.11
防疫及兽药	元	2763.64	400.00	977.50	5000.00	1091.00	255.10		290.00	517.93
水电费	元	598.18	1000.00	123.33	1350.00	786.50	133.05		406.67	269.72
自家投劳数量	工日	230.91	100.00	98.33	361.67	222.05	124.63	365.00	55.00	137.32
雇工数量	工日				0.00		0.00			0.00
雇工价格	元/工日				0.00		0.00			0.00
场地租赁费（包括实物折价）	元/年	350.00			0.00		0.00			27.22
贷款利息	元			1300.00	0.00		40.98			54.19
保险费支出	元				0.00		22.39			21.71
其他费用	元	500.00		300.00	0.00	425.00	59.76			80.86

4.2.2.2 肉牛

（1）肉牛生产及销售情况

指标名称	单位	河北	吉林	福建	山东	河南	云南	陕西	新疆	全国
年末存栏数量	头	12.33	7.81				2.61	1.00	9.66	6.93
年末能繁母畜存栏数量	头	2.33	4.19				0.81	1.00	4.79	3.31
新生、新购数量	头	5.33	3.90				0.96	0.00	2.77	2.34
出栏或产量	头	6.67	6.05				2.52		4.33	4.26
因灾减产或死亡	头		2.50				0.08		1.86	0.90
获得农业保险赔偿	元		48.00				0.00		1.23	2.56
自食或送人数量	千克		0.00				0.43		1500.93	989.39
总销售收入	元	100000.00	26216.67				13428.68		22054.43	21356.90
仔（中）畜（禽苗）销售收入	元		16000.00				1192.31		8365.91	6784.17
平均出栏活重或单产	千克/头	450.00	225.00				214.88		6.00	219.00

（续表）

指标名称	单位	河北	吉林	福建	山东	河南	云南	陕西	新疆	全国
副产品收入	元						0.00		200.77	108.75
下年生产计划	头	15.00	15.87				4.18		11.67	7.84

（2）肉牛成本投入

指标名称	单位	河北	吉林	福建	山东	河南	云南	陕西	新疆	全国
仔畜（禽苗）自繁数量	头	1.00	4.17				1.22	0.00	5.60	2.98
仔畜（禽苗）外购数量	头	4.33	1.81				1.00	0.00	2.18	1.56
仔畜（禽苗）外购金额	元	0.00	1379.31				2455.75	0.00	2061.75	2096.62
饲料外购数量	千克	7000.00	3570.00				1539.52	2800.00	2826.19	2526.60
饲料外购金额	元	3350.00	1940.00				2298.57	4600.00	5747.92	3899.44
饲料自产数量	千克	1750.00	1985.17				1208.38		9332.00	2542.41
饲料自产折价金额	元	6000.00	2413.60				1687.71		4052.22	2364.51
防疫及兽药	元	1000.00	656.82				136.04		452.58	400.30
水电费	元		271.54				88.95		301.67	200.91
自家投劳数量	工日	221.67	130.91				114.03	365.00	163.38	131.21
雇工数量	工日		300.00				0.00		15.50	22.63
雇工价格	元/工日						0.00		92.00	24.53
场地租赁费（包括实物折价）	元/年						0.00			0.00
贷款利息	元	4320.00	4000.00				208.33			772.86
保险费支出	元						2.00			2.00
其他费用	元		395.00				0.00		1091.67	387.83

4.2.2.3 肉羊

（1）肉羊生产及销售情况

指标名称	单位	河北	吉林	福建	山东	河南	云南	陕西	新疆	全国
年末存栏数量	只	40.33	46.00		30.00	250.00	26.30	5.00	52.39	49.78
年末能繁母畜存栏数量	只	13.33	33.17		30.00	100.00	16.14	4.00	31.47	29.94
新生、新购数量	只	1.33	28.33		45.00	80.00	9.26	8.00	18.65	18.04
出栏或产量	只	56.00	37.17		0.00	100.00	7.94	8.00	38.30	33.92
因灾减产或死亡	只		5.67		0.00	8.00	3.00		5.89	5.32
获得农业保险赔偿	元		0.00		0.00		0.00		8.65	6.62
自食或送人数量	千克	50.00	1.00		0.00	2.00	1.21		3.95	3.92
总销售收入	元	22500.00	18800.00		0.00	10000.00	8255.14		19249.25	17857.37
仔（中）畜（禽苗）销售收入	元		4500.00		0.00		1393.33		5326.75	4883.55
平均出栏活重或单产	千克/只	20.00	50.00		40.00	50.00	35.75		30.00	35.45
副产品收入	元	10000.00	500.00		0.00		333.33	1000.00	331.30	824.43
下年生产计划	只	50.00	55.00		30.00		22.20		28.90	29.74

（2）肉羊成本投入

指标名称	单位	河北	吉林	福建	山东	河南	云南	陕西	新疆	全国
仔畜（禽苗）自繁数量	只	14.00	45.83		15.00	150.00	10.58	8.00	20.46	20.46
仔畜（禽苗）外购数量	只	0.75	3.00		30.00	0.00	1.04	0.00	2.74	2.60
仔畜（禽苗）外购金额	元	225.00	2500.00			0.00	366.09	0.00	1279.23	1155.27
饲料外购数量	千克		2433.33		0.00		3.57	800.00	2172.53	2003.24
饲料外购金额	元		10600.00		0.00		188.57	1200.00	3594.63	3579.54
饲料自产数量	千克	750.00	3916.67		6500.00	750.00	589.44	3000.00	1256.60	1335.90
饲料自产折价金额	元	1570.00	1520.00		10400.00		1375.29	600.00	2560.64	2333.09
防疫及兽药	元	150.00	807.50		200.00		237.09	200.00	299.01	317.30
水电费	元		630.00		1000.00		6.78	150.00	334.37	322.87
自家投劳数量	工日	177.50	267.33		200.00	365.00	178.75	100.00	138.93	158.43
雇工数量	工日		100.00		0.00		0.00	10.00	164.70	92.47
雇工价格	元 / 工日		120.00		0.00		0.00	70.00	46.56	33.83
场地租赁费（包括实物折价）	元 / 年		500.00		1200.00		0.00		83.00	198.11
贷款利息	元		2000.00		0.00		0.00		1000.00	333.33
保险费支出	元				0.00		0.00		77.33	43.50
其他费用	元		266.67		0.00		0.00		431.43	224.71

4.2.2.4 肉鸡

（1）肉鸡生产及销售情况

指标名称	单位	河北	吉林	福建	山东	河南	云南	陕西	新疆	全国
年末存栏数量	只		21.00	11.01		11.33	12.94	14.00	8.84	11.96
年末能繁母畜存栏数量	只		5.00	0.61		0.00	1.84	0.00	1.80	1.44
新生、新购数量	只		6.67	9.60		6.25	14.24	0.00	18.51	13.29
出栏或产量	只		16.00	20.44		20.50	26.52	14.00	26.26	24.43
因灾减产或死亡	只		5.00	0.00		74.00	2.18		4.48	5.37
获得农业保险赔偿	元			1.29			1.03		0.00	1.04
自食或送人数量	只		14.00	13.55		12.40	9.46		21.61	11.83
总销售收入	元		790.00	5875.00		39038.60	6034.63		353.33	7541.24
仔（中）畜（禽苗）销售收入	元						88.85		152.00	91.86
平均出栏活重或单产	千克 / 只		4.50	3.34		3.38	4.33	2.00	3.14	3.89
副产品收入	元		790.00			1600.00	0.29			108.11
下年生产计划	只		30.00	19.15		32.00	20.87		31.65	22.78

（2）肉鸡成本投入

指标名称	单位	河北	吉林	福建	山东	河南	云南	陕西	新疆	全国
仔畜（禽苗）自繁数量	只		0.00	5.06		0.00	5.18	0.00	1.48	4.50
仔畜（禽苗）外购数量	只		21.50	14.80		36.25	16.86	14.00	17.13	16.60
仔畜（禽苗）外购金额	元		165.00	200.97		324.50	248.34	52.00	525.90	269.52
饲料外购数量	千克			222.50		85.00	85.40		457.14	150.99
饲料外购金额	元			495.92		275.00	530.46		1310.00	554.12
饲料自产数量	千克		300.00	194.64		312.50	194.53		402.94	216.45
饲料自产折价金额	元		360.00	332.63		636.25	417.66		676.18	423.42
防疫及兽药	元		27.00	32.69		30.00	47.75		26.58	39.57
水电费	元		30.00	2.00		11.67	77.63		91.33	76.20
自家投劳数量	工日		19.50	20.57		53.00	36.64	40.00	78.29	40.34
雇工数量	工日					9.67	2.43		0.00	2.90
雇工价格	元 / 工日					60.00	1.71		0.00	4.74
场地租赁费（包括实物折价）	元 / 年						0.00		0.00	0.00
贷款利息	元						0.00		0.00	0.00
保险费支出	元						0.00		0.00	0.00
其他费用	元			125.00			108.86		0.00	106.84

4.3 农户家庭收支情况

4.3.1 农户家庭收入

指标名称	单位	河北	吉林	福建	山东	河南	云南	陕西	新疆	全国
出售家庭资产收入（如房子、机械、家电等）	元	1.42	3.52	19.95	3.54	8.01	6.28	2.17	9.20	5.67
县域内农业务工收入	元	1007.51	761.59	6320.47	719.34	1154.97	2243.63	1338.63	762.49	1408.45
县域内工业、建筑业、采矿业打工收入	元	5144.14	1431.06	12737.16	1936.46	6385.34	2482.34	2717.94	453.60	3180.70
县域内交通运输、邮电业打工收入	元	2363.59	11514.29	15508.33	110.24	12254.55	687.25	17228.57	12333.33	1244.82
县域内批发、零售、贸易、餐饮业打工收入	元	8431.58	14691.25	15402.13	386.29	20660.87	1465.22	15964.71	16287.04	3501.68
县域内社会服务业、文教卫生业打工收入	元	11565.34	18269.23	19047.17	1510.62	16360.87	2400.00	15402.86	17437.70	5553.44
县域外农业务工收入	元	1428.57	6000.00	9692.31	9.82	11488.89	1110.15	5333.33	6923.26	1018.60
县域外工业、建筑业、采矿业打工收入	元	26824.07	19195.00	30163.64	78.74	31910.91	7602.48	28318.67	13269.23	9452.27

（续表）

指标名称	单位	河北	吉林	福建	山东	河南	云南	陕西	新疆	全国
县域外交通运输、邮电业打工收入	元	8590.91	24000.00	11000.00	0.01	13000.00	231.46	16533.33	10177.78	647.35
县域外批发、零售、贸易、餐饮业打工收入	元	19227.89	20500.00	24295.83	70.59	23100.00	1749.76	23620.00	15125.00	3334.58
县域外社会服务业、文教卫生业打工收入	元	19796.00	16500.00	27091.72	10.61	24380.00	1063.21	26334.74	21466.67	3797.41
利息	元	1263.49	1000.00	755.99	316.12	1139.61	196.90	1334.26	1278.68	708.63
股息	元	0.00			0.00		0.00			0.00
土地征用补偿	元	0.00	2000.00	800.00	44.02	700.00	0.00	1600.00		40.42
土地出租租金	元	3004.63	2480.00	1618.00	257.32	3683.08	653.00	2171.43	2897.20	982.67
房屋租赁收入	元	0.00			0.00		1.12			0.29
机械设备租赁收入	元	0.00			0.00		0.00			0.00
从村集体分得福利收入	元	0.00		288.00	10.07		1.10			9.69
种粮补贴（包括粮食直接补贴、粮食作物良种补贴、农业生产资料综合补贴和农机具购置补贴）	元	541.53	2240.46	284.61	252.91	755.22	481.12	485.30	969.61	648.73
非粮食类农作物良种补贴	元	132.14	350.56	90.00	1.66	531.95	64.23	470.00	731.72	68.14
畜牧业补贴	元	0.00			0.00		0.00		0.00	0.00
渔业补贴	元	0.00			0.00		0.00			0.00
林业补贴（不包括退耕还林还草）	元	35.25		61.38	0.00		14.54	42.50	120.00	6.36
退耕还林还草补偿	元	50.79	329.41		0.00	41.25	42.14	333.33	323.33	32.65
草原生态补贴	元	0.00	176.67		0.00		49.79	375.00	3803.39	245.37
救济金、救灾款	元	0.00			0.00		0.00			0.00
无偿扶贫款	元	0.00			0.00		0.00			0.00
抚恤金	元	0.00			0.00		0.00			0.00
低保金	元	1651.83	1993.46	2100.00	29.09	1004.91	361.29	1505.71	1507.99	286.92
退休金	元	0.00	1680.00	2400.00	51.82	0.00	10.06	1497.50	1497.14	80.35
合作社利润返还	元	0.00			0.00		0.00			0.00
社会保障收入	元	1175.47	2300.00	697.86	380.50		230.74	900.00	2040.00	524.45
社会保障收入其中：农村新型合作医疗报销	元	419.62	807.33	877.94	372.95	784.97	898.17	1235.47	1663.69	712.09
社会保障收入农村养老保险年金	元	1391.62	1372.15	1539.30	795.13	1441.62	589.40	1403.98	1039.65	1033.14
社会保障收入城镇医疗保险报销	元	0.00			0.00		0.00			0.00
社会保障收入城镇养老保险年金	元	596.67	11250.00	3090.00	152.55	1600.00	4.42	3071.67	5000.00	215.56

（续表）

指标名称	单位	河北	吉林	福建	山东	河南	云南	陕西	新疆	全国
棋牌娱乐收入（如亏损，用负数表示）	元	368.33	500.00	578.57	4.91	954.55	17.61	650.00	753.57	63.63
人情礼收入	元	646.47	3400.00	2327.42	564.16	3012.50	202.46	5117.31	1847.76	901.20
彩礼、陪嫁	元	100.00			3.14		1.54		1040.00	10.39
商业保险赔付	元	0.00			0.00		0.00			0.00
家庭非常住人口寄回或带回、亲友赠送	元	1362.57	1884.62	3159.09	811.01	1760.00	247.89	1585.71	1755.90	875.52
新农村建设建房补贴	元	0.00			3.92	2000.00	0.00		660.21	31.15

4.3.2 农户家庭收入（分行业）

指标名称	单位	河北	吉林	福建	山东	河南	云南	陕西	新疆	全国
农业生产服务总收入	元	4076.92	27179.56	32624.23	88.89	4152.37	14621.05	1319.34	39071.29	17052.22
收入林业总收入	元	0.00	0.00	0.00	0.00	0.00	0.00	0.00	0.00	0.00
工业总收入	元	0.00	0.00	0.00	0.00	0.00	0.00	0.00	0.00	0.00
建筑业总收入	元	0.00	9275.00	5000.00	0.00	2000.00	1068.29		20000.00	477.01
交通运输业、邮电业总收入	元	13400.00	11285.71	19200.00	0.00	27000.00	317.09		23600.00	603.50
批发和零售贸易、餐饮业总收入	元	33185.71	25700.00	34984.78	355.24	40200.00	2214.98	38600.00	43475.00	4322.94
社会服务业总收入	元	8450.00	1500.00	8000.00	0.00	8400.00	130.79		6666.67	118.42
文教卫生业总收入	元				0.00		0.00			0.00
农业生产服务纯收入	元	2181.01	16503.61	19081.75	79.11	2687.86	8193.29	1002.38	25343.88	10621.83
林业纯收入	元	0.00	0.00	−5.56	0.00	0.00	0.00	0.00	0.00	−0.65
工业纯收入	元	0.00	0.00	0.00	0.00	0.00	0.00	0.00	0.00	0.00
建筑业纯收入	元	0.00	7462.50	11562.50	0.00	20000.00	929.57		10000.00	571.32
交通运输业、邮电业纯收入	元	5500.00	9000.00	9067.50	0.00		592.31		9812.50	417.25
批发和零售贸易、餐饮业纯收入	元	27428.57	22212.50	20192.50	150.52	17500.00	1813.51	18500.00	17666.67	2544.89
社会服务业纯收入	元	8000.00	3000.00	1900.00	30.99	10600.00	197.79		7750.00	189.94
文教卫生业纯收入	元				0.00		0.00			0.00

4.3.3 农户家庭经营支出、生产性固定资产支出和税费支出

指标名称	单位	河北	吉林	福建	山东	河南	云南	陕西	新疆	全国
农业生产服务支出	元	380.56	8147.28	8276.17	517.54	616.66	2542.19	2012.19	9934.69	4398.88
林业支出	元	0.00	0.00	0.00	0.00	0.00	0.00	0.00	0.00	0.00

（续表）

指标名称	单位	河北	吉林	福建	山东	河南	云南	陕西	新疆	全国
工业生产支出	元	0.00	0.00	0.00	0.00	0.00	0.00	0.00	0.00	0.00
建筑业生产支出	元	29.13	206.00	0.00	0.00	27.27	145.65	0.00	37.50	51.72
交通运输业、邮电业支出	元	797.94	829.24	1503.13	28.11	148.39	561.45	707.25	2541.92	512.74
批发和零售贸易、餐饮业支出	元	2498.99	1288.07	5472.97	195.28	344.80	921.92	1550.91	3392.59	1013.02
社会服务业支出	元	25.00	65.22	120.80	0.43	10.83	23.56	61.22	826.67	29.38
文教卫生业支出	元	535.38	1220.00	1676.50	42.92	132.30	440.86	1268.68	3822.68	538.03
其他家庭经营费用支出	元	857.04	2618.95	1323.08	52.51	126.53	325.45	808.16	4450.71	480.86
建造和购置生产性固定资产的费用支出	元	299.48	967.20	161.54	313.85	716.71	369.00	795.92	4610.00	540.54
生产性固定资产折旧（使用年限15年）	元	46.16	879.09	150.79	454.18	518.28	137.47	274.47	2308.33	420.14
第一产业纳税（农、林、牧、渔业）	元	0.00	0.00	0.00	37.72	0.00	7.58	0.00	7853.79	123.58
第二产业纳税（工业和建筑业）	元	0.00	0.00	0.00	0.00	0.00	0.00	0.00		0.00
第三产业纳税（商业和服务业）	元	0.00	0.00	0.00	0.00	0.00	0.00	0.00		0.00
“一事一议”筹资	元	89.79	10.44	33.20	1.19	18.32	6.94	112.24	189.00	29.51
其他各项集资收费	元	0.00	0.00	0.00	0.00	0.00	0.00	0.00		0.00

4.3.4 农户家庭食品消费数量及支出

4.3.4.1 农户家庭全年食品购买数量（不含自产自用）

指标名称	单位	河北	吉林	福建	山东	河南	云南	陕西	新疆	全国
面粉	千克	134.32	101.57	16.63	183.30	113.78	19.74	219.90	246.77	125.50
大米	千克	64.59	159.83	194.51	35.76	63.40	190.64	30.82	89.64	107.59
玉米面	千克	25.83	40.36	8.24	8.02	19.00	3.42	22.54	13.19	13.93
小米	千克	23.80	24.98	13.75	11.84	11.84	0.03	10.71	8.80	14.16
高粱	千克	0.00			0.00	0.00	0.00		0.00	0.00
其他谷物及其制品（荞麦、燕麦、大麦、糜子、黍子、薏仁、籽粒苋等，谷物制品折粮计算）	千克	8.71	9.62	11.00	0.23	15.00	4.55	11.95	9.26	2.77
薯类（红薯、马铃薯、木薯、芋类等，不包括菜用）	千克	28.82	72.42	30.47	17.89	42.82	67.04	30.70	53.86	40.30
粮食复制品（利用原粮加工而成的食品，如挂面、年糕等；但不包括用粮食加工成的豆油、豆腐、粉条、酒等）	千克	18.16	16.75	19.37	8.83	22.00	19.87	16.91	13.11	15.81

（续表）

指标名称	单位	河北	吉林	福建	山东	河南	云南	陕西	新疆	全国
大豆	千克	12.41	15.33	8.97	3.36	8.04	3.95	6.93	11.19	6.79
杂豆（绿豆、红豆、蚕豆、豌豆、豇豆、扁豆、黑豆等）	千克	7.21	12.15	9.77	1.59	7.63	10.92	8.54	7.61	6.46
豆制品（各种豆腐、豆腐干 / 皮 / 丝、千张、素鸡、腐竹、豆浆粉、豆浆、豆奶、豆腐脑等）	千克	18.00	22.22	17.16	11.97	25.39	19.40	19.78	15.11	17.92
植物性食用油（花生油、芝麻油、菜籽油、豆油、茶油、棉籽油等）	千克	38.54	38.89	35.27	26.90	38.59	22.15	49.41	52.67	37.20
动物性食用油（猪油、牛油、羊油等）	千克	9.89	27.45	19.49	0.21	16.77	25.11	6.90	13.17	12.18
猪肉及制品	千克	38.89	45.30	77.44	27.75	45.72	52.56	26.03	35.41	45.69
牛肉及制品	千克	7.13	9.67	12.93	2.22	7.35	10.46	3.38	32.71	11.68
羊肉及制品	千克	9.06	8.12	9.36	2.70	9.23	7.24	5.91	45.12	16.09
鸡肉及制品	千克	13.74	15.43	18.76	9.42	20.37	13.89	8.71	23.44	15.21
其他禽肉及制品（鸭、鹅、鹌鹑、鸽、麻雀、火鸡等）	千克	4.80	14.88	13.88	0.03	4.58	2.15		12.61	3.13
其他肉类及制品（狗肉、驴肉、马肉、蛇肉、兔肉、鹿肉、蛙类等，但不包括鱼、虾等水产品）	千克	4.25	7.96	7.00	0.11	2.33	0.32		6.73	0.83
畜禽下水（内脏）及制品	千克	5.87	6.27	5.61	0.21	4.39	0.48		5.00	1.33
鸡蛋及制品	千克	33.40	23.21	16.06	34.91	33.39	13.96	25.63	28.31	26.91
鸭蛋及制品	千克	4.01	10.93	13.06	0.38	6.49	0.90		7.94	4.51
其他蛋类及制品（鹅蛋、鹌鹑蛋、鸽蛋等）	千克	1.61	5.00	4.00	0.03	0.00	0.19	2.00	2.00	0.17
鲜奶（牛奶、羊奶等）	千克	28.15	19.28	38.15	18.89	15.76	9.14	23.21	36.64	22.76
奶制品（酥油、奶粉、酸奶、炼乳、可可奶、麦乳精等）	千克	17.64	12.15	14.90	0.82	22.20	5.20	21.13	12.20	8.17
鱼类及制品	千克	15.58	19.92	21.51	10.02	16.16	13.84	7.00	17.24	16.01
虾蟹类及制品	千克	6.89	3.96	5.49	1.34	2.00	0.43		4.06	2.26
其他水产品及制品	千克	4.55	7.06	6.33	0.11	2.61	0.19		2.92	0.94
蔬菜及菜制品（鲜菜、干菜，以及腌菜、榨菜、泡菜、酱菜等各类菜制品和蔬菜罐头，蔬菜和菜制品按鲜菜数量进行统计）	千克	156.32	107.27	160.37	165.73	173.49	138.13	218.01	182.58	158.60
水果及水果制品（各类鲜食水果、果用瓜、干果、蜜饯及水果罐头等）	千克	68.71	46.65	46.05	44.93	69.61	74.99	59.12	73.37	59.60
坚果及果仁制品（核桃、板栗、开心果、榛子、杏仁等坚果、果仁及其制品）	千克	8.61	9.61	10.00	2.58	7.94	8.29	7.27	14.44	7.77
卷烟（盒）	千克	175.04	172.92	279.56	108.44	188.93	176.64	259.59	207.26	183.54
烟丝、烟叶等其他烟	千克	4.86	7.91	2.75	0.21	0.00	3.69		3.67	1.56
酒类（白酒、黄酒、啤酒、果酒等）	千克	29.40	51.22	47.88	14.58	34.92	40.62	25.03	26.78	34.19

（续表）

指标名称	单位	河北	吉林	福建	山东	河南	云南	陕西	新疆	全国
食糖（白糖、红糖、冰糖、方糖等，不包括糖果、糖精）	千克	6.81	6.54	10.00	2.25	6.39	8.87	5.67	8.09	6.65
蜂蜜	千克	2.23	3.88	2.70	0.36	1.93	0.78	2.38	5.61	1.71
茶叶	千克	1.16	2.96	5.11	1.71	1.64	2.40	2.13	4.53	2.81
其他饮料（瓶/桶装水、碳酸类、果汁类、冲泡类等除酒、茶外的各种固/液体饮料以及雪糕等冷饮）	千克	20.12	24.49	20.26	1.59	31.38	28.51	30.69	22.11	17.87
调味品	千克	15.12	14.30	12.85	11.76	11.99	15.57	23.02	8.10	13.54

4.3.4.2 农户家庭全年食品购买金额（不含自产自用）

指标名称	单位	河北	吉林	福建	山东	河南	云南	陕西	新疆	全国
面粉	元	470.58	389.34	102.61	628.66	399.66	97.69	470.38	956.29	447.72
大米	元	264.43	790.26	849.42	183.77	320.18	753.98	146.88	565.06	484.90
玉米面	元	72.85	80.44	29.43	33.79	16.46	13.49	61.26	76.13	45.61
小米	元	175.12	125.57	2.86	84.75	78.95	1.40	82.35	94.54	92.81
高粱	元	0.00	0.00	0.00	0.00	0.00	0.00	0.00	0.00	0.00
其他谷物及其制品（荞麦、燕麦、大麦、糜子、黍子、薏仁、籽粒苋等，谷物制品折粮计算）	元	21.79	14.82	14.03	2.14	5.87	19.77	38.51	57.93	13.31
薯类（红薯、马铃薯、木薯、芋类等，不包括菜用）	元	60.80	144.99	86.66	47.24	97.05	142.51	115.91	147.82	98.18
粮食复制品（利用原粮加工而成的食品，如挂面、年糕等；但不包括用粮食加工成的豆油、豆腐、粉条、酒等）	元	88.57	96.85	161.57	58.42	122.98	114.30	112.88	137.15	102.89
大豆	元	55.26	70.95	56.63	20.73	18.98	19.01	32.75	68.52	37.50
杂豆（绿豆、红豆、蚕豆、豌豆、豇豆、扁豆、黑豆等）	元	51.38	51.02	59.79	17.64	31.20	49.45	68.82	60.13	43.54
豆制品（各种豆腐、豆腐干/皮/丝、千张、素鸡、腐竹、豆浆粉、豆浆、豆奶、豆腐脑等）	元	93.09	163.16	119.05	68.09	163.94	102.64	135.04	91.66	113.38
植物性食用油（花生油、芝麻油、菜籽油、豆油、茶油、棉籽油等）	元	451.40	377.59	491.63	375.51	492.83	280.01	591.57	702.09	474.65
动物性食用油（猪油、牛油、羊油等）	元	72.73	243.64	338.04	26.38	85.31	440.48	132.40	200.76	204.47
猪肉及制品	元	761.76	894.97	1609.34	681.77	1037.25	1185.31	503.93	974.18	943.09
牛肉及制品	元	217.83	347.39	671.73	140.83	420.19	505.31	214.98	1427.62	517.88
羊肉及制品	元	216.63	175.32	598.33	147.20	310.45	297.77	123.51	2171.97	745.73

（续表）

指标名称	单位	河北	吉林	福建	山东	河南	云南	陕西	新疆	全国
鸡肉及制品	元	176.79	238.42	462.83	137.21	324.06	219.28	120.46	449.94	257.03
其他禽肉及制品（鸭、鹅、鹌鹑、鸽、麻雀、火鸡等）	元	42.77	79.78	254.85	3.50	51.19	32.89	12.26	283.31	58.05
其他肉类及制品（狗肉、驴肉、马肉、蛇肉、兔肉、鹿肉、蛙类等，但不包括鱼、虾等水产品）	元	30.64	48.78	97.88	6.07	12.50	8.65	13.33	177.33	20.07
畜禽下水（内脏）及制品	元	95.68	17.64	53.60	14.63	87.67	6.37	11.00	193.08	31.77
鸡蛋及制品	元	236.06	189.64	180.20	237.74	241.00	146.58	199.59	233.27	210.81
鸭蛋及制品	元	32.20	43.96	145.94	7.02	57.59	10.84	10.67	82.50	45.99
其他蛋类及制品（鹅蛋、鹌鹑蛋、鸽蛋等）	元	8.22	0.90	0.00	0.51	2.39	1.28	0.00	28.00	1.43
鲜奶（牛奶、羊奶等）	元	137.73	125.02	390.26	172.05	65.08	91.48	274.60	366.28	214.00
奶制品（酥油、奶粉、酸奶、炼乳、可可奶、麦乳精等）	元	175.92	56.98	219.16	41.54	296.46	71.35	163.84	299.69	131.32
鱼类及制品	元	181.31	244.62	326.20	140.80	177.89	164.29	87.48	239.92	206.72
虾蟹类及制品	元	155.26	42.91	219.67	52.65	31.92	21.43	0.00	226.30	74.96
其他水产品及制品	元	37.90	16.03	91.80	3.91	32.13	3.66	0.00	116.71	18.03
蔬菜及菜制品（鲜菜、干菜，以及腌菜、榨菜、泡菜、酱菜等各类菜制品和蔬菜罐头，蔬菜和菜制品按鲜菜数量进行统计）	元	391.88	479.23	794.35	666.94	432.25	422.96	843.81	852.33	613.87
水果及水果制品（各类鲜食水果、果用瓜、干果、蜜饯及水果罐头等）	元	239.80	304.40	409.15	247.36	277.32	345.82	249.11	445.85	316.89
坚果及果仁制品（核桃、板栗、开心果、榛子、杏仁等坚果、果仁及其制品）	元	149.52	101.91	219.12	56.99	126.12	132.31	131.53	394.23	164.45
卷烟（盒）	元	1073.92	1189.02	2182.49	729.19	1492.17	1191.29	1730.00	1497.74	1329.90
烟丝、烟叶等其他烟	元	58.22	62.37	20.64	7.35	6.67	83.11	43.03	234.17	38.76
酒类（白酒、黄酒、啤酒、果酒等）	元	444.55	441.59	697.59	279.53	684.57	385.44	328.62	771.93	492.66
食糖（白糖、红糖、冰糖、方糖等，不包括糖果、糖精）	元	57.95	70.77	87.69	22.41	62.14	86.56	48.09	96.49	64.49
蜂蜜	元	50.24	55.89	91.20	18.66	32.13	21.89	53.53	120.10	47.97
茶叶	元	100.66	126.71	281.84	150.14	151.92	95.09	172.50	186.10	159.82
其他饮料（瓶/桶装水、碳酸类、果汁类、冲泡类等除酒、茶外的各种固/液体饮料以及雪糕等冷饮）	元	140.62	94.10	177.82	22.52	204.49	141.71	118.21	184.68	121.63
调味品	元	124.13	160.43	229.73	141.32	196.93	175.39	201.01	188.97	173.97
其他户内食品消费支出	元	139.52	93.60	205.88	30.43	170.81	88.56	177.46	294.93	112.11
食品加工费	元	80.19	22.09	63.57	7.27	58.25	17.35	100.33	60.50	30.05

4.3.4.3 家庭成员户外食品消费支出

指标名称	单位	河北	吉林	福建	山东	河南	云南	陕西	新疆	全国
在外吃饭的外出务工成员的户外食品（元）	元	2404.67	1511.50	4457.74	494.20	2585.15	1296.82	5180.15	1962.62	1979.58
在外吃饭的学生及陪读成员的户外食品（元）	元	3209.11	2019.24	4160.39	207.92	2759.01	830.65	4301.45	3613.53	1722.77
在医院吃饭的病号及陪护成员的户外食品（元）	元	198.52	206.10	394.21	12.25	270.42	68.31	392.94	619.15	119.60
在家吃饭的家庭成员外出办事、购物、探亲访友、旅游等偶然性或临时性户外食品（元）	元	614.39	835.52	1081.68	167.77	990.36	397.00	1033.44	1440.35	655.88
其他户外食品消费支出	元	10.07	29.17	0.00	0.23	25.00	5.30	100.00	53.33	4.58

4.3.5 农户家庭非食品生活消费支出

指标名称	单位	河北	吉林	福建	山东	河南	云南	陕西	新疆	全国
衣着消费支出	元	1918.18	1625.21	2858.65	1349.52	1863.24	2083.45	2138.22	2542.73	2057.69
居住消费支出	元	325.51	92.82	213.78	1555.66	299.19	321.28	243.56	74.75	380.09
其中：在家居住成员租赁生活用房所付的租金（不包括外出住旅店和招待所所支付的住宿费，以及外出打工、在外陪读、在医院陪护等的房屋租赁支出或住宿费）	元	0.00	0.00	0.00	0.00	0.00	0.00	0.00	0.00	0.00
外出打工成员租赁生活用房所付的租金或在外住宿费	元	700.55	201.49	2468.48	79.18	533.30	590.87	1871.33	881.61	666.93
生活用水费	元	110.22	111.68	184.10	89.16	120.26	134.42	198.33	280.86	157.47
生活用电费	元	562.11	493.01	1138.17	672.24	791.18	547.73	596.12	675.45	674.16
生活用燃料支出（用于做饭、烧水、照明、洗漱和取暖等的生活能源支出，但不包括烧饲料用的燃料和交通用柴油、汽油等燃料）	元	1554.72	819.15	899.87	1097.11	717.23	647.50	918.75	1523.68	1041.29
家庭设备、用品及服务支出	元	525.18	603.19	1138.83	796.49	666.79	694.89	1094.84	1216.93	828.63
医疗保健消费支出	元	639.90	1222.54	892.38	859.74	968.30	964.44	1478.93	1901.34	1063.53
交通通信消费支出	元	1386.58	847.23	2363.73	926.13	1623.61	1633.90	1665.65	1644.48	1497.83
其中：(1) 因外出打工而产生的交通费支出	元	473.28	371.74	905.14	72.46	740.71	454.39	658.40	901.61	461.88
文教娱乐用品及服务支出	元	2666.38	2102.12	3177.26	1363.41	2102.83	1600.12	3678.15	2590.44	2142.80

（续表）

指标名称	单位	河北	吉林	福建	山东	河南	云南	陕西	新疆	全国
其中：子女教育支出	元	4260.10	8901.00	6552.54	1930.66	2901.56	4375.82	7409.79	5760.10	4533.18
其他商品消费支出（化妆品、金银珠宝饰品，以及手表、迷信用品等其他生活用商品的消费支出）	元	412.14	428.42	645.86	175.54	401.74	397.92	438.59	1108.80	453.24
其他服务消费支出（旅店住宿费、洗澡费、美容美发、照相费、殡殓费等）	元	252.05	230.64	409.97	204.50	238.85	183.85	243.69	459.06	254.30
家庭成员外出务工成本支出（指中介费、职业介绍费、培训费、办证费及其他费用）	元	28.31	25.81	39.10	0.62	37.08	13.53	23.79	140.43	15.05

4.3.6 农户家庭财产性支出和转移性支出

指标名称	单位	河北	吉林	福建	山东	河南	云南	陕西	新疆	全国
非生产性贷款或借款的利息支出	元	0.00	0.00	0.00	0.00	0.00	0.00	0.00	0.00	0.00
宅基地使用费	元	0.00	0.00	0.00	0.00	0.00	0.00	0.00	0.00	0.00
土地承包费（包括承包集体和其他农户等）	元	94.14	138.07	484.14	51.39	46.39	194.07	10.42	264.38	123.36
承包租赁村组集体资产支出（不包括承包土地）	元	0.00	0.00		0.00		0.00		0.00	0.00
其他	元	0.00	0.00		0.00		0.00		0.00	0.00
寄给和带给家庭非常住人口	元	450.00	1900.00	2000.00	88.06	500.00	125.90	1033.33	1908.00	183.71
赠送亲友	元	813.00	638.30	1050.70	240.70	946.67	334.00	1268.00	1297.60	520.42
赡养费、抚养费	元	1062.50	938.44	1058.52	68.71	842.19	306.16	1359.26	1514.23	407.01
公益事业捐赠（指对灾害、贫困、残疾人等群体或个人以及对文教卫体事业、环境保护、社会公共设施建设等社会公共和福利事业的爱心捐赠）	元	142.89	146.76	343.94	4.63	286.00	20.51	58.75	259.05	61.51
迷信、宗教活动捐赠	元	70.37	144.50	272.03	23.05	184.44	60.87	250.00	229.22	85.66
人情礼支出	元	879.15	2402.20	2742.55	1311.86	1944.09	1996.22	2494.01	2474.17	1928.95
嫁妆、聘礼	元	248.89	1936.84	2102.00	5.01	746.67	252.61	1700.00	2515.61	290.07
各种红白喜事宴请支出（婚丧、升学、盖房等）	元	1518.34	3469.88	2908.75	127.67	2134.00	2183.57	3983.34	4544.87	2151.96
交纳党费、团费	元	26.92	24.55	32.75	4.20	17.15	18.98	14.60	26.00	16.29
交纳保险费支出	元	1396.38	673.95	1107.02	1327.13	1129.27	1129.46	1082.04	1556.85	1214.16
其中：农村新型合作医疗	人	561.36	425.76	517.67	439.09	542.20	459.38	560.43	512.59	502.00

（续表）

指标名称	单位	河北	吉林	福建	山东	河南	云南	陕西	新疆	全国
城镇医疗保险支出	人	126.36	286.67	300.00	3.39	191.96	33.17	373.33	246.57	30.72
商业医疗保险支出	人	200.00		200.00	0.08	64.88	2.95	125.50	158.00	7.73
农村养老保险支出	人	272.57	218.49	268.03	364.47	238.87	238.47	352.53	318.21	289.29
城镇养老保险支出	人	225.00	300.00	342.31	17.43	271.49	37.93	258.33	454.23	44.32
商业养老保险支出	人	200.00			0.00	1.00	3.87		101.33	1.85
工伤保险支出	人				0.00		0.00		0.00	0.00
支出车辆保险支出	元	1856.40	1766.04	2114.06	424.76	1400.77	824.70	2283.03	1789.46	1105.00
其他保险支出（如人身意外险、疾病保险、财产保险及各种储蓄型保险等）	元	131.81	114.64	353.26	16.65	204.82	78.57	930.00	412.00	101.02
罚款（如违反计划生育罚款、交通违章罚款、违反治安管理处罚条例罚款等）、赔款	元	260.34	300.00	210.91	4.00		17.56	338.10	380.00	37.54
购买彩票	元	42.00		38.00	0.00		0.00			0.46
其他（如：遗失、被盗等）	元				0.00		0.00			0.00

4.3.7 农户家庭生活用燃料数量及支出

4.3.7.1 农户家庭生活用燃料购买数量（不含交通用燃料）

指标名称	单位	河北	吉林	福建	山东	河南	云南	陕西	新疆	全国
秸秆	吨	6.31	54.58	0.49	8.17	25.76	2.07	16.35	4.21	14.21
薪柴	吨	28.20	72.10	76.65	67.54	67.60	153.07	94.70	7.03	70.67
煤炭	吨	719.39	64.17	1.65	465.20	199.06	209.75	297.87	188.96	238.07
罐装液化石油气	千克	6.99	22.96	24.33	6.32	14.01	4.12	6.62	25.97	13.07
管道天然气	立方米	0.00	0.00	0.00	0.00	0.00	0.00	0.00	1.37	0.02
管道煤气	立方米	0.00	0.00	0.00	0.00	0.00	0.00	0.00		0.00
汽油	升	5.87	9.16	9.91	0.54	0.35	3.35	6.91	16.00	4.69
柴油	升	2.05	7.80	1.90	0.31	0.51	1.00	3.53	8.00	2.26
沼气	立方米	0.02	0.00	0.00	0.00	0.20	0.02	0.00	0.67	0.03

4.3.7.2 农户家庭生活用燃料购买金额（不含交通用燃料）

指标名称	单位	河北	吉林	福建	山东	河南	云南	陕西	新疆	全国
秸秆	元	13.88	227.58	4.43	19.42	83.68	25.98	22.59	20.81	45.80
薪柴	元	31.40	92.53	145.99	121.51	19.84	297.90	77.47	32.47	105.59
煤炭	元	1151.13	99.97	4.49	647.21	108.40	230.32	795.48	1186.06	521.80
罐装液化石油气	元	263.50	253.98	569.89	248.00	534.69	47.04	216.46	479.81	321.95

（续表）

指标名称	单位	河北	吉林	福建	山东	河南	云南	陕西	新疆	全国
管道天然气	元	3.92	10.34	11.76	1.11	13.20	0.00	11.63	228.00	9.91
管道煤气	元	0.00	0.00	0.00	0.00	0.00	0.00	0.00	0.00	0.00
汽油	元	385.97	494.03	542.04	28.57	146.48	298.52	703.92	1426.32	397.23
柴油	元	93.58	721.41	114.00	42.86	86.42	61.87	441.26	1174.93	258.52
沼气	元	3.20	0.00	15.79	0.00	19.58	11.71	7.14	81.67	5.57

5

2015年分省样本的农户统计

5.1 农户家庭基本情况

5.1.1 家庭成员基本特征

指标名称	单位	河北	吉林	福建	山东	河南	云南	陕西	新疆	全国
年龄	周岁	52.37	51.91	51.61	56.74	52.36	48.75	53.62	50.26	52.06
受教育年限	年	8.01	7.59	7.71	7.73	7.67	7.23	8.40	7.43	7.70
本年累计在家居住时间	（0~12）月	10.51	11.54	11.52	11.93	9.86	10.96	10.88	11.31	11.06
本年务工天数（没有，填0）	天	154.53	63.86	148.96	49.64	166.11	110.72	84.65	106.81	112.04
本年如有务工，平均月工资（没有，不填）	元	2035.59	1977.17	1850.39	504.64	2712.11	1194.05	1527.34	1654.78	1616.77
本年全家报销的医疗费用（含新农合、商业保险等）有多少元?	元	393.67	511.28	230.48	394.30	334.45	678.87	723.07	1113.17	470.78

5.1.2 土地、家庭信贷及其他情况

5.1.2.1 土地情况

指标名称	单位	河北	吉林	福建	山东	河南	云南	陕西	新疆	全国
您家承包的土地面积（即依法承包村集体的土地面积）	亩	5.44	20.41	5.07	5.60	6.05	6.77	7.75	13.26	8.80
其中：耕地面积	亩	5.18	18.51	3.67	4.06	5.93	5.37	4.06	9.70	7.05
园地面积	亩	0.01	0.07	0.71	1.09	0.00	0.21	2.28	0.28	0.53
林地面积	亩	0.04	0.48	0.39	0.07	0.06	0.76	0.15	0.14	0.25

（续表）

指标名称	单位	河北	吉林	福建	山东	河南	云南	陕西	新疆	全国
草地面积	亩	0.03	23.92	2.93	0.00	0.02	0.84	0.38	12.64	1.26
荒山、荒沟、荒丘、荒滩面积	亩	0.00	1.50	0.78	0.00	0.02	0.26	0.31	2.30	0.11
您家未计入承包地的耕地面积（如自留地、开荒地）	亩	0.26	4.16	1.58	0.04	1.67	1.39	2.28	4.13	1.03
您家撂荒的耕地面积	亩	0.15	0.00	0.70	0.02	1.23	0.33	0.07	0.00	0.16
其中：承包的耕地面积	亩	0.19	14.98	1.07	0.10	5.39	2.84	1.96	11.02	2.89
本年转出耕地的面积	亩	2.65	14.75	2.29	0.95	3.31	1.35	3.26	15.09	2.91
本年转出耕地的收入（含实物折价）	元/（亩·年）	584.94	311.70	552.32	234.00	722.69	354.40	524.44	361.74	389.45
本年转入耕地的面积	亩	5.33	38.30	12.63	0.73	4.26	4.07	4.53	35.46	10.22
本年转入耕地的支出（含实物折价）	元/（亩·年）	313.64	287.63	316.64	69.96	410.22	228.31	272.68	398.86	212.04
本年经营耕地面积（即实际耕种面积）	亩	6.34	67.25	7.81	3.84	7.80	8.04	13.47	67.04	22.59
其中：<1 亩耕地的块数	块	3.39	2.69	3.86	0.42	1.50	4.29	2.84	3.68	2.68
1 ≤且 <3 亩耕地的块数	块	1.79	2.96	2.68	0.78	1.71	2.17	2.09	2.98	2.01
3 ≤且 <5 亩耕地的块数	块	1.16	2.51	1.83	0.25	1.33	0.91	1.52	3.43	1.45
≥ 5 亩耕地的块数	块	0.96	2.67	1.46	0.23	1.74	0.30	1.25	40.23	9.37
其中：水田面积	亩	3.19	14.01	8.19	0.05	2.92	2.18	0.88	70.40	7.95
水浇地面积	亩	6.19	26.03	3.64	3.35	4.94	1.21	4.57	29.94	7.29
旱地面积	亩	1.35	31.83	0.93	4.66	6.80	5.64	13.90	380.14	25.92
本年经营温室大棚面积	亩	0.00	3.88	3.29	0.57	2.36	0.18	2.06	16.90	0.69
本年经营园地面积	亩	1.54	0.55	4.80	1.40	1.31	0.74	5.32	1.76	2.40
其中：果园面积	亩	1.69	0.10	3.36	1.32	0.00	0.38	4.70	2.89	2.29
茶园面积	亩	0.00		4.33	0.01	0.00	0.53	0.00		0.62
桑园面积	亩	0.00		0.00	0.00	0.00	0.00	0.00		0.00
本年经营林地面积	亩	0.32	9.13	6.93	0.13	3.30	2.58	2.74	5.35	1.97
本年经营草地面积	亩	0.00	25.50	1.67	0.02	0.00	0.07	0.75	18.38	0.62
其中：天然草地面积	亩	0.00	32.81	0.00	0.00	2.33	0.03	0.00	28.79	1.32
本年经营水面面积	亩	0.00		0.00	0.00	0.00	0.00	0.00		0.00
其中：海水养殖面积	亩	0.00		0.00	0.00	0.00	0.00	0.00	5.90	0.01
淡水养殖面积	亩	0.00		0.00	0.00	0.00	0.00	0.00		0.00

5.1.2.2 家庭存款、贷款及投资

指标名称	单位	河北	吉林	福建	山东	河南	云南	陕西	新疆	全国
本年末家庭银行存款总额	元	43920.65	29636.94	27211.30	29169.00	32985.93	21424.94	28536.97	35520.35	31444.82
本年末家中存有现金多少	元	3850.23	5862.18	5052.79	4114.47	4702.37	4350.74	3994.59	4847.33	4536.77

（续表）

指标名称	单位	河北	吉林	福建	山东	河南	云南	陕西	新疆	全国
本年末家庭持有的全部对外投资	元	3000.00		2800.00	1770.00	2500.00	3200.00	4000.00	1842.86	2473.82
其中：持有股票、基金、债券等证券类投资金额	元	4266.67		16900.00	287.32	750.00	10.99		68714.29	1367.79
其中：对企业、合作社等投入的股权类投资金额	元	15750.00	10000.00	6600.00	115.82	0.00	227.27	51000.00	69666.67	836.01
本年全年您家借出去的钱共有多少	元	3580.00	9517.86	9183.33	1216.83	2442.86	3204.21	5435.14	8998.04	3018.42
别人借您家的钱到本年底还有多少没有收回	元	3785.71	7722.58	9370.97	1331.47	6526.32	2689.08	5412.90	9984.91	3074.05
到本年底您家欠外债有多少	元	31525.00	39002.00	47141.03	3949.68	15489.47	13766.67	26129.52	46825.64	18900.73
这些外债有多少来自银行、信用社等正规金融机构	元	8000.00	32592.31	45277.78	1189.16	4083.33	12032.26	24190.53	45973.78	11800.57
其中：年利率多少	%	0.71	4.39	1.81	0.06	1.03	0.88	1.14	3.32	0.81
这些外债有多少来自民间借贷机构如农村资金互助社	元		5000.00	3000.00	0.00	2.60	3.50		1001.48	942.24
其中：年利率多少	%	0.00		0.03	0.00	0.00	0.00	0.00	0.06	0.00
这些外债有多少来自亲戚朋友等私人关系	元	14387.10	24072.73	28375.00	1544.86	17807.14	4348.00	18777.15	9320.40	7402.77
其中：年利率多少	%	0.00	0.00	0.00	0.00	0.00	0.00	0.00		0.00

5.1.2.3 其他

指标名称	单位	河北	吉林	福建	山东	河南	云南	陕西	新疆	全国
取饮用水往返一次需多长时间	分钟	0.54	1.48	0.43	2.40	1.45	1.98	1.06	2.71	1.60
如果购买了农业保险，支付了多少保费	元	50.00	121.03	35.52	30.69	61.16	83.39	31.07	174.59	76.73

5.1.3 住房、生产性固定资产和耐用消费品

指标名称	单位	河北	吉林	福建	山东	河南	云南	陕西	新疆	全国
本年底，在本村住房面积	平方米	114.95	77.97	107.67	93.08	111.91	110.70	118.42	105.42	103.56
本年底，如有城镇住房，面积为多少（如没有，填0）	平方米	97.24	66.74	104.35	76.38	95.86	97.44	94.62	93.01	90.49

（续表）

指标名称	单位	河北	吉林	福建	山东	河南	云南	陕西	新疆	全国
生产性用房面积（如烤烟房、生产车间、仓库等）	平方米	36.81	40.93	33.23	25.34	33.80	29.98	31.33	37.13	33.76
拖拉机	台	0.95	1.10	1.07	0.26	0.99	0.32	1.05	1.17	0.75
三轮摩托车	台	0.81	1.00	0.94	0.33	0.97	0.47	1.00	1.00	0.63
机引农具	台	1.29	1.27	1.00	0.09	1.85	0.31	1.11	1.72	0.69
畜引农具	台	0.14	1.00		0.00	0.38	0.31	1.00	1.00	0.12
喷雾器 / 喷雾机	个	1.26	1.29	1.28	0.77	1.10	0.99	1.05	1.27	1.07
风车	辆	0.00			0.00	0.00	0.00	0.00		0.00
手推车 / 板车 / 三轮车 / 四轮车	辆	1.05	1.05	1.07	0.46	1.01	0.32	1.01	1.04	0.73
打稻（谷）机	台	0.39	1.00	1.00	0.00	0.17	0.17	0.00		0.18
脱粒机	台	0.24	1.00	1.00	0.01	0.91	0.23	1.00	1.00	0.19
抽水机	台	0.86	1.00	1.00	0.27	0.96	0.52	1.00	1.00	0.56
电动机	台	0.38	1.00	1.00	0.03	0.84	0.11	1.00	1.00	0.19
柴油机	台	0.67	1.00	1.00	0.02	0.64	0.16	1.00	1.00	0.19
加工机械	台	0.22	1.00	1.00	0.00	0.64	0.20	1.00	1.00	0.13
船（只）	只	0.00			0.00	0.00	0.00			0.00
粉粹机	台	0.50	1.00	1.00	0.00	0.50	0.29	1.00	1.00	0.25
木工多用机	台	0.00			0.00	0.00	0.00			0.00
温室大棚	平方米	0.20	164.00		39.56	100.00	0.00	700.00	295.00	34.62
牛、羊等牲畜养殖场	平方米	9.44	47.50		0.22	14.43	9.88		79.40	25.27
生猪养殖场	平方米	21.04	22.67	48.00	0.25	61.63	11.11	80.00	40.56	8.70
鸡鸭鹅等禽类养殖场	平方米	0.08	12.71	12.73	0.00	5.00	2.32	1.00	19.51	3.23
兔子、貂等特种养殖场	平方米	0.00			0.00	0.00	0.00			0.00
鱼塘	平方米	0.00			0.00	0.00	0.00			0.00
缝纫机	台	1.00	1.00	1.00	0.38	1.00	0.59	1.00	1.03	0.77
电冰箱 / 空调	台	1.25	1.02	1.45	1.27	1.48	0.85	1.17	1.15	1.19
电视卫星接收器	台	0.99	1.00	0.99	0.21	0.99	0.65	1.00	1.00	0.75
收音机 /VCD/DVD	台	0.41	0.96	1.00	0.09	0.85	0.22	1.00	1.00	0.36
组合音响	台	0.34	1.00	1.00	0.03	0.80	0.20	1.00	1.00	0.21
电话座机、手机	个	2.57	2.18	2.90	2.18	2.58	2.77	2.83	2.30	2.51
电饭锅 / 微波炉 / 压力锅 / 电磁炉	个	1.76	1.29	2.66	1.29	1.75	1.88	1.79	1.48	1.69
抽油烟机	台	0.61	0.97	1.00	0.31	0.84	0.16	1.00	1.00	0.55
彩色电视机	台	1.21	1.07	1.33	1.03	1.25	1.05	1.19	1.12	1.14
沼气灶 / 炉子	台	0.90	1.00	1.09	0.56	1.06	0.36	1.22	1.22	0.73
照相机	台	0.47	1.00	1.00	0.06	0.71	0.07	1.00	1.00	0.18

（续表）

指标名称	单位	河北	吉林	福建	山东	河南	云南	陕西	新疆	全国
摄像机	台	0.00			0.00	0.00	0.00			0.00
吸尘器	台	0.00			0.00	0.00	0.00			0.00
自行车	辆	1.22	1.09	1.14	0.38	1.06	0.13	1.07	1.11	0.75
电动车	辆	1.25	1.00	1.04	0.79	1.20	0.31	1.02	1.08	0.97
摩托车	辆	1.00	1.00	1.43	0.28	1.04	0.75	1.03	1.10	0.90
小汽车	辆	0.92	1.00	0.98	0.28	0.95	0.39	1.00	1.00	0.63
电脑	台	0.98	1.00	1.00	0.44	0.98	0.25	1.00	1.00	0.74
洗衣机	台	1.00	1.00	1.00	0.80	1.00	0.87	1.00	1.00	0.95
电风扇 / 电暖气	台	1.59	1.08	2.15	1.02	1.97	0.49	1.43	1.47	1.36
热水器	个	1.01	1.00	1.14	0.11	1.09	0.45	1.11	1.06	0.61
太阳能	台	0.85	1.08	1.00	0.68	1.02	0.80	1.08	1.00	0.86
床、炕	个	2.34	1.60	2.96	1.92	2.59	3.53	2.86	2.53	2.52
柜子 / 碗柜 / 衣柜	个	2.31	2.07	2.32	1.35	2.43	1.71	2.24	2.08	2.01
写字台 / 桌子	个	1.56	1.11	1.71	0.93	1.86	0.95	1.65	1.59	1.38
箱子	只	1.47	1.86	2.04	0.14	1.76	0.97	1.50	1.76	1.00
椅子、沙发	个	3.24	2.60	2.68	1.37	4.05	2.25	2.53	4.35	2.76
压面机	台	0.74			0.13	0.69	0.01	1.00	1.00	0.28

5.2 农户家庭生产情况

5.2.1 种植业

5.2.1.1 稻谷

（1）当年稻谷生产及销售情况

指标名称	单位	河北	吉林	福建	山东	河南	云南	陕西	新疆	全国
年初库存	千克	240.48	108.78	401.25		35.11	208.86		91.67	249.24
播种面积	亩	5.66	4.63	5.92		3.60	2.02		3.20	4.05
当年产量	千克	3591.50	2578.77	2351.07		1587.02	1086.65		400.00	1880.17
因灾减产	千克			190.63		66.67	53.32			93.51
获得农业保险赔偿	元		395.00	426.21		0.00	71.78			131.69
自食、送人数量	千克	906.41	414.10	950.95		238.00	670.98		200.00	715.57
用于饲料数量	千克			170.84		0.00	26.84			104.95
总销售量	千克	1500.00	2858.48	2606.10		1755.81	432.78		2066.67	1764.74
总销售收入	元	3000.00	8390.43	7178.65		4093.33	1646.60		13000.00	5052.84
留种自用	千克	42.50	269.00	26.30		103.64	1.08			35.02

（续表）

指标名称	单位	河北	吉林	福建	山东	河南	云南	陕西	新疆	全国
本年末库存	千克	830.77	375.00	595.73		186.67	306.23		200.00	436.38
本年副产品收入	元		587.88	633.33		0.00	16.82			100.16
下年预计播种面积	亩	5.65	4.70	5.71		3.41	1.92			3.86

（2）稻谷成本投入

指标名称	单位	河北	吉林	福建	山东	河南	云南	陕西	新疆	全国
种子、秧苗数量	千克	30.44	219.35	6.40		171.33	5.71		32.00	46.46
种子、秧苗金额	元	192.05	1184.16	403.22		278.98	184.14		320.00	398.10
化肥施用量	千克	607.12	532.01	531.97		817.38	179.13		233.33	418.44
化肥金额	元	1564.78	1439.02	1225.52		332.55	305.97		328.00	892.27
有机肥自产	元	416.67	366.67	270.68		300.00	216.54		500.00	232.28
有机肥外购	元			371.00		289.70	38.44			159.42
农药、除草剂费	元	532.38	574.96	340.21		93.00	100.11		300.00	288.17
农膜费	元	124.50	152.57	72.47			32.47		775.00	74.43
排灌费	元	452.78	178.12	148.48		204.76	73.77		1933.33	173.98
机械费	元	1096.86	1497.04	1591.95		243.50	145.84		3800.00	1039.85
土地租赁费（含实物折价）	元 / 年		23884.55	4293.37		55.00	3.70		450.00	2640.63
自家投劳	工日	151.27	40.01	67.93		14.42	44.52		25.00	58.79
雇工	工日	9.28	27.08	31.37		12.17	3.38			13.92
雇工平均价格	元 / 工日	200.00	283.08	129.67		72.31	142.25			147.86
运输仓储费	元	116.67	186.36	164.21			23.00			68.54
贷款利息	元		300.00	500.00			0.00			15.29
保险费支出	元		28.39	36.45			0.00		210.00	22.16
其他费用	元			420.00			56.82		2000.00	142.90

5.2.1.2 小麦

（1）当年小麦生产及销售情况

指标名称	单位	河北	吉林	福建	山东	河南	云南	陕西	新疆	全国
年初库存	千克	111.08			169.03	163.13	81.55	270.04	148.13	172.31
播种面积	亩	5.45			5.65	5.90	2.86	4.36	4.73	5.12
当年产量	千克	2433.79			2434.90	2542.61	723.25	1041.12	1100.49	1879.60
因灾减产	千克	106.67			15.70	356.08	128.84	248.18	221.43	86.69
获得农业保险赔偿	元	121.05			5.31	51.75	0.62	1.00	158.73	28.63
自食、送人数量	千克	529.84			439.62	449.49	36.83	444.33	670.24	461.81
用于饲料数量	千克	44.44			3.75	184.09	491.91	362.50	232.82	159.40
总销售量	千克	3266.10			2252.62	2424.69	403.44	1419.54	2650.00	2284.84

（续表）

指标名称	单位	河北	吉林	福建	山东	河南	云南	陕西	新疆	全国
总销售收入	元	7322.25			4885.52	5026.16	893.30	3224.45	5843.17	4926.01
留种自用	千克	61.11			2.88	155.56	8.15	71.61	83.21	30.14
本年末库存	千克	875.52			204.87	550.61	83.26	733.52	316.93	474.45
本年副产品收入	元	11.67			1.16	60.00	47.44	328.50	800.00	27.92
下年预计播种面积	亩	5.12			4.98	5.78	2.81	4.41	4.45	4.88

（2）小麦成本投入

指标名称	单位	河北	吉林	福建	山东	河南	云南	陕西	新疆	全国
种子、秧苗数量	千克	87.19		0.00	79.76	88.53	29.09	41.39	75.27	70.57
种子、秧苗金额	元	289.17		0.00	260.37	333.75	114.85	185.73	301.76	265.30
化肥施用量	千克	354.44		0.00	304.62	420.49	116.39	293.32	257.66	327.55
化肥金额	元	828.87			713.17	949.62	242.57	516.30	688.61	715.11
有机肥自产	元	269.13			79.55	436.67	104.92	170.00	795.78	241.20
有机肥外购	元	90.00			67.97	107.30	5.53	5482.00	1590.00	228.72
农药、除草剂费	元	70.47		250.00	155.85	124.21	84.94	67.13	79.39	101.59
农膜费	元	0.00			0.68	66.48	0.00	70.00	0.00	7.41
排灌费	元	302.27			248.32	204.23	16.34	322.76	236.77	240.65
机械费	元	488.41			413.23	520.83	216.95	423.21	475.71	456.15
土地租赁费（含实物折价）	元/年	0.00			18.07	55.40	27.18	292.67	392.53	52.86
自家投劳	工日	22.86			55.02	22.83	48.00	25.56	48.11	33.57
雇工	工日	37.22			0.50	16.56	0.26	36.31	49.53	7.16
雇工平均价格	元/工日	29.00			13.69	66.67	4.62	81.67	695.13	59.18
运输仓储费	元	0.00			24.54	65.71	19.32	127.87	843.62	168.21
贷款利息	元	0.00			0.00	0.00	0.00	350.00	3803.33	239.17
保险费支出	元	36.00			24.24	0.00	0.00	540.00	153.95	57.89
其他费用	元	34.63			4.61	166.67	136.97	377.73	8078.95	578.52

5.2.1.3 玉米

（1）当年玉米生产及销售情况

指标名称	单位	河北	吉林	福建	山东	河南	云南	陕西	新疆	全国
年初库存	千克	63.10	257.48	0.00	47.59	22.69	182.97	186.81	51.71	115.82
播种面积	亩	4.83	19.85	4.46	5.33	5.69	3.82	5.16	14.52	9.06
当年产量	千克	2705.35	11847.58	3407.69	2992.52	2803.12	1384.78	1721.67	7323.39	4882.91
因灾减产	千克	259.61	1000.58		137.93	411.62	137.69	538.46	873.47	459.15
获得农业保险赔偿	元	119.77	182.91		17.25	200.00	8.56		77.80	82.28
自食、送人数量	千克	133.70	271.54		76.28	67.64	66.19	156.52	288.82	106.52

（续表）

指标名称	单位	河北	吉林	福建	山东	河南	云南	陕西	新疆	全国
用于饲料数量	千克	506.95	950.80	100.00	47.63	913.21	904.78	2650.00	1082.98	724.59
总销售量	千克	3402.47	12651.40	3561.54	2198.45	2687.48	821.98	2170.80	13510.36	6151.17
总销售收入	元	5620.95	19729.79	6525.39	3432.29	4586.94	1555.70	3167.06	25057.29	10054.13
留种自用	千克	62.50	192.05		2.03	150.00	0.23	17.67	17.80	14.73
本年末库存	千克	1026.55	943.10		264.29	188.84	346.73	411.67	659.79	496.26
本年副产品收入	元	70.94	515.68		5.58	500.00	6.47		600.00	59.98
下年预计播种面积	亩	4.96	19.98	4.55	4.80	5.50	2.86	5.12	11.31	8.52

（2）玉米成本投入

指标名称	单位	河北	吉林	福建	山东	河南	云南	陕西	新疆	全国
种子、秧苗数量	千克	13.55	39.91	2.31	17.70	42.73	9.51	14.41	65.36	29.44
种子、秧苗金额	元	252.79	1128.83	611.54	316.01	241.35	284.72	219.57	832.66	508.80
化肥施用量	千克	257.58	895.72	465.38	299.12	353.28	276.44	345.38	583.40	448.17
化肥金额	元	629.70	2702.42	1389.23	813.68	910.66	565.56	749.66	1724.34	1236.02
有机肥自产	元	237.83	838.10		4.34	461.11	263.91	250.00	444.47	205.01
有机肥外购	元	76.67	563.33		26.43	80.23	25.37	150.00	209.38	51.39
农药、除草剂费	元	72.50	340.76	346.15	136.77	108.45	118.00	134.82	365.45	185.27
农膜费	元	13.00	204.12		2.83	105.95	44.01		905.46	265.09
排灌费	元	284.84	508.75	77.92	205.63	182.11	20.00	450.00	1298.37	394.44
机械费	元	387.69	998.05	437.50	373.63	400.63	134.19	592.84	1447.60	597.49
土地租赁费（含实物折价）	元 / 年	114.29	3058.96	1800.00	40.81	37.16	13.32	850.00	3710.06	506.21
自家投劳	工日	23.24	55.68	32.33	36.57	22.49	50.71	29.67	47.34	39.76
雇工	工日	6.11	15.71		0.27	11.33	1.32		14.47	2.94
雇工平均价格	元 / 工日	28.75	109.38		1.86	66.67	6.84	70.00	120.00	26.51
运输仓储费	元	4.29	461.82		23.13	85.37	26.80	126.67	364.53	107.56
贷款利息	元	0.00	874.00		0.00	0.00	0.00		1090.80	31.76
保险费支出	元	24.87	84.18	10.00	10.90	0.00	0.22		47.43	33.79
其他费用	元	21.84	494.63	3.00	3.66	140.91	27.46		253.38	104.84

5.2.2 畜牧业

5.2.2.1 生猪

（1）生猪生产及销售情况

指标名称	单位	河北	吉林	福建	山东	河南	云南	陕西	新疆	全国
年末存栏数量	头	20.50	1.36	4.33	24.00	26.32	3.27	45.50	14.27	6.42
年末能繁母畜存栏数量	头	4.10	0.00	0.40	8.67	3.52	0.71	7.00	2.45	1.33

（续表）

指标名称	单位	河北	吉林	福建	山东	河南	云南	陕西	新疆	全国
新生、新购数量	头	35.41	0.45	14.00	38.00	44.13	7.18	13.33	8.00	11.05
出栏或产量	头	96.76	1.00	17.56	64.33	50.80	12.36	89.00	46.38	24.42
因灾减产或死亡	头	14.83			10.00	7.44	1.44	6.00	4.75	2.96
获得农业保险赔偿	元		60.50		0.00		0.08	80.00		2.14
自食或送人数量	千克	50.25	15.70	13.00	0.17	1.11	5.50	16.00	19.59	7.12
总销售收入	元	6872.50		7933.33	101200.00	86975.00	8880.11	59320.00	20672.67	16605.54
仔（中）畜（禽苗）销售收入	元	20500.00		2800.00	4000.00		4275.83		14202.00	4847.92
平均出栏活重或单产	千克/头	154.50		135.83	108.33	132.57	113.62	116.67	130.00	118.71
副产品收入	元	500.00			0.00		10.47			15.38
下年生产计划	头	93.14	8.14	0.00	77.17	84.23	8.31	60.00	3.29	17.20

（2）生猪成本投入

指标名称	单位	河北	吉林	福建	山东	河南	云南	陕西	新疆	全国
仔畜（禽苗）自繁数量	头	43.58	0.09	6.00	57.50	35.61	5.51	45.00	14.20	10.15
仔畜（禽苗）外购数量	头	23.14	1.08	12.24	1.67	18.75	2.78	6.00	2.83	5.23
仔畜（禽苗）外购金额	元	939.47	566.67	871.25	2000.00	2685.00	1307.58	3000.00	1064.00	1330.42
饲料外购数量	千克	12388.33	402.50	2111.54	16500.00	13966.67	1043.14	2050.00	3723.57	2531.24
饲料外购金额	元	58611.09	965.00	7566.43	76300.00	33850.00	2990.81	4700.00	7930.00	8336.52
饲料自产数量	千克	1412.22	1045.46	650.00	1270.00	3706.67	914.77		1215.46	1071.38
饲料自产折价金额	元	2933.75	1831.82	914.67	1884.33	6813.33	1834.28		1912.50	2073.70
防疫及兽药	元	1974.29	166.67	640.67	1853.33	1111.43	250.30	917.50	601.00	500.44
水电费	元	284.17		316.67	825.00	711.74	155.05	810.00	350.71	264.99
自家投劳数量	工日	181.58	255.00	78.46	162.50	209.50	118.70	305.00	154.41	131.59
雇工数量	工日				0.00		0.00			0.00
雇工价格	元/工日				0.00		0.00			0.00
场地租赁费（包括实物折价）	元/年	335.71			0.00		0.02			24.75
贷款利息	元			2000.00	0.00		34.34			53.89
保险费支出	元	80.00	140.00		0.00	300.00	19.29			22.50
其他费用	元	400.00			0.00	533.33	63.27			77.22

5.2.2.2 肉牛

（1）肉牛生产及销售情况

指标名称	单位	河北	吉林	福建	山东	河南	云南	陕西	新疆	全国
年末存栏数量	头	10.50	5.52			7.00	2.08		7.58	5.65
年末能繁母畜存栏数量	头	2.00	4.23			0.00	0.60		4.75	3.36

（续表）

指标名称	单位	河北	吉林	福建	山东	河南	云南	陕西	新疆	全国
新生、新购数量	头	6.75	3.69			4.00	0.74		2.84	2.42
出栏或产量	头	4.00	3.31			4.00	2.90		5.44	4.48
因灾减产或死亡	头	2.00	2.00				0.08		1.60	1.06
获得农业保险赔偿	元	0.00					0.00		1.00	0.08
自食或送人数量	千克						0.64		7.05	5.61
总销售收入	元	55000.50	25307.14				16349.83		18456.22	19881.08
仔（中）畜（禽苗）销售收入	元		2000.00				0.00		8811.85	4662.16
平均出栏活重或单产	千克 / 头	280.00	275.50				244.31		138.75	235.62
副产品收入	元	0.00					0.00		1790.00	383.57
下年生产计划	头	12.50	6.00			10.00	2.76		7.48	5.77

（2）肉牛成本投入

指标名称	单位	河北	吉林	福建	山东	河南	云南	陕西	新疆	全国
仔畜（禽苗）自繁数量	头	1.25	3.52			0.00	1.06		4.24	2.86
仔畜（禽苗）外购数量	头	5.25	0.83			4.00	0.87		0.80	0.94
仔畜（禽苗）外购金额	元	13334.00	3517.24			19200.00	3525.07		725.97	2427.57
饲料外购数量	千克	13000.00	200.00			5000.00	696.23		1735.13	1725.67
饲料外购金额	元	9100.00	500.00			10000.00	883.08		2736.11	2491.92
饲料自产数量	千克	3862.50	2507.41				1153.07		4254.78	2550.06
饲料自产折价金额	元	5145.00	3165.39				2032.58		3004.00	2789.75
防疫及兽药	元	496.67	524.62				118.76		468.58	364.87
水电费	元	200.00	292.50			180.00	66.47		380.00	178.00
自家投劳数量	工日	226.25	145.25				114.76		176.55	147.34
雇工数量	工日		200.00				0.00		134.50	59.24
雇工价格	元 / 工日		100.00				0.00		694.60	223.31
场地租赁费（包括实物折价）	元 / 年						0.00			0.00
贷款利息	元	4320.00					181.82			526.67
保险费支出	元		90.00				0.00			8.18
其他费用	元		500.00				0.36		826.25	532.16

5.2.2.3 肉羊

（1）肉羊生产及销售情况

指标名称	单位	河北	吉林	福建	山东	河南	云南	陕西	新疆	全国
年末存栏数量	只	75.80	54.60		18.00	250.00	29.52	5.00	60.63	58.48
年末能繁母畜存栏数量	只	27.80	41.20		10.00	100.00	12.83	4.00	44.75	41.85

（续表）

指标名称	单位	河北	吉林	福建	山东	河南	云南	陕西	新疆	全国
新生、新购数量	只	12.60	41.80		7.25	160.00	10.13	8.00	28.16	26.97
出栏或产量	只	36.40	38.00		15.25	100.00	10.42	8.00	34.07	32.08
因灾减产或死亡	只	1.00	6.00		2.00	10.00	2.10		5.03	4.75
获得农业保险赔偿	元				0.00		0.00		3.60	1.13
自食或送人数量	千克	5.50	2.00		1.00		0.85		11.21	10.34
总销售收入	元	11100.00	15720.00		9250.00	70000.00	11685.43		19465.30	18774.81
仔（中）畜（禽苗）销售收入	元		24000.00		1500.00		1450.00		19197.79	16268.62
平均出栏活重或单产	千克/只	22.50	31.67		42.50	40.00	56.63		30.78	34.23
副产品收入	元	10000.00			750.00		0.00	1000.00	2415.64	2191.94
下年生产计划	只	61.67	71.60		14.75		27.17		82.77	73.36

（2）肉羊成本投入

指标名称	单位	河北	吉林	福建	山东	河南	云南	陕西	新疆	全国
仔畜（禽苗）自繁数量	只	28.67	32.50		14.00		11.68	8.00	30.99	28.87
仔畜（禽苗）外购数量	只	0.67	4.40		1.50	0.00	2.82	0.00	0.75	1.05
仔畜（禽苗）外购金额	元	300.00	6000.00		750.00	0.00	1019.55	0.00	317.04	522.84
饲料外购数量	千克		500.00		333.33	10000.00	85.71	800.00	2432.67	2286.16
饲料外购金额	元		2800.00		3230.00	20000.00	142.86	1200.00	4370.95	4210.86
饲料自产数量	千克	603.33	7580.00		1025.00	5000.00	634.07	3000.00	2297.96	2243.68
饲料自产折价金额	元	1018.33	4400.00		125.00	10000.00	1537.69	600.00	2845.69	2643.77
防疫及兽药	元	70.00	900.00		337.50		259.77	200.00	364.80	364.15
水电费	元		700.00		145.00		7.50	150.00	126.07	126.73
自家投劳数量	工日	255.00	253.33		162.25	300.00	185.53	100.00	239.24	232.38
雇工数量	工日	5.00			0.00		0.00	10.00	256.97	188.78
雇工价格	元/工日	250.00			0.00		0.00	70.00	3314.70	2154.22
场地租赁费（包括实物折价）	元/年				500.00		0.00			200.00
贷款利息	元				0.00		0.00		2380.00	793.33
保险费支出	元				0.00		0.00		10.00	0.91
其他费用	元		750.00		0.00		5.00		1377.78	1114.56

5.2.2.4 肉鸡

（1）肉鸡生产及销售情况

指标名称	单位	河北	吉林	福建	山东	河南	云南	陕西	新疆	全国
年末存栏数量	只		14.60	12.95	60.00	7.71	12.13		5.57	10.70
年末能繁母畜存栏数量	只		0.00	1.33	0.00	0.00	2.00		3.21	2.17

（续表）

指标名称	单位	河北	吉林	福建	山东	河南	云南	陕西	新疆	全国
新生、新购数量	只		8.00	14.05		19.00	15.28		16.02	15.30
出栏或产量	只		4.00	19.13	170.00	51.67	20.12		126.74	35.23
因灾减产或死亡	只		2.00	2.00	0.00	66.00	2.30		4.56	5.25
获得农业保险赔偿	元				0.00		0.56		22.00	1.11
自食或送人数量	只		10.20	15.20	30.00	20.00	10.24		15.74	12.63
总销售收入	元			6590.00	5500.00	84895.00	9561.11		3138.62	12029.41
仔（中）畜（禽苗）销售收入	元				0.00	1.00	24.72		305.40	103.25
平均出栏活重或单产	千克 / 只			2.98	2.00	3.41	3.58		4.43	3.71
副产品收入	元				0.00	2250.00	4.72		650.00	133.00
下年生产计划	只		30.00	19.25		28.33	22.96		43.43	28.71

（2）肉鸡成本投入

指标名称	单位	河北	吉林	福建	山东	河南	云南	陕西	新疆	全国
仔畜（禽苗）自繁数量	只		2.67	4.53	0.00	0.00	5.46		1.93	4.31
仔畜（禽苗）外购数量	只		5.00	14.09	200.00	43.00	12.92		25.65	17.07
仔畜（禽苗）外购金额	元		133.33	193.11	1000.00	178.00	194.20		587.84	284.32
饲料外购数量	千克			341.54	0.00	283.33	56.22		130.00	127.84
饲料外购金额	元			726.55	0.00	666.67	495.09		376.67	518.81
饲料自产数量	千克		100.00	222.71		57.50	165.93		397.05	232.66
饲料自产折价金额	元		650.00	330.87		220.00	370.65		656.70	442.10
防疫及兽药	元			48.20	0.00	75.00	44.02		205.71	59.19
水电费	元			20.67	360.00	36.67	73.85		65.00	70.69
自家投劳数量	工日			22.63	60.00	96.00	33.85		109.37	53.42
雇工数量	工日			10.00	0.00	13.67	1.32		30.00	2.98
雇工价格	元 / 工日				0.00	50.00	2.64			6.13
场地租赁费（包括实物折价）	元 / 年						0.00			0.00
贷款利息	元				0.00		0.00			0.00
保险费支出	元				0.00		0.00			0.00
其他费用	元			216.67	0.00		95.95			102.44

5.3 农户家庭收支情况

5.3.1 农户家庭收入

指标名称	单位	河北	吉林	福建	山东	河南	云南	陕西	新疆	全国
出售家庭资产收入（如房子、机械、家电等）	元	1.47	0.00	0.42	4.47	0.45	17.74	1.58	6.39	4.01
县域内农业务工收入	元	943.55	847.85	3290.35	436.47	1198.90	2686.22	2204.88	1350.19	1597.43
县域内工业、建筑业、采矿业打工收入	元	4562.24	1418.57	5256.29	2292.77	4606.57	2588.83	2690.42	890.20	3007.41
县域内交通运输、邮电业打工收入	元	3510.00	1411.77	7682.76	124.88	1383.16	661.05	12400.00	12166.67	1188.26
县域内批发、零售、贸易、餐饮业打工收入	元	7003.03	15887.50	15264.06	453.48	10131.03	1600.54	16285.00	13882.61	3740.25
县域内社会服务业、文教卫生业打工收入	元	11940.77	17968.00	16299.28	2388.24	13160.00	2478.79	16441.46	19121.21	6422.72
县域外农业务工收入	元	2410.71	9000.00	5081.82	0.00	8709.09	1869.63	6880.00	19076.92	1261.68
县域外工业、建筑业、采矿业打工收入	元	22247.62	23177.78	25353.17	187.73	30174.49	5119.82	26876.79	22600.00	9885.19
县域外交通运输、邮电业打工收入	元	4062.07	17500.00	13750.00	0.00	12870.00	187.85	17853.85	13585.71	1095.63
县域外批发、零售、贸易、餐饮业打工收入	元	11877.96	20600.00	21641.22	49.32	17506.67	1849.51	21115.63	22500.00	3821.88
县域外社会服务业、文教卫生业打工收入	元	14041.67	20900.00	16156.52	125.57	18393.75	1580.00	22574.07	10533.33	3552.52
利息	元	1097.06	1046.07	657.43	541.74	1099.90	244.56	1156.15	1022.14	747.19
股息	元	0.00		0.00	0.00	0.00	0.00	0.00		0.00
土地征用补偿	元	0.00	1133.33	666.67	35.42	70.00	0.00	725.00	600.00	39.88
土地出租租金	元	1740.94	3161.75	1614.10	408.87	3745.53	463.95	2865.00	2808.42	937.82
房屋租赁收入	元	0.00		0.00	0.00	0.00	0.00	0.00		0.00
机械设备租赁收入	元	0.00		0.00	0.00	0.00	0.00	0.00		0.00
从村集体分得福利收入	元	0.00		185.38	9.65	0.00	0.00	0.00		13.53
种粮补贴（包括粮食直接补贴、粮食作物良种补贴、农业生产资料综合补贴和农机具购置补贴）	元	521.50	1855.28	236.94	302.83	680.57	458.43	478.65	654.70	645.53
非粮食类农作物良种补贴	元	160.25	310.00	223.00	0.00	495.38	80.95	250.00	816.77	99.09
畜牧业补贴	元	0.00		0.00	0.00		0.00	0.00		0.00
渔业补贴	元	0.00		0.00	0.00		0.00	0.00		0.00
林业补贴（不包括退耕还林还草）	元	12.10	120.00	55.00	0.00	53.00	12.22	50.56	95.00	5.74
退耕还林还草补偿	元	32.97	305.00	0.00	0.00	40.50	45.29	374.33	336.67	43.72

（续表）

指标名称	单位	河北	吉林	福建	山东	河南	云南	陕西	新疆	全国
草原生态补贴	元	0.00	194.21	0.00	0.00		47.92	36.88	4041.28	605.73
救济金、救灾款	元	0.00		0.00	0.00		0.00	0.00		0.00
无偿扶贫款	元	0.00		0.00	0.00		0.00	0.00		0.00
抚恤金	元	0.00		0.00	0.00		0.00	0.00		0.00
低保金	元	773.85	1478.95	857.14	37.82	1287.33	368.05	1418.10	1347.33	384.62
退休金	元	284.78	886.67	527.50	24.03	1600.00	1.30	1250.00	1447.83	72.00
合作社利润返还	元	0.00		0.00	0.00		0.00	0.00		0.00
社会保障收入	元	963.48	850.00	1155.00	33.13	660.00	467.85	245.00		384.25
社会保障收入其中：农村新型合作医疗报销	元	438.28	688.57	855.21	432.06	529.49	837.07	1056.87	1310.61	671.58
社会保障收入农村养老保险年金	元	1190.58	1098.72	1416.81	761.97	1330.35	546.41	1473.60	642.53	952.05
社会保障收入城镇医疗保险报销	元	0.00		0.00	0.00		0.00			0.00
社会保障收入城镇养老保险年金	元	598.26	8160.00	1125.00	53.33	1325.00	24.43	11860.00	250.00	174.16
棋牌娱乐收入（如亏损，用负数表示）	元	138.71	933.33	391.25	6.68	855.00	15.64	544.00	795.65	62.17
人情礼收入	元	824.44	6857.14	2143.00	958.55	2293.24	565.43	5558.33	2416.67	1094.78
彩礼、陪嫁	元	14.29		166.67	2.65		9.44		1100.00	9.02
商业保险赔付	元	0.00		0.00	0.00		0.00		0.00	0.00
家庭非常住人口寄回或带回、亲友赠送	元	1247.32	1562.50	3082.35	899.64	1825.81	200.98	1107.69	1739.20	880.16
新农村建设建房补贴	元	4.76		0.00	0.45		0.00		3000.00	5.07

5.3.2 农户家庭收入（分行业）

指标名称	单位	河北	吉林	福建	山东	河南	云南	陕西	新疆	全国
农业生产服务总收入	元	3669.48	30612.32	28255.34	264.15	2932.18	8759.77	1765.27	30230.32	14350.94
收入林业总收入	元	0.00	0.00	0.00	0.00	0.00	0.00	0.00	0.00	0.00
工业总收入	元	0.00	0.00	0.00	0.00	0.00	0.00	0.00	0.00	0.00
建筑业总收入	元	0.00	12000.00	0.00	47.96		623.53	1250.00	6400.00	593.14
交通运输业、邮电业总收入	元	6866.67	16680.00	21300.00	0.00	12500.00	522.84	0.00	15100.00	897.43
批发和零售贸易、餐饮业总收入	元	26856.52	26109.09	34084.21	838.63	42125.00	3459.04	20669.57	20961.11	5284.01
社会服务业总收入	元	0.00	2607.69		21.69	8400.00	54.99	1250.00	6500.00	144.65
文教卫生业总收入	元	0.00			0.00		0.00	0.00		0.00

（续表）

指标名称	单位	河北	吉林	福建	山东	河南	云南	陕西	新疆	全国
农业生产服务纯收入	元	2542.21	17853.39	14519.51	213.43	3056.47	5381.29	1798.25	15052.50	8667.49
林业纯收入	元	0.00	0.00	0.00	–25.00	0.00	0.00	0.00	0.00	–5.69
工业纯收入	元	0.00	0.00	0.00	0.00	0.00	0.00	0.00	0.00	0.00
建筑业纯收入	元	0.00	12642.86	5000.00	50.51	10000.00	750.00	1250.00	8500.00	603.61
交通运输业、邮电业纯收入	元	4250.00	10366.67	11895.71	0.00	8500.00	520.00	1230.77	11230.77	720.39
批发和零售贸易、餐饮业纯收入	元	19796.30	22122.22	16665.40	721.23	23500.00	1705.99	11552.17	14142.86	3559.09
社会服务业纯收入	元	1000.00	4360.00	1200.00	18.48	10266.67	132.86	0.00	8050.00	248.80
文教卫生业纯收入	元	0.00		0.00	0.00		0.00	0.00		0.00

5.3.3 农户家庭经营支出、生产性固定资产支出和税费支出

指标名称	单位	河北	吉林	福建	山东	河南	云南	陕西	新疆	全国
农业生产服务支出	元	469.20	7872.89	7477.43	361.60	1364.02	2278.38	1875.94	9375.44	4161.31
林业支出	元	0.00	0.00	0.00	0.00	0.00	0.00	0.00	0.00	0.00
工业生产支出	元	0.00	0.00	0.00	0.00	0.00	0.00	0.00	0.00	0.00
建筑业生产支出	元	30.43	166.07	134.38	0.00	25.47	86.83	0.00	100.00	38.40
交通运输业、邮电业支出	元	844.23	963.98	976.32	48.00	378.11	458.93	196.67	2474.21	591.60
批发和零售贸易、餐饮业支出	元	2779.21	1206.94	4757.21	382.57	356.93	778.17	3546.27	2977.27	1242.09
社会服务业支出	元	8.90	78.43	97.42	1.20	20.44	11.23	9.09	918.00	23.14
文教卫生业支出	元	409.87	1252.22	820.51	71.62	209.34	548.53	1413.58	2175.19	512.79
其他家庭经营费用支出	元	803.21	2731.22	1054.19	15.47	77.61	274.08	398.28	3133.48	487.74
建造和购置生产性固定资产的费用支出	元	356.32	1486.67	622.86	430.65	537.40	347.14	734.43	4580.95	589.24
生产性固定资产折旧（使用年限15年）	元	64.60	1022.62	223.53	512.95	393.61	101.48	99.43	1938.00	408.50
第一产业纳税（农、林、牧、渔业）	元	0.00	0.00	64.52	20.87	0.00	8.81	0.00	4098.67	95.68
第二产业纳税（工业和建筑业）	元	0.00	0.00	0.00	0.00	0.00	0.00	0.00	0.00	0.00
第三产业纳税（商业和服务业）	元	0.00	0.00	0.00	0.00	0.00	0.00	0.00	0.00	0.00
“一事一议”筹资	元	88.76	0.83	33.10	2.81	23.41	10.40	128.25	144.04	34.42
其他各项集资收费	元	0.00	0.00	0.00	0.00	0.00	0.00	0.00	0.00	0.00

5.3.4 农户家庭食品消费数量及支出

5.3.4.1 农户家庭全年食品购买数量（不含自产自用）

指标名称	单位	河北	吉林	福建	山东	河南	云南	陕西	新疆	全国
面粉	千克	145.06	104.51	21.95	253.43	118.76	12.27	216.93	270.02	147.86
大米	千克	59.51	175.06	232.82	40.97	66.68	184.54	26.90	97.69	104.55
玉米面	千克	23.83	37.05	16.11	17.41	16.41	1.43	19.10	26.48	18.67
小米	千克	23.50	21.44	3.33	12.60	12.71	0.01	11.49	6.77	13.86
高粱	千克	0.00		0.00	0.00	0.00	0.00			0.00
其他谷物及其制品（荞麦、燕麦、大麦、糜子、黍子、薏仁、籽粒苋等，谷物制品折粮计算）	千克	7.30	8.95	9.85	0.28	9.20	4.15	11.57	7.38	2.94
薯类（红薯、马铃薯、木薯、芋类等，不包括菜用）	千克	27.77	83.99	21.34	25.25	46.57	61.48	32.58	70.59	46.01
粮食复制品（利用原粮加工而成的食品，如挂面、年糕等；但不包括用粮食加工成的豆油、豆腐、粉条、酒等）	千克	17.38	16.07	22.95	13.81	22.54	18.05	14.36	22.69	17.73
大豆	千克	11.95	16.01	9.74	4.37	8.68	4.78	5.76	7.40	7.43
杂豆（绿豆、红豆、蚕豆、豌豆、豇豆、扁豆、黑豆等）	千克	7.24	8.73	11.21	1.95	8.27	8.89	8.01	7.21	6.30
豆制品（各种豆腐、豆腐干 / 皮 / 丝、千张、素鸡、腐竹、豆浆粉、豆浆、豆奶、豆腐脑等）	千克	17.65	26.68	17.17	13.87	24.28	16.92	24.83	14.78	19.24
植物性食用油（花生油、芝麻油、菜籽油、豆油、茶油、棉籽油等）	千克	37.90	38.63	38.31	36.19	38.83	20.26	50.60	58.48	40.37
动物性食用油（猪油、牛油、羊油等）	千克	7.82	32.71	16.99	0.54	15.38	24.10	5.38	12.85	11.75
猪肉及制品	千克	41.12	50.27	92.15	32.93	48.78	53.33	24.10	36.25	46.93
牛肉及制品	千克	6.33	12.18	13.05	3.15	7.21	10.15	4.05	35.60	13.09
羊肉及制品	千克	6.03	8.04	10.31	3.61	8.45	4.99	5.63	51.22	18.09
鸡肉及制品	千克	13.19	16.07	22.79	12.03	22.15	13.93	8.44	19.07	15.62
其他禽肉及制品（鸭、鹅、鹌鹑、鸽、麻雀、火鸡等）	千克	3.64	10.68	12.59	0.22	10.18	2.32		10.11	2.85
其他肉类及制品（狗肉、驴肉、马肉、蛇肉、兔肉、鹿肉、蛙类等，但不包括鱼、虾等水产品）	千克	1.18	8.26	7.36	0.15	5.00	0.25	4.28	8.00	0.76
畜禽下水（内脏）及制品	千克	5.83	8.64	5.11	0.67	5.59	0.16		5.00	1.65
鸡蛋及制品	千克	29.05	22.07	19.63	37.76	30.99	14.78	23.75	23.53	26.09
鸭蛋及制品	千克	3.06	6.04	12.95	0.44	7.20	0.95	8.00	9.81	3.79
其他蛋类及制品（鹅蛋、鹌鹑蛋、鸽蛋等）	千克	1.06	5.00	1.67	0.06	1.00	0.15	2.00	4.25	0.31
鲜奶（牛奶、羊奶等）	千克	21.09	33.32	33.87	21.86	25.77	9.00	45.31	72.05	32.23

（续表）

指标名称	单位	河北	吉林	福建	山东	河南	云南	陕西	新疆	全国
奶制品（酥油、奶粉、酸奶、炼乳、可可奶、麦乳精等）	千克	18.60	12.14	17.95	1.29	23.14	6.35	15.61	12.93	9.62
鱼类及制品	千克	17.00	18.58	21.68	13.03	15.53	13.72	5.81	18.90	16.25
虾蟹类及制品	千克	6.38	5.08	6.44	2.15	5.36	0.45		5.74	2.96
其他水产品及制品	千克	3.47	9.00	4.70	0.28	4.85	0.07		4.88	1.03
蔬菜及菜制品（鲜菜、干菜，以及腌菜、榨菜、泡菜、酱菜等各类菜制品和蔬菜罐头，蔬菜和菜制品按鲜菜数量进行统计）	千克	131.46	145.53	188.42	178.14	153.70	122.73	195.99	196.35	162.49
水果及水果制品（各类鲜食水果、果用瓜、干果、蜜饯及水果罐头等）	千克	63.28	46.72	56.92	59.07	65.50	74.45	51.49	75.25	62.62
坚果及果仁制品（核桃、板栗、开心果、榛子、杏仁等坚果、果仁及其制品）	千克	7.26	9.11	7.08	3.70	10.58	8.27	8.99	17.58	9.12
卷烟（盒）	千克	176.04	242.36	257.47	123.12	196.89	140.09	262.28	214.61	187.48
烟丝、烟叶等其他烟	千克	3.95	7.96	3.95	0.21	0.00	3.13	6.25	9.33	1.74
酒类（白酒、黄酒、啤酒、果酒等）	千克	26.85	52.51	48.51	20.24	32.96	38.79	22.29	24.68	34.08
食糖（白糖、红糖、冰糖、方糖等，不包括糖果、糖精）	千克	6.71	7.25	10.53	3.32	7.12	9.32	5.12	9.24	7.15
蜂蜜	千克	1.85	4.34	3.47	0.70	2.76	0.71	2.92	5.07	2.00
茶叶	千克	0.96	2.74	6.16	2.16	1.52	2.12	2.05	6.11	3.12
其他饮料（瓶 / 桶装水、碳酸类、果汁类、冲泡类等除酒、茶外的各种固 / 液体饮料以及雪糕等冷饮）	千克	18.24	27.71	22.74	3.50	34.45	29.20	23.77	27.39	20.32
调味品	千克	14.11	14.61	11.65	16.97	12.26	17.71	16.81	7.04	14.39

5.3.4.2 农户家庭全年食品购买金额（不含自产自用）

指标名称	单位	河北	吉林	福建	山东	河南	云南	陕西	新疆	全国
面粉	元	468.45	371.29	97.16	638.65	428.22	96.20	519.29	949.11	462.08
大米	元	256.89	771.41	934.34	202.31	332.48	769.96	174.86	599.79	500.06
玉米面	元	75.79	69.29	9.43	36.05	26.32	12.47	58.40	86.86	46.17
小米	元	170.81	103.33	2.51	91.12	83.90	0.27	59.18	80.45	88.44
高粱	元	0.00	0.00	0.00	0.00	0.00	0.00	0.00	0.00	0.00
其他谷物及其制品（荞麦、燕麦、大麦、糜子、黍子、薏仁、籽粒苋等，谷物制品折粮计算）	元	26.21	18.51	8.50	1.66	2.50	16.11	28.61	51.18	12.14
薯类（红薯、马铃薯、木薯、芋类等，不包括菜用）	元	67.01	126.81	57.03	51.96	88.67	132.47	100.48	169.59	95.92
粮食复制品（利用原粮加工而成的食品，如挂面、年糕等；但不包括用粮食加工成的豆油、豆腐、粉条、酒等）	元	91.57	103.57	160.41	64.47	128.01	116.10	97.49	157.93	105.74

（续表）

指标名称	单位	河北	吉林	福建	山东	河南	云南	陕西	新疆	全国
大豆	元	59.39	68.55	50.11	26.32	24.10	21.74	34.81	62.37	39.88
杂豆（绿豆、红豆、蚕豆、豌豆、豇豆、扁豆、黑豆等）	元	55.62	43.18	55.03	18.95	31.37	45.14	57.74	63.72	41.69
豆制品（各种豆腐、豆腐干/皮/丝、千张、素鸡、腐竹、豆浆粉、豆浆、豆奶、豆腐脑等）	元	98.20	151.89	128.25	72.98	157.31	99.13	125.53	91.65	113.12
植物性食用油（花生油、芝麻油、菜籽油、豆油、茶油、棉籽油等）	元	468.25	382.77	522.96	398.64	515.88	268.51	667.11	716.37	489.97
动物性食用油（猪油、牛油、羊油等）	元	58.06	228.53	272.88	19.77	65.77	405.93	111.68	203.74	179.99
猪肉及制品	元	779.58	926.80	1649.56	733.70	1061.62	1127.50	571.82	906.91	945.68
牛肉及制品	元	216.41	356.44	742.01	171.87	424.23	537.70	205.95	1395.64	547.48
羊肉及制品	元	225.38	190.81	602.75	182.62	316.04	379.72	110.27	2328.35	770.33
鸡肉及制品	元	171.25	263.37	388.12	152.37	301.60	226.63	126.69	420.48	248.43
其他禽肉及制品（鸭、鹅、鹌鹑、鸽、麻雀、火鸡等）	元	69.54	70.93	221.11	3.56	60.14	33.51	2.31	206.45	51.47
其他肉类及制品（狗肉、驴肉、马肉、蛇肉、兔肉、鹿肉、蛙类等，但不包括鱼、虾等水产品）	元	33.65	37.58	52.86	6.03	16.25	2.26	0.00	259.50	16.00
畜禽下水（内脏）及制品	元	102.41	14.38	30.89	16.31	81.77	6.34	25.00	170.42	31.80
鸡蛋及制品	元	230.44	184.39	190.11	247.59	254.00	154.39	206.56	229.60	214.52
鸭蛋及制品	元	18.89	42.80	139.09	6.39	52.45	10.65	8.37	123.09	41.50
其他蛋类及制品（鹅蛋、鹌鹑蛋、鸽蛋等）	元	3.97	2.39	0.00	0.57	2.33	1.19	0.00	37.50	1.52
鲜奶（牛奶、羊奶等）	元	120.73	98.68	334.60	199.91	52.78	98.62	228.90	464.62	216.42
奶制品（酥油、奶粉、酸奶、炼乳、可可奶、麦乳精等）	元	183.86	61.43	157.83	35.78	300.14	70.67	180.92	309.46	130.81
鱼类及制品	元	176.45	246.26	288.01	165.94	180.78	182.56	82.34	239.08	201.78
虾蟹类及制品	元	154.64	34.21	176.69	72.10	17.70	14.44	7.14	183.00	74.58
其他水产品及制品	元	33.59	19.09	50.67	6.58	21.82	2.46	0.00	96.25	13.64
蔬菜及菜制品（鲜菜、干菜，以及腌菜、榨菜、泡菜、酱菜等各类菜制品和蔬菜罐头，蔬菜和菜制品按鲜菜数量进行统计）	元	367.29	460.06	821.65	696.50	459.21	374.65	940.65	939.78	624.19
水果及水果制品（各类鲜食水果、果用瓜、干果、蜜饯及水果罐头等）	元	244.20	276.24	409.66	275.81	304.00	332.93	294.57	471.43	323.60

（续表）

指标名称	单位	河北	吉林	福建	山东	河南	云南	陕西	新疆	全国
坚果及果仁制品（核桃、板栗、开心果、榛子、杏仁等坚果、果仁及其制品）	元	135.58	80.04	113.11	78.35	145.82	157.04	132.85	419.57	176.98
卷烟（盒）	元	971.20	1304.55	1908.70	854.34	1574.78	1180.51	1816.11	1581.55	1323.00
烟丝、烟叶等其他烟	元	65.41	49.63	24.78	7.44	12.07	78.76	23.33	273.44	41.44
酒类（白酒、黄酒、啤酒、果酒等）	元	391.70	439.03	645.52	325.53	653.33	423.73	281.49	786.20	475.80
食糖（白糖、红糖、冰糖、方糖等，不包括糖果、糖精）	元	57.13	63.55	90.25	26.20	65.39	83.67	50.69	109.30	66.66
蜂蜜	元	46.66	53.34	76.58	22.41	28.29	19.80	46.61	127.15	49.13
茶叶	元	95.84	107.26	276.02	159.12	148.75	103.31	164.01	215.97	159.48
其他饮料（瓶/桶装水、碳酸类、果汁类、冲泡类等除酒、茶外的各种固/液体饮料以及雪糕等冷饮）	元	123.70	106.17	160.66	23.68	203.03	148.13	142.41	184.68	125.11
调味品	元	117.40	170.82	173.59	151.02	202.33	188.15	238.44	178.41	172.05
其他户内食品消费支出	元	141.95	107.65	144.80	30.31	155.66	102.57	136.96	323.93	110.83
食品加工费	元	81.98	22.46	45.96	6.49	60.35	16.05	90.00	83.57	30.94

5.3.4.3 家庭成员户外食品消费支出

指标名称	单位	河北	吉林	福建	山东	河南	云南	陕西	新疆	全国
在外吃饭的外出务工成员的户外食品（元）	元	2411.34	1516.41	3982.84	415.81	2597.99	1527.27	4884.18	1941.15	1889.80
在外吃饭的学生及陪读成员的户外食品（元）	元	3097.60	1406.39	3731.27	355.67	2550.00	1127.06	5606.72	3395.87	1790.95
在医院吃饭的病号及陪护成员的户外食品（元）	元	241.18	300.00	175.00	15.48	256.19	59.47	405.00	749.09	123.35
在家吃饭的家庭成员外出办事、购物、探亲访友、旅游等偶然性或临时性户外食品（元）	元	506.00	764.81	1089.03	141.24	967.39	413.99	1043.38	1392.73	615.88
其他户外食品消费支出	元	21.05	43.91	0.00	0.04	9.63	3.26	0.00	147.50	5.19

5.3.5 农户家庭非食品生活消费支出

指标名称	单位	河北	吉林	福建	山东	河南	云南	陕西	新疆	全国
衣着消费支出	元	1879.28	1547.64	2842.98	1438.08	1692.29	2132.55	2103.60	2768.51	2064.64
居住消费支出	元	404.40	93.05	222.46	1644.76	239.77	349.03	231.55	109.37	375.40

（续表）

指标名称	单位	河北	吉林	福建	山东	河南	云南	陕西	新疆	全国
其中：在家居住成员租赁生活用房所付的租金（不包括外出住旅店和招待所所支付的住宿费，以及外出打工、在外陪读、在医院陪护等的房屋租赁支出或住宿费）	元	0.00	0.00	0.00	0.00	0.00	0.00	0.00	0.00	0.00
外出打工成员租赁生活用房所付的租金或在外住宿费	元	651.58	617.61	1856.61	73.33	539.10	665.60	2064.44	805.71	746.04
生活用水费	元	119.46	108.96	162.23	89.47	111.48	139.09	186.42	245.08	150.58
生活用电费	元	574.74	479.33	1120.24	650.03	713.27	528.98	576.36	624.75	644.73
生活用燃料支出（用于做饭、烧水、照明、洗漱和取暖等的生活能源支出，但不包括烧饲料用的燃料和交通用柴油、汽油等燃料）	元	1574.21	946.07	902.65	1058.89	801.60	668.69	954.52	1342.49	1056.23
家庭设备、用品及服务支出	元	803.07	797.78	1303.64	929.07	823.12	805.80	806.86	1392.59	950.47
医疗保健消费支出	元	763.30	1275.71	923.19	991.95	834.04	1083.30	1605.27	1580.52	1107.87
交通通信消费支出	元	1395.04	922.55	2371.35	1008.04	1474.28	1820.76	1588.99	1653.01	1510.91
其中：（1）因外出打工而产生的交通费支出	元	496.57	331.44	837.58	103.97	702.98	458.91	630.61	933.18	490.55
文教娱乐用品及服务支出	元	2619.91	3736.23	3392.20	1370.02	1975.89	1742.24	3443.17	2714.26	2265.78
其中：子女教育支出	元	4606.11	10199.51	5541.31	1763.58	3262.83	4465.40	6168.03	6104.48	4588.86
其他商品消费支出（化妆品、金银珠宝饰品，以及手表、迷信用品等其他生活用商品的消费支出）	元	411.55	460.60	612.90	223.38	344.82	318.33	437.45	1041.20	459.81
其他服务消费支出（旅店住宿费、洗澡费、美容美发、照相费、殡殓费等）	元	257.68	245.18	323.18	217.33	240.34	155.11	218.62	436.86	248.66
家庭成员外出务工成本支出（指中介费、职业介绍费、培训费、办证费及其他费用）	元	21.00	27.66	27.63	0.97	24.99	15.66	31.07	135.00	15.54

5.3.6 农户家庭财产性支出和转移性支出

指标名称	单位	河北	吉林	福建	山东	河南	云南	陕西	新疆	全国
非生产性贷款或借款的利息支出	元	0.00	0.00	0.00	0.00	0.00	0.00	0.00	0.00	0.00
宅基地使用费	元	0.00	0.00	0.00	0.00	0.00	0.00	0.00	0.00	0.00

（续表）

指标名称	单位	河北	吉林	福建	山东	河南	云南	陕西	新疆	全国
土地承包费（包括承包集体和其他农户等）	元	73.57	92.26	87.34	62.35	30.77	205.45	44.96	221.42	100.88
承包租赁村组集体资产支出（不包括承包土地）	元	0.00	0.00	0.00	0.00	0.00	0.00	0.00		0.00
其他	元	0.00		0.00	0.00	0.00	0.00	0.00		0.00
寄给和带给家庭非常住人口	元	115.65	1087.50	783.33	71.60	722.22	132.81	722.96	1764.86	232.84
赠送亲友	元	746.02	973.68	1104.14	454.81	664.03	374.74	638.57	1365.90	681.63
赡养费、抚养费	元	653.97	1071.83	1134.00	218.89	956.42	317.54	1197.78	1324.31	561.07
公益事业捐赠（指对灾害、贫困、残疾人等群体或个人以及对文教卫体事业、环境保护、社会公共设施建设等社会公共和福利事业的爱心捐赠）	元	117.35	335.29	389.10	10.58	203.33	30.79	175.67	190.61	89.43
迷信、宗教活动捐赠	元	58.02	187.23	273.16	35.29	149.74	52.46	376.00	267.39	94.50
人情礼支出	元	848.03	2697.76	2531.05	1393.32	1270.96	2003.18	2190.85	2130.07	1820.76
嫁妆、聘礼	元	227.20	1673.33	1441.82	34.25	1000.00	313.30	3033.33	2704.38	438.85
各种红白喜事宴请支出（婚丧、升学、盖房等）	元	1233.16	3990.24	2232.52	525.23	2019.95	2061.18	3488.75	4318.29	2233.85
交纳党费、团费	元	21.85	13.91	23.98	4.43	16.80	17.94	22.13	27.07	15.24
交纳保险费支出	元	1291.98	738.58	987.18	1325.18	846.72	1121.81	860.83	1370.58	1123.05
其中：农村新型合作医疗	人	456.69	357.23	422.10	400.98	377.47	406.97	473.53	426.44	416.22
城镇医疗保险支出	人	100.65	311.67	197.14	3.74	322.56	5.87	302.67	202.73	43.05
商业医疗保险支出	人	42.86	133.33	50.00	0.00	100.00	2.22	150.00	137.50	6.44
农村养老保险支出	人	265.57	226.48	250.12	416.86	234.83	220.34	326.91	284.31	279.34
城镇养老保险支出	人	105.52	344.44	200.00	21.06	153.85	9.95	225.00	310.00	34.59
商业养老保险支出	人	10.00	60.00	0.00	1.39	121.67	3.39	275.00	300.00	7.31
工伤保险支出	人	0.00		0.00	0.00	0.00	0.00			0.00
支出车辆保险支出	元	1744.20	1402.63	2293.95	623.33	1453.71	712.60	2255.91	2058.13	1181.47
其他保险支出（如人身意外险、疾病保险、财产保险及各种储蓄型保险等）	元	140.44	144.43	343.49	31.77	208.18	90.44	1151.25	475.14	125.49
罚款（如违反计划生育罚款、交通违章罚款、违反治安管理处罚条例罚款等）、赔款	元	100.78	400.00	193.75	8.43	50.00	15.43	344.44	331.58	37.17
购买彩票	元	6.80		26.00	0.00	0.00	0.00		36.67	0.59
其他（如遗失、被盗等）	元	0.00		0.00	0.00	0.00	0.00			0.00

5.3.7 农户家庭生活用燃料数量及支出

5.3.7.1 农户家庭生活用燃料购买数量（不含交通用燃料）

指标名称	单位	河北	吉林	福建	山东	河南	云南	陕西	新疆	全国
秸秆	吨	5.83	58.08	0.00	8.76	25.85	2.04	10.24	2.33	14.21
薪柴	吨	30.04	59.72	86.35	75.90	84.39	121.23	62.82	4.62	64.70
煤炭	吨	716.93	69.46	1.49	459.90	312.75	207.74	395.34	247.69	275.60
罐装液化石油气	千克	7.68	27.62	31.01	6.82	12.16	2.43	8.23	26.18	14.39
管道天然气	立方米	0.00	0.00	0.00	0.00	0.00	0.00	0.00	1.38	0.05
管道煤气	立方米	0.00	0.00	0.00	0.00	0.00	0.00	0.00		0.00
汽油	升	4.28	7.34	11.12	0.59	1.23	3.15	5.69	10.39	4.33
柴油	升	2.57	8.05	0.19	0.22	1.50	0.74	3.12	8.00	2.24
沼气	立方米	0.00	0.00	0.00	0.00	0.19	0.03	0.00	0.53	0.03

5.3.7.2 农户家庭生活用燃料购买金额（不含交通用燃料）

指标名称	单位	河北	吉林	福建	山东	河南	云南	陕西	新疆	全国
秸秆	元	15.24	195.16	4.95	18.04	73.04	33.35	28.83	18.00	45.10
薪柴	元	39.52	75.75	173.02	118.82	32.92	308.81	99.55	23.95	104.67
煤炭	元	1168.79	75.52	2.49	660.28	218.51	224.86	713.07	1211.72	541.79
罐装液化石油气	元	250.08	238.36	572.20	276.78	520.82	52.38	177.11	530.78	329.94
管道天然气	元	0.00	3.49	5.56	0.00	9.70	0.00	2.47	193.23	8.88
管道煤气	元	0.00	0.00	0.00	0.00	0.00	0.00	0.00	0.00	0.00
汽油	元	116.61	401.21	462.43	45.42	144.64	297.39	517.48	1309.90	368.23
柴油	元	74.56	643.99	57.07	26.93	66.04	65.84	283.52	1173.00	221.78
沼气	元	1.43	2.59	0.00	0.25	7.47	5.71	0.00	85.00	2.78

6

2014年分省样本的农户统计

6.1 农户家庭基本情况

6.1.1 家庭成员基本特征

指标名称	单位	河北	吉林	福建	山东	河南	云南	陕西	新疆	全国
年龄	周岁	51.15	51.90	51.42	55.75	52.43	46.74	53.03	48.15	51.30
受教育年限	年	8.02	7.71	7.67	7.42	7.74	7.19	8.37	7.68	7.72
本年累计在家居住时间	（0~12）月	10.75	11.49	11.42	11.64	10.03	10.87	11.31	11.75	11.15
本年务工天数（没有，填0）	天	150.94	59.25	170.89	39.66	134.13	97.85	106.17	79.44	103.78
本年如有务工，平均月工资（没有，不填）	元	2355.10	2086.50	2142.07	486.80	2690.11	1142.54	2230.14	1594.25	1690.53
本年全家报销的医疗费用（含新农合、商业保险等）有多少元?	元	301.42	412.61	212.60	368.06	441.33	565.32	628.33	693.42	410.39

6.1.2 土地、家庭信贷及其他情况

6.1.2.1 土地情况

指标名称	单位	河北	吉林	福建	山东	河南	云南	陕西	新疆	全国
您家承包的土地面积（即依法承包村集体的土地面积）	亩	5.54	21.29	4.79	6.18	6.34	6.47	7.53	14.25	9.06
其中：耕地面积	亩	5.23	19.10	3.13	4.48	6.21	5.44	3.73	9.99	7.06
园地面积	亩	0.00	0.01	0.50	1.07	0.00	0.32	2.13	0.48	0.52
林地面积	亩	0.03	0.33	0.40	0.05	0.06	0.62	0.19	0.13	0.21
草地面积	亩	0.00	27.78	0.01	0.00	0.20	0.53	0.00	20.73	2.26
荒山、荒沟、荒丘、荒滩面积	亩	0.00	2.14	0.07	0.00	0.02	0.11	1.43	1.75	0.08

（续表）

指标名称	单位	河北	吉林	福建	山东	河南	云南	陕西	新疆	全国
您家未计入承包地的耕地面积（如自留地、开荒地）	亩	0.29	2.55	1.55	0.02	0.86	1.64	5.46	1.83	0.94
您家撂荒的耕地面积	亩	0.18	0.50	0.11	0.02	0.01	0.21	1.33		0.09
其中：承包的耕地面积	亩	0.27	16.08	0.81	0.26	6.52	1.47	3.88	14.03	2.84
本年转出耕地的面积	亩	3.21	16.86	2.36	1.07	3.28	0.98	3.58	13.86	3.00
本年转出耕地的收入（含实物折价）	元/（亩·年）	371.85	483.42	459.31	219.58	886.81	244.34	681.44	483.88	373.56
本年转入耕地的面积	亩	5.73	36.53	9.21	0.67	4.04	3.06	7.20	36.09	11.21
本年转入耕地的支出（含实物折价）	元/（亩·年）	347.03	273.34	217.77	74.82	375.42	213.45	320.54	389.53	217.35
本年经营耕地面积（即实际耕种面积）	亩	6.49	36.46	7.03	5.93	6.93	9.36	8.67	74.69	19.55
其中：<1 亩耕地的块数	块	4.00	2.51	4.30	0.65	6.85	3.89	2.83	2.24	3.14
1 ≤且 <3 亩耕地的块数	块	1.81	2.63	2.78	0.97	1.78	2.16	2.27	2.24	1.96
3 ≤且 <5 亩耕地的块数	块	1.23	2.68	1.90	0.36	1.31	0.96	1.45	2.14	1.36
≥ 5 亩耕地的块数	块	1.14	3.35	1.30	0.25	1.19	0.35	1.63	3.88	1.70
其中：水田面积	亩	3.52	12.18	7.06	0.14	2.45	2.16	2.75	59.58	5.64
水浇地面积	亩	5.78	25.86	2.58	3.87	4.95	1.09	5.40	30.96	7.56
旱地面积	亩	1.68	30.98	1.02	0.41	7.32	15.96	8.53	29.67	12.20
本年经营温室大棚面积	亩	0.01	13.00	1.53	2.15	0.58	0.97	3.83	3.88	1.95
本年经营园地面积	亩	0.86	1.33	5.17	1.42	0.00	1.03	5.47	6.48	2.59
其中：果园面积	亩	1.20	1.00	3.40	1.53	0.00	0.67	4.90	6.29	2.28
茶园面积	亩	0.00	2.00	4.21	0.09	0.00	0.58	2.90	0.00	0.70
桑园面积	亩	0.00		0.00	0.00	0.00	0.00	0.00	0.00	0.00
本年经营林地面积	亩	0.45	12.18	6.46	0.11	2.19	2.38	4.79	11.33	2.46
本年经营草地面积	亩	0.00	25.90	0.73	0.02	1.25	1.06	5.00	16.50	0.92
其中：天然草地面积	亩	0.00	34.72	0.00	0.00	0.00	0.03	0.00	25.53	1.62
本年经营水面面积	亩	0.00		0.00	0.00	0.00	0.00	0.00	0.00	0.00
其中：海水养殖面积	亩	0.00		0.00	0.00	625.00	0.00	0.00	0.00	8.06
淡水养殖面积	亩	0.00		0.00	0.00	0.00	0.00	0.00	0.00	0.00

6.1.2.2 家庭存款、贷款及投资

指标名称	单位	河北	吉林	福建	山东	河南	云南	陕西	新疆	全国
本年末家庭银行存款总额	元	37763.31	27386.00	24141.27	25586.32	32897.23	18152.51	35529.54	34309.15	29095.31
本年末家中存有现金多少	元	3667.76	5502.75	4980.91	3707.13	4345.62	4016.16	4854.22	5137.37	4438.39
本年末家庭持有的全部对外投资	元	2000.00	2500.00	2666.67	1800.00	1800.00	2253.33	2500.00	1820.00	2065.46
其中：持有股票、基金、债券等证券类投资金额	元	5907.41	5214.29	9388.89	114.22	1890.00	450.56	24000.00	4046.15	1262.59

（续表）

指标名称	单位	河北	吉林	福建	山东	河南	云南	陕西	新疆	全国
其中：对企业、合作社等投入的股权类投资金额	元									
本年全年您家借出去的钱共有多少	元	3848.65	8966.67	9866.67	1647.45	7404.55	2009.04	15000.00	10469.23	3496.07
别人借您家的钱到本年底还有多少没有收回	元	5073.53	11411.11	9314.82	1296.21	5388.00	2201.05	15583.33	10478.96	3192.54
到本年底您家欠外债有多少	元	21604.22	38654.00	43195.52	3319.91	20118.92	12465.22	35440.95	49634.02	17908.17
这些外债有多少来自银行、信用社等正规金融机构	元	7222.22	22545.45	42850.00	540.55	4444.44	9737.84	43305.82	43223.54	10844.06
其中：年利率多少	%	3.00	2.16	2.01	0.12	1.91	1.08	1.67	3.09	0.95
这些外债有多少来自民间借贷机构如农村资金互助社	元	0.00	2.00	1.00	0.00		3000.00	5000.00	6.72	150.83
其中：年利率多少	%	0.00	0.00	0.00	0.00	0.00	0.00	0.13	0.10	0.00
这些外债有多少来自亲戚朋友等私人关系	元	12864.52	23940.13	26715.79	1800.46	17644.44	5046.40	24541.67	14815.00	7743.86
其中：年利率多少	%	0.00		0.00	0.00	0.00	0.00	0.00	0.00	0.00

6.1.2.3 其他

指标名称	单位	河北	吉林	福建	山东	河南	云南	陕西	新疆	全国
取饮用水往返一次需多长时间	分钟	0.47	1.33	0.70	1.59	1.42	2.25	1.30	2.28	1.44
如果购买了农业保险，支付了多少保费	元	33.68	110.48	32.93	29.76	36.88	76.81	56.67	154.68	70.21

6.1.3 住房、生产性固定资产和耐用消费品

指标名称	单位	河北	吉林	福建	山东	河南	云南	陕西	新疆	全国
本年底，在本村住房面积	平方米	113.73	81.10	110.72	86.95	109.05	106.66	119.52	102.46	102.33
本年底，如有城镇住房，面积为多少（如没有，填0）	平方米	97.25	69.42	101.95	82.55	88.86	95.75	96.56	93.08	91.34
生产性用房面积（如烤烟房、生产车间、仓库等）	平方米	37.00	43.63	23.20	28.89	30.72	30.04	30.56	43.03	33.87
拖拉机	台	0.93	1.11	1.04	0.27	1.01	0.24	0.95	1.12	0.77
三轮摩托车	台	0.79	1.00	0.96	0.41	0.95	0.37	0.97	0.99	0.64
机引农具	台	1.29	1.15	1.00	0.07	1.81	0.17	1.16	1.76	0.70

（续表）

指标名称	单位	河北	吉林	福建	山东	河南	云南	陕西	新疆	全国
畜引农具	台	0.11	1.00		0.02	0.31	0.27	0.56	0.94	0.15
喷雾器/喷雾机	个	1.20	1.20	1.21	0.76	1.16	0.90	1.01	1.19	1.04
风车	辆	0.00			0.00	0.00	0.00	0.00	0.00	0.00
手推车/板车/三轮车/四轮车	辆	1.01	1.05	1.09	0.38	1.02	0.20	1.01	1.04	0.71
打稻（谷）机	台	0.42	1.00	1.00	0.00	0.57	0.07	0.50	0.50	0.23
脱粒机	台	0.25	1.00	1.00	0.01	1.00	0.13	0.93	0.96	0.22
抽水机	台	0.80	1.00	1.00	0.29	0.98	0.41	0.96	0.98	0.60
电动机	台	0.40	1.00	1.00	0.02	0.91	0.06	0.67	0.99	0.24
柴油机	台	0.61	1.00	1.00	0.03	0.69	0.11	0.83	0.89	0.24
加工机械	台	0.25	1.00	1.00	0.00	0.67	0.15	0.50	0.50	0.11
船（只）	只	0.00			0.00	0.00	0.00	0.00	0.00	0.00
粉粹机	台	0.60	1.00	1.00	0.00	0.73	0.23	0.67	1.00	0.26
木工多用机	台	0.00			0.00	0.00	0.00	0.00	0.00	0.00
温室大棚	平方米	0.00	148.20	800.00	33.08	120.00	2.51	0.00	284.55	29.73
牛、羊等牲畜养殖场	平方米	17.02	46.92		0.16	10.00	9.28	0.00	77.00	25.85
生猪养殖场	平方米	15.57	19.86	41.91	0.26	77.65	9.77	33.33	44.50	9.98
鸡、鸭、鹅等禽类养殖场	平方米	0.00	11.39	13.56	0.01	0.00	0.68	0.00	17.61	2.49
兔子、貂等特种养殖场	平方米	0.00			0.00	0.00	0.00	0.00	0.00	0.00
鱼塘	平方米	0.00			0.00	0.00	0.00	0.00	0.00	0.00
缝纫机	台	0.99	1.01	1.00	0.43	1.00	0.57	1.00	1.04	0.81
电冰箱/空调	台	1.22	1.03	1.31	1.19	1.28	0.73	1.17	1.12	1.14
电视卫星接收器	台	0.98	1.00	0.99	0.20	1.00	0.65	1.00	1.00	0.79
收音机/VCD/DVD	台	0.41	1.00	1.00	0.12	0.91	0.20	0.95	0.99	0.42
组合音响	台	0.42	1.00	1.00	0.05	0.83	0.17	0.93	0.89	0.24
电话座机、手机	个	2.54	2.15	2.80	2.06	2.38	2.40	2.90	2.20	2.41
电饭锅/微波炉/压力锅/电磁炉	个	1.70	1.33	2.53	1.25	1.57	1.68	1.74	1.43	1.64
抽油烟机	台	0.60	1.00	1.00	0.27	0.74	0.06	0.92	1.00	0.50
彩色电视机	台	1.19	1.07	1.30	1.05	1.21	1.01	1.17	1.11	1.14
沼气灶/炉子	台	0.91	1.00	1.14	0.52	1.02	0.24	1.20	1.04	0.72
照相机	台	0.45	1.00	1.00	0.09	0.75	0.03	0.97	0.96	0.21
摄像机	台	0.00			0.00	0.00	0.00	0.00	0.00	0.00
吸尘器	台	0.00			0.00	0.00	0.00	0.00	0.00	0.00
自行车	辆	1.17	1.12	1.16	0.44	1.14	0.10	1.08	1.13	0.81
电动车	辆	1.20	1.03	1.09	0.80	1.12	0.14	1.03	1.10	0.96
摩托车	辆	1.02	1.02	1.41	0.30	1.03	0.70	1.04	1.10	0.93
小汽车	辆	0.88	1.00	1.00	0.31	0.95	0.24	0.96	1.00	0.62
电脑	台	0.94	1.00	1.00	0.41	0.98	0.11	0.98	1.00	0.71
洗衣机	台	1.00	1.00	1.00	0.80	1.00	0.82	1.00	1.00	0.95

（续表）

指标名称	单位	河北	吉林	福建	山东	河南	云南	陕西	新疆	全国
电风扇 / 电暖气	台	1.55	1.11	2.31	0.98	1.79	0.39	1.47	1.71	1.43
热水器	个	1.00	1.00	1.11	0.09	1.00	0.30	1.06	1.04	0.62
太阳能	台	0.85	1.07	1.01	0.70	1.02	0.67	1.09	1.00	0.84
床、炕	个	2.30	1.63	2.90	1.90	2.45	3.44	2.68	2.49	2.44
柜子 / 碗柜 / 衣柜	个	2.30	1.90	2.26	1.49	2.16	1.60	2.17	2.02	1.98
写字台 / 桌子	个	1.53	1.26	1.77	1.10	1.73	0.73	1.63	1.58	1.41
箱子	只	1.46	1.85	2.12	0.13	1.71	0.94	1.54	1.99	1.13
椅子、沙发	个	3.26	2.50	2.64	1.61	3.33	2.01	2.36	3.66	2.67
压面机	台	0.85	1.00		0.07	0.92	0.00	0.98	0.98	0.29

6.2 农户家庭生产情况

6.2.1 种植业

6.2.1.1 稻谷

（1）当年稻谷生产及销售情况

指标名称	单位	河北	吉林	福建	山东	河南	云南	陕西	新疆	全国
年初库存	千克	184.04	275.55	516.16	0.00	51.03	246.24	1000.00	0.00	289.55
播种面积	亩	5.00	4.59	4.32	3.00	3.45	2.10	3.00	7.00	3.33
当年产量	千克	3231.30	2119.31	1829.90	500.00	1421.77	1081.29	600.00	1500.00	1591.99
因灾减产	千克		222.22	117.69	0.00	119.09	62.19			76.69
获得农业保险赔偿	元		43.68	0.00	0.00	218.75	42.24			50.52
自食、送人数量	千克	776.94	608.25	917.72	0.00	210.00	688.57	600.00	900.00	705.90
用于饲料数量	千克		275.00	177.23	0.00	175.00	33.33			82.26
总销售量	千克	3506.67	2850.19	2482.03	500.00	1717.39	368.64		3640.00	1490.43
总销售收入	元	10200.00	7849.67	6557.98	1300.00	3706.27	1277.00		12920.00	4114.47
留种自用	千克	38.33		88.00	0.00	95.83	22.74			32.67
本年末库存	千克	700.00	488.64	538.62	0.00	164.74	318.59	1000.00	200.00	394.84
本年副产品收入	元		175.00	631.50	0.00	0.00	39.57			61.85
下年预计播种面积	亩	4.96	4.49	4.81	3.00	3.48	1.92	2.00		3.33

（2）稻谷成本投入

指标名称	单位	河北	吉林	福建	山东	河南	云南	陕西	新疆	全国
种子、秧苗数量	千克	26.26	200.99	4.84		20.21	5.52		32.00	32.29
种子、秧苗金额	元	158.69	770.10	266.93		171.84	167.30		320.00	267.12

（续表）

指标名称	单位	河北	吉林	福建	山东	河南	云南	陕西	新疆	全国
化肥施用量	千克	530.92	507.03	420.87		254.44	196.58		233.33	326.50
化肥金额	元	1229.00	1340.65	922.09		790.21	325.94		328.00	719.64
有机肥自产	元	322.00		308.50		400.00	263.24		500.00	272.46
有机肥外购	元			257.25		200.00	32.19			71.29
农药、除草剂费	元	476.63	435.86	234.37		223.65	103.47		300.00	222.79
农膜费	元	120.42	220.50	46.51		1.33	23.10		775.00	61.98
排灌费	元	452.78	249.53	209.82		71.27	47.44		1933.33	161.72
机械费	元	874.21	458.49	1052.83		232.73	137.64		3800.00	495.21
土地租赁费（含实物折价）	元 / 年		6110.00	4576.07		55.00	93.01		450.00	1008.61
自家投劳	工日	129.61	41.29	58.58		38.31	35.12		25.00	50.35
雇工	工日	9.32	13.57	16.58		7.14	3.27			6.84
雇工平均价格	元 / 工日	198.95	265.00	218.82		49.00	63.58			113.37
运输仓储费	元	107.50	202.94	105.00		61.11	34.70			62.91
贷款利息	元		2.00	0.00			0.00			0.02
保险费支出	元		102.71	29.64		8.00	0.00		210.00	32.52
其他费用	元		379.25	215.00			56.70		2000.00	118.98

6.2.1.2 小麦

（1）当年小麦生产及销售情况

指标名称	单位	河北	吉林	福建	山东	河南	云南	陕西	新疆	全国
年初库存	千克	170.26	0.00		157.22	186.80	67.11	244.51	102.17	176.93
播种面积	亩	5.01	12.00		5.66	6.06	2.39	4.35	5.00	5.21
当年产量	千克	2203.10	1000.00		2328.41	2456.03	547.87	1090.05	1459.12	1887.87
因灾减产	千克	174.17			22.71	319.50	132.07	194.30	60.00	129.24
获得农业保险赔偿	元	127.78			2.20	92.87	0.74	11.54	76.25	18.16
自食、送人数量	千克	572.61	100.00		432.68	451.11	54.44	494.00	653.37	482.29
用于饲料数量	千克	100.00			33.38	194.71	381.96	385.71	820.00	134.54
总销售量	千克	2719.77	500.00		2251.95	2371.82	225.36	1203.11	3141.31	2203.87
总销售收入	元	5888.20	7500.00		5098.43	4865.41	490.21	2893.75	6476.95	4727.05
留种自用	千克	82.58			4.97	121.30	10.15	79.19	85.00	30.79
本年末库存	千克	803.15			216.02	458.05	123.83	626.81	384.73	434.67
本年副产品收入	元	60.00			0.00	33.42	95.00	231.75		20.95
下年预计播种面积	亩	4.86	10.00		5.19	6.13	2.25	4.39	4.24	5.04

（2）小麦成本投入

指标名称	单位	河北	吉林	福建	山东	河南	云南	陕西	新疆	全国
种子、秧苗数量	千克	83.14	22.50	0.00	77.52	75.21	19.62	39.63	86.39	67.24
种子、秧苗金额	元	284.45	515.00	0.00	267.20	328.74	133.18	185.51	314.23	269.84
化肥施用量	千克	293.37	630.00		297.03	369.41	115.00	301.79	214.71	305.36
化肥金额	元	718.74	660.00		759.68	1003.20	230.65	554.69	644.84	751.91
有机肥自产	元	374.29			1.28	191.40	372.43	22.00	566.58	147.63
有机肥外购	元	200.00		1850.00	54.95	130.50	25.92	7.06	1310.71	127.06
农药、除草剂费	元	77.70	350.00		129.10	121.51	54.04	72.15	63.81	99.47
农膜费	元				0.31	18.18	0.00	0.00	6.00	1.18
排灌费	元	203.59			270.67	183.88	16.54	191.89	193.32	208.22
机械费	元	396.37	1000.00		394.01	438.89	147.13	486.90	532.60	433.72
土地租赁费（含实物折价）	元/年				5.65	169.13	0.00	2.63	290.59	33.21
自家投劳	工日	21.20	57.50	62.00	27.31	31.63	35.75	21.62	73.23	31.56
雇工	工日	16.67		78.00	0.66	25.92	0.21	43.56	9.55	5.45
雇工平均价格	元/工日	63.33		150.00	18.74	85.00	16.67	128.75	136.67	34.48
运输仓储费	元	50.00	1000.00		35.92	90.29	16.07	134.52	895.15	161.28
贷款利息	元				0.40	0.00	0.00	6.67	3805.11	313.38
保险费支出	元	27.72	65.00		20.47	45.48	0.00	34.38	102.08	42.57
其他费用	元	52.82			1.15	172.11	57.00	120.91	2271.11	102.18

6.2.1.3 玉米

（1）当年玉米生产及销售情况

指标名称	单位	河北	吉林	福建	山东	河南	云南	陕西	新疆	全国
年初库存	千克	38.63	188.66		68.84	24.92	187.95	19.09	75.31	96.09
播种面积	亩	4.29	19.44		4.78	5.62	3.68	4.52	17.27	8.88
当年产量	千克	2426.83	11321.52		2526.37	2482.12	1513.46	1481.18	8102.92	4576.09
因灾减产	千克	332.96	930.18		56.85	707.44	136.14	775.00	1015.00	375.35
获得农业保险赔偿	元	169.33	145.89		2.63	23.13	5.70	140.00	83.50	61.16
自食、送人数量	千克	136.46	363.33		102.83	76.80	77.35	109.07	250.00	117.17
用于饲料数量	千克	476.68	1002.77		53.33	1020.96	911.28	1014.29	1338.02	758.40
总销售量	千克	2436.17	11184.89		2247.31	2553.36	629.57	1692.63	12219.09	5264.38
总销售收入	元	5141.22	21244.97		4673.31	4994.70	1301.10	2945.88	23926.88	10082.14
留种自用	千克	55.00	187.50		1.16	56.25	9.05	12.00	1.30	6.83
本年末库存	千克	1055.33	1000.00		166.10	131.43	316.04	1350.00	1014.27	435.53
本年副产品收入	元	107.27	713.12		0.03	62.50	22.97		125.00	40.06
下年预计播种面积	亩	4.42	18.47		4.58	5.44	3.29	4.75	11.99	7.70

（2）玉米成本投入

指标名称	单位	河北	吉林	福建	山东	河南	云南	陕西	新疆	全国
种子、秧苗数量	千克	14.93	39.83		16.03	15.81	10.54	10.72	67.22	25.18
种子、秧苗金额	元	197.50	961.53		243.68	250.17	270.81	215.29	868.23	445.08
化肥施用量	千克	226.10	901.15		255.17	324.21	299.29	335.63	722.31	450.40
化肥金额	元	551.20	2777.79		688.75	831.21	570.13	591.30	1818.82	1185.73
有机肥自产	元	277.06	503.85		1.16	293.75	252.62	40.00	412.87	163.46
有机肥外购	元	178.46	470.00		20.11	20.71	23.18	130.00	223.50	35.71
农药、除草剂费	元	60.14	321.44		121.82	122.43	116.71	98.73	339.35	173.63
农膜费	元	133.33	455.00		14.60	56.67	37.13	30.00	937.79	270.13
排灌费	元	212.97	840.24		195.95	154.06	13.99	232.50	1387.77	414.09
机械费	元	312.09	766.88		300.11	362.66	140.71	548.37	1973.24	599.57
土地租赁费（含实物折价）	元 / 年	280.00	3763.11		15.20	269.67	11.39	16.33	3521.36	655.07
自家投劳	工日	23.61	47.47		21.64	29.13	44.76	30.92	43.96	35.11
雇工	工日	9.60	11.67		0.28	15.30	1.43	7.50	13.21	2.42
雇工平均价格	元 / 工日	63.33	116.00		5.40	105.00	5.48	92.00	118.75	22.51
运输仓储费	元	31.67	331.71		17.71	95.91	26.99	153.57	411.87	84.86
贷款利息	元		500.25		0.35		0.00		1012.75	39.86
保险费支出	元	18.80	79.54		10.86	26.12	0.00	28.50	45.72	32.65
其他费用	元	49.39	476.75		0.85	143.75	20.00	101.50	234.44	77.19

6.2.2 畜牧业

6.2.2.1 生猪

（1）生猪生产及销售情况

指标名称	单位	河北	吉林	福建	山东	河南	云南	陕西	新疆	全国
年末存栏数量	头	13.76	0.93	13.43	27.50	27.86	4.02	12.00	13.22	6.88
年末能繁母畜存栏数量	头	2.92	0.31	0.86	7.00	3.41	0.98	8.00	2.04	1.43
新生、新购数量	头	22.30	9.16	14.46	75.00	37.89	6.75	54.00	12.27	11.37
出栏或产量	头	83.21	86.33	18.67	125.00	61.19	13.00	88.40	43.89	28.51
因灾减产或死亡	头	10.14	2.00	7.50	14.50	10.12	1.95	15.33	4.75	3.78
获得农业保险赔偿	元				0.00	0.33	1.33	0.00		1.25
自食或送人数量	千克	31.94	28.00	36.00	0.50	1.73	6.02	21.50	12.73	8.71
总销售收入	元	22338.24	10013.33	5700.00	84000.00	62025.42	9275.95	13372.50	30139.00	15659.88
仔（中）畜（禽苗）销售收入	元	9000.00	33.33	6034.00	0.00	700.25	3424.62	0.00	13626.00	3668.68
平均出栏活重或单产	千克 / 头	132.66	115.00	133.75	136.67	129.48	111.53	115.00	119.29	116.08

（续表）

指标名称	单位	河北	吉林	福建	山东	河南	云南	陕西	新疆	全国
副产品收入	元	500.00			0.00		11.86	1.00		15.73
下年生产计划	头	48.08	2.83	32.60	44.50	73.85	10.38	0.00	3.29	16.76

（2）生猪成本投入

指标名称	单位	河北	吉林	福建	山东	河南	云南	陕西	新疆	全国
仔畜（禽苗）自繁数量	头	24.51	0.96	12.07	65.00	39.76	5.28	25.50	23.81	10.22
仔畜（禽苗）外购数量	头	18.19	2.33	16.88	5.00	20.32	3.06	62.50	4.74	6.63
仔畜（禽苗）外购金额	元	1254.87	539.46	969.53	2000.00	1450.00	1077.62	0.00	826.50	1069.67
饲料外购数量	千克	9939.33	482.92	3969.17	2560.00	11461.77	1108.02	0.00	5281.25	2674.86
饲料外购金额	元	21771.57	893.33	8890.91	7750.00	33907.41	3330.04	8953.33	10623.53	7142.13
饲料自产数量	千克	1310.69	835.42	801.67	393.75	4181.58	1029.89	0.00	1748.31	1196.26
饲料自产折价金额	元	1750.65	1568.18	1521.67	795.00	6406.67	2124.08	0.00	2642.08	2192.70
防疫及兽药	元	1249.60	167.50	625.00	700.00	958.89	191.93	1550.00	606.00	403.34
水电费	元	268.46	113.33	441.14	1150.00	598.52	168.08	900.00	385.56	269.00
自家投劳数量	工日	128.38	83.42	85.31	338.75	215.00	110.03	303.33	138.16	120.33
雇工数量	工日				0.00	0.00	0.00			0.00
雇工价格	元/工日				0.00	0.00	0.00			0.00
场地租赁费（包括实物折价）	元/年	306.25			0.00	0.00	0.01	1000.00	100.00	31.71
贷款利息	元				0.00	0.00	17.73		1732.50	49.86
保险费支出	元	99.00			0.00	150.00	12.18	0.00	120.00	17.40
其他费用	元	233.33	200.00		0.00	480.00	52.16	1000.00	110.00	84.15

6.2.2.2 肉牛

（1）肉牛生产及销售情况

指标名称	单位	河北	吉林	福建	山东	河南	云南	陕西	新疆	全国
年末存栏数量	头	11.33	7.93				2.45		8.29	6.36
年末能繁母畜存栏数量	头	2.67	5.17				1.09		4.83	3.62
新生、新购数量	头	4.33	2.04				1.13		2.57	2.06
出栏或产量	头	6.50	3.38				3.44		7.04	5.40
因灾减产或死亡	头		1.00				0.11		1.48	0.85
获得农业保险赔偿	元		160.00				0.00		7.29	8.79
自食或送人数量	千克		1.00				1.26		3.65	2.94
总销售收入	元	12000.00	21844.44				24452.38		19066.96	20781.49
仔（中）畜（禽苗）销售收入	元	12000.00	6833.33				0.00		9379.37	5402.77
平均出栏活重或单产	千克/头	306.67	195.09				69.41		89.71	123.78

（续表）

指标名称	单位	河北	吉林	福建	山东	河南	云南	陕西	新疆	全国
副产品收入	元						0.00		0.00	0.00
下年生产计划	头	10.00	6.09				3.58		10.29	5.70

（2）肉牛成本投入

指标名称	单位	河北	吉林	福建	山东	河南	云南	陕西	新疆	全国
仔畜（禽苗）自繁数量	头	1.67	3.58				1.04		4.22	2.77
仔畜（禽苗）外购数量	头	3.33	1.28			0.00	1.09		0.91	1.06
仔畜（禽苗）外购金额	元	15000.00	7083.33			0.00	4325.49		701.15	3067.36
饲料外购数量	千克		834.29				989.47		2439.78	1880.58
饲料外购金额	元		2178.57				2106.87		6263.42	4747.72
饲料自产数量	千克	1563.33	2236.96			4900.00	680.00		2709.74	1929.68
饲料自产折价金额	元	1000.00	3269.00			10780.00	1344.96		2988.56	2543.47
防疫及兽药	元	550.00	351.84			1000.00	83.53		381.11	337.42
水电费	元		231.76			300.00	109.29		234.76	201.89
自家投劳数量	工日	231.67	167.09			120.00	106.69		234.03	177.26
雇工数量	工日		150.00				10.91		284.44	134.76
雇工价格	元 / 工日						4.55		78.88	35.84
场地租赁费（包括实物折价）	元 / 年						0.00			0.00
贷款利息	元	4320.00					0.00		5000.00	776.67
保险费支出	元						0.00		420.00	38.18
其他费用	元		750.00			100.00	90.91		1556.11	956.56

6.2.2.3　肉羊

（1）肉羊生产及销售情况

指标名称	单位	河北	吉林	福建	山东	河南	云南	陕西	新疆	全国
年末存栏数量	只	65.13	53.46		24.50	120.00	30.53	6.00	60.43	58.28
年末能繁母畜存栏数量	只	19.50	30.62		16.50	60.00	16.11	4.33	40.13	37.85
新生、新购数量	只	20.75	26.82		16.50	80.00	9.63	30.00	27.27	26.31
出栏或产量	只	17.38	41.45		6.25		18.27	10.00	29.58	28.73
因灾减产或死亡	只	1.50	11.00		0.00	20.00	1.88		6.45	6.21
获得农业保险赔偿	元				0.00		0.13		4.48	3.13
自食或送人数量	千克	7.33			0.50		0.60		10.83	10.31
总销售收入	元	18035.71	21300.00		10500.00		12222.54	18000.00	19260.98	18834.19
仔（中）畜（禽苗）销售收入	元		18875.00		0.00		2555.67		17685.60	15972.43
平均出栏活重或单产	千克 / 只	23.00	20.00		32.50		28.45		41.52	37.92

（续表）

指标名称	单位	河北	吉林	福建	山东	河南	云南	陕西	新疆	全国
副产品收入	元	4050.00			50.00		166.67	1000.00	3061.54	2683.33
下年生产计划	只	92.50	60.56		25.00		29.50	1.00	70.17	64.69

（2）肉羊成本投入

指标名称	单位	河北	吉林	福建	山东	河南	云南	陕西	新疆	全国
仔畜（禽苗）自繁数量	只	19.75	38.82		19.00	80.00	12.44	5.00	26.47	25.84
仔畜（禽苗）外购数量	只	0.00	5.45		2.50	0.00	5.88	0.00	1.30	1.67
仔畜（禽苗）外购金额	元	0.00	1200.00		0.00	0.00	1157.69	0.00	485.50	513.52
饲料外购数量	千克	450.00	1722.73		4000.00		300.00	600.00	2486.04	2358.72
饲料外购金额	元	616.67	3012.73		2333.33		1883.33	1000.00	5069.69	4717.71
饲料自产数量	千克	585.00	2177.78		4437.50		825.00	1750.00	2308.85	2203.17
饲料自产折价金额	元	1096.25	2775.00		3266.67		471.43	800.00	3149.08	2920.56
防疫及兽药	元	252.50	421.25		500.00	1500.00	264.46	176.67	317.75	323.83
水电费	元	75.00	215.71		375.00	300.00	41.25	150.00	170.49	170.48
自家投劳数量	工日	221.25	149.44		137.50	360.00	226.07	186.67	256.79	247.69
雇工数量	工日				0.00		16.67	10.00	232.21	177.89
雇工价格	元/工日				0.00		864.29	70.00	3639.21	2804.76
场地租赁费（包括实物折价）	元/年				266.67		0.00			100.00
贷款利息	元		1500.00		0.00		0.00		3030.00	1110.00
保险费支出	元				0.00		0.00			0.00
其他费用	元		575.00		0.00		0.00	300.00	661.33	431.72

6.2.2.4 肉鸡

（1）肉鸡生产及销售情况

指标名称	单位	河北	吉林	福建	山东	河南	云南	陕西	新疆	全国
年末存栏数量	只		5.45	12.19		16.00	11.94		6.52	10.48
年末能繁母畜存栏数量	只		1.11	1.69		0.50	2.24		2.84	2.26
新生、新购数量	只		42.50	13.86		22.00	14.78		20.60	17.09
出栏或产量	只		72.50	15.33		32.67	34.52		342.65	65.85
因灾减产或死亡	只		10.57	8.00		15.00	3.89		5.54	5.19
获得农业保险赔偿	元						0.17		12.50	0.74
自食或送人数量	只		27.50	12.21		11.00	9.50		16.49	11.89
总销售收入	元		1233.33	2438.00		141272.00	3119.02		13904.33	12287.30
仔（中）畜（禽苗）销售收入	元		22.50	3000.00		1.00	110.59		198.50	170.90
平均出栏活重或单产	千克/只			3.08		2.40	2.88		3.12	2.96
副产品收入	元					2000.00	0.10			48.88
下年生产计划	只		54.00	17.38		45.00	21.85		32.07	24.96

（2）肉鸡成本投入

指标名称	单位	河北	吉林	福建	山东	河南	云南	陕西	新疆	全国
仔畜（禽苗）自繁数量	只		2.22	8.31		0.00	5.86		2.09	5.05
仔畜（禽苗）外购数量	只		37.75	8.53		20.00	14.82		31.99	18.91
仔畜（禽苗）外购金额	元		165.56	127.31		80.00	166.65		557.11	253.54
饲料外购数量	千克		78.89	194.81		315.00	56.89		137.78	98.48
饲料外购金额	元		228.75	497.41		675.00	225.40		395.23	306.37
饲料自产数量	千克		412.50	186.32		100.00	185.08		396.53	242.61
饲料自产折价金额	元		722.22	318.95		200.00	390.49		742.60	474.79
防疫及兽药	元		180.00	32.42		703.33	34.03		104.00	69.60
水电费	元			10.00		30.00	11.86		49.56	28.31
自家投劳数量	工日		22.50	22.77		137.50	35.38		126.02	58.58
雇工数量	工日					40.00	0.56			1.62
雇工价格	元 / 工日					50.00	2.70			3.95
场地租赁费（包括实物折价）	元 / 年						0.00			0.00
贷款利息	元						0.00			0.00
保险费支出	元						0.00			0.00
其他费用	元					1000.00	119.46		200.00	144.10

6.3 农户家庭收支情况

6.3.1 农户家庭收入

指标名称	单位	河北	吉林	福建	山东	河南	云南	陕西	新疆	全国
出售家庭资产收入（如房子、机械、家电等）	元	4.15	0.00	0.00	2.21	7.03	30.73	12.34	15.87	9.02
县域内农业务工收入	元	1177.86	1099.88	3495.07	505.24	1311.93	2718.71	1929.93	434.70	1472.22
县域内工业、建筑业、采矿业打工收入	元	5240.83	1750.00	6147.44	1537.16	3667.60	3448.41	2493.82	332.25	2933.15
县域内交通运输、邮电业打工收入	元	7738.24	11728.57	7714.63	228.89	2486.79	691.06	9600.00	7500.00	1582.12
县域内批发、零售、贸易、餐饮业打工收入	元	10264.29	15900.00	14430.16	857.74	12865.38	1345.61	14631.25	13812.50	3549.37
县域内社会服务业、文教卫生业打工收入	元	12387.57	11658.82	16224.63	1201.81	12780.00	1339.36	17690.30	18454.55	5341.35
县域外农业务工收入	元	3952.38	9666.67	5250.00	6.54	6930.00	1378.83	4000.00	5140.00	796.46
县域外工业、建筑业、采矿业打工收入	元	21955.32	23595.00	23097.37	143.17	28229.35	4717.71	25288.39	15963.58	9071.59

（续表）

指标名称	单位	河北	吉林	福建	山东	河南	云南	陕西	新疆	全国
县域外交通运输、邮电业打工收入	元	4465.00	20000.00	6500.00	0.00	7142.86	390.50	15650.00	5500.00	620.00
县域外批发、零售、贸易、餐饮业打工收入	元	13415.25	24533.33	21585.00	0.00	17571.43	1476.70	21005.26	22500.00	3035.56
县域外社会服务业、文教卫生业打工收入	元	12876.09	21122.50	13780.95	126.80	13030.00	995.90	20600.29	24766.67	2866.56
利息	元	1140.44	714.72	711.42	761.86	1177.19	234.95	969.26	1290.46	839.76
股息	元	0.00		0.00	0.00	0.00	0.00	0.00		0.00
土地征用补偿	元	0.00		500.00	13.46	477.14	2.54	625.00	190.00	21.78
土地出租租金	元	1927.96	4158.18	1414.52	179.55	3695.00	376.91	2812.50	2577.78	699.72
房屋租赁收入	元	0.00		0.00	0.00	0.00	0.00	0.00		0.00
机械设备租赁收入	元	0.00		0.00	0.00	0.00	0.00	0.00		0.00
从村集体分得福利收入	元	0.00		193.23	5.56	0.00	0.00	200.00	300.00	14.78
种粮补贴（包括粮食直接补贴、粮食作物良种补贴、农业生产资料综合补贴和农机具购置补贴）	元	512.89	2158.76	257.94	322.72	710.73	490.82	515.15	697.44	684.60
非粮食类农作物良种补贴	元	101.97	128.00	241.50	0.08	53.58	56.44	311.88	690.58	72.78
畜牧业补贴	元	0.00		0.00	0.00	0.00	0.00	0.00		0.00
渔业补贴	元	0.00		0.00	0.00	0.00	0.00	0.00		0.00
林业补贴（不包括退耕还林还草）	元	0.00		48.33	0.00	9.00	9.75	70.00	73.33	4.41
退耕还林还草补偿	元	41.75	301.11	0.00	0.00	84.67	44.28	358.68	90.00	48.03
草原生态补贴	元	0.00	220.00	0.00	0.00	0.00	28.89	19.50	3829.54	479.66
救济金、救灾款	元	0.00		0.00	0.00	0.00	0.00	0.00		0.00
无偿扶贫款	元	0.00		0.00	0.00	0.00	0.00	0.00		0.00
抚恤金	元	0.00		0.00	0.00	0.00	0.00	0.00		0.00
低保金	元	840.41	1491.05	1242.31	55.92	1273.73	300.93	1367.60	1153.14	349.51
退休金	元	125.00	1600.00	933.33	49.20	910.00	0.90	680.00	1384.44	68.73
合作社利润返还	元	0.00		0.00	0.00	0.00	0.00	0.00		0.00
社会保障收入	元	785.72		196.25	44.23	0.00	583.81	0.00	970.00	370.69
社会保障收入其中：农村新型合作医疗报销	元	360.09	641.75	912.14	418.55	580.36	737.74	914.04	1099.66	630.67
社会保障收入农村养老保险年金	元	892.50	869.78	1181.07	532.11	1075.85	421.76	1466.57	889.86	765.99
社会保障收入城镇医疗保险报销	元	0.00		0.00	0.00	0.00	0.00	0.00		0.00
社会保障收入城镇养老保险年金	元	130.00	1320.00	680.00	152.34	576.00	15.94	0.00	1733.33	128.59

（续表）

指标名称	单位	河北	吉林	福建	山东	河南	云南	陕西	新疆	全国
棋牌娱乐收入（如亏损，用负数表示）	元	80.00	400.00	380.00	8.50	583.33	−11.22	504.44	730.63	56.84
人情礼收入	元	715.07	4000.00	1521.46	1062.12	1748.41	449.28	3369.05	1469.00	1043.49
彩礼、陪嫁	元	0.00		300.00	10.93	0.00	11.56	0.00	1183.33	33.43
商业保险赔付	元	0.00		0.00	0.00	0.00	0.00	0.00		0.00
家庭非常住人口寄回或带回、亲友赠送	元	1137.81	3333.33	2454.55	516.37	1757.08	317.26	1450.00	1643.39	704.24
新农村建设建房补贴	元	0.00		0.00	1.83	0.00	10.20	0.00	2200.00	14.08

6.3.2 农户家庭收入（分行业）

指标名称	单位	河北	吉林	福建	山东	河南	云南	陕西	新疆	全国
农业生产服务总收入	元	2917.55	33428.98	23440.19	219.65	4967.09	5573.91	4047.73	38490.36	15312.87
收入林业总收入	元	0.00	0.00	0.00	0.00	0.00	0.00	0.00	0.00	0.00
工业总收入	元	0.00	0.00	0.00	0.00	0.00	0.00	0.00	0.00	0.00
建筑业总收入	元	0.00	6857.14	0.00	0.00	6616.67	1182.92	0.00	16666.67	550.30
交通运输业、邮电业总收入	元	2677.42	12060.00	16750.00	41.96	20200.00	933.68	0.00	18250.00	834.27
批发和零售贸易、餐饮业总收入	元	14740.38	25837.50	41361.26	264.78	45600.00	3279.51	24133.33	16705.88	4593.23
社会服务业总收入	元	0.00	4000.00	5000.00	16.55	2800.00	51.16	0.00	10000.00	79.62
文教卫生业总收入	元	0.00			0.00		0.00	0.00		0.00
农业生产服务纯收入	元	2211.70	21903.93	13239.38	−44.07	2533.86	4311.60	4544.36	19528.59	9551.30
林业纯收入	元	0.00	0.00	0.00	0.00	0.00	0.00	0.00	0.00	0.00
工业纯收入	元	0.00	0.00	0.00	0.00	0.00	0.00	0.00	0.00	0.00
建筑业纯收入	元	0.00	7726.86	5000.00	0.00	3247.00	896.00	0.00	12000.00	548.74
交通运输业、邮电业纯收入	元	966.67	12000.00	10500.00	88.76	4250.00	842.37	8500.00	11285.71	689.86
批发和零售贸易、餐饮业纯收入	元	10570.00	28400.00	17838.46	249.25	15537.50	1384.44	15338.46	14605.26	3215.15
社会服务业纯收入	元	0.00		2000.00	21.02	4888.57	194.22	0.00	13500.00	189.91
文教卫生业纯收入	元	0.00			−2.99	0.00	0.00	0.00		−1.85

6.3.3 农户家庭经营支出、生产性固定资产支出和税费支出

指标名称	单位	河北	吉林	福建	山东	河南	云南	陕西	新疆	全国
农业生产服务支出	元	414.48	8256.19	7643.92	268.96	1314.36	2889.33	1958.26	10666.13	4611.31
林业支出	元	0.00	0.00	0.00	0.00	0.00	0.00	0.00	0.00	0.00
工业生产支出	元	0.00	0.00	0.00	0.00	0.00	0.00	0.00	0.00	0.00
建筑业生产支出	元	21.13	181.36	16.13	4.05	22.78	139.74	0.00	585.71	50.75
交通运输业、邮电业支出	元	558.20	680.49	1080.00	82.15	332.79	489.38	403.04	2793.09	585.06
批发和零售贸易、餐饮业支出	元	2225.21	1636.11	4333.33	240.17	332.61	942.13	3651.72	2037.00	1068.74
社会服务业支出	元	5.67	4.00	129.68	3.04	27.41	20.57	0.00	870.59	26.90
文教卫生业支出	元	337.11	1622.97	689.19	17.07	150.33	464.08	1206.03	2733.59	484.24
其他家庭经营费用支出	元	622.73	2949.66	1162.12	27.15	128.80	281.99	261.70	2854.25	467.49
建造和购置生产性固定资产的费用支出	元	392.75	1314.75	466.67	476.38	388.15	398.22	780.43	3492.50	543.99
生产性固定资产折旧（使用年限 15 年）	元	53.65	1062.26	70.94	526.63	317.08	101.14	136.16	1951.15	405.38
第一产业纳税（农、林、牧、渔业）	元	0.00	60.00	0.00	0.03	5.65	2.10	0.00	2287.76	46.25
第二产业纳税（工业和建筑业）	元	0.00	0.00	0.00	0.00	0.00	0.00	0.00	0.00	0.00
第三产业纳税（商业和服务业）	元	0.00	0.00	0.00	0.00	0.00	0.00	0.00	0.00	0.00
“一事一议”筹资	元	87.10	9.02	22.73	6.30	18.81	8.54	130.39	115.78	31.57
其他各项集资收费	元	0.00	0.00	0.00	0.00	0.00	0.00	0.00	0.00	0.00

6.3.4 农户家庭食品消费数量及支出

6.3.4.1 农户家庭全年食品购买数量（不含自产自用）

指标名称	单位	河北	吉林	福建	山东	河南	云南	陕西	新疆	全国
面粉	千克	155.81	101.75	37.92	213.89	119.20	20.24	225.77	275.34	146.60
大米	千克	59.56	192.42	204.12	35.22	67.63	184.62	28.08	90.36	105.86
玉米面	千克	28.18	39.64	20.71	13.87	12.80	2.33	15.00	12.65	16.26
小米	千克	25.51	18.93	2.50	10.27	12.16	0.01	11.30	6.38	13.22
高粱	千克	0.00		0.00	0.00	0.00	0.00	0.00	0.00	0.00
其他谷物及其制品（荞麦、燕麦、大麦、糜子、黍子、薏仁、籽粒苋等，谷物制品折粮计算）	千克	6.79	9.13	6.38	0.50	11.25	4.21	11.12	6.49	2.60
薯类（红薯、马铃薯、木薯、芋类等，不包括菜用）	千克	26.73	98.15	30.00	23.38	50.00	84.05	30.86	50.83	48.32
粮食复制品（利用原粮加工而成的食品，如挂面、年糕等；但不包括用粮食加工成的豆油、豆腐、粉条、酒等）	千克	16.94	17.58	20.97	9.73	22.05	17.23	12.71	20.94	16.20

（续表）

指标名称	单位	河北	吉林	福建	山东	河南	云南	陕西	新疆	全国
大豆	千克	12.80	18.17	10.79	3.40	12.12	4.18	5.86	8.66	7.58
杂豆（绿豆、红豆、蚕豆、豌豆、豇豆、扁豆、黑豆等）	千克	7.15	10.08	11.44	1.95	7.73	10.56	8.21	6.53	6.61
豆制品（各种豆腐、豆腐干 / 皮 / 丝、千张、素鸡、腐竹、豆浆粉、豆浆、豆奶、豆腐脑等）	千克	17.05	27.20	16.35	11.80	22.33	16.65	24.03	13.72	18.15
植物性食用油（花生油、芝麻油、菜籽油、豆油、茶油、棉籽油等）	千克	37.21	35.29	36.04	33.60	38.35	18.11	48.00	59.56	38.40
动物性食用油（猪油、牛油、羊油等）	千克	8.22	25.38	17.36	0.66	11.41	24.77	4.43	11.38	12.12
猪肉及制品	千克	39.60	52.13	83.92	38.11	46.40	56.80	23.77	35.01	48.41
牛肉及制品	千克	7.17	12.05	14.69	2.44	7.68	8.46	2.64	38.69	13.44
羊肉及制品	千克	5.98	7.91	15.99	2.56	9.16	3.60	3.09	48.47	18.24
鸡肉及制品	千克	12.56	15.42	24.27	12.17	22.34	13.85	6.77	22.99	16.41
其他禽肉及制品（鸭、鹅、鹌鹑、鸽、麻雀、火鸡等）	千克	4.63	11.31	12.66	0.23	12.13	1.78	12.00	10.29	2.80
其他肉类及制品（狗肉、驴肉、马肉、蛇肉、兔肉、鹿肉、蛙类等，但不包括鱼、虾等水产品）	千克	2.25	8.13	5.83	0.12	6.33	0.39		4.50	0.60
畜禽下水（内脏）及制品	千克	5.49	5.00	4.86	0.28	6.57	0.43		3.60	1.50
鸡蛋及制品	千克	28.27	22.47	19.87	35.83	32.28	13.85	21.57	23.80	25.78
鸭蛋及制品	千克	4.61	9.74	12.61	0.47	7.56	0.44	10.67	6.00	3.80
其他蛋类及制品（鹅蛋、鹌鹑蛋、鸽蛋等）	千克	0.80	2.50	1.67	0.02	3.33	0.06	5.00	2.90	0.14
鲜奶（牛奶、羊奶等）	千克	24.05	26.79	51.57	21.91	49.11	4.32	73.57	41.76	28.27
奶制品（酥油、奶粉、酸奶、炼乳、可可奶、麦乳精等）	千克	16.84	14.80	20.21	1.08	22.28	5.39	19.25	11.86	9.77
鱼类及制品	千克	16.15	21.84	22.61	12.92	15.20	12.08	5.55	16.23	16.43
虾蟹类及制品	千克	6.94	3.13	5.68	1.61	5.93	0.34		5.66	2.60
其他水产品及制品	千克	3.58	7.09	5.42	0.15	5.19	0.10		5.20	0.93
蔬菜及菜制品（鲜菜、干菜，以及腌菜、榨菜、泡菜、酱菜等各类菜制品和蔬菜罐头，蔬菜和菜制品按鲜菜数量进行统计）	千克	130.48	178.45	178.98	185.60	161.66	119.24	209.61	211.27	169.34
水果及水果制品（各类鲜食水果、果用瓜、干果、蜜饯及水果罐头等）	千克	62.33	43.83	59.67	61.92	60.44	62.26	49.00	80.19	61.05
坚果及果仁制品（核桃、板栗、开心果、榛子、杏仁等坚果、果仁及其制品）	千克	7.65	13.16	7.72	2.82	8.98	9.39	6.76	16.25	8.48
卷烟（盒）	千克	177.33	232.24	265.14	125.28	203.24	132.11	278.44	206.55	189.80

（续表）

指标名称	单位	河北	吉林	福建	山东	河南	云南	陕西	新疆	全国
烟丝、烟叶等其他烟	千克	5.83	8.08	3.88	0.34	6.00	3.08	5.00	13.33	1.90
酒类（白酒、黄酒、啤酒、果酒等）	千克	26.38	59.82	54.67	19.41	38.77	32.78	22.55	24.26	35.70
食糖（白糖、红糖、冰糖、方糖等，不包括糖果、糖精）	千克	6.88	7.02	9.86	3.13	7.59	8.57	4.73	8.73	6.98
蜂蜜	千克	2.01	5.42	2.79	0.38	1.90	0.53	2.15	5.29	1.85
茶叶	千克	1.22	3.16	6.14	1.92	1.56	2.26	2.05	5.90	3.09
其他饮料（瓶/桶装水、碳酸类、果汁类、冲泡类等除酒、茶外的各种固/液体饮料以及雪糕等冷饮）	千克	19.14	20.65	23.67	2.76	33.15	24.26	21.30	26.62	19.42
调味品	千克	14.41	14.00	13.81	18.66	12.46	19.16	21.76	12.38	15.62

6.3.4.2 农户家庭全年食品购买金额（不含自产自用）

指标名称	单位	河北	吉林	福建	山东	河南	云南	陕西	新疆	全国
面粉	元	155.81	101.75	37.92	213.89	119.20	20.24	225.77	275.34	146.60
大米	元	59.56	192.42	204.12	35.22	67.63	184.62	28.08	90.36	105.86
玉米面	元	28.18	39.64	20.71	13.87	12.80	2.33	15.00	12.65	16.26
小米	元	25.51	18.93	2.50	10.27	12.16	0.01	11.30	6.38	13.22
高粱	元	0.00		0.00	0.00	0.00	0.00	0.00	0.00	0.00
其他谷物及其制品（荞麦、燕麦、大麦、糜子、黍子、薏仁、籽粒苋等，谷物制品折粮计算）	元	6.79	9.13	6.38	0.50	11.25	4.21	11.12	6.49	2.60
薯类（红薯、马铃薯、木薯、芋类等，不包括菜用）	元	26.73	98.15	30.00	23.38	50.00	84.05	30.86	50.83	48.32
粮食复制品（利用原粮加工而成的食品，如挂面、年糕等；但不包括用粮食加工成的豆油、豆腐、粉条、酒等）	元	16.94	17.58	20.97	9.73	22.05	17.23	12.71	20.94	16.20
大豆	元	12.80	18.17	10.79	3.40	12.12	4.18	5.86	8.66	7.58
杂豆（绿豆、红豆、蚕豆、豌豆、豇豆、扁豆、黑豆等）	元	7.15	10.08	11.44	1.95	7.73	10.56	8.21	6.53	6.61
豆制品（各种豆腐、豆腐干/皮/丝、千张、素鸡、腐竹、豆浆粉、豆浆、豆奶、豆腐脑等）	元	17.05	27.20	16.35	11.80	22.33	16.65	24.03	13.72	18.15
植物性食用油（花生油、芝麻油、菜籽油、豆油、茶油、棉籽油等）	元	37.21	35.29	36.04	33.60	38.35	18.11	48.00	59.56	38.40
动物性食用油（猪油、牛油、羊油等）	元	8.22	25.38	17.36	0.66	11.41	24.77	4.43	11.38	12.12
猪肉及制品	元	39.60	52.13	83.92	38.11	46.40	56.80	23.77	35.01	48.41
牛肉及制品	元	7.17	12.05	14.69	2.44	7.68	8.46	2.64	38.69	13.44
羊肉及制品	元	5.98	7.91	15.99	2.56	9.16	3.60	3.09	48.47	18.24

（续表）

指标名称	单位	河北	吉林	福建	山东	河南	云南	陕西	新疆	全国
鸡肉及制品	元	12.56	15.42	24.27	12.17	22.34	13.85	6.77	22.99	16.41
其他禽肉及制品（鸭、鹅、鹌鹑、鸽、麻雀、火鸡等）	元	4.63	11.31	12.66	0.23	12.13	1.78	12.00	10.29	2.80
其他肉类及制品（狗肉、驴肉、马肉、蛇肉、兔肉、鹿肉、蛙类等，但不包括鱼、虾等水产品）	元	2.25	8.13	5.83	0.12	6.33	0.39		4.50	0.60
畜禽下水（内脏）及制品	元	5.49	5.00	4.86	0.28	6.57	0.43		3.60	1.50
鸡蛋及制品	元	28.27	22.47	19.87	35.83	32.28	13.85	21.57	23.80	25.78
鸭蛋及制品	元	4.61	9.74	12.61	0.47	7.56	0.44	10.67	6.00	3.80
其他蛋类及制品（鹅蛋、鹌鹑蛋、鸽蛋等）	元	0.80	2.50	1.67	0.02	3.33	0.06	5.00	2.90	0.14
鲜奶（牛奶、羊奶等）	元	24.05	26.79	51.57	21.91	49.11	4.32	73.57	41.76	28.27
奶制品（酥油、奶粉、酸奶、炼乳、可可奶、麦乳精等）	元	16.84	14.80	20.21	1.08	22.28	5.39	19.25	11.86	9.77
鱼类及制品	元	16.15	21.84	22.61	12.92	15.20	12.08	5.55	16.23	16.43
虾蟹类及制品	元	6.94	3.13	5.68	1.61	5.93	0.34		5.66	2.60
其他水产品及制品	元	3.58	7.09	5.42	0.15	5.19	0.10		5.20	0.93
蔬菜及菜制品（鲜菜、干菜，以及腌菜、榨菜、泡菜、酱菜等各类菜制品和蔬菜罐头，蔬菜和菜制品按鲜菜数量进行统计）	元	130.48	178.45	178.98	185.60	161.66	119.24	209.61	211.27	169.34
水果及水果制品（各类鲜食水果、果用瓜、干果、蜜饯及水果罐头等）	元	62.33	43.83	59.67	61.92	60.44	62.26	49.00	80.19	61.05
坚果及果仁制品（核桃、板栗、开心果、榛子、杏仁等坚果、果仁及其制品）	元	7.65	13.16	7.72	2.82	8.98	9.39	6.76	16.25	8.48
卷烟（盒）	元	177.33	232.24	265.14	125.28	203.24	132.11	278.44	206.55	189.80
烟丝、烟叶等其他烟	元	5.83	8.08	3.88	0.34	6.00	3.08	5.00	13.33	1.90
酒类（白酒、黄酒、啤酒、果酒等）	元	26.38	59.82	54.67	19.41	38.77	32.78	22.55	24.26	35.70
食糖（白糖、红糖、冰糖、方糖等，不包括糖果、糖精）	元	6.88	7.02	9.86	3.13	7.59	8.57	4.73	8.73	6.98
蜂蜜	元	2.01	5.42	2.79	0.38	1.90	0.53	2.15	5.29	1.85
茶叶	元	1.22	3.16	6.14	1.92	1.56	2.26	2.05	5.90	3.09
其他饮料（瓶 / 桶装水、碳酸类、果汁类、冲泡类等除酒、茶外的各种固 / 液体饮料以及雪糕等冷饮）	元	19.14	20.65	23.67	2.76	33.15	24.26	21.30	26.62	19.42
调味品	元	14.41	14.00	13.81	18.66	12.46	19.16	21.76	12.38	15.62
其他户内食品消费支出	元	151.73	118.75	173.55	33.22	158.56	93.92	130.23	303.77	117.33
食品加工费	元	79.12	16.21	63.74	10.59	52.22	13.43	90.97	104.23	32.05

6.3.4.3 家庭成员户外食品消费支出

指标名称	单位	河北	吉林	福建	山东	河南	云南	陕西	新疆	全国
在外吃饭的外出务工成员的户外食品（元）	元	2459.65	1310.87	4706.80	571.32	2620.95	1268.17	5140.99	2307.75	2047.03
在外吃饭的学生及陪读成员的户外食品（元）	元	3235.83	2540.89	4311.59	506.56	2182.34	1200.89	4168.54	3469.36	1941.06
在医院吃饭的病号及陪护成员的户外食品（元）	元	310.37	228.80	209.33	20.53	265.41	61.04	360.56	689.42	131.40
在家吃饭的家庭成员外出办事、购物、探亲访友、旅游等偶然性或临时性户外食品（元）	元	523.08	893.39	1543.65	132.29	895.37	464.24	998.46	1323.62	675.36
其他户外食品消费支出	元	44.44	62.11	17.14	0.26	18.75	1.74	0.00	130.00	5.05

6.3.5 农户家庭非食品生活消费支出

指标名称	单位	河北	吉林	福建	山东	河南	云南	陕西	新疆	全国
衣着消费支出	元	1942.28	1507.03	2777.24	1420.01	1874.11	2105.18	1860.56	2438.66	1959.55
居住消费支出	元	373.27	148.06	179.77	1618.84	201.13	341.75	186.00	97.12	389.39
其中：在家居住成员租赁生活用房所付的租金（不包括外出住旅店和招待所所支付的住宿费，以及外出打工、在外陪读、在医院陪护等的房屋租赁支出或住宿费）	元	0.00	0.00	0.00	0.00	0.00	0.00	0.00	0.00	0.00
外出打工成员租赁生活用房所付的租金或在外住宿费	元	954.70	409.34	2559.41	84.70	708.13	723.94	1962.17	864.92	781.85
生活用水费	元	112.70	101.53	160.22	117.77	134.98	138.89	182.54	296.30	150.66
生活用电费	元	580.53	512.32	1142.66	767.32	810.10	560.91	566.94	623.20	675.19
生活用燃料支出（用于做饭、烧水、照明、洗漱和取暖等的生活能源支出，但不包括烧饲料用的燃料和交通用柴油、汽油等燃料）	元	1541.56	827.26	942.21	950.72	705.77	666.29	1028.64	1439.87	1023.02
家庭设备、用品及服务支出	元	574.01	745.57	1142.00	1045.60	837.97	759.64	912.92	1045.96	890.91
医疗保健消费支出	元	732.52	1076.37	918.79	936.37	995.53	1007.96	1162.11	1970.34	1016.55
交通通信消费支出	元	1525.90	903.98	2482.03	990.78	1453.10	1726.04	1577.66	1593.09	1507.48
其中:（1）因外出打工而产生的交通费支出	元	510.91	374.62	997.05	100.99	743.98	471.79	729.75	1023.61	487.38
文教娱乐用品及服务支出	元	2876.48	4206.30	3474.26	1640.41	2049.26	1918.35	2717.58	3054.41	2350.39

（续表）

指标名称	单位	河北	吉林	福建	山东	河南	云南	陕西	新疆	全国
其中：子女教育支出	元	4137.82	7927.64	6287.47	2176.08	3699.03	4070.67	6758.14	5268.98	4360.02
其他商品消费支出（化妆品、金银珠宝饰品，以及手表、迷信用品等其他生活用商品的消费支出）	元	408.63	435.14	626.31	210.91	339.86	388.02	541.23	983.98	437.80
其他服务消费支出（旅店住宿费、洗澡费、美容美发、照相费、殡殓费等）	元	255.40	229.10	375.57	210.60	235.94	188.04	244.47	391.76	247.51
家庭成员外出务工成本支出（指中介费、职业介绍费、培训费、办证费及其他费用）	元	23.39	4.00	45.35	1.18	36.67	12.25	36.27	181.82	13.11

6.3.6 农户家庭财产性支出和转移性支出

指标名称	单位	河北	吉林	福建	山东	河南	云南	陕西	新疆	全国
非生产性贷款或借款的利息支出	元	0.00	0.00	0.00	0.00	0.00	0.00	0.00	0.00	0.00
宅基地使用费	元	0.00	0.00	0.00	0.00	0.00	0.00	0.00	0.00	0.00
土地承包费（包括承包集体和其他农户等）	元	96.57	174.95	50.54	40.79	23.79	222.30	4.29	165.30	93.88
承包租赁村组集体资产支出（不包括承包土地）	元	0.00	0.00	0.00	0.00	0.00	0.00	0.00	0.00	0.00
其他	元	0.00		0.00	0.00	0.00	0.00	0.00		0.00
寄给和带给家庭非常住人口	元	291.82	1000.00	1240.00	74.59	360.00	156.24	887.50	1453.43	199.93
赠送亲友	元	648.75	1057.14	1365.63	307.24	825.54	336.17	930.30	1444.81	619.27
赡养费、抚养费	元	650.74	1044.44	1161.70	275.94	923.17	292.34	1046.15	1534.83	564.12
公益事业捐赠（指对灾害、贫困、残疾人等群体或个人以及对文教卫体事业、环境保护、社会公共设施建设等社会公共和福利事业的爱心捐赠）	元	74.73	146.36	415.92	5.26	229.72	24.10	68.26	204.51	73.90
迷信、宗教活动捐赠	元	52.96	133.47	302.06	3.38	164.63	45.75	166.67	235.00	79.63
人情礼支出	元	815.10	2614.73	2204.92	1334.84	1655.43	1873.74	2521.99	2068.59	1800.19
嫁妆、聘礼	元	565.22	1747.86	1224.76	35.62	1336.36	293.25	2076.92	1677.98	421.24
各种红白喜事宴请支出（婚丧、升学、盖房等）	元	1513.66	3575.23	1965.87	696.39	1981.91	1991.41	3208.82	4002.10	2132.44
缴纳党费、团费	元	24.08	11.80	23.51	5.07	23.56	15.88	9.44	25.55	14.48
缴纳保险费支出	元	1118.49	680.11	1227.95	1143.51	758.52	1006.86	679.63	1057.42	1010.91
其中：农村新型合作医疗	人	318.61	291.97	297.62	325.35	285.09	328.52	343.47	313.18	312.98

（续表）

指标名称	单位	河北	吉林	福建	山东	河南	云南	陕西	新疆	全国
城镇医疗保险支出	人	83.14		225.00	2.40	49.08	11.44	94.29	218.00	18.18
商业医疗保险支出	人	29.63	160.00	133.33	0.34	130.00	3.70	0.00	100.17	7.93
农村养老保险支出	人	263.63	272.36	246.72	486.23	217.43	258.27	242.38	300.19	289.00
城镇养老保险支出	人	42.40	262.50	428.57	13.23	244.40	12.20	292.54	286.82	37.29
商业养老保险支出	人	8.33	800.00	350.00	0.00	183.00	4.35	0.00	417.00	6.76
工伤保险支出	人	0.00		0.00	0.00	0.00	0.00	0.00		0.00
支出车辆保险支出	元	1647.83	1467.19	2422.37	373.47	1508.62	636.08	2215.28	2132.93	1013.51
其他保险支出（如人身意外险、疾病保险、财产保险及各种储蓄型保险等）	元	169.95	192.86	381.30	13.71	282.16	85.28	852.00	353.92	111.53
罚款（如违反计划生育罚款、交通违章罚款、违反治安管理处罚条例罚款等）、赔款	元	92.00		204.17	4.54	100.00	5.57	338.46	350.00	27.46
购买彩票	元	4.76		20.00	0.00		0.00	0.00	0.00	0.24
其他（如遗失、被盗等）	元	0.00		0.00	0.00		0.00	0.00	0.00	0.00

6.3.7 农户家庭生活用燃料数量及支出

6.3.7.1 农户家庭生活用燃料购买数量（不含交通用燃料）

指标名称	单位	河北	吉林	福建	山东	河南	云南	陕西	新疆	全国
秸秆	吨	7.62	54.73	0.53	12.90	26.57	1.88	14.32	2.77	15.02
薪柴	吨	23.29	83.62	104.28	67.19	72.90	125.53	78.94	7.16	68.30
煤炭	吨	728.52	46.83	4.38	465.58	313.02	215.20	399.46	228.22	275.22
罐装液化石油气	千克	7.67	22.08	34.36	7.02	14.62	3.70	10.07	35.54	15.00
管道天然气	立方米	0.00	0.00	0.00	0.00	0.00	0.00	0.00	1.24	0.02
管道煤气	立方米	0.00	0.00	0.00	0.00	0.00	0.00	0.00	0.00	0.00
汽油	升	3.41	12.59	12.18	0.56	2.21	3.28	5.51	15.30	5.22
柴油	升	2.81	5.37	0.60	0.37	0.67	1.20	4.42	8.97	2.23
沼气	立方米	0.00	0.00	0.00	0.00	0.12	0.03	0.00	1.03	0.04

6.3.7.2 农户家庭生活用燃料购买金额（不含交通用燃料）

指标名称	单位	河北	吉林	福建	山东	河南	云南	陕西	新疆	全国
秸秆	元	9.60	203.61	9.84	19.57	74.02	29.26	20.56	13.20	43.62
薪柴	元	22.57	89.70	190.92	138.45	28.90	321.49	90.70	26.44	108.75
煤炭	元	1147.60	106.27	7.09	698.88	215.81	246.27	696.42	1170.97	556.09
罐装液化石油气	元	263.93	250.00	576.57	295.24	528.95	45.76	193.26	518.54	335.13

（续表）

指标名称	单位	河北	吉林	福建	山东	河南	云南	陕西	新疆	全国
管道天然气	元	0.00	4.17	4.69	1.44	0.00	0.00	3.51	211.84	8.07
管道煤气	元	0.00	0.00	0.00	0.00	0.00	0.00	0.00		0.00
汽油	元	341.83	458.55	398.58	74.04	114.24	262.42	795.57	1311.89	414.66
柴油	元	68.96	664.37	75.76	42.71	34.24	52.85	376.39	927.36	231.52
沼气	元	0.00	0.00	0.00	0.00	12.18	6.89	5.54	38.75	3.14

7

2013年分省样本的农户统计

7.1 农户家庭基本情况

7.1.1 家庭成员基本特征

指标名称	单位	河北	吉林	福建	山东	河南	云南	陕西	新疆	全国
年龄	周岁	50.39	49.66	49.49	54.08	50.90	46.18	52.55	48.32	50.24
受教育年限	年	8.07	7.80	7.68	7.79	7.76	7.11	8.17	7.79	7.77
本年累计在家居住时间	（0~12）月	10.94	11.62	11.41	11.59	10.17	11.06	11.49	11.71	11.24
本年务工天数（没有，填0）	天	118.89	43.98	140.94	37.85	98.42	100.91	60.06	47.01	82.50
本年如有务工，平均月工资（没有，不填）	元	2230.25	1663.56	2031.21	915.23	2023.55	1330.89	2052.81	587.14	1700.25
本年全家报销的医疗费用（含新农合、商业保险等）有多少元?	元	259.01	367.06	204.28	407.76	278.72	685.54	560.64	582.98	399.60

7.1.2 土地、家庭信贷及其他情况

7.1.2.1 土地情况

指标名称	单位	河北	吉林	福建	山东	河南	云南	陕西	新疆	全国
您家承包的土地面积（即依法承包村集体的土地面积）	亩	5.57	21.06	4.20	5.72	6.44	6.46	7.67	14.42	9.00
其中：耕地面积	亩	5.18	19.00	2.37	4.00	6.34	5.62	3.91	10.00	6.94
园地面积	亩	0.01	0.01	0.35	1.07	0.00	0.19	2.16	0.20	0.46
林地面积	亩	0.03	0.44	0.26	0.09	0.04	0.29	0.14	0.30	0.20
草地面积	亩	0.00	21.39	0.17	0.00	0.00	0.63	0.43	14.80	1.76
荒山、荒沟、荒丘、荒滩面积	亩	0.00	0.93	0.82	0.00	0.11	0.16	0.30	0.43	0.10

（续表）

指标名称	单位	河北	吉林	福建	山东	河南	云南	陕西	新疆	全国
您家未计入承包地的耕地面积（如自留地、开荒地）	亩	0.66	2.33	1.45	0.06	0.58	1.49	2.51	4.27	0.92
您家撂荒的耕地面积	亩	0.31	0.00	0.40	0.01	0.00	0.20	0.84	0.80	0.15
其中：承包的耕地面积	亩	0.51	15.28	0.98	0.23	6.45	1.24	1.04	10.11	3.04
本年转出耕地的面积	亩	3.20	14.93	2.40	0.92	3.06	0.80	2.21	15.74	3.18
本年转出耕地的收入（含实物折价）	元 /（亩·年）	276.84	468.26	472.91	453.30	827.71	207.87	286.91	631.10	393.49
本年转入耕地的面积	亩	3.40	38.36	6.86	1.61	4.26	3.57	3.53	41.96	13.72
本年转入耕地的支出（含实物折价）	元 /（亩·年）	261.60	297.87	164.37	337.68	399.10	237.56	114.19	411.86	283.81
本年经营耕地面积（即实际耕种面积）	亩	6.21	34.65	6.73	4.74	7.03	8.14	8.79	56.05	17.37
其中：<1 亩耕地的块数	块	4.04	2.55	4.06	1.35	1.54	4.23	2.51	7.73	3.07
1 ≤且 <3 亩耕地的块数	块	1.81	2.81	2.23	1.27	1.83	2.18	2.31	2.36	2.03
3 ≤且 <5 亩耕地的块数	块	1.17	2.55	1.58	0.35	1.29	1.06	1.34	6.63	1.71
≥ 5 亩耕地的块数	块	0.79	2.90	1.24	0.22	1.34	0.32	1.02	5.70	2.13
其中：水田面积	亩	2.85	15.19	6.21	0.10	2.67	2.26	1.65	27.14	4.06
水浇地面积	亩	5.46	27.90	2.99	4.24	5.86	1.16	4.14	25.97	8.34
旱地面积	亩	1.55	31.19	1.62	1.01	7.18	5.61	8.00	28.22	10.15
本年经营温室大棚面积	亩	0.07	7.37	0.67	3.46	2.54	0.17	0.59	9.59	2.31
本年经营园地面积	亩	0.56	0.64	4.63	1.61	0.17	0.79	4.72	4.09	2.42
其中：果园面积	亩	0.87	0.00	3.06	2.28	0.04	0.67	4.44	4.08	2.62
茶园面积	亩	0.00	0.00	3.26	0.02	0.00	0.66	0.14	0.60	0.59
桑园面积	亩	0.00	0.00	0.00	0.00	0.00	0.00	0.00	0.00	0.00
本年经营林地面积	亩	0.33	10.47	8.03	0.12	1.86	2.87	1.53	9.65	2.74
本年经营草地面积	亩	0.10	22.50	0.00	0.00	0.00	0.38	0.00	9.99	0.63
其中：天然草地面积	亩	0.00	29.72	0.00	0.00	0.00	0.14	0.00	27.67	1.85
本年经营水面面积	亩	0.00	0.00	0.00	0.00	0.00	0.00	0.00	0.00	0.00
其中：海水养殖面积	亩	0.00	0.00	0.00	0.00	0.00	0.00	0.00	6666.67	38.76
淡水养殖面积	亩	0.00	0.00	0.00	0.00	0.00	0.00	0.00	0.00	0.00

7.1.2.2 家庭存款、贷款及投资

指标名称	单位	河北	吉林	福建	山东	河南	云南	陕西	新疆	全国
本年末家庭银行存款总额	元	32425.33	24155.66	21869.58	29005.03	26075.85	17486.24	23999.29	35180.77	26591.26
本年末家中存有现金多少	元	3627.00	5206.35	4260.59	4135.51	3966.42	4284.83	3764.61	5558.84	4316.94

（续表）

指标名称	单位	河北	吉林	福建	山东	河南	云南	陕西	新疆	全国
本年末家庭持有的全部对外投资	元	1000.00	2100.00	3000.00	416.67	1833.33	2520.00	1860.00	1377.89	1818.60
其中：持有股票、基金、债券等证券类投资金额	元	32.26	1800.00	8500.00	726.81	3033.33	966.67	4620.99	9172.53	1708.46
其中：对企业、合作社等投入的股权类投资金额	元									
本年全年您家借出去的钱共有多少	元	5233.33	3550.00	10309.76	1564.55	4975.00	3180.15	3483.15	11082.43	3599.97
别人借您家的钱到本年底还有多少没有收回	元	5081.25	3446.67	8876.60	1280.52	5503.85	2804.44	2862.53	10563.63	3224.02
到本年底您家欠外债有多少	元	16970.91	31229.17	42481.62	4449.89	17279.25	12422.15	27359.18	27634.64	16562.90
这些外债有多少来自银行、信用社等正规金融机构	元	5586.21	27454.55	41695.69	1503.96	14375.00	8315.28	12928.73	26541.61	9890.36
其中：年利率多少	%	0.86	2.52	2.26	0.43	1.15	0.84	0.35	6.17	1.45
这些外债有多少来自民间借贷机构如农村资金互助社	元		2127.00	0.00	0.00	1.00	1333.33		0.50	74.01
其中：年利率多少	%	0.00	0.00	0.03	0.00	0.00	0.00	0.00	0.00	0.00
这些外债有多少来自亲戚朋友等私人关系	元	10428.89	22062.60	28282.50	2599.70	12506.98	5477.84	18184.43	17161.29	9127.50
其中：年利率多少	%	0.00	0.00	0.00	0.00	0.00	0.00	0.00	0.00	0.00

7.1.2.3 其他

指标名称	单位	河北	吉林	福建	山东	河南	云南	陕西	新疆	全国
取饮用水往返一次需多长时间	分钟	0.50	1.27	0.09	1.25	1.51	2.37	1.86	2.24	1.34
如果购买了农业保险，支付了多少保费	元	27.37	120.21	34.87	73.47	32.42	64.96	6.00	122.82	74.19

7.1.3 住房、生产性固定资产和耐用消费品

指标名称	单位	河北	吉林	福建	山东	河南	云南	陕西	新疆	全国
本年底，在本村住房面积	平方米	113.01	80.96	108.56	91.11	105.61	106.35	119.70	98.35	101.87
本年底，如有城镇住房，面积为多少（如没有，填0）	平方米	95.19	62.91	99.36	96.93	98.13	91.24	97.75	92.07	91.04

（续表）

指标名称	单位	河北	吉林	福建	山东	河南	云南	陕西	新疆	全国
生产性用房面积（如烤烟房、生产车间、仓库等）	平方米	37.00	42.10	23.83	37.92	30.95	28.46	34.08	41.93	34.28
拖拉机	台	0.91	1.11	0.89	0.29	0.99	0.30	0.46	1.14	0.73
三轮摩托车	台	0.78	0.97	0.84	0.41	0.94	0.34	0.59	0.99	0.59
机引农具	台	1.30	1.18	0.60	0.16	1.65	0.27	0.42	1.63	0.67
畜引农具	台	0.05	0.89	0.00	0.01	0.33	0.19	0.03	0.95	0.11
喷雾器 / 喷雾机	个	1.20	1.19	1.22	1.01	1.09	1.02	0.84	1.17	1.07
风车	辆	0.00	0.00	0.00	0.00	0.00	0.00	0.00	0.00	0.00
手推车 / 板车 / 三轮车 / 四轮车	辆	1.04	1.02	0.96	0.73	1.02	0.31	0.90	1.00	0.80
打稻（谷）机	台	0.43	0.92	0.99	0.00	0.55	0.17	0.03	0.67	0.23
脱粒机	台	0.21	0.96	0.71	0.01	0.93	0.19	0.16	0.94	0.20
抽水机	台	0.82	0.99	0.95	0.37	0.98	0.50	0.29	0.96	0.60
电动机	台	0.42	0.97	0.60	0.03	0.82	0.08	0.06	0.98	0.19
柴油机	台	0.63	0.99	0.89	0.03	0.65	0.15	0.08	0.88	0.21
加工机械	台	0.25	0.86	0.93	0.00	0.53	0.21	0.02	0.94	0.14
船（只）	只	0.00	0.00	0.00	0.00	0.00	0.00	0.00	0.00	0.00
粉粹机	台	0.58	0.98	0.50	0.00	0.56	0.25	0.06	0.98	0.22
木工多用机	台	0.00	0.00	0.00	0.00	0.00	0.00	0.00	0.00	0.00
温室大棚	平方米	0.00	210.11	266.67	31.75	66.67	0.21	0.00	220.49	25.79
牛、羊等牲畜养殖场	平方米	12.08	46.96	20.00	0.09	9.18	7.85	0.79	74.90	22.11
生猪养殖场	平方米	19.00	24.54	34.50	0.65	60.02	13.98	6.14	61.89	11.25
鸡、鸭、鹅等禽类养殖场	平方米	0.83	11.33	11.71	0.04	0.80	1.07	0.00	16.61	3.15
兔子、貂等特种养殖场	平方米	0.00	0.00	0.00	0.00	0.00	0.00	0.00	0.00	0.00
鱼塘	平方米	0.00	0.00	0.00	0.00	0.00	0.00	0.00	0.00	0.00
缝纫机	台	0.97	1.00	0.99	0.55	1.00	0.66	0.88	1.06	0.84
电冰箱 / 空调	台	1.22	1.02	1.29	1.26	1.27	0.75	1.04	1.10	1.13
电视卫星接收器	台	0.98	0.99	0.97	0.16	0.97	0.71	0.90	1.00	0.76
收音机 /VCD/DVD	台	0.45	0.94	0.92	0.23	0.90	0.37	0.58	1.00	0.51
组合音响	台	0.41	0.90	0.94	0.07	0.75	0.31	0.35	0.97	0.27
电话座机、手机	个	2.36	2.11	2.68	2.35	2.37	2.53	2.69	2.12	2.39
电饭锅 / 微波炉 / 压力锅 / 电磁炉	个	1.70	1.33	2.33	1.55	1.53	1.87	1.64	1.40	1.66
抽油烟机	台	0.55	0.96	0.97	0.26	0.71	0.12	0.48	0.99	0.44
彩色电视机	台	1.18	1.07	1.32	1.17	1.18	1.04	1.12	1.07	1.14
沼气灶 / 炉子	台	0.94	1.00	1.08	0.49	0.97	0.45	1.14	1.12	0.75
照相机	台	0.40	1.00	0.91	0.08	0.70	0.07	0.37	0.97	0.21
摄像机	台	0.00		0.00	0.00	0.00	0.00	0.00	0.00	0.00
吸尘器	台	0.00		0.00	0.00	0.00	0.00	0.00	0.00	0.00

（续表）

指标名称	单位	河北	吉林	福建	山东	河南	云南	陕西	新疆	全国
自行车	辆	1.16	1.14	1.12	0.61	1.13	0.22	0.71	1.13	0.83
电动车	辆	1.15	1.04	1.08	0.79	1.09	0.21	0.66	1.05	0.88
摩托车	辆	1.01	1.02	1.38	0.37	1.02	0.76	0.97	1.09	0.92
小汽车	辆	0.86	1.00	0.95	0.31	0.87	0.29	0.54	0.99	0.55
电脑	台	0.89	1.00	1.00	0.44	0.95	0.21	0.76	0.99	0.69
洗衣机	台	0.99	1.00	1.00	0.82	1.00	0.81	0.98	1.00	0.95
电风扇 / 电暖气	台	1.54	1.13	2.21	1.37	1.76	0.53	1.18	1.34	1.43
热水器	个	0.96	1.05	1.13	0.09	0.99	0.36	0.59	1.04	0.59
太阳能	台	0.84	1.08	0.97	0.64	1.06	0.75	0.87	1.03	0.81
床、炕	个	2.27	1.64	3.03	2.49	2.36	3.75	2.56	2.26	2.54
柜子 / 碗柜 / 衣柜	个	2.28	1.87	2.23	2.17	2.09	1.98	2.00	2.32	2.12
写字台 / 桌子	个	1.51	1.24	1.86	1.19	1.73	1.18	1.42	1.51	1.44
箱子	只	1.38	1.86	2.02	0.30	1.64	1.11	1.01	1.89	1.16
椅子、沙发	个	3.15	2.90	2.56	3.23	3.29	2.42	2.32	3.46	2.91
压面机	台	0.82	1.00	0.33	0.18	0.84	0.00	0.47	0.98	0.31

7.2 农户家庭生产情况

7.2.1 种植业

7.2.1.1 稻谷

（1）当年稻谷生产及销售情况

指标名称	单位	河北	吉林	福建	山东	河南	云南	陕西	新疆	全国
年初库存	千克	0.00	379.30	297.22		54.73	282.17			250.57
播种面积	亩	5.28	4.79	5.54		3.81	2.07			3.59
当年产量	千克	3184.04	2327.84	2340.84		1703.51	1139.03			1746.29
因灾减产	千克		235.71	127.33		220.62	115.39			132.98
获得农业保险赔偿	元		114.54	245.88		22.73	15.56			48.80
自食、送人数量	千克	825.65	567.58	904.62		236.53	694.71			687.28
用于饲料数量	千克		500.00	180.00		0.00	42.88			96.85
总销售量	千克	2667.50	3122.23	2348.16		1689.39	287.04			1461.64
总销售收入	元	7625.00	7733.30	6425.04		4403.69	778.52			3932.49
留种自用	千克	42.50	253.75	78.57		91.88	14.04			38.21
本年末库存	千克	1048.24	875.48	538.03		178.40	332.84			437.34
本年副产品收入	元		146.67	700.00			81.69			107.78
下年预计播种面积	亩	5.39	5.42	5.30		3.26	2.04			3.49

（2）稻谷成本投入

指标名称	单位	河北	吉林	福建	山东	河南	云南	陕西	新疆	全国
种子、秧苗数量	千克	32.67	200.66	5.80	75.00	21.15	5.36	40.00	231.00	31.98
种子、秧苗金额	元	166.06	697.87	311.60	300.00	182.47	172.28	100.00	1129.00	268.19
化肥施用量	千克	464.48	489.84	523.41	800.00	254.86	168.47	250.00	3756.00	330.67
化肥金额	元	1220.60	1292.43	917.47	2400.00	734.38	341.30		13535.00	732.45
有机肥自产	元	676.67	0.00	76.47	0.00	40.91	287.04	800.00	20.00	249.49
有机肥外购	元		30.00	39.55	0.00	325.00	54.11		5.00	90.78
农药、除草剂费	元	493.19	451.25	226.29	160.00	208.59	91.13	100.00	600.00	209.08
农膜费	元	105.40	180.83	25.42	0.00	0.00	19.82		3001.00	59.50
排灌费	元	450.00	326.72	20.00	1000.00	65.36	59.60		7000.00	180.48
机械费	元	855.11	535.81	1169.17	1000.00	206.50	133.42	600.00	15000.00	536.76
土地租赁费（含实物折价）	元 / 年		8166.67	784.71	0.00	22.73	90.27		5.00	575.59
自家投劳	工日	114.42	38.32	63.71	100.00	37.77	35.41	240.00	38.00	49.02
雇工	工日	7.16	16.50	14.56	0.00	7.06	1.98		255.00	7.37
雇工平均价格	元 / 工日	180.00	140.00	109.09		70.00	40.94		150.00	68.62
运输仓储费	元	116.00	331.67	82.22	60.00	57.14	33.40			55.89
贷款利息	元				0.00	0.00	0.00		20.00	0.17
保险费支出	元		35.56	24.93	0.00	3.33	0.00			14.26
其他费用	元		331.45	253.33	0.00	0.67	82.48		38.00	111.14

7.2.1.2 小麦

（1）当年小麦生产及销售情况

指标名称	单位	河北	吉林	福建	山东	河南	云南	陕西	新疆	全国
年初库存	千克	203.72	100.00		129.10	161.37	83.96	268.89	193.67	186.03
播种面积	亩	4.55			5.40	6.08	2.40	4.42	4.24	5.09
当年产量	千克	1877.63			2235.10	2263.63	611.90	798.92	1117.11	1678.37
因灾减产	千克	333.33			148.19	391.71	174.42	341.13	140.71	281.13
获得农业保险赔偿	元	60.00	200.00		20.23	25.59	0.00	7.50	66.52	22.75
自食、送人数量	千克	588.44			463.06	438.47	63.48	479.49	631.02	482.84
用于饲料数量	千克	100.00	1000.00		13.78	250.00	441.78	21.74	860.00	138.88
总销售量	千克	2035.31			1964.51	2022.18	268.26	955.98	2981.04	1879.06
总销售收入	元	4336.22			4065.58	4056.70	467.05	2325.06	10253.21	3949.33
留种自用	千克	107.48			8.51	134.04	6.09	60.08	213.00	47.70
本年末库存	千克	824.10	600.00		246.20	446.97	120.20	531.41	317.80	442.07
本年副产品收入	元	450.00			0.00	116.00	82.69	120.65		29.38
下年预计播种面积	亩	4.54			5.15	6.07	2.48	4.33	3.81	5.00

（2）小麦成本投入

指标名称	单位	河北	吉林	福建	山东	河南	云南	陕西	新疆	全国
种子、秧苗数量	千克	87.98	24.00		78.62	79.71	17.78	41.33	61.42	67.54
种子、秧苗金额	元	239.38	720.00		272.49	340.06	102.22	168.99	203.33	255.07
化肥施用量	千克	255.07	900.00		291.74	350.19	108.15	294.01	174.17	290.22
化肥金额	元	669.43			816.89	1002.79	237.87	562.62	414.70	740.70
有机肥自产	元	265.63			24.73	133.35	387.27	195.19	882.98	199.35
有机肥外购	元	200.00			80.52	80.38	7.37	134.23	6577.40	471.69
农药、除草剂费	元	59.32	400.00		126.85	140.01	56.25	83.89	102.81	110.81
农膜费	元				0.05	4.23	0.00	6.65	0.00	1.34
排灌费	元	170.55			235.22	151.47	37.37	184.13	184.24	179.83
机械费	元	362.66	1000.00		314.54	411.01	149.82	508.66	317.83	391.54
土地租赁费（含实物折价）	元 / 年				5.73	35.13	0.00	30.00	368.50	43.97
自家投劳	工日	18.83	60.00		34.25	31.71	32.22	33.44	137.54	40.98
雇工	工日	27.50			0.26	4.73	0.00	8.17	29.06	5.22
雇工平均价格	元 / 工日	75.00			6.49	19.17	0.00	32.07	386.92	81.53
运输仓储费	元	50.00			85.34	55.85	25.42	141.69	703.72	153.46
贷款利息	元				0.00	0.00	0.00	142.86	4382.75	213.00
保险费支出	元	17.93	67.00		13.49	193.03	0.00	181.82	81.82	49.63
其他费用	元	60.29			5.08	67.59	311.00	22.08	503.53	52.76

7.2.1.3 玉米

（1）当年玉米生产及销售情况

指标名称	单位	河北	吉林	福建	山东	河南	云南	陕西	新疆	全国
年初库存	千克	69.56	228.92	0.00	56.06	44.07	197.02	16.26	92.12	113.29
播种面积	亩	3.94	18.70	2.00	4.45	5.99	3.71	4.39	19.31	8.68
当年产量	千克	2032.06	10897.30	1200.00	2020.08	2447.99	1373.17	1542.59	7679.58	4138.06
因灾减产	千克	301.59	977.73		337.88	402.52	166.19	389.30	924.80	458.72
获得农业保险赔偿	元	78.57	126.74		30.78	7.57	2.09	0.00	117.08	55.64
自食、送人数量	千克	126.94	381.09		64.75	48.74	37.33	82.74	416.50	93.88
用于饲料数量	千克	502.68	1019.92		110.24	1134.61	920.09	600.00	1433.80	770.05
总销售量	千克	1587.13	10867.21	1200.00	1746.73	2508.89	569.41	1565.02	13035.35	4723.47
总销售收入	元	3164.56	19104.99	2160.00	3723.12	4818.30	1027.58	3101.56	25193.83	8837.86
留种自用	千克	6.25	78.62		0.39	87.50	5.11	2.50	150.00	8.31
本年末库存	千克	1023.65	874.35		220.36	206.94	382.18	268.00	685.70	456.10
本年副产品收入	元	61.91	433.05		0.18	133.33	29.10	0.00	0.00	43.50
下年预计播种面积	亩	3.87	18.08	2.00	4.26	5.75	3.62	4.09	16.18	7.73

（2）玉米成本投入

指标名称	单位	河北	吉林	福建	山东	河南	云南	陕西	新疆	全国
种子、秧苗数量	千克	12.81	37.93	1.00	13.64	15.00	9.28	12.93	70.82	23.76
种子、秧苗金额	元	169.21	903.22	240.00	215.69	245.81	231.67	217.38	894.09	417.81
化肥施用量	千克	198.14	828.40	200.00	235.28	315.36	286.00	322.57	659.78	414.85
化肥金额	元	489.90	2604.31	700.00	690.20	906.90	569.27	598.82	1920.61	1148.30
有机肥自产	元	208.95	703.57		15.00	118.36	270.21	118.46	395.98	182.50
有机肥外购	元	179.69	460.92		41.79	37.00	35.35	23.75	143.13	53.52
农药、除草剂费	元	50.96	309.67	100.00	117.57	134.33	113.10	90.86	350.72	165.57
农膜费	元	21.25	406.38		4.36	12.20	34.49	17.14	921.37	227.05
排灌费	元	165.13	704.57		115.82	132.18	18.67	76.00	1402.88	317.24
机械费	元	260.44	826.86		181.05	373.54	120.28	555.52	1742.48	513.80
土地租赁费（含实物折价）	元 / 年	51.11	3644.85		15.97	104.25	45.89	103.44	2884.58	601.99
自家投劳	工日	22.42	44.92	20.00	22.19	29.67	43.13	38.75	58.53	35.57
雇工	工日	2.50	12.75		0.17	4.13	1.23	4.19	14.20	3.15
雇工平均价格	元 / 工日	18.75	101.43		1.14	40.56	5.17	15.71	133.58	28.45
运输仓储费	元	34.55	278.62		54.92	87.83	31.85	117.93	479.14	97.51
贷款利息	元	0.00	450.25		0.00	0.00	0.00	15.38	831.95	24.85
保险费支出	元	20.09	84.73		8.03	19.50	0.09	10.00	57.75	34.01
其他费用	元	33.98	450.52		0.75	47.00	35.80	0.00	790.00	82.33

7.2.2　畜牧业

7.2.2.1　生猪

（1）生猪生产及销售情况

指标名称	单位	河北	吉林	福建	山东	河南	云南	陕西	新疆	全国
年末存栏数量	头	17.58	1.67	8.25	28.00	19.57	3.98	11.89	9.38	6.57
年末能繁母畜存栏数量	头	3.53	0.78	0.76	5.83	2.68	0.88	2.44	2.86	1.34
新生、新购数量	头	32.00	3.14	14.38	36.40	33.74	6.56	16.80	11.57	11.31
出栏或产量	头	69.31	81.40	14.42	139.86	52.95	16.83	69.18	21.67	28.09
因灾减产或死亡	头	8.69	4.00	8.33	3.57	8.76	1.57	0.00	0.00	2.95
获得农业保险赔偿	元	0.00	7.50	0.00	0.14	0.58	1.94	0.00	0.00	1.75
自食或送人数量	千克	29.07	33.52	28.88	0.00	5.50	7.52	8.13	52.20	10.48
总销售收入	元	17081.82	18900.00	30600.00	29314.29	61225.00	8932.93	18500.00	31248.00	16056.13

（续表）

指标名称	单位	河北	吉林	福建	山东	河南	云南	陕西	新疆	全国
仔（中）畜（禽苗）销售收入	元	7041.67	7126.67	10440.40	1143.43	3941.67	3070.93	2000.00	17666.67	3646.19
平均出栏活重或单产	千克/头	119.63	105.71	134.00	93.33	121.74	102.97	51.25	51.00	105.48
副产品收入	元	280.00			0.00	75.00	28.35	0.00		32.67
下年生产计划	头	72.00	2.16	19.00	100.17	52.84	9.03	17.14	10.00	16.25

（2）生猪成本投入

指标名称	单位	河北	吉林	福建	山东	河南	云南	陕西	新疆	全国
仔畜（禽苗）自繁数量	头	32.30	5.08	10.64	42.00	36.80	5.62	19.00	3.57	11.02
仔畜（禽苗）外购数量	头	13.50	1.59	12.95	1.50	13.70	4.14	3.64	8.88	5.99
仔畜（禽苗）外购金额	元	1156.36	409.74	584.21	625.00	1570.27	879.18	1000.00	1451.43	911.55
饲料外购数量	千克	12677.66	418.39	3394.71	3462.50	9462.20	845.90	9900.00	2000.00	2629.24
饲料外购金额	元	27753.06	798.13	7532.67	1659.00	26464.15	3001.48	19387.50	6286.00	7055.30
饲料自产数量	千克	1143.53	720.00	373.00	1525.00	3489.13	948.40	468.75	1450.00	1067.87
饲料自产折价金额	元	2230.90	1315.33	700.00	2175.00	5695.91	1866.26	806.25	1625.00	2000.33
防疫及兽药	元	1131.83	205.21	489.38	1333.33	1017.26	201.70	1178.89	950.00	405.57
水电费	元	404.44	685.00	392.86	634.00	469.73	119.99	428.75	235.00	207.64
自家投劳数量	工日	147.55	67.92	100.00	193.67	197.05	106.75	245.22	134.29	119.72
雇工数量	工日				0.00	0.00	0.00	0.00		0.00
雇工价格	元/工日				0.00	0.00	0.00	0.00		0.00
场地租赁费（包括实物折价）	元/年	305.56			0.00	120.00	15.65	0.00		32.47
贷款利息	元	1200.00			0.00	0.00	15.97	142.86		27.61
保险费支出	元	105.00			0.00	48.00	12.69	3.75	180.00	16.88
其他费用	元	183.33	200.00	186.67	12.50	239.09	43.37	142.86		62.68

7.2.2.2 肉牛

（1）肉牛生产及销售情况

指标名称	单位	河北	吉林	福建	山东	河南	云南	陕西	新疆	全国
年末存栏数量	头	12.00	5.19			0.00	1.86	1.00	8.45	5.26
年末能繁母畜存栏数量	头	2.67	4.07			1.50	0.70	1.00	5.50	3.31
新生、新购数量	头	4.33	1.50			0.00	0.57	0.50	3.83	2.20
出栏或产量	头	4.33	4.00				1.97	1.00	4.38	3.71
因灾减产或死亡	头	0.00	2.25				0.04		1.15	0.75
获得农业保险赔偿	元	0.00					0.00		0.08	0.03
自食或送人数量	千克					2.00	5.44		1.80	2.99
总销售收入	元	10000.00	14364.71			8000.00	8315.93	4000.00	21001.14	17226.69

（续表）

指标名称	单位	河北	吉林	福建	山东	河南	云南	陕西	新疆	全国
仔（中）畜（禽苗）销售收入	元	10000.00	6500.25				355.42	1.00	12282.76	6792.07
平均出栏活重或单产	千克 / 头	310.00	168.60				82.61		175.30	148.11
副产品收入	元	0.00					43.48		385.55	149.74
下年生产计划	头	10.33	9.33				2.22	1.00	10.13	6.05

（2）肉牛成本投入

指标名称	单位	河北	吉林	福建	山东	河南	云南	陕西	新疆	全国
仔畜（禽苗）自繁数量	头	1.33	3.27			2.00	0.98	1.00	4.22	2.51
仔畜（禽苗）外购数量	头	3.67	2.33			0.67	0.70	0.00	0.57	0.87
仔畜（禽苗）外购金额	元	0.00	4852.63			0.67	3584.53	0.00	1266.98	2664.12
饲料外购数量	千克		648.33			6000.00	698.25	200.00	2684.04	1877.00
饲料外购金额	元		4325.00				877.75	720.00	4559.25	3328.26
饲料自产数量	千克	1946.67	2085.71			32000.00	1045.09	1500.00	8908.00	4087.51
饲料自产折价金额	元	1100.00	2899.47				956.22	425.00	3884.76	2364.87
防疫及兽药	元	560.00	306.15			300.00	86.31	50.00	214.79	192.12
水电费	元		202.22			500.00	42.09		294.59	202.69
自家投劳数量	工日	231.67	151.00			150.00	126.87	365.00	213.94	167.92
雇工数量	工日						6.74		20.13	10.70
雇工价格	元 / 工日						2.63		678.00	143.33
场地租赁费（包括实物折价）	元 / 年						0.00		0.00	0.00
贷款利息	元	7200.00	5000.00				0.00		14.50	581.64
保险费支出	元						0.00		200.00	10.53
其他费用	元		745.00				0.00		150.00	87.08

7.2.2.3 肉羊

（1）肉羊生产及销售情况

指标名称	单位	河北	吉林	福建	山东	河南	云南	陕西	新疆	全国
年末存栏数量	只	59.00	44.94	20.00	6.00	55.00	45.53	10.00	59.66	57.75
年末能繁母畜存栏数量	只	29.67	28.81	16.00	4.33	52.00	24.53	4.00	42.39	40.46
新生、新购数量	只	22.83	35.67	0.00	11.33	80.00	10.38	10.00	26.15	25.71
出栏或产量	只	20.17	37.43		6.50		19.85	6.00	28.30	27.93
因灾减产或死亡	只		12.83	11.00	1.67		0.56	4.00	4.29	4.40
获得农业保险赔偿	元				0.00		0.00		1.18	0.74
自食或送人数量	千克	5.00			0.00		3.00		11.06	10.65
总销售收入	元	18400.00	19642.86	15000.00	7150.00		19620.00	5000.00	21692.63	21284.60

（续表）

指标名称	单位	河北	吉林	福建	山东	河南	云南	陕西	新疆	全国
仔（中）畜（禽苗）销售收入	元		14800.00		0.00		3644.44		12959.94	12168.13
平均出栏活重或单产	千克/只	20.67	18.33		16.25		29.44	40.00	37.88	36.49
副产品收入	元	28.33	5000.00		0.00		0.00	800.00	1516.79	1380.95
下年生产计划	只	76.00	59.29		20.00	150.00	37.14	20.00	68.60	66.20

（2）肉羊成本投入

指标名称	单位	河北	吉林	福建	山东	河南	云南	陕西	新疆	全国
仔畜（禽苗）自繁数量	只	28.00	47.27	30.00	0.00	80.00	15.07	10.00	23.42	24.04
仔畜（禽苗）外购数量	只	0.00	4.00	0.00	14.33		10.58	0.00	0.85	1.42
仔畜（禽苗）外购金额	元	0.00	740.00	0.00	0.00	15000.00	2154.55	0.00	701.31	768.50
饲料外购数量	千克		1093.85		1750.00		200.00	700.00	2812.12	2590.95
饲料外购金额	元	50.00	2323.85		2375.00		1355.56	1200.00	4523.24	4224.81
饲料自产数量	千克	788.00	1545.46		100.00		2225.00	3000.00	2880.08	2683.47
饲料自产折价金额	元	1412.00	1909.18		0.00	1500.00	1755.56	600.00	2706.33	2536.05
防疫及兽药	元	166.25	281.43	2000.00	50.00	200.00	310.00	400.00	353.17	346.88
水电费	元	60.00	268.57		275.00	300.00	0.00	100.00	282.50	260.38
自家投劳数量	工日	261.00	116.67	365.00	362.50		176.92	200.00	253.46	245.78
雇工数量	工日				0.00		2.50	10.00	144.69	116.80
雇工价格	元/工日				0.00		23.13	70.00	2939.47	2284.80
场地租赁费（包括实物折价）	元/年				0.00		0.00		750.00	125.00
贷款利息	元		1500.00		0.00		0.00		24.63	106.57
保险费支出	元	100.00			0.00		0.00			9.09
其他费用	元		575.00		0.00		0.00	625.00	1514.19	1249.10

7.2.2.4 肉鸡

（1）肉鸡生产及销售情况

指标名称	单位	河北	吉林	福建	山东	河南	云南	陕西	新疆	全国
年末存栏数量	只	0.00	6.35	10.51	0.00	4.69	12.17		17.50	11.84
年末能繁母畜存栏数量	只	0.00	1.88	1.07	0.00	0.14	2.49		8.10	2.80
新生、新购数量	只		36.25	6.65	0.00	11.92	14.78		8.51	13.36
出栏或产量	只		10.00	13.28	0.00	14.44	17.58		57.21	18.96
因灾减产或死亡	只		8.70	4.00	0.00	50.00	4.72		16.23	7.60
获得农业保险赔偿	元		20.00	0.00	0.00	0.00	0.00			0.35
自食或送人数量	只		24.60	11.02	6.00	11.09	9.63		15.68	11.05
总销售收入	元	560000.00		1295.00	0.00	99590.00	7682.68		3558.33	17051.89

（续表）

指标名称	单位	河北	吉林	福建	山东	河南	云南	陕西	新疆	全国
仔（中）畜（禽苗）销售收入	元				0.00		32.04		1320.40	148.58
平均出栏活重或单产	千克 / 只	2.50		2.92	0.00	2.86	2.77		1.18	2.74
副产品收入	元				0.00	2000.00	6.13		514.00	112.00
下年生产计划	只		44.89	16.38	0.00	21.00	20.39		56.64	22.88

（2）肉鸡成本投入

指标名称	单位	河北	吉林	福建	山东	河南	云南	陕西	新疆	全国
仔畜（禽苗）自繁数量	只	0.00	1.54	4.12	6.00	0.00	5.28		0.00	4.03
仔畜（禽苗）外购数量	只		51.75	8.70	0.00	13.29	13.63		49.69	18.08
仔畜（禽苗）外购金额	元		119.69	128.42	0.00	61.43	135.19		220.76	137.64
饲料外购数量	千克		116.79	151.66		65.29	52.53		203.93	99.77
饲料外购金额	元		259.29	428.63		218.64	242.93		707.25	347.55
饲料自产数量	千克		248.57	164.05	100.00	125.00	173.34		516.67	196.19
饲料自产折价金额	元		462.31	340.95		251.67	386.76		647.56	403.84
防疫及兽药	元		25.00	24.90		683.33	40.85		51.11	81.86
水电费	元		30.00			112.00	21.90		55.42	32.66
自家投劳数量	工日	200.00	12.58	16.13		84.00	33.80		119.17	37.88
雇工数量	工日		1.00				0.52			0.53
雇工价格	元 / 工日						2.04			2.04
场地租赁费（包括实物折价）	元 / 年						0.00			0.00
贷款利息	元						0.00			0.00
保险费支出	元						0.00			0.00
其他费用	元					1000.00	81.84			100.20

7.3 农户家庭收支情况

7.3.1 农户家庭收入

指标名称	单位	河北	吉林	福建	山东	河南	云南	陕西	新疆	全国
出售家庭资产收入（如房子、机械、家电等）	元	8.36	5.95	7.15	2.24	0.58	10.70	0.00	14.61	6.12
县域内农业务工收入	元	1203.48	962.65	3603.94	786.90	1570.30	2804.24	1576.49	972.14	1654.39
县域内工业、建筑业、采矿业打工收入	元	4926.67	1542.31	6677.05	1193.70	2434.54	2578.83	2535.59	349.57	2728.56
县域内交通运输、邮电业打工收入	元	5456.25	11375.00	6833.33	499.27	6969.44	882.14	2084.52	10405.26	1788.84

（续表）

指标名称	单位	河北	吉林	福建	山东	河南	云南	陕西	新疆	全国
县域内批发、零售、贸易、餐饮业打工收入	元	9138.64	13714.29	17265.59	486.96	11024.44	900.92	4092.22	10596.81	3709.29
县域内社会服务业、文教卫生业打工收入	元	12348.27	10187.50	16930.11	668.51	9209.68	1814.44	6059.38	14134.44	5000.07
县域外农业务工收入	元	3157.90	9028.57	7559.38	0.00	11509.26	1752.23	774.65	4328.57	1368.34
县域外工业、建筑业、采矿业打工收入	元	19553.19	24550.00	27586.27	386.86	23603.72	4098.06	13185.07	16880.00	8395.06
县域外交通运输、邮电业打工收入	元	4772.00		15200.00	0.00	8888.89	302.83	2941.77	8833.33	835.43
县域外批发、零售、贸易、餐饮业打工收入	元	10305.13	22000.00	25233.33	120.48	14216.67	815.91	5904.26	12940.00	2989.64
县域外社会服务业、文教卫生业打工收入	元	12426.83	18600.00	17021.74	48.08	13357.14	1585.02	9229.00	16487.40	3031.81
利息	元	988.34	642.49	558.31	745.56	904.95	154.44	130.29	1103.32	678.61
股息	元	0.00		0.00	0.00	0.00	0.00	0.00		0.00
土地征用补偿	元	0.00		750.00	17.06	159.00	0.47	24.58	2000.00	21.84
土地出租租金	元	1670.05	3477.71	1431.52	142.85	3672.86	327.28	179.68	2244.44	506.35
房屋租赁收入	元	0.00		0.00	0.00	0.00	0.00	0.00		0.00
机械设备租赁收入	元	0.00		0.00	0.00	0.00	0.00	0.00		0.00
从村集体分得福利收入	元	0.00		202.29	30.19	0.00	0.00	0.00	195.89	30.72
种粮补贴（包括粮食直接补贴、粮食作物良种补贴、农业生产资料综合补贴和农机具购置补贴）	元	506.72	2107.40	263.72	301.81	728.66	494.67	520.67	675.09	685.87
非粮食类农作物良种补贴	元	110.93	53.33	259.50	0.05	92.31	57.99	0.00	697.52	65.24
畜牧业补贴	元	0.00		0.00	0.00	0.00	0.00	0.00		0.00
渔业补贴	元	0.00		0.00	0.00	0.00	0.00	0.00		0.00
林业补贴（不包括退耕还林还草）	元	2.65		53.14	0.00	10.29	11.23	0.72		4.28
退耕还林还草补偿	元	41.57	335.40	0.00	0.00	80.00	56.57	140.89	432.14	47.43
草原生态补贴	元	0.00	300.00	0.00	0.00	0.00	24.93	0.42	3876.23	424.51
救济金、救灾款	元	0.00		0.00	0.00	0.00	0.00	0.00		0.00
无偿扶贫款	元	0.00		0.00	0.00	0.00	0.00	0.00		0.00
抚恤金	元	0.00		0.00	0.00	0.00	0.00	0.00		0.00
低保金	元	662.81	1436.19	1037.50	27.46	1059.07	268.82	451.00	1362.89	326.51
退休金	元	417.78	865.00	933.33	13.13	562.00	8.75	102.90	1032.00	59.41
合作社利润返还	元	0.00		0.00	0.00	0.00	0.00	0.00		0.00
社会保障收入	元	748.58	1400.00	0.00	148.34	0.00	112.00	178.10	705.00	278.51

（续表）

指标名称	单位	河北	吉林	福建	山东	河南	云南	陕西	新疆	全国
社会保障收入其中：农村新型合作医疗报销	元	278.64	722.64	883.04	408.01	644.82	679.09	803.98	1368.85	604.07
社会保障收入农村养老保险年金	元	919.37	808.35	920.26	428.83	1025.78	417.12	1031.07	889.64	692.62
社会保障收入城镇医疗保险报销	元	0.00		0.00	0.00	0.00	0.00	0.00		0.00
社会保障收入城镇养老保险年金	元	1600.00	913.33	2610.00	11.35	116.67	15.21	138.67	4046.67	108.46
棋牌娱乐收入（如亏损，用负数表示）	元	61.11	278.46	306.00	12.70	235.00	28.17	108.10	618.42	53.22
人情礼收入	元	637.46	2811.11	1839.31	735.41	1627.55	578.42	1478.77	2994.61	990.76
彩礼、陪嫁	元	87.50		200.00	1.83	166.67	11.16	0.00	744.44	17.15
商业保险赔付	元	0.00		0.00	0.00	0.00	0.00	0.00		0.00
家庭非常住人口寄回或带回、亲友赠送	元	975.73	2840.00	2811.77	421.67	1264.63	419.77	185.71	1206.30	550.23
新农村建设建房补贴	元	0.00	4375.00	666.67	6.88	0.00	1.41	0.00	2842.86	79.84

7.3.2 农户家庭收入（分行业）

指标名称	单位	河北	吉林	福建	山东	河南	云南	陕西	新疆	全国
农业生产服务总收入	元	1047.66	31520.56	29393.93	2153.52	9072.63	5911.14	4290.79	30392.13	13210.34
收入林业总收入	元	0.00	0.00	0.00	0.00	0.00	0.00	0.00	0.00	0.00
工业总收入	元	0.00	0.00	0.00	0.00	0.00	0.00	0.00	0.00	0.00
建筑业总收入	元	0.00	5777.78	0.00	25.38	9987.93	722.58	0.00	5675.00	737.71
交通运输业、邮电业总收入	元	6763.64	17500.00	11750.00	40.61	9714.29	874.40	1.30	21428.57	1038.09
批发和零售贸易、餐饮业总收入	元	21400.67	22906.00	41733.33	1372.08	15181.25	2855.46	7093.65	19395.29	4857.22
社会服务业总收入	元	0.00	3000.00		25.64	1933.33	39.56	0.00	7225.00	142.05
文教卫生业总收入	元	0.00			0.00	0.00	0.00	0.00		0.00
农业生产服务纯收入	元	808.48	22419.26	15923.87	1253.08	4917.86	4180.80	4870.33	17542.65	8950.23
林业纯收入	元	0.00	0.00	0.00	0.00	0.00	0.00	0.00	0.00	0.00
工业纯收入	元	0.00	0.00	0.00	0.00	0.00	0.00	0.00	0.00	0.00
建筑业纯收入	元	0.00	6000.00	2666.67	39.37	11210.29	652.45	0.00	6937.50	1204.15
交通运输业、邮电业纯收入	元	5545.46	2000.00	7333.33	52.00	4916.67	678.57	7500.00	12384.62	907.87
批发和零售贸易、餐饮业纯收入	元	16707.14	15390.25	19880.77	1259.14	8945.00	990.05	23093.75	15287.50	4072.42
社会服务业纯收入	元	0.00		12000.00	148.00	4266.67	167.88	2500.00	8527.27	461.18
文教卫生业纯收入	元	0.00			0.00	0.00	0.00			0.00

7.3.3 农户家庭经营支出、生产性固定资产支出和税费支出

指标名称	单位	河北	吉林	福建	山东	河南	云南	陕西	新疆	全国
农业生产服务支出	元	364.84	8676.74	8721.35	395.83	867.01	2646.26	1567.64	8727.93	4472.63
林业支出	元	0.00	0.00	0.00	0.00	0.00	0.00	0.00	0.00	0.00
工业生产支出	元	0.00	0.00	0.00	0.00	0.00	0.00	0.00	0.00	0.00
建筑业生产支出	元	23.08	346.88	102.94	0.00	29.94	173.68	0.00	581.54	69.49
交通运输业、邮电业支出	元	719.49	655.88	1572.50	56.37	281.11	554.30	202.61	2183.33	532.11
批发和零售贸易、餐饮业支出	元	2050.91	1251.35	3883.19	320.93	317.98	1122.30	1920.76	2570.50	1084.52
社会服务业支出	元	0.00	116.07	160.57	6.40	32.01	31.90	4.81	797.89	37.21
文教卫生业支出	元	280.00	1640.79	1046.34	43.59	143.01	462.32	855.93	2843.51	537.77
其他家庭经营费用支出	元	561.76	3185.42	761.11	23.19	153.14	295.38	311.43	2623.82	479.34
建造和购置生产性固定资产的费用支出	元	445.11	1733.23	478.92	310.51	615.47	380.11	964.29	3698.89	634.09
生产性固定资产折旧（使用年限15年）	元	59.03	759.27	96.67	379.90	406.22	128.61	99.07	1716.15	356.38
第一产业纳税（农、林、牧、渔业）	元	0.00	13.46	60.61	5.21	16.95	10.20	0.00	2270.19	39.28
第二产业纳税（工业和建筑业）	元	0.00	0.00	0.00	0.00	0.00	0.00	0.00	0.00	0.00
第三产业纳税（商业和服务业）	元	0.00	0.00	0.00	0.00	0.00	0.00	0.00	0.00	0.00
“一事一议”筹资	元	91.41	34.33	21.43	5.25	20.87	8.88	65.04	137.97	33.39
其他各项集资收费	元	0.00	0.00	0.00	0.00	0.00	0.00	0.00	0.00	0.00

7.3.4 农户家庭食品消费数量及支出

7.3.4.1 农户家庭全年食品购买数量（不含自产自用）

指标名称	单位	河北	吉林	福建	山东	河南	云南	陕西	新疆	全国
面粉	千克	178.38	100.08	25.17	214.12	131.13	13.62	229.44	297.81	147.41
大米	千克	54.06	197.23	202.19	37.57	75.76	161.03	22.98	100.18	106.42
玉米面	千克	31.76	37.01	17.00	6.03	21.55	5.62	8.86	21.54	15.24
小米	千克	23.25	20.32	3.75	9.64	12.84	0.00	9.99	6.60	12.37
高粱	千克	0.00	0.00	0.00	0.00	0.00	0.00	0.00	0.00	0.00
其他谷物及其制品（荞麦、燕麦、大麦、糜子、黍子、薏仁、籽粒苋等，谷物制品折粮计算）	千克	6.89	7.43	8.15	0.16	6.92	3.01	2.76	15.03	2.44

（续表）

指标名称	单位	河北	吉林	福建	山东	河南	云南	陕西	新疆	全国
薯类（红薯、马铃薯、木薯、芋类等，不包括菜用）	千克	31.77	104.00	32.80	13.86	51.49	80.23	20.67	91.77	52.32
粮食复制品（利用原粮加工而成的食品，如挂面、年糕等；但不包括用粮食加工成的豆油、豆腐、粉条、酒等）	千克	16.76	20.26	20.27	12.27	22.18	15.76	8.75	19.49	16.20
大豆	千克	12.16	17.17	9.90	2.94	12.72	4.56	3.47	9.70	7.17
杂豆（绿豆、红豆、蚕豆、豌豆、豇豆、扁豆、黑豆等）	千克	7.85	8.83	10.62	1.62	7.69	9.95	6.26	12.17	6.44
豆制品（各种豆腐、豆腐干 / 皮 / 丝、千张、素鸡、腐竹、豆浆粉、豆浆、豆奶、豆腐脑等）	千克	16.94	26.98	15.40	13.55	22.28	15.03	23.22	19.50	18.59
植物性食用油（花生油、芝麻油、菜籽油、豆油、茶油、棉籽油等）	千克	36.22	35.45	36.35	30.32	37.73	21.18	48.20	54.94	37.16
动物性食用油（猪油、牛油、羊油等）	千克	7.13	23.53	17.24	0.58	10.50	22.89	3.85	18.44	12.15
猪肉及制品	千克	38.96	51.56	82.47	38.56	46.43	54.55	20.98	40.32	48.05
牛肉及制品	千克	6.61	10.26	13.63	2.44	7.33	8.31	2.35	37.55	12.61
羊肉及制品	千克	5.51	8.88	13.79	2.18	8.57	4.53	1.72	49.82	17.32
鸡肉及制品	千克	11.70	15.15	25.11	11.42	21.54	13.95	4.91	19.91	15.82
其他禽肉及制品（鸭、鹅、鹌鹑、鸽、麻雀、火鸡等）	千克	4.13	12.00	11.75	0.19	9.20	2.60	0.19	12.93	3.33
其他肉类及制品（狗肉、驴肉、马肉、蛇肉、兔肉、鹿肉、蛙类等，但不包括鱼、虾等水产品）	千克	3.07	4.86	6.47	0.11	4.50	0.35	0.00	8.08	0.68
畜禽下水（内脏）及制品	千克	5.32	4.56	4.88	1.04	5.39	0.57	0.15	6.40	1.66
鸡蛋及制品	千克	27.96	23.20	20.67	39.21	30.92	14.10	22.04	24.80	26.34
鸭蛋及制品	千克	5.61	10.24	12.24	0.49	5.70	0.34	0.82	6.12	3.79
其他蛋类及制品（鹅蛋、鹌鹑蛋、鸽蛋等）	千克	0.28	2.50	1.60	0.11	0.71	0.07	0.00	3.78	0.17
鲜奶（牛奶、羊奶等）	千克	26.74	36.00	38.43	24.62	36.32	5.15	12.40	70.06	30.12
奶制品（酥油、奶粉、酸奶、炼乳、可可奶、麦乳精等）	千克	15.12	14.45	19.26	3.64	20.05	3.08	10.58	19.15	9.96
鱼类及制品	千克	15.96	21.09	21.66	13.68	14.10	12.29	3.12	16.37	15.91
虾蟹类及制品	千克	6.74	5.33	5.98	1.71	4.95	0.36	0.19	4.75	2.50
其他水产品及制品	千克	3.50	6.14	5.55	0.32	4.69	0.19	0.00	6.67	1.01
蔬菜及菜制品（鲜菜、干菜，以及腌菜、榨菜、泡菜、酱菜等各类菜制品和蔬菜罐头，蔬菜和菜制品按鲜菜数量进行统计）	千克	121.23	179.48	165.77	153.38	150.39	109.89	193.27	225.54	162.14
水果及水果制品（各类鲜食水果、果用瓜、干果、蜜饯及水果罐头等）	千克	63.50	43.30	54.11	53.97	59.17	58.96	38.85	85.31	58.88

（续表）

指标名称	单位	河北	吉林	福建	山东	河南	云南	陕西	新疆	全国
坚果及果仁制品（核桃、板栗、开心果、榛子、杏仁等坚果、果仁及其制品）	千克	6.64	7.19	8.99	4.79	7.76	7.56	4.13	20.87	9.77
卷烟（盒）	千克	174.51	211.24	268.56	123.89	215.48	136.89	252.76	179.65	186.63
烟丝、烟叶等其他烟	千克	4.55	7.76	3.25	0.61	4.55	3.02	0.41	8.95	2.00
酒类（白酒、黄酒、啤酒、果酒等）	千克	26.68	57.79	55.03	22.60	33.67	35.41	14.44	31.04	35.87
食糖（白糖、红糖、冰糖、方糖等，不包括糖果、糖精）	千克	6.79	7.32	10.33	2.82	7.82	8.07	4.61	9.28	7.11
蜂蜜	千克	2.34	4.58	3.48	0.38	2.03	0.43	1.25	5.03	1.76
茶叶	千克	0.91	2.57	6.17	1.68	1.68	2.29	1.97	7.02	3.15
其他饮料（瓶/桶装水、碳酸类、果汁类、冲泡类等除酒、茶外的各种固/液体饮料以及雪糕等冷饮）	千克	21.20	23.10	23.88	4.56	30.48	27.47	10.92	32.66	21.12
调味品	千克	14.47	14.51	14.40	19.48	13.39	20.34	18.48	13.41	16.07

7.3.4.2 农户家庭全年食品购买金额（不含自产自用）

指标名称	单位	河北	吉林	福建	山东	河南	云南	陕西	新疆	全国
面粉	元	492.21	378.87	107.40	635.78	401.93	89.72	389.71	978.15	443.70
大米	元	262.11	825.29	830.07	191.82	328.21	640.41	157.94	548.98	477.78
玉米面	元	71.87	71.07	10.78	34.08	31.61	18.42	36.89	71.01	42.56
小米	元	174.56	107.06	2.78	84.76	75.97	0.09	68.52	100.69	84.82
高粱	元	0.00	0.00	0.00	0.00	0.00	0.00	0.00	0.00	0.00
其他谷物及其制品（荞麦、燕麦、大麦、糜子、黍子、薏仁、籽粒苋等，谷物制品折粮计算）	元	31.27	20.43	5.60	2.27	4.79	15.68	15.67	64.76	13.51
薯类（红薯、马铃薯、木薯、芋类等，不包括菜用）	元	59.28	117.62	51.93	44.96	87.98	121.30	96.06	171.10	91.86
粮食复制品（利用原粮加工而成的食品，如挂面、年糕等；但不包括用粮食加工成的豆油、豆腐、粉条、酒等）	元	88.87	78.30	150.07	67.16	106.30	108.57	76.92	150.36	99.41
大豆	元	52.33	63.97	46.47	22.99	15.75	17.19	26.08	63.22	34.48
杂豆（绿豆、红豆、蚕豆、豌豆、豇豆、扁豆、黑豆等）	元	49.65	41.09	47.46	22.17	35.07	41.49	54.22	71.05	41.36

（续表）

指标名称	单位	河北	吉林	福建	山东	河南	云南	陕西	新疆	全国
豆制品（各种豆腐、豆腐干/皮/丝、千张、素鸡、腐竹、豆浆粉、豆浆、豆奶、豆腐脑等）	元	95.11	146.08	118.85	78.81	137.59	99.82	117.94	83.29	109.29
植物性食用油（花生油、芝麻油、菜籽油、豆油、茶油、棉籽油等）	元	456.86	365.35	507.38	424.96	464.63	268.68	654.21	708.54	479.21
动物性食用油（猪油、牛油、羊油等）	元	71.86	255.39	311.78	30.22	62.95	392.28	130.25	220.31	206.37
猪肉及制品	元	757.53	933.25	1598.95	788.09	927.19	1121.23	551.22	870.22	955.46
牛肉及制品	元	214.81	337.99	667.98	161.10	372.61	492.38	223.37	1449.87	539.51
羊肉及制品	元	238.33	149.78	559.61	192.49	288.03	280.71	111.72	2463.86	768.90
鸡肉及制品	元	168.74	248.99	434.57	194.01	285.26	235.61	103.91	398.89	260.10
其他禽肉及制品（鸭、鹅、鹌鹑、鸽、麻雀、火鸡等）	元	48.34	65.15	215.81	5.17	18.11	39.98	2.77	249.88	60.36
其他肉类及制品（狗肉、驴肉、马肉、蛇肉、兔肉、鹿肉、蛙类等，但不包括鱼、虾等水产品）	元	11.19	38.20	40.23	8.94	22.31	15.36	11.67	162.27	19.77
畜禽下水（内脏）及制品	元	82.55	21.43	20.73	25.59	59.61	6.90	32.41	158.33	33.29
鸡蛋及制品	元	237.62	194.76	174.20	283.12	243.42	150.17	205.14	225.02	217.60
鸭蛋及制品	元	18.47	54.87	128.98	13.78	23.13	10.57	19.00	106.58	44.20
其他蛋类及制品（鹅蛋、鹌鹑蛋、鸽蛋等）	元	3.39	0.89	1.25	1.80	0.00	1.81	0.00	13.75	1.55
鲜奶（牛奶、羊奶等）	元	132.67	105.19	331.15	231.43	102.30	63.40	206.38	408.77	211.12
奶制品（酥油、奶粉、酸奶、炼乳、可可奶、麦乳精等）	元	189.84	65.26	153.94	61.56	257.84	59.08	162.44	328.62	144.98
鱼类及制品	元	173.58	243.46	302.58	182.86	166.94	163.30	83.64	227.88	203.03
虾蟹类及制品	元	172.76	25.66	175.85	93.74	18.95	15.16	19.45	213.79	81.48
其他水产品及制品	元	26.30	26.07	62.95	10.01	16.74	2.73	0.00	130.42	18.83
蔬菜及菜制品（鲜菜、干菜，以及腌菜、榨菜、泡菜、酱菜等各类菜制品和蔬菜罐头，蔬菜和菜制品按鲜菜数量进行统计）	元	388.66	495.66	751.96	672.38	445.84	365.41	919.25	912.85	608.47
水果及水果制品（各类鲜食水果、果用瓜、干果、蜜饯及水果罐头等）	元	238.81	287.38	399.59	313.77	277.27	325.75	250.23	478.17	324.51
坚果及果仁制品（核桃、板栗、开心果、榛子、杏仁等坚果、果仁及其制品）	元	140.93	78.89	126.40	100.86	100.84	134.94	117.09	421.38	176.37
卷烟（盒）	元	1015.92	1311.88	1962.60	956.81	1357.22	1180.59	1804.74	1571.27	1354.34

（续表）

指标名称	单位	河北	吉林	福建	山东	河南	云南	陕西	新疆	全国
烟丝、烟叶等其他烟	元	52.07	42.45	18.27	18.68	7.02	78.87	29.76	210.00	41.29
酒类（白酒、黄酒、啤酒、果酒等）	元	389.15	440.37	651.54	353.87	629.15	421.14	317.14	805.18	499.37
食糖（白糖、红糖、冰糖、方糖等，不包括糖果、糖精）	元	55.29	59.39	89.57	25.53	60.82	77.38	55.11	100.24	64.98
蜂蜜	元	52.98	45.74	79.08	18.86	28.28	23.42	45.87	135.57	50.34
茶叶	元	93.38	114.32	265.94	182.06	126.69	95.15	195.85	207.95	162.39
其他饮料（瓶/桶装水、碳酸类、果汁类、冲泡类等除酒、茶外的各种固/液体饮料以及雪糕等冷饮）	元	131.89	93.55	163.09	45.50	172.62	159.65	131.22	186.30	135.06
调味品	元	120.15	171.94	201.47	178.80	180.65	193.17	256.53	181.30	181.74
其他户内食品消费支出	元	154.75	102.45	144.22	53.43	132.84	102.33	161.82	332.04	123.94
食品加工费	元	76.07	26.28	47.82	7.84	50.01	17.70	85.93	65.37	32.13

7.3.4.3 家庭成员户外食品消费支出

指标名称	单位	河北	吉林	福建	山东	河南	云南	陕西	新疆	全国
在外吃饭的外出务工成员的户外食品（元）	元	2320.03	1677.48	4238.22	710.59	2721.85	1443.57	4840.45	2207.42	2163.92
在外吃饭的学生及陪读成员的户外食品（元）	元	3324.03	1717.17	4125.39	758.84	2395.77	1035.73	5164.69	3255.16	2071.29
在医院吃饭的病号及陪护成员的户外食品（元）	元	244.86	256.67	365.00	15.36	276.20	70.59	460.63	619.41	147.98
在家吃饭的家庭成员外出办事、购物、探亲访友、旅游等偶然性或临时性户外食品（元）	元	574.74	843.08	1147.35	237.84	841.63	451.83	923.18	1249.31	667.68
其他户外食品消费支出	元	15.00	53.33	25.00	0.09	22.62	2.43	0.00	80.00	4.93

7.3.5 农户家庭非食品生活消费支出

指标名称	单位	河北	吉林	福建	山东	河南	云南	陕西	新疆	全国
衣着消费支出	元	1750.07	1499.89	2806.75	1429.76	1714.63	2061.29	1986.77	2709.76	2010.15
居住消费支出	元	393.06	104.07	194.95	1668.08	266.69	319.35	729.20	110.69	433.27

（续表）

指标名称	单位	河北	吉林	福建	山东	河南	云南	陕西	新疆	全国
其中：在家居住成员租赁生活用房所付的租金（不包括外出住旅店和招待所所支付的住宿费，以及外出打工、在外陪读、在医院陪护等的房屋租赁支出或住宿费）	元	0.00	0.00	0.00	0.00	0.00	0.00	0.00	0.00	0.00
外出打工成员租赁生活用房所付的租金或在外住宿费	元	631.54	451.72	2003.88	47.52	391.78	692.81	1597.78	794.92	700.70
生活用水费	元	107.98	103.49	176.15	77.68	102.56	131.12	188.77	247.45	147.65
生活用电费	元	569.42	497.08	1103.85	648.92	676.12	530.58	567.22	630.15	645.14
生活用燃料支出（用于做饭、烧水、照明、洗漱和取暖等的生活能源支出，但不包括烧饲料用的燃料和交通用柴油、汽油等燃料）	元	1587.85	834.02	900.92	1049.87	746.63	676.03	1041.75	1348.12	1046.75
家庭设备、用品及服务支出	元	564.46	829.95	1372.16	745.38	794.99	805.17	950.87	1220.39	887.06
医疗保健消费支出	元	723.68	1143.72	867.78	744.33	752.35	1050.79	1574.64	1631.46	1034.16
交通通信消费支出	元	1374.91	837.26	2311.79	937.81	1400.81	1678.62	1614.48	1734.35	1484.73
其中：（1）因外出打工而产生的交通费支出	元	482.92	311.17	833.22	95.46	676.89	451.37	572.86	973.17	470.70
文教娱乐用品及服务支出	元	2608.23	3525.66	3204.45	1619.83	1941.68	1638.26	3578.21	2391.57	2285.24
其中：子女教育支出	元	4297.63	9062.62	5377.77	2282.47	3043.58	3973.90	5514.79	5507.17	4334.31
其他商品消费支出（化妆品、金银珠宝饰品，以及手表、迷信用品等其他生活用商品的消费支出）	元	390.70	495.25	607.31	256.65	325.95	390.90	334.22	937.28	442.27
其他服务消费支出（旅店住宿费、洗澡费、美容美发、照相费、殡殓费等）	元	245.97	241.54	318.50	210.83	223.46	179.85	191.54	432.10	239.44
家庭成员外出务工成本支出（指中介费、职业介绍费、培训费、办证费及其他费用）	元	14.78	11.43	32.41	0.65	17.43	18.25	12.32	180.32	15.34

7.3.6 农户家庭财产性支出和转移性支出

指标名称	单位	河北	吉林	福建	山东	河南	云南	陕西	新疆	全国
非生产性贷款或借款的利息支出	元	0.00	0.00	0.00	0.00	0.00	0.00	0.00	0.00	0.00
宅基地使用费	元	0.00	0.00	0.00	0.00	0.00	0.00	0.00	0.00	0.00

（续表）

指标名称	单位	河北	吉林	福建	山东	河南	云南	陕西	新疆	全国
土地承包费（包括承包集体和其他农户等）	元	103.85	130.87	63.66	64.63	34.16	271.73	20.80	193.23	109.85
承包租赁村组集体资产支出（不包括承包土地）	元	0.00	0.00	0.00	0.00	0.00	0.00	0.00	0.00	0.00
其他	元	0.00		0.00	0.00	0.00	0.00	0.00	0.00	0.00
寄给和带给家庭非常住人口	元	333.33	1200.00	1130.00	62.12	400.00	128.13	63.64	976.47	163.78
赠送亲友	元	550.46	1028.57	1095.00	169.40	637.61	342.72	328.23	1357.17	481.25
赡养费、抚养费	元	647.06	1008.82	1248.66	298.63	931.44	266.06	507.92	1232.50	527.25
公益事业捐赠（指对灾害、贫困、残疾人等群体或个人以及对文教卫体事业、环境保护、社会公共设施建设等社会公共和福利事业的爱心捐赠）	元	81.34	179.19	354.52	11.33	151.43	12.67	28.43	218.12	78.28
迷信、宗教活动捐赠	元	55.99	155.20	269.45	1.81	130.12	49.73	19.12	311.73	70.35
人情礼支出	元	749.38	2557.44	2452.92	1317.06	1421.40	1520.79	2340.29	2055.07	1737.07
嫁妆、聘礼	元	309.09	1485.71	1414.24	51.63	1481.25	162.79	327.94	1617.07	312.57
各种红白喜事宴请支出（婚丧、升学、盖房等）	元	994.88	3095.98	2362.58	525.58	1778.94	1658.91	1112.20	3354.42	1791.21
缴纳党费、团费	元	27.93	12.78	24.12	4.40	22.47	13.67	9.16	16.71	13.25
缴纳保险费支出	元	972.55	703.89	1314.34	1043.49	681.95	635.32	578.24	763.06	842.55
其中：农村新型合作医疗	人	249.34	222.84	243.12	237.10	232.93	229.93	291.98	207.77	238.72
城镇医疗保险支出	人	91.33	190.00	155.00	10.63	145.11	7.54	49.51	161.76	27.04
商业医疗保险支出	人	0.00	100.00	125.00	3.69	142.86	3.64	3.17	40.80	6.79
农村养老保险支出	人	267.10	226.49	242.97	283.92	258.66	273.17	241.80	281.08	260.33
城镇养老保险支出	人	198.33	133.50	441.67	9.43	268.75	5.49	39.11	423.86	44.59
商业养老保险支出	人	11.76	700.00	150.00	1.80	182.50	3.03	3.23	0.00	6.47
工伤保险支出	人	0.00		0.00	0.00	0.00	0.00	0.00	0.00	0.00
支出车辆保险支出	元	1628.71	1254.05	1699.84	532.69	1270.97	542.10	845.77	1221.30	846.87
其他保险支出（如人身意外险、疾病保险、财产保险及各种储蓄型保险等）	元	148.74	505.84	461.93	53.13	178.73	72.11	100.55	333.42	131.73
罚款（如违反计划生育罚款、交通违章罚款、违反治安管理处罚条例罚款等）、赔款	元	104.35		326.32	7.21	41.67	7.55	53.47	210.00	27.08
购买彩票	元	7.37		28.00	0.00	10.00	0.28	0.00	34.00	1.01
其他（如遗失、被盗等）	元	0.00		0.00	0.00	0.00	0.00	0.00	0.00	0.00

7.3.7 农户家庭生活用燃料数量及支出

7.3.7.1 农户家庭生活用燃料购买数量（不含交通用燃料）

指标名称	单位	河北	吉林	福建	山东	河南	云南	陕西	新疆	全国
秸秆	吨	8.04	54.44	0.43	19.35	26.26	2.53	2.40	2.68	14.49
薪柴	吨	30.72	80.59	84.60	96.65	72.09	141.50	69.95	7.86	72.76
煤炭	吨	723.64	52.20	3.59	496.16	311.73	186.16	468.22	215.83	269.80
罐装液化石油气	千克	7.70	19.30	30.68	6.78	14.73	4.21	10.98	36.78	15.05
管道天然气	立方米	0.00	0.00	0.00	0.00	0.00	0.00	0.00	1.37	0.03
管道煤气	立方米	0.00	0.00	0.00	0.00	0.00	0.00	0.00		0.00
汽油	升	3.83	6.86	10.87	0.51	2.67	2.74	4.00	15.36	4.80
柴油	升	1.24	5.16	0.08	0.37	2.07	1.03	2.77	8.36	2.10
沼气	立方米	0.02	0.00	0.00	0.00	0.08	0.02	0.01	0.29	0.02

7.3.7.2 农户家庭生活用燃料购买金额（不含交通用燃料）

指标名称	单位	河北	吉林	福建	山东	河南	云南	陕西	新疆	全国
秸秆	元	8.25	237.89	4.81	31.71	81.36	17.07	6.40	15.67	46.49
薪柴	元	45.04	100.11	144.70	144.50	34.54	340.74	77.82	42.11	114.63
煤炭	元	1196.24	109.00	2.61	705.40	218.87	247.30	800.65	1107.99	548.42
罐装液化石油气	元	257.43	225.83	568.02	295.14	498.16	41.44	197.19	550.91	337.16
管道天然气	元	3.17	7.06	3.75	1.54	0.00	0.00	5.00	219.71	7.12
管道煤气	元	0.00	0.00	0.00	0.00	0.00	0.00	0.00		0.00
汽油	元	208.19	420.82	357.01	95.09	80.81	316.01	539.85	1255.02	402.14
柴油	元	95.57	679.64	51.27	60.51	40.75	55.98	297.28	1143.07	253.32
沼气	元	5.32	1.33	3.66	0.00	12.96	8.92	0.00		4.57

8

2012年分省样本的农户统计

8.1 农户家庭基本情况

8.1.1 家庭成员基本特征

指标名称	单位	河北	吉林	福建	山东	河南	云南	陕西	新疆	全国
年龄	周岁	49.20	48.60	48.53	52.78	49.27	45.09	51.43	47.70	49.08
受教育年限	年	7.96	7.43	8.06	7.67	7.67	7.04	7.88	7.60	7.67
本年累计在家居住时间	（0~12）月	11.16	11.46	11.31	11.61	9.76	11.23	11.41	11.73	11.18
本年务工天数（没有，填0）	天									
本年如有务工，平均月工资（没有，不填）	元									
本年全家报销的医疗费用（含新农合、商业保险等）有多少元?	元	243.07	212.22	236.87	344.41	220.93	505.15	478.67	558.24	323.25

8.1.2 土地、家庭信贷及其他情况

8.1.2.1 土地情况

指标名称	单位	河北	吉林	福建	山东	河南	云南	陕西	新疆	全国
您家承包的土地面积（即依法承包村集体的土地面积）	亩		23.74	1.88		4.40		7.04	33.50	12.38
其中：耕地面积	亩		22.09	1.88		4.40		0.68	33.50	8.18
园地面积	亩		0.00	0.00		0.00		5.93	0.00	2.44
林地面积	亩		1.65	0.00		0.00		2.31	0.00	1.64
草地面积	亩									
荒山、荒沟、荒丘、荒滩面积	亩									

（续表）

指标名称	单位	河北	吉林	福建	山东	河南	云南	陕西	新疆	全国
您家未计入承包地的耕地面积（如自留地、开荒地）	亩									
您家撂荒的耕地面积	亩									
其中：承包的耕地面积	亩									
本年转出耕地的面积	亩									
本年转出耕地的收入（含实物折价）	元 /（亩・年）			300.00						300.00
本年转入耕地的面积	亩							3.00	28.00	11.33
本年转入耕地的支出（含实物折价）	元 /（亩・年）							350.00	400.00	366.67
本年经营耕地面积（即实际耕种面积）	亩		27.30	2.00		4.40		9.08	65.00	15.24
其中：<1 亩耕地的块数	块							4.18		4.18
1 ≤且 <3 亩耕地的块数	块		1.50	2.00				4.36		3.79
3 ≤且 <5 亩耕地的块数	块		2.00						1.00	1.75
≥ 5 亩耕地的块数	块		2.00						7.00	3.00
其中：水田面积	亩			2.00						2.00
水浇地面积	亩									
旱地面积	亩		26.65					9.08		12.60
本年经营温室大棚面积	亩	0.10	0.01	0.06	1.18	0.12	0.10	0.05	17.00	0.37
本年经营园地面积	亩	0.13	0.01	1.04	1.46	0.01	0.46	2.75	4.32	0.90
其中：果园面积	亩	0.16	0.01	0.37	1.38	0.01	0.38	2.99	3.64	0.82
茶园面积	亩	0.00	0.00	0.52	0.04	0.00	0.35	0.01	0.75	0.14
桑园面积	亩	0.00	0.00	0.00	0.00	0.00	0.00	0.00	0.00	0.00
本年经营林地面积	亩	0.07	3.92	0.75	0.11	0.20	2.20	0.40	9.09	1.22
本年经营草地面积	亩	0.00	0.50	0.00	0.00	0.00	0.46	0.00	0.71	0.14
其中：天然草地面积	亩	0.00	1.32	0.00	0.00	0.00	0.31	0.00	27.25	0.37
本年经营水面面积	亩	0.00	0.00	0.00	0.00	0.00	0.00	0.00	0.00	0.00
其中：海水养殖面积	亩	0.00	0.00	0.00	57.36	0.00	0.00	0.00	0.00	8.83
淡水养殖面积	亩	0.00	0.00	0.00	0.00	0.00	0.00	0.00	0.00	0.00

8.1.2.2 家庭存款、贷款及投资

指标名称	单位	河北	吉林	福建	山东	河南	云南	陕西	新疆	全国
本年末家庭银行存款总额	元	25143.72	15342.34	15554.86	20856.14	16888.40	13639.63	9111.70	32750.01	18031.91
本年末家中存有现金多少	元	3165.27	3649.79	3745.36	4313.96	3458.46	3207.25	3910.68	5456.51	3794.48
本年末家庭持有的全部对外投资	元	1425.00		1066.67	2045.36	2276.00	2197.50	1950.00		1794.24
其中：持有股票、基金、债券等证券类投资金额	元	141.90	71.14	608.14	285.85	92.50	414.30	631.71	7260.87	375.81

（续表）

指标名称	单位	河北	吉林	福建	山东	河南	云南	陕西	新疆	全国
其中：对企业、合作社等投入的股权类投资金额	元									
本年全年您家借出去的钱共有多少	元	838.66	883.81	866.79	1579.80	923.48	1553.02	880.34	12517.65	1283.30
别人借您家的钱到本年底还有多少没有收回	元	752.01	744.86	965.54	940.63	1034.17	1253.02	832.26	11316.33	1096.03
到本年底您家欠外债有多少	元	3685.25	5038.46	6611.00	3579.18	3168.27	7212.44	10570.69	24894.61	6220.42
这些外债有多少来自银行、信用社等正规金融机构	元	744.55	3170.04	4584.62	924.71	752.85	5082.66	2552.46	24150.23	3199.97
其中：年利率多少	%	0.13	0.17	0.24	0.01	0.01	0.50	0.20	5.31	0.28
这些外债有多少来自民间借贷机构如农村资金互助社	元	1000.00	1500.33	2500.00	999.00	5000.00	600.20	0.00	1287.43	1346.69
其中：年利率多少	%	0.00	0.00	0.00	0.00	0.00	0.00	0.00	0.01	0.00
这些外债有多少来自亲戚朋友等私人关系	元	2060.42	1612.28	2152.62	2257.64	1627.89	1718.19	6480.80	9516.00	2566.65
其中：年利率多少	%	0.00	0.00	0.00	0.00	0.00	0.00	0.00	0.00	0.00

8.1.2.3 其他

指标名称	单位	河北	吉林	福建	山东	河南	云南	陕西	新疆	全国
取饮用水往返一次需多长时间	分钟	0.32	1.52	0.75	1.20	2.02	1.75	0.91	1.61	1.25
如果购买了农业保险，支付了多少保费	元	26.55	95.28	9.72	60.80	8.34	28.05	0.00	133.06	49.95

8.1.3 住房、生产性固定资产和耐用消费品

指标名称	单位	河北	吉林	福建	山东	河南	云南	陕西	新疆	全国
本年底，在本村住房面积	平方米	112.65	80.89	102.17	82.52	106.13	102.65	120.40	101.00	100.00
本年底，如有城镇住房，面积为多少（如没有，填0）	平方米									
生产性用房面积（如烤烟房、生产车间、仓库等）	平方米	37.63	39.97	32.15	29.11	29.48	29.15	35.56	42.89	34.22
拖拉机	台	0.36	0.76	0.03	0.26	0.38	0.14	0.07	1.11	0.35
三轮摩托车	台	0.18	0.04	0.05	0.37	0.29	0.14	0.13	0.99	0.20
机引农具	台	0.27	0.45	0.01	0.11	0.43	0.10	0.11	1.78	0.25

（续表）

指标名称	单位	河北	吉林	福建	山东	河南	云南	陕西	新疆	全国
畜引农具	台	0.02	0.06	0.01	0.01	0.03	0.16	0.00	0.87	0.04
喷雾器 / 喷雾机	个	0.98	0.82	0.57	1.07	0.63	0.91	0.42	1.11	0.78
风车	辆	0.00	0.00	0.00	0.00	0.00	0.00	0.00	0.00	0.00
手推车 / 板车 / 三轮车 / 四轮车	辆	0.59	0.31	0.05	0.70	0.31	0.17	0.51	1.07	0.39
打稻（谷）机	台	0.04	0.03	0.19	0.01	0.02	0.08	0.00	0.50	0.05
脱粒机	台	0.01	0.03	0.02	0.01	0.11	0.09	0.01	0.88	0.05
抽水机	台	0.22	0.24	0.06	0.37	0.37	0.28	0.05	0.87	0.23
电动机	台	0.03	0.05	0.02	0.05	0.05	0.03	0.00	0.96	0.05
柴油机	台	0.08	0.20	0.05	0.05	0.03	0.05	0.02	0.71	0.07
加工机械	台	0.01	0.01	0.04	0.01	0.01	0.08	0.00	0.87	0.03
船（只）	只	0.00	0.00	0.00	0.00	0.00	0.00	0.00	0.00	0.00
粉粹机	台	0.06	0.06	0.00	0.01	0.02	0.15	0.00	0.96	0.06
木工多用机	台	0.00	0.00	0.00	0.00	0.00	0.00	0.00	0.00	0.00
温室大棚	平方米	0.00	6.05	0.89	19.69	1.16	0.01	0.00	137.69	4.50
牛、羊等牲畜养殖场	平方米	0.63	3.13	0.00	0.25	0.08	3.32	0.07	76.99	5.77
生猪养殖场	平方米	2.30	0.80	0.92	0.67	4.74	9.82	0.58	43.62	3.30
鸡、鸭、鹅等禽类养殖场	平方米	0.05	0.85	0.49	0.27	0.07	0.60	0.01	18.39	0.79
兔子、貂等特种养殖场	平方米	0.00	0.00	0.00	0.00	0.00	0.00	0.00	0.00	0.00
鱼塘	平方米	0.00	0.00	0.00	0.00	0.00	0.00	0.00	0.00	0.00
缝纫机	台	0.82	0.23	0.29	0.63	0.51	0.47	0.64	1.04	0.54
电冰箱 / 空调	台	1.04	0.77	1.08	1.18	0.98	0.45	0.63	1.08	0.90
电视卫星接收器	台	0.75	0.36	0.20	0.07	0.28	0.58	0.60	1.00	0.45
收音机 /VCD/DVD	台	0.10	0.08	0.10	0.35	0.15	0.20	0.26	0.99	0.23
组合音响	台	0.08	0.02	0.07	0.14	0.06	0.15	0.10	0.95	0.10
电话座机、手机	个	2.21	1.95	2.24	2.48	2.11	2.25	2.68	2.06	2.24
电饭锅 / 微波炉 / 压力锅 / 电磁炉	个	1.42	1.13	1.86	1.65	1.10	1.70	1.30	1.42	1.45
抽油烟机	台	0.08	0.08	0.17	0.23	0.03	0.04	0.09	0.98	0.13
彩色电视机	台	1.15	1.04	1.14	1.15	1.11	0.99	1.08	1.07	1.09
沼气灶 / 炉子	台	0.30	0.03	0.09	0.51	0.18	0.31	0.73	1.16	0.33
照相机	台	0.06	0.03	0.07	0.11	0.04	0.03	0.07	0.95	0.07
摄像机	台	0.00	0.00	0.00	0.00	0.00	0.00	0.00	0.00	0.00
吸尘器	台	0.00	0.00	0.00	0.00	0.00	0.00	0.00	0.00	0.00
自行车	辆	0.96	0.29	0.15	0.75	0.69	0.11	0.26	1.14	0.47
电动车	辆	0.96	0.05	0.08	0.74	0.73	0.08	0.17	1.04	0.43
摩托车	辆	0.65	0.65	1.00	0.39	0.52	0.53	0.75	1.09	0.69
小汽车	辆	0.29	0.10	0.12	0.24	0.09	0.13	0.14	0.98	0.18

（续表）

指标名称	单位	河北	吉林	福建	山东	河南	云南	陕西	新疆	全国
电脑	台	0.40	0.24	0.39	0.41	0.24	0.09	0.28	0.99	0.31
洗衣机	台	0.90	0.64	0.64	0.78	0.85	0.57	0.90	1.00	0.78
电风扇 / 电暖气	台	1.31	0.16	1.42	1.53	1.32	0.32	0.55	1.28	0.95
热水器	个	0.25	0.07	0.65	0.12	0.15	0.18	0.12	1.00	0.24
太阳能	台	0.38	0.06	0.03	0.92	0.34	0.46	0.33	1.02	0.37
床、炕	个	2.16	1.33	2.44	2.58	2.23	3.36	2.71	2.40	2.39
柜子 / 碗柜 / 衣柜	个	2.11	1.22	1.41	2.28	1.84	1.76	1.90	2.32	1.84
写字台 / 桌子	个	1.25	0.27	0.79	1.62	1.23	0.89	1.20	1.57	1.07
箱子	只	0.49	0.29	0.42	0.44	0.65	0.88	0.29	1.92	0.58
椅子、沙发	个	2.89	0.52	1.77	4.69	2.47	2.08	2.00	3.90	2.45
压面机	台	0.25	0.00	0.00	0.20	0.09	0.00	0.14	0.95	0.10

8.2 农户家庭生产情况

8.2.1 种植业

8.2.1.1 稻谷

（1）当年稻谷生产及销售情况

指标名称	单位	河北	吉林	福建	山东	河南	云南	陕西	新疆	全国
年初库存	千克									
播种面积	亩	5.19	4.32	2.77	2.00	4.15	2.12		1.80	2.99
当年产量	千克	2863.18	2408.50	1445.26	125.00	1857.31	1013.71	0.00	1500.00	1496.35
因灾减产	千克	52.35	90.58	38.03	0.00	82.47	74.87	0.00	600.00	68.82
获得农业保险赔偿	元	0.00	38.73	21.82	96.25	0.00	6.09	200.00		13.24
自食、送人数量	千克	743.37	538.25	860.57	100.00	311.15	645.34	0.00	400.00	633.53
用于饲料数量	千克	0.00	0.07	65.79	0.00	1.30	12.45	0.00		19.37
总销售量	千克									
总销售收入	元									
留种自用	千克	10.09	2.33	0.32	28.75	28.33	0.31	0.00	100.00	4.80
本年末库存	千克	555.94	268.33	204.93	25.00	95.07	156.48	0.00	200.00	193.05
本年副产品收入	元	46.50	76.63	31.18	28.75	9.62	97.60	0.00		66.24
下年预计播种面积	亩	5.09	3.59	1.82	1.25	4.00	1.81	1.00	2.00	2.53

（2）稻谷成本投入

指标名称	单位	河北	吉林	福建	山东	河南	云南	陕西	新疆	全国
种子、秧苗数量	千克	25.67	280.10	52.66	30.00	22.89	9.87	25.00	25.00	59.31
种子、秧苗金额	元	198.29	1026.39	225.21	232.50	189.18	161.99	0.00	75.00	302.46
化肥施用量	千克	407.92	562.25	293.25	107.50	294.85	155.51	100.00	147.50	274.33
化肥金额	元	1134.30	1543.06	971.89	237.50	828.49	310.87	100.00	367.50	734.98
有机肥自产	元	137.50	56.52	5.00	0.00	16.67	185.97	0.00	750.00	109.00
有机肥外购	元	35.29	2.85	34.36	0.00	22.44	19.35	0.00		21.58
农药、除草剂费	元	499.00	434.36	189.89	70.00	148.09	76.06	30.00		189.29
农膜费	元	40.47	130.92	23.32	40.00	1.28	8.65	0.00		29.62
排灌费	元	166.71	200.59	5.79	25.00	11.97	24.67	0.00		53.50
机械费	元	714.66	567.68	195.14	7.50	88.59	81.60	0.00		219.04
土地租赁费（含实物折价）	元 / 年	0.00	1764.13	255.80	25.00	78.85	17.85	0.00		304.14
自家投劳	工日	133.53	71.92	56.34	12.50	42.88	36.13	30.00	400.00	53.69
雇工	工日	1.81	8.93	3.33	0.00	2.09	7.81	0.00		5.91
雇工平均价格	元 / 工日	39.04	20.95	41.37	1.75	27.38	12.85	0.00		23.21
运输仓储费	元	5.77	87.72	11.07	11.25	29.87	15.43	20.00		25.03
贷款利息	元	0.00	125.00	0.00	0.00	0.00	0.00	0.00		16.64
保险费支出	元	0.00	80.99	0.16	0.00	0.00	0.00	0.00	3.00	10.91
其他费用	元	0.00	284.02	5.43	0.00	7.69	42.52	0.00		59.75

8.2.1.2 小麦

（1）当年小麦生产及销售情况

指标名称	单位	河北	吉林	福建	山东	河南	云南	陕西	新疆	全国
年初库存	千克					200.00		12.50	0.00	41.67
播种面积	亩	4.64	15.00		5.52	6.26	3.37	4.47	4.84	5.26
当年产量	千克	1878.73			2220.40	2504.93	650.20	1427.22	1584.38	1947.43
因灾减产	千克	12.72			87.69	170.77	156.89	1.06	333.33	97.57
获得农业保险赔偿	元	1.21	0.00		8.55	2.20	0.00	1.83	208.00	3.68
自食、送人数量	千克	577.03	0.00		454.56	429.38	24.59	530.90	741.23	471.10
用于饲料数量	千克	0.02	0.00		9.95	44.80	293.53	6.53	1212.50	46.99
总销售量	千克					2000.00				2000.00
总销售收入	元					4000.00				4000.00
留种自用	千克	34.42	0.00		10.96	23.51	2.15	2.61	99.00	18.15
本年末库存	千克	584.68	0.00		88.79	57.08	60.33	368.76	449.61	213.80
本年副产品收入	元	0.00	0.00		86.51	8.53	45.47	24.00	51.67	31.41
下年预计播种面积	亩	4.20	15.00		5.00	5.79	2.45	3.57	4.32	4.66

（2）小麦成本投入

指标名称	单位	河北	吉林	福建	山东	河南	云南	陕西	新疆	全国
种子、秧苗数量	千克	81.44	35.00		76.39	76.85	16.09	42.54	79.80	66.29
种子、秧苗金额	元	247.70	700.00		228.66	299.65	121.82	155.39	287.74	237.35
化肥施用量	千克	238.93	750.00		317.42	363.94	132.17	357.89	246.14	316.94
化肥金额	元	647.20	2000.00		892.89	1005.75	317.24	548.52	603.71	762.73
有机肥自产	元	41.57	0.00		42.03	17.05	602.13	7.16	879.09	110.15
有机肥外购	元	14.66	0.00		41.96	8.06	6.01	0.18	6680.00	77.77
农药、除草剂费	元	45.46	340.00		131.56	148.38	44.08	61.26	104.84	104.46
农膜费	元	0.00	0.00		0.61	0.67	0.14	0.58	0.00	0.55
排灌费	元	170.51	0.00		295.15	83.68	11.47	8.64	217.95	116.38
机械费	元	376.81	0.00		400.06	362.61	81.81	464.32	435.57	384.47
土地租赁费（含实物折价）	元/年	15.23	0.00		35.08	3.04	0.20	7.13	345.00	12.39
自家投劳	工日	19.67	28.00		40.29	31.89	47.80	36.26	1009.97	113.89
雇工	工日	0.30	0.00		0.53	0.28	0.96	0.53	977.55	17.65
雇工平均价格	元/工日	3.64	0.00		10.12	2.86	3.60	4.19	5494.50	92.84
运输仓储费	元	17.95	0.00		117.25	10.51	13.07	56.83	28710.40	950.33
贷款利息	元	0.00	0.00		1.49	0.00	0.00	0.52	3799.68	43.30
保险费支出	元	9.17	200.00		24.76	0.83	0.00	0.00	79.54	10.04
其他费用	元	9.95	0.00		0.00	6.11	11.47	10.86	915.00	11.14

8.2.1.3 玉米

（1）当年玉米生产及销售情况

指标名称	单位	河北	吉林	福建	山东	河南	云南	陕西	新疆	全国
年初库存	千克					0.00			0.00	0.00
播种面积	亩	3.80	16.93	2.22	4.29	5.99	3.58	4.61	18.85	8.20
当年产量	千克	2109.11	9999.24	490.00	2294.03	2598.90	1360.48	1726.11	7705.21	4068.57
因灾减产	千克	35.10	667.19	0.00	69.38	356.60	128.18	22.39	932.26	283.23
获得农业保险赔偿	元	1.95	83.95	0.00	6.88	2.66	0.00	0.00	117.60	21.75
自食、送人数量	千克	136.15	92.44	484.00	85.86	40.71	24.82	19.04	481.00	69.20
用于饲料数量	千克	301.48	546.55	4.00	65.68	265.93	773.92	52.32	1708.21	463.37
总销售量	千克					2500.00			19000.00	10750.00
总销售收入	元					5000.00			31350.00	18175.00
留种自用	千克	1.75	3.85	4.00	1.54	0.25	0.59	0.00	58.33	1.66
本年末库存	千克	695.36	340.89	0.00	76.87	50.38	110.74	151.55	1108.38	220.28
本年副产品收入	元	3.62	48.96	0.00	77.84	13.27	24.50	0.09	305.00	34.25
下年预计播种面积	亩	3.40	15.77	0.40	4.40	5.40	3.01	3.65	15.23	7.03

（2）玉米成本投入

指标名称	单位	河北	吉林	福建	山东	河南	云南	陕西	新疆	全国
种子、秧苗数量	千克	11.33	42.45	26.40	13.25	16.54	9.43	10.85	75.38	24.07
种子、秧苗金额	元	166.03	917.74	307.60	214.23	247.40	196.53	193.82	818.29	400.57
化肥施用量	千克	198.08	795.79	136.00	268.96	331.86	263.50	335.87	623.03	408.79
化肥金额	元	488.28	2248.97	392.00	773.25	975.63	551.60	529.34	1761.41	1084.65
有机肥自产	元	53.57	143.75	170.00	22.55	7.39	187.26	15.93	427.88	98.52
有机肥外购	元	10.04	28.48	3.20	5.07	0.00	6.67	5.38	348.17	11.26
农药、除草剂费	元	44.16	271.71	56.40	118.68	138.56	75.27	71.24	336.20	143.70
农膜费	元	2.35	60.88	2.00	4.47	2.38	14.42	4.54	1065.94	91.65
排灌费	元	117.39	125.92	0.00	163.87	65.71	3.38	24.92	1480.58	158.38
机械费	元	269.14	367.47	0.00	241.32	297.44	65.07	450.24	1516.18	343.50
土地租赁费（含实物折价）	元 / 年	67.72	239.57	0.00	41.35	8.78	11.44	26.00	4173.93	133.34
自家投劳	工日	24.17	39.02	73.20	21.97	29.95	34.98	42.20	59.30	33.52
雇工	工日	0.71	1.16	0.00	0.03	0.50	1.10	1.11	14.79	1.16
雇工平均价格	元 / 工日	2.80	12.92	0.00	0.18	5.34	5.47	5.82	126.90	8.65
运输仓储费	元	18.63	64.06	0.00	96.11	12.82	19.09	51.82	589.26	53.57
贷款利息	元	0.00	10.30	0.00	0.00	0.00	0.18	0.00	1418.39	12.30
保险费支出	元	8.50	36.81	0.00	8.17	1.01	0.45	0.00	60.70	11.90
其他费用	元	7.25	55.42	0.00	0.07	4.18	12.63	9.23	737.50	22.26

8.2.2 畜牧业

8.2.2.1 生猪

（1）生猪生产及销售情况

指标名称	单位	河北	吉林	福建	山东	河南	云南	陕西	新疆	全国
年末存栏数量	头	21.49	1.51	14.00	25.70	23.76	3.93	6.17	10.25	7.17
年末能繁母畜存栏数量	头	3.87	0.47	1.50	5.40	3.62	0.67	1.14	3.40	1.25
新生、新购数量	头	42.38	1.88	31.11	35.11	32.15	6.33	49.29	17.17	11.85
出栏或产量	头	55.13	6.10	18.00	58.64	39.33	13.18	34.00	24.50	19.55
因灾减产或死亡	头	5.23	0.63	5.00	7.17	5.05	0.64	7.88	14.50	1.61
获得农业保险赔偿	元	0.00	0.02	0.00	0.00	1.64	0.48	0.00		0.51
自食或送人数量	千克	10.46	16.47	7.40	0.23	2.84	6.03	0.00	4.33	6.83
总销售收入	元									
仔（中）畜（禽苗）销售收入	元									
平均出栏活重或单产	千克 / 头	88.27	14.28	82.78	76.36	103.09	78.41	27.50	47.33	74.42
副产品收入	元	59.20	0.00	0.00	28.57	20.18	30.68	0.00		26.73
下年生产计划	头	47.79	1.25	22.89	46.20	42.14	6.70	41.25	24.00	13.61

（2）生猪成本投入

指标名称	单位	河北	吉林	福建	山东	河南	云南	陕西	新疆	全国
仔畜（禽苗）自繁数量	头	33.00	2.58	14.00	18.22	36.05	4.81	35.88	6.00	10.06
仔畜（禽苗）外购数量	头	15.00	4.27	27.25	2.20	12.85	3.45	27.50	15.14	5.87
仔畜（禽苗）外购金额	元	392.14	275.00	616.67	1468.33	2084.91	950.28	202.86	3385.71	984.95
饲料外购数量	千克	11349.38	192.12	6600.00	6992.55	10501.00	907.52	13753.75	11125.00	2741.05
饲料外购金额	元	22313.36	735.93	237.50	14686.36	30153.28	2046.71	28725.00	23033.33	6572.65
饲料自产数量	千克	642.87	764.95	210.00	954.58	2010.18	856.83	1125.00	475.00	928.68
饲料自产折价金额	元	1038.95	575.44	240.00	1416.67	3424.32	1404.00	225.00	1200.00	1451.30
防疫及兽药	元	1342.57	81.83	1037.67	1241.17	750.34	140.54	612.50	346.67	295.72
水电费	元	265.86	115.78	345.00	295.45	311.72	64.63	537.50	245.00	119.72
自家投劳数量	工日	66.61	40.13	76.00	116.92	175.52	69.95	154.38	132.14	80.09
雇工数量	工日	0.63	0.02	0.00	0.00	0.00	0.02	0.00		0.05
雇工价格	元/工日	0.00	0.00	0.00	0.00	0.00	0.00	0.00		0.00
场地租赁费（包括实物折价）	元/年	48.00	0.00	0.00	37.50	10.00	2.84	0.00		5.80
贷款利息	元	0.00	16.95	0.00	0.00	0.00	14.61	0.00		11.98
保险费支出	元	9.50	5.00	0.00	0.00	3.93	4.36	1.88	240.00	4.83
其他费用	元	25.00	6.78	0.00	0.00	47.87	13.64	0.00	1000.00	17.87

8.2.2.2 肉牛

（1）肉牛生产及销售情况

指标名称	单位	河北	吉林	福建	山东	河南	云南	陕西	新疆	全国
年末存栏数量	头	8.25	5.15				2.44	1.00	7.24	5.18
年末能繁母畜存栏数量	头	0.33	2.21				0.69	1.00	5.47	3.15
新生、新购数量	头	0.33	1.69				0.44	0.00	4.26	2.20
出栏或产量	头	2.00	0.94				0.66	0.00	4.15	1.86
因灾减产或死亡	头	0.00	0.10				0.03	0.00	1.86	0.14
获得农业保险赔偿	元	0.00	5.87				0.00	0.00		1.31
自食或送人数量	千克	0.00	1.23				0.09	0.00	1.25	0.58
总销售收入	元									
仔（中）畜（禽苗）销售收入	元									
平均出栏活重或单产	千克/头	225.00	74.20				13.17	0.00	187.95	64.02
副产品收入	元	0.00	344.83				5.00	0.00	640.00	87.26
下年生产计划	头	9.00	3.31				1.39	1.00	6.75	3.23

（2）肉牛成本投入

指标名称	单位	河北	吉林	福建	山东	河南	云南	陕西	新疆	全国
仔畜（禽苗）自繁数量	头	1.00	2.50				0.32	0.00	5.30	2.35
仔畜（禽苗）外购数量	头	10.00	0.64				0.46	0.00	5.00	0.87
仔畜（禽苗）外购金额	元	0.00	2910.35				1608.38	0.00	14888.89	2697.36
饲料外购数量	千克	0.00	53.45				58.28	0.00	2196.67	603.24
饲料外购金额	元	5000.00	356.90				174.70	0.00	4129.80	1341.40
饲料自产数量	千克	2750.00	1266.13				300.20	0.00	8380.65	1693.20
饲料自产折价金额	元	2000.00	1682.26				353.70	0.00	2957.24	1080.98
防疫及兽药	元	0.00	98.67				22.56	150.00	366.88	76.42
水电费	元	0.00	40.67				7.19	100.00	316.88	48.38
自家投劳数量	工日	182.50	117.97				77.32	0.00	272.75	111.07
雇工数量	工日	0.00	1.67				0.30	0.00	65.00	1.54
雇工价格	元 / 工日	0.00	6.67				0.95	0.00	120.00	3.93
场地租赁费（包括实物折价）	元 / 年	0.00	0.00				0.00	0.00		0.00
贷款利息	元	3600.00	0.00				0.00	0.00	1406.90	94.32
保险费支出	元	0.00	2.80				0.00	0.00	200.00	2.10
其他费用	元	0.00	186.67				0.00	0.00	575.00	57.25

8.2.2.3　肉羊

（1）肉羊生产及销售情况

指标名称	单位	河北	吉林	福建	山东	河南	云南	陕西	新疆	全国
年末存栏数量	只	63.50	43.96	20.00	2.00	3.00	32.11	2.00	57.88	55.02
年末能繁母畜存栏数量	只	13.60	28.35	11.00	2.00	2.00	10.05	1.00	44.55	40.70
新生、新购数量	只	30.20	34.91	15.00	7.00	3.00	11.00	0.00	28.51	27.59
出栏或产量	只	17.50	36.67	11.00	6.33	3.00	13.95	0.00	29.50	28.27
因灾减产或死亡	只	0.00	4.48	7.00	0.00	0.00	1.00	0.00	4.40	3.86
获得农业保险赔偿	元	0.00	0.00	0.00	0.00	0.00	0.00	0.00	2.75	0.38
自食或送人数量	千克	0.00	0.22	0.00	0.00	0.00	0.58	0.00	16.56	13.77
总销售收入	元									
仔（中）畜（禽苗）销售收入	元									
平均出栏活重或单产	千克 / 只	15.50	6.14	48.00	31.67	0.00	33.75	0.00	26.51	24.29
副产品收入	元	66.67	972.73	2000.00	400.00	0.00	0.21	0.00	1571.87	1112.13
下年生产计划	只	48.00	52.17	30.00	1.67	0.00	17.05	0.00	60.67	54.84

（2）肉羊成本投入

指标名称	单位	河北	吉林	福建	山东	河南	云南	陕西	新疆	全国
仔畜（禽苗）自繁数量	只	30.60	35.36	21.00	4.00	0.00	16.37	0.00	33.56	31.97
仔畜（禽苗）外购数量	只	13.33	0.00	9.00	4.33	0.00	2.44	2.00	7.93	5.46
仔畜（禽苗）外购金额	元	0.00	130.43	7400.00	10.00	0.00	27.72	800.00	4777.80	2909.03
饲料外购数量	千克	0.00	878.26	100.00	0.00	0.00	171.05	35.00	3163.50	2513.31
饲料外购金额	元	0.00	1608.70	120.00	0.00	0.00	340.53	130.00	4578.52	3675.07
饲料自产数量	千克	704.00	1854.35	0.00	283.33	700.00	118.42	0.00	2400.59	2010.38
饲料自产折价金额	元	2266.00	2320.46	0.00	473.33	1400.00	243.42	0.00	2792.83	2389.61
防疫及兽药	元	142.50	265.87	200.00	0.00	100.00	195.53	0.00	341.13	306.63
水电费	元	12.00	101.30	0.00	0.00	100.00	10.79	0.00	257.59	187.10
自家投劳数量	工日	256.25	39.13	0.00	7.33	100.00	100.74	30.00	226.63	179.39
雇工数量	工日	0.00	0.00	0.00	0.00	0.00	1.32	0.00	127.33	38.01
雇工价格	元/工日	0.00	0.00	0.00	0.00	0.00	8.42	0.00	591.47	165.19
场地租赁费（包括实物折价）	元/年	0.00	0.00	0.00	0.00	0.00	0.00	0.00	53.33	5.71
贷款利息	元	0.00	0.00	0.00	0.00	0.00	0.00	0.00	16.00	1.45
保险费支出	元	50.00	7.83	0.00	0.00	0.00	0.00	0.00	0.00	5.19
其他费用	元	0.00	130.43	0.00	0.00	0.00	73.68	0.00	1022.22	573.08

8.2.2.4 肉鸡

（1）肉鸡生产及销售情况

指标名称	单位	河北	吉林	福建	山东	河南	云南	陕西	新疆	全国
年末存栏数量	只		11.27	12.70	11.50	11.42	11.49	2.00	19.27	12.76
年末能繁母畜存栏数量	只		2.82	4.55	5.00	0.29	1.61	1.00	10.37	2.69
新生、新购数量	只		11.70	8.82	0.00	17.11	11.97	0.00	42.00	13.00
出栏或产量	只		15.56	8.31	2.00	10.09	17.75	0.00	443.62	56.22
因灾减产或死亡	只		3.50	2.09	1.00	0.40	0.45	0.00	33.88	3.55
获得农业保险赔偿	元		0.00	0.00	0.00	0.00	0.01	0.00		0.01
自食或送人数量	只		6.00	10.58	3.75	11.26	9.35	0.00	18.33	10.47
总销售收入	元									
仔（中）畜（禽苗）销售收入	元									
平均出栏活重或单产	千克/只		0.50	2.66	1.25	2.82	2.28	0.00	1.78	2.28
副产品收入	元		0.00	0.00	5.00	18.86	49.20	0.00	374.25	37.74
下年生产计划	只		15.00	4.93	2.60	18.12	13.64	0.00	75.27	16.98

（2）肉鸡成本投入

指标名称	单位	河北	吉林	福建	山东	河南	云南	陕西	新疆	全国
仔畜（禽苗）自繁数量	只		7.00	3.70	6.75	0.91	4.27	0.00	11.43	4.04
仔畜（禽苗）外购数量	只		11.56	9.91	30.50	21.91	9.50	2.00	72.90	19.86
仔畜（禽苗）外购金额	元		74.44	128.94	61.40	88.91	122.47	23.00	255.66	135.02
饲料外购数量	千克		359.00	203.13	40.00	58.18	52.43	0.00	1043.19	192.91
饲料外购金额	元		100.00	274.70	80.00	184.79	146.58	0.00	905.29	234.18
饲料自产数量	千克		288.89	60.64	22.00	144.00	110.71	0.00	400.00	131.30
饲料自产折价金额	元		509.00	123.24	62.50	289.09	209.59	0.00	588.78	247.04
防疫及兽药	元		141.00	44.55	2.00	95.03	17.48	0.00	78.96	40.25
水电费	元		76.67	1.82	0.00	22.94	12.54	0.00	129.76	21.82
自家投劳数量	工日		47.78	34.96	16.00	32.23	25.87	2.00	151.67	34.13
雇工数量	工日		0.00	0.00	0.00	0.00	0.15	0.00		0.09
雇工价格	元 / 工日		0.00	0.00	0.00	0.00	0.58	0.00		0.36
场地租赁费（包括实物折价）	元 / 年		0.00	0.00	0.00	0.00	0.00	0.00		0.00
贷款利息	元		0.00	0.00	0.00	0.00	0.00	0.00		0.00
保险费支出	元		0.00	0.00	0.00	0.00	0.00	0.00		0.00
其他费用	元		215.00	0.00	0.00	28.57	10.76	0.00		18.04

8.3 农户家庭收支情况

8.3.1 农户家庭收入

指标名称	单位	河北	吉林	福建	山东	河南	云南	陕西	新疆	全国
出售家庭资产收入（如房子、机械、家电等）	元	0.93	0.22	0.10	10.12	2.88	12.00	1.20	2.12	4.13
县域内农业务工收入	元	2131.07	1029.86	4642.46	968.30	686.28	1478.62	1777.87	7947.50	1896.92
县域内工业、建筑业、采矿业打工收入	元	5988.38	1778.69	2646.25	1593.18	3703.49	1990.62	1972.48	10519.41	2789.36
县域内交通运输、邮电业打工收入	元	536.10	216.94	280.00	280.61	85.88	176.47	377.63	8535.29	303.70
县域内批发、零售、贸易、餐饮业打工收入	元	1330.86	321.06	970.12	490.80	338.35	186.31	711.89	10883.33	651.63
县域内社会服务业、文教卫生业打工收入	元	2066.06	441.72	2532.78	314.23	674.40	807.27	679.02	13943.02	1220.43
县域外农业务工收入	元	440.89	128.57	186.63	49.71	1206.20	780.49	76.76	3327.27	418.61
县域外工业、建筑业、采矿业打工收入	元	3966.17	874.74	1728.71	808.05	6007.51	1755.44	3939.62	13100.00	2688.18

（续表）

指标名称	单位	河北	吉林	福建	山东	河南	云南	陕西	新疆	全国
县域外交通运输、邮电业打工收入	元	120.13	2.05	27.61	23.08	429.26	43.31	251.29	6527.27	148.66
县域外批发、零售、贸易、餐饮业打工收入	元	855.59	217.66	720.91	214.50	815.86	155.64	2272.55	6811.11	740.32
县域外社会服务业、文教卫生业打工收入	元	1063.49	113.04	460.47	184.76	531.43	291.54	1588.81	5875.00	578.05
利息	元	636.54	76.64	126.76	102.94	60.94	91.15	78.77	927.81	168.90
股息	元	0.00	0.00	0.00	0.00	0.00	0.00	0.00	0.00	0.00
土地征用补偿	元	0.00	0.00	10.54	15.71	5.09	0.19	0.00	0.00	4.83
土地出租租金	元	47.66	41.64	137.34	141.87	165.12	91.22	20.15	2094.23	104.09
房屋租赁收入	元	0.00	0.00	0.00	0.39	0.00	0.00	0.00	0.00	0.06
机械设备租赁收入	元	0.00	0.00	0.00	0.00	0.00	0.00	0.00	0.00	0.00
从村集体分得福利收入	元	2.01	0.00	12.48	0.96	0.00	0.38	0.00	125.63	2.80
种粮补贴（包括粮食直接补贴、粮食作物良种补贴、农业生产资料综合补贴和农机具购置补贴）	元	361.61	326.58	14.88	4.94	14.92	37.42	31.82	491.09	115.24
非粮食类农作物良种补贴	元	16.30	0.61	0.20	0.00	1.83	1.20	1.30	636.68	8.07
畜牧业补贴	元	0.00	0.00	0.00	0.00	0.00	0.00	0.00	0.00	0.00
渔业补贴	元	0.00	0.00	0.00	0.00	0.00	0.00	0.00	0.00	0.00
林业补贴（不包括退耕还林还草）	元	0.00	0.00	0.45	0.00	0.09	4.64	0.00	0.00	0.81
退耕还林还草补偿	元	5.22	18.81	0.35	0.00	5.95	16.89	55.53	173.33	14.71
草原生态补贴	元	0.19	0.00	0.00	0.00	0.00	12.84	1.03	3947.61	99.34
救济金、救灾款	元	0.00	0.00	0.00	0.00	0.00	0.00	0.00	0.00	0.00
无偿扶贫款	元	0.00	0.00	0.00	0.00	0.00	0.00	0.00	0.00	0.00
抚恤金	元	0.00	0.00	0.00	0.00	0.00	0.00	0.00	0.00	0.00
低保金	元	65.11	77.81	28.04	16.14	40.34	109.82	33.65	1260.18	71.73
退休金	元	13.39	6.17	6.71	6.37	4.59	0.00	4.38	895.00	8.66
合作社利润返还	元	0.00	0.00	0.00	0.00	0.00	0.00	0.00	0.00	0.00
社会保障收入	元	328.30	0.00	16.91	13.09	3.30	69.81	7.69	223.33	57.14
社会保障收入其中：农村新型合作医疗报销	元	205.08	180.77	192.69	188.55	222.55	415.27	420.40	1203.74	288.64
社会保障收入农村养老保险年金	元	301.80	73.92	110.69	105.30	181.39	166.31	345.25	684.30	185.46
社会保障收入城镇医疗保险报销	元	0.00	0.00	0.00	0.00	0.00	0.00	0.00	0.00	0.00
社会保障收入城镇养老保险年金	元	25.85	25.94	1.37	0.00	0.00	1.35	2.03	70.00	7.01

（续表）

指标名称	单位	河北	吉林	福建	山东	河南	云南	陕西	新疆	全国
棋牌娱乐收入（如亏损，用负数表示）	元	4.18	12.40	4.36	5.63	1.34	3.22	25.32	520.59	10.56
人情礼收入	元	303.59	322.11	138.76	386.86	83.62	144.37	266.47	2132.60	272.81
彩礼、陪嫁	元	0.00	0.00	0.00	1.17	2.32	1.89	0.00	550.00	2.16
商业保险赔付	元	0.00	0.00	0.00	0.00	0.00	0.00	0.00	0.00	0.00
家庭非常住人口寄回或带回、亲友赠送	元	141.24	25.15	63.61	207.95	46.47	77.94	13.98	1100.00	86.78
新农村建设建房补贴	元	0.00	6.30	0.00	3.80	0.00	0.00	0.00	1978.57	5.66

8.3.2 农户家庭收入（分行业）

指标名称	单位	河北	吉林	福建	山东	河南	云南	陕西	新疆	全国
农业生产服务总收入	元	1638.99	25226.88	17769.12	790.22	7214.19	1685.68	1002.17	44873.56	9973.27
收入林业总收入	元	0.00	0.00	0.00	0.00	0.00	0.00	0.00	0.00	0.00
工业总收入	元	0.00	0.00	0.00	0.00	0.00	0.00	0.00	0.00	0.00
建筑业总收入	元	186.67	1929.22	138.46	67.66	1085.66	242.72	0.00	1075.00	472.38
交通运输业、邮电业总收入	元	1094.16	337.14	420.77	116.33	365.25	447.71	111.94	9966.67	412.28
批发和零售贸易、餐饮业总收入	元	4420.00	376.02	4680.78	1234.00	639.50	1444.09	1441.67	8795.00	1753.93
社会服务业总收入	元	138.51	70.25	78.14	28.88	151.08	28.66	22.06	3488.89	79.41
文教卫生业总收入	元	0.00	0.00	0.00	0.00	0.00	0.00	0.00	0.00	0.00
农业生产服务纯收入	元	1349.41	16773.15	11547.53	485.75	5159.52	691.19	500.00	27576.08	5947.46
林业纯收入	元	0.00	0.00	0.00	0.00	0.00	0.00	0.00	0.00	0.00
工业纯收入	元	0.00	0.00	0.00	0.00	0.00	0.00	0.00	0.00	0.00
建筑业纯收入	元	280.26	1922.13	282.91	70.57	1497.91	157.89	0.00	6500.00	557.03
交通运输业、邮电业纯收入	元	968.15	206.53	167.72	92.09	90.09	245.85	0.00	10400.00	271.08
批发和零售贸易、餐饮业纯收入	元	3374.96	123.98	2636.29	781.95	534.53	610.75	1167.63	11481.82	1138.63
社会服务业纯收入	元	248.34	211.38	77.85	35.36	417.04	16.23	131.25	5114.29	156.81
文教卫生业纯收入	元	0.00	0.00	0.00	0.00	0.00	0.00	0.00	0.00	0.00

8.3.3 农户家庭经营支出、生产性固定资产支出和税费支出

指标名称	单位	河北	吉林	福建	山东	河南	云南	陕西	新疆	全国
农业生产服务支出	元	435.00	8645.79	6416.32	394.68	880.27	2822.78	2360.55	8085.38	4144.01
林业支出	元	0.00	0.00	0.00	0.00	0.00	0.00	0.00	0.00	0.00

（续表）

指标名称	单位	河北	吉林	福建	山东	河南	云南	陕西	新疆	全国
工业生产支出	元	0.00	0.00	0.00	0.00	0.00	0.00	0.00	0.00	0.00
建筑业生产支出	元	23.26	342.68	7.69	6.76	27.40	119.14	0.00	733.33	55.82
交通运输业、邮电业支出	元	636.75	805.26	604.29	54.67	238.57	373.31	140.25	2430.45	492.95
批发和零售贸易、餐饮业支出	元	1801.75	1088.20	1949.51	214.11	219.90	907.68	1059.87	2157.93	824.16
社会服务业支出	元	5.00	48.48	108.00	0.00	17.19	26.08	0.00	880.59	26.88
文教卫生业支出	元	305.98	1205.68	388.57	63.70	196.14	453.14	475.67	3068.06	450.08
其他家庭经营费用支出	元	721.29	2058.07	753.85	18.00	173.74	366.62	96.08	2733.97	447.52
建造和购置生产性固定资产的费用支出	元	287.61	824.79	302.94	374.65	473.10	351.07	187.58	3554.29	459.24
生产性固定资产折旧（使用年限15年）	元	102.14	796.33	48.48	582.89	357.82	87.45	67.87	1850.27	388.79
第一产业纳税（农、林、牧、渔业）	元	0.00	46.15	0.00	0.41	186.32	0.01	0.00	1161.35	45.76
第二产业纳税（工业和建筑业）	元	0.00	0.00	0.00	0.00	0.00	0.00	0.00	0.00	0.00
第三产业纳税（商业和服务业）	元	0.00	0.00	0.00	0.00	0.00	0.00	0.00	0.00	0.00
“一事一议”筹资	元	88.68	11.92	15.30	6.95	18.60	9.76	46.32	135.38	30.18
其他各项集资收费	元	0.00	0.00	0.00	0.00	0.00	0.00	0.00	0.00	0.00

8.3.4 农户家庭食品消费数量及支出

8.3.4.1 农户家庭全年食品购买数量（不含自产自用）

指标名称	单位	河北	吉林	福建	山东	河南	云南	陕西	新疆	全国
面粉	千克	216.91	116.23	15.97	199.15	120.76	17.17	183.00	302.13	142.44
大米	千克	64.83	177.32	238.11	38.13	79.45	116.14	27.32	104.24	105.21
玉米面	千克	19.72	10.87	0.57	9.00	3.02	1.52	6.27	17.77	6.96
小米	千克	18.99	9.70	0.09	9.69	5.10	0.01	5.84	7.16	6.52
高粱	千克	0.00	0.00	0.00	0.00	0.00	0.00	0.00	0.00	0.00
其他谷物及其制品（荞麦、燕麦、大麦、糜子、黍子、薏仁、籽粒苋等，谷物制品折粮计算）	千克	0.41	0.02	0.20	0.26	0.16	0.35	0.42	11.83	0.37
薯类（红薯、马铃薯、木薯、芋类等，不包括菜用）	千克	15.25	52.95	3.40	15.48	26.32	23.90	24.23	83.82	26.91
粮食复制品（利用原粮加工而成的食品，如挂面、年糕等；但不包括用粮食加工成的豆油、豆腐、粉条、酒等）	千克	9.84	7.00	6.93	12.90	8.85	10.01	6.18	20.87	9.49

（续表）

指标名称	单位	河北	吉林	福建	山东	河南	云南	陕西	新疆	全国
大豆	千克	4.65	3.65	1.56	2.97	0.82	1.99	1.55	7.11	2.51
杂豆（绿豆、红豆、蚕豆、豌豆、豇豆、扁豆、黑豆等）	千克	3.18	2.56	2.20	2.60	0.84	2.86	3.70	10.23	2.64
豆制品（各种豆腐、豆腐干 / 皮 / 丝、千张、素鸡、腐竹、豆浆粉、豆浆、豆奶、豆腐脑等）	千克	13.08	15.38	4.97	13.23	15.80	10.22	18.21	17.88	12.82
植物性食用油（花生油、芝麻油、菜籽油、豆油、茶油、棉籽油等）	千克	33.52	34.80	36.86	30.53	33.41	14.86	44.85	56.63	34.68
动物性食用油（猪油、牛油、羊油等）	千克	1.75	5.40	6.28	0.99	0.45	12.97	1.25	17.54	4.65
猪肉及制品	千克	36.62	35.97	68.91	32.52	46.52	43.98	23.06	41.67	41.72
牛肉及制品	千克	1.92	3.50	3.48	2.76	2.72	5.27	1.79	34.03	6.40
羊肉及制品	千克	1.25	0.81	1.88	1.99	2.11	1.70	0.42	54.96	7.79
鸡肉及制品	千克	9.09	6.03	10.37	11.59	15.73	7.23	2.29	21.49	10.26
其他禽肉及制品（鸭、鹅、鹌鹑、鸽、麻雀、火鸡等）	千克	0.51	0.52	2.23	0.22	0.47	1.35	0.02	11.29	0.96
其他肉类及制品（狗肉、驴肉、马肉、蛇肉、兔肉、鹿肉、蛙类等，但不包括鱼、虾等水产品）	千克	0.10	0.35	0.16	0.19	0.14	0.43	0.02	5.90	0.25
畜禽下水（内脏）及制品	千克	0.70	0.19	0.24	0.89	0.84	0.17	0.03	5.13	0.47
鸡蛋及制品	千克	28.40	12.35	15.71	36.29	26.64	7.36	22.47	25.43	21.55
鸭蛋及制品	千克	0.69	1.45	6.66	0.75	0.65	0.49	0.05	5.10	1.60
其他蛋类及制品（鹅蛋、鹌鹑蛋、鸽蛋等）	千克	0.04	0.02	0.02	0.07	0.01	0.09	0.00	1.14	0.04
鲜奶（牛奶、羊奶等）	千克	4.24	1.35	6.15	24.55	2.86	2.06	3.03	67.93	10.12
奶制品（酥油、奶粉、酸奶、炼乳、可可奶、麦乳精等）	千克	4.32	0.64	1.27	4.70	10.56	1.64	2.80	18.54	4.14
鱼类及制品	千克	12.68	14.67	17.58	12.38	11.66	8.45	2.77	17.20	12.28
虾蟹类及制品	千克	2.49	0.16	1.55	1.72	0.40	0.20	0.01	4.70	0.97
其他水产品及制品	千克	0.40	0.50	0.66	0.39	0.15	0.19	0.02	3.44	0.35
蔬菜及菜制品（鲜菜、干菜，以及腌菜、榨菜、泡菜、酱菜等各类菜制品和蔬菜罐头，蔬菜和菜制品按鲜菜数量进行统计）	千克	130.04	108.51	117.30	180.47	117.80	70.36	151.93	204.70	133.72
水果及水果制品（各类鲜食水果、果用瓜、干果、蜜饯及水果罐头等）	千克	61.55	36.67	39.63	59.64	53.25	44.89	29.48	70.65	50.16
坚果及果仁制品（核桃、板栗、开心果、榛子、杏仁等坚果、果仁及其制品）	千克	3.27	1.09	1.86	3.03	2.01	3.59	1.95	19.13	4.14
卷烟（盒）	千克	135.87	120.95	132.27	118.35	142.17	108.35	200.27	158.33	134.65
烟丝、烟叶等其他烟	千克	0.53	1.06	0.10	0.56	0.13	1.49	0.13	8.67	0.67
酒类（白酒、黄酒、啤酒、果酒等）	千克	22.21	41.62	26.54	25.79	25.53	29.26	8.37	27.99	26.53

（续表）

指标名称	单位	河北	吉林	福建	山东	河南	云南	陕西	新疆	全国
食糖（白糖、红糖、冰糖、方糖等，不包括糖果、糖精）	千克	5.64	4.35	5.38	3.20	5.93	5.51	3.93	10.07	5.38
蜂蜜	千克	0.50	0.42	0.51	0.37	0.38	0.26	0.55	4.89	0.63
茶叶	千克	0.58	1.30	2.91	1.90	0.72	1.70	1.87	6.24	2.05
其他饮料（瓶/桶装水、碳酸类、果汁类、冲泡类等除酒、茶外的各种固/液体饮料以及雪糕等冷饮）	千克	9.96	7.93	6.39	8.40	17.38	15.11	4.27	31.25	11.60
调味品	千克	13.66	11.20	13.01	17.61	10.15	15.59	14.85	11.52	13.44

8.3.4.2 农户家庭全年食品购买金额（不含自产自用）

指标名称	单位	河北	吉林	福建	山东	河南	云南	陕西	新疆	全国
面粉	元	478.82	375.52	104.25	653.75	385.06	72.30	355.68	956.35	431.92
大米	元	258.49	772.14	1063.08	189.12	320.12	645.03	148.09	511.09	483.40
玉米面	元	65.35	64.81	3.37	29.49	32.06	9.55	18.26	64.12	32.30
小米	元	160.55	102.52	0.34	75.32	67.53	0.14	38.39	73.18	67.64
高粱	元	0.00	0.00	0.00	0.00	0.00	0.00	0.00	0.00	0.00
其他谷物及其制品（荞麦、燕麦、大麦、糜子、黍子、薏仁、籽粒苋等，谷物制品折粮计算）	元	11.40	12.12	1.26	1.99	5.31	11.34	7.88	65.00	7.60
薯类（红薯、马铃薯、木薯、芋类等，不包括菜用）	元	58.88	132.41	27.78	51.42	84.49	108.67	67.59	157.30	80.96
粮食复制品（利用原粮加工而成的食品，如挂面、年糕等；但不包括用粮食加工成的豆油、豆腐、粉条、酒等）	元	79.52	85.79	94.70	60.72	103.85	105.96	55.18	149.33	88.10
大豆	元	48.43	65.21	21.49	21.62	21.21	21.57	12.71	61.11	29.27
杂豆（绿豆、红豆、蚕豆、豌豆、豇豆、扁豆、黑豆等）	元	46.84	39.40	28.83	21.22	29.95	41.48	29.08	74.70	34.36
豆制品（各种豆腐、豆腐干/皮/丝、千张、素鸡、腐竹、豆浆粉、豆浆、豆奶、豆腐脑等）	元	88.79	137.49	72.02	65.90	130.22	98.96	100.86	88.23	96.85
植物性食用油（花生油、芝麻油、菜籽油、豆油、茶油、棉籽油等）	元	449.75	358.84	579.08	430.05	470.13	244.32	564.93	735.76	479.81
动物性食用油（猪油、牛油、羊油等）	元	54.35	195.42	164.11	20.23	41.72	394.47	81.90	197.73	148.77
猪肉及制品	元	737.85	879.60	1338.56	757.80	947.51	1078.15	552.33	915.61	902.91
牛肉及制品	元	195.84	362.00	400.57	147.51	390.51	478.07	183.89	1371.51	457.81
羊肉及制品	元	178.09	126.55	277.76	157.01	286.55	303.37	42.91	2424.21	629.25

（续表）

指标名称	单位	河北	吉林	福建	山东	河南	云南	陕西	新疆	全国
鸡肉及制品	元	163.06	229.71	297.29	176.67	279.65	195.55	56.61	389.22	226.26
其他禽肉及制品（鸭、鹅、鹌鹑、鸽、麻雀、火鸡等）	元	28.14	66.59	109.09	6.83	29.46	39.09	0.00	232.71	44.20
其他肉类及制品（狗肉、驴肉、马肉、蛇肉、兔肉、鹿肉、蛙类等，但不包括鱼、虾等水产品）	元	14.26	48.95	18.97	8.81	15.16	18.76	0.47	204.67	17.27
畜禽下水（内脏）及制品	元	68.61	16.04	10.54	20.33	50.39	5.44	2.59	201.88	23.75
鸡蛋及制品	元	227.97	190.61	180.81	269.77	246.92	141.82	175.79	216.04	209.70
鸭蛋及制品	元	20.71	39.07	105.49	4.95	34.35	17.26	0.35	76.38	35.50
其他蛋类及制品（鹅蛋、鹌鹑蛋、鸽蛋等）	元	3.33	0.57	0.07	0.39	0.39	1.07	0.00	37.22	0.87
鲜奶（牛奶、羊奶等）	元	92.66	96.37	117.22	204.52	106.72	80.72	72.38	393.25	161.22
奶制品（酥油、奶粉、酸奶、炼乳、可可奶、麦乳精等）	元	166.50	45.83	72.91	49.15	245.37	60.73	79.97	235.34	109.44
鱼类及制品	元	167.93	247.53	256.30	159.64	169.10	168.64	40.58	227.96	186.58
虾蟹类及制品	元	147.54	52.59	97.72	84.51	15.98	11.97	0.49	165.63	66.76
其他水产品及制品	元	28.17	17.86	28.77	6.02	17.72	3.41	0.00	104.69	13.46
蔬菜及菜制品（鲜菜、干菜，以及腌菜、榨菜、泡菜、酱菜等各类菜制品和蔬菜罐头，蔬菜和菜制品按鲜菜数量进行统计）	元	379.28	476.11	613.95	747.75	427.26	359.92	781.40	914.60	585.82
水果及水果制品（各类鲜食水果、果用瓜、干果、蜜饯及水果罐头等）	元	229.91	274.96	342.61	310.07	281.48	299.26	218.46	445.18	304.01
坚果及果仁制品（核桃、板栗、开心果、榛子、杏仁等坚果、果仁及其制品）	元	119.40	73.73	71.94	72.04	101.55	129.64	95.15	398.02	142.61
卷烟（盒）	元	950.14	1114.85	1176.92	812.87	1309.25	1147.83	1521.82	1563.88	1175.80
烟丝、烟叶等其他烟	元	36.70	49.38	6.14	20.55	10.71	72.08	21.38	135.91	31.53
酒类（白酒、黄酒、啤酒、果酒等）	元	412.10	432.72	447.79	334.10	634.74	437.97	244.77	760.14	457.42
食糖（白糖、红糖、冰糖、方糖等，不包括糖果、糖精）	元	55.98	60.73	68.66	30.73	60.80	79.76	44.84	109.49	63.17
蜂蜜	元	34.33	47.15	27.73	20.31	20.41	20.10	24.22	125.97	36.47
茶叶	元	79.84	109.51	189.73	162.78	118.27	92.79	166.10	199.24	145.16
其他饮料（瓶/桶装水、碳酸类、果汁类、冲泡类等除酒、茶外的各种固/液体饮料以及雪糕等冷饮）	元	122.62	90.80	86.43	55.23	162.51	148.05	85.07	184.76	115.88

（续表）

指标名称	单位	河北	吉林	福建	山东	河南	云南	陕西	新疆	全国
调味品	元	120.30	163.67	183.57	179.55	182.57	184.88	218.08	176.11	173.64
其他户内食品消费支出	元	133.07	92.04	63.15	62.38	132.05	89.39	77.96	321.09	98.24
食品加工费	元	73.22	16.60	18.10	11.13	52.81	17.22	63.42	85.20	30.68

8.3.4.3 家庭成员户外食品消费支出

指标名称	单位	河北	吉林	福建	山东	河南	云南	陕西	新疆	全国
在外吃饭的外出务工成员的户外食品（元）	元	2153.72	1308.68	3848.08	563.33	2691.74	1380.35	4819.00	2231.78	1947.46
在外吃饭的学生及陪读成员的户外食品（元）	元	2871.42	1552.03	3081.92	639.39	2426.51	1294.34	4638.33	2839.81	1861.47
在医院吃饭的病号及陪护成员的户外食品（元）	元	175.27	174.42	224.32	16.48	266.07	119.27	343.41	591.99	143.29
在家吃饭的家庭成员外出办事、购物、探亲访友、旅游等偶然性或临时性户外食品（元）	元	545.44	807.16	1216.53	227.10	844.29	526.69	1001.25	1151.14	662.72
其他户外食品消费支出	元	6.45	15.38	4.35	0.00	20.87	2.06	0.00	96.67	3.62

8.3.5 农户家庭非食品生活消费支出

指标名称	单位	河北	吉林	福建	山东	河南	云南	陕西	新疆	全国
衣着消费支出	元	1863.85	1475.86	3096.91	1449.84	1765.06	2119.83	2138.06	2780.52	2055.48
居住消费支出	元	350.79	82.88	156.02	1526.23	289.12	356.70	326.60	95.60	358.00
其中：在家居住成员租赁生活用房所付的租金（不包括外出住旅店和招待所所支付的住宿费，以及外出打工、在外陪读、在医院陪护等的房屋租赁支出或住宿费）	元	0.00	0.00	0.00	0.00	0.00	0.00	0.00	0.00	0.00
外出打工成员租赁生活用房所付的租金或在外住宿费	元	581.08	387.40	732.73	102.83	463.02	714.46	1465.68	1090.17	595.49
生活用水费	元	101.62	101.09	132.09	74.02	98.05	134.16	170.11	250.69	136.21
生活用电费	元	582.75	489.56	1063.69	650.72	690.30	555.09	547.08	618.05	642.01
生活用燃料支出（用于做饭、烧水、照明、洗漱和取暖等的生活能源支出，但不包括烧饲料用的燃料和交通用柴油、汽油等燃料）	元	1607.42	806.76	694.40	974.99	758.90	641.50	726.62	1290.34	958.56
家庭设备、用品及服务支出	元	598.88	659.49	1363.26	599.29	796.33	797.36	1297.76	1234.97	855.26

（续表）

指标名称	单位	河北	吉林	福建	山东	河南	云南	陕西	新疆	全国
医疗保健消费支出	元	775.18	1169.69	1020.83	750.91	814.87	989.19	1295.42	1642.05	1012.26
交通通信消费支出	元	1417.95	866.96	2406.29	1004.70	1441.23	1731.39	1706.77	1703.30	1505.25
其中：（1）因外出打工而产生的交通费支出	元	462.06	282.91	508.45	90.88	639.76	400.41	440.34	984.41	404.87
文教娱乐用品及服务支出	元	2643.85	2906.58	3057.32	1884.08	2117.91	1956.67	3487.96	2268.65	2346.19
其中：子女教育支出	元	4028.98	8183.15	5668.59	1730.05	3006.44	4178.80	6659.10	5440.33	4257.97
其他商品消费支出（化妆品、金银珠宝饰品，以及手表、迷信用品等其他生活用商品的消费支出）	元	395.89	382.56	406.95	239.03	319.37	321.99	434.22	1037.64	413.10
其他服务消费支出（旅店住宿费、洗澡费、美容美发、照相费、殡殓费等）	元	258.08	202.83	172.08	194.98	231.71	175.25	242.67	394.40	224.85
家庭成员外出务工成本支出（指中介费、职业介绍费、培训费、办证费及其他费用）	元	14.19	4.29	11.59	1.24	19.53	13.03	12.63	137.88	11.21

8.3.6 农户家庭财产性支出和转移性支出

指标名称	单位	河北	吉林	福建	山东	河南	云南	陕西	新疆	全国
非生产性贷款或借款的利息支出	元	0.00	0.00	0.00	0.00	0.00	0.00	0.00	0.00	0.00
宅基地使用费	元	0.00	0.00	0.00	0.00	0.00	0.00	0.00	0.00	0.00
土地承包费（包括承包集体和其他农户等）	元	102.78	338.70	1.80	135.31	31.75	118.79	83.76	2682.27	138.64
承包租赁村组集体资产支出（不包括承包土地）	元	0.00	0.00	0.00	0.00	0.00	0.00	0.00	0.00	0.00
其他	元	0.00	0.00	0.00	0.00	0.00	0.00	0.00	0.00	0.00
寄给和带给家庭非常住人口	元	62.73	23.99	8.48	55.52	45.87	54.30	9.77	1200.00	46.59
赠送亲友	元	201.23	103.82	114.91	386.35	120.96	126.21	124.70	1492.91	206.83
赡养费、抚养费	元	115.08	152.99	115.32	349.51	79.93	140.58	121.29	1493.19	189.63
公益事业捐赠（指对灾害、贫困、残疾人等群体或个人以及对文教卫体事业、环境保护、社会公共设施建设等社会公共和福利事业的爱心捐赠）	元	28.47	18.42	25.33	9.08	9.20	11.69	0.78	222.95	20.35
迷信、宗教活动捐赠	元	15.14	4.37	38.17	1.34	8.75	15.69	0.36	346.06	15.18

（续表）

指标名称	单位	河北	吉林	福建	山东	河南	云南	陕西	新疆	全国
人情礼支出	元	832.19	1891.47	1399.79	1461.79	962.11	854.00	1767.21	2038.33	1352.58
嫁妆、聘礼	元	11.59	70.02	50.72	66.68	63.44	66.12	29.81	1484.27	69.89
各种红白喜事宴请支出（婚丧、升学、盖房等）	元	508.86	1345.47	506.15	609.98	596.48	1286.31	300.46	3103.71	906.90
缴纳党费、团费	元	8.34	3.43	3.35	3.65	4.51	7.87	1.67	17.30	4.97
缴纳保险费支出	元	635.10	194.75	225.26	927.83	358.23	396.37	98.18	743.34	422.06
其中：农村新型合作医疗	人	193.53	174.46	196.35	194.32	220.25	239.31	191.30	199.39	201.42
城镇医疗保险支出	人	4.73	7.91	1.04	6.49	3.43	4.26	2.04	149.88	5.35
商业医疗保险支出	人	0.00	0.83	0.00	1.12	1.78	1.33	0.64	83.50	1.01
农村养老保险支出	人	220.84	203.19	232.43	296.73	241.62	268.77	232.17	324.32	249.82
城镇养老保险支出	人	10.60	6.46	5.59	14.84	14.75	9.52	2.87	275.29	11.49
商业养老保险支出	人	1.91	1.66	1.17	0.00	1.12	1.05	0.85	56.20	1.14
工伤保险支出	人	0.00	0.00	0.00	0.00	0.00	0.00	0.00	0.00	0.00
支出车辆保险支出	元	461.17	82.20	226.49	312.56	35.29	314.02	210.93	1300.00	250.01
其他保险支出（如人身意外险、疾病保险、财产保险及各种储蓄型保险等）	元	16.42	16.12	29.46	58.13	18.52	42.92	13.92	438.78	37.08
罚款（如违反计划生育罚款、交通违章罚款、违反治安管理处罚条例罚款等）、赔款	元	4.91	2.97	8.44	5.56	2.54	2.74	11.32	155.56	5.86
购买彩票	元	0.29	0.21	0.25	0.10	0.00	0.00	0.02	30.00	0.20
其他（如遗失、被盗等）	元	0.00	0.00	0.00	0.00	0.00	0.00	0.00	0.00	0.00

8.3.7 农户家庭生活用燃料数量及支出

8.3.7.1 农户家庭生活用燃料购买数量（不含交通用燃料）

指标名称	单位	河北	吉林	福建	山东	河南	云南	陕西	新疆	全国
秸秆	吨	8.37	61.95	0.47	16.00	28.15	3.86	14.83	2.53	16.91
薪柴	吨	34.39	77.07	74.97	65.48	80.24	139.09	77.70	5.14	69.89
煤炭	吨	727.65	63.69	1.89	442.86	319.00	203.24	426.51	198.97	264.97
罐装液化石油气	千克	6.90	21.73	59.85	8.48	13.87	2.37	6.11	36.05	18.63
管道天然气	立方米	0.00	0.00	0.00	0.00	0.00	0.00	0.01	1.39	0.02
管道煤气	立方米	0.00	0.00	0.00	0.00	0.00	0.00	0.00		0.00
汽油	升	3.66	6.84	7.56	0.94	2.16	3.13	4.63	15.58	4.78
柴油	升	2.47	6.96	0.18	0.50	1.01	0.83	2.46	8.96	1.91
沼气	立方米	0.03	0.00	0.00	0.00	0.18	0.04	0.00	0.38	0.03

8.3.7.2 农户家庭生活用燃料购买金额（不含交通用燃料）

指标名称	单位	河北	吉林	福建	山东	河南	云南	陕西	新疆	全国
秸秆	元	7.00	13.13	202.68	6.00	18.91	71.25	27.34	14.79	15.23
薪柴	元	30.93	36.49	97.40	186.72	121.21	33.48	346.78	94.80	41.24
煤炭	元	1172.25	1182.18	102.48	1.70	639.35	231.59	210.11	699.54	1252.53
罐装液化石油气	元	254.03	243.18	200.95	604.62	316.02	487.13	30.63	153.35	539.82
管道天然气	元	0.00	0.00	2.31	0.00	0.87	6.00	0.00	2.78	207.10
管道煤气	元	0.00	0.00	0.00	0.00	0.00	0.00	0.00	0.00	
汽油	元	292.19	172.74	530.19	145.85	80.79	89.09	277.88	629.82	1192.78
柴油	元	119.76	111.56	842.63	10.96	63.84	33.50	63.89	307.75	1141.55
沼气	元	9.74	3.60	0.00	0.00	1.57	7.94	7.19	0.00	0.00

第二部分

2012—2018 年

村庄统计

9

2012—2018 年全部样本的村庄统计

9.1　行政村基本情况

9.1.1　概况

指标名称	单位	2012	2013	2014	2015	2016	2017	2018
本村有多少自然村	个	3.31	3.44	3.46	3.44	3.47	3.48	3.47
本村共有多少户	户	338.17	343.90	368.52	369.00	361.93	375.61	376.98
其中：只务农的农户数	户	263.79	265.08	261.91	258.24	245.08	242.52	238.24
完全不务农农户数	户	31.17	39.27	40.06	38.48	43.98	50.90	51.23
第一种兼业农户数	户	22.33	43.80	53.03	53.02	47.97	55.36	55.39
第二种兼业农户数	户	17.50	31.74	42.61	39.98	43.63	40.25	43.47
其中：有自营工商业农户数	户	12.13	11.63	13.48	13.44	13.21	13.37	14.17
本村人均纯收入	元	7091.54	7401.55	7930.63	8317.53	8519.17	9301.24	8862.54
其中：非农收入	元	2775.36	3375.36	4364.46	4157.60	4612.41	4699.11	4894.37
本村委会距县政府距离	千米	22.08	21.63	21.37	21.60	21.75	20.93	21.16
距乡镇政府距离	千米	4.89	5.05	5.00	4.79	5.24	5.33	5.17
距最近的集贸市场距离	千米	4.03	3.99	4.13	3.98	4.19	4.03	4.13
距最近的车站 / 码头距离	千米	5.44	5.77	6.08	5.71	5.42	5.04	5.05
距最近的幼儿园距离	千米	2.34	2.49	2.39	2.37	2.21	2.22	2.29
距最近的小学距离	千米	1.75	1.86	1.93	2.02	2.04	2.07	2.16
距最近的初中距离	千米	5.28	5.39	5.51	5.31	5.24	5.22	5.46
距最近卫生所（站）距离	千米	1.60	1.61	1.57	1.42	1.55	1.31	1.48
距最近农资销售点距离	千米	2.60	2.54	2.53	2.44	2.44	2.41	2.77
距最近的邮政所的距离	千米	4.39	4.52	4.43	4.36	4.43	4.48	4.64

9.1.2 土地、水等资源

指标名称	单位	2012	2013	2014	2015	2016	2017	2018
本村村域土地总面积	亩	5983.56	6862.69	6907.27	7584.80	7893.22	7602.07	8700.28
其中：宅基地	亩	289.85	293.44	322.21	336.49	322.35	313.70	315.55
本村耕地总面积	亩	2693.85	2906.51	2931.33	2992.59	2848.50	2981.66	3259.74
其中：水田总面积	亩	534.41	756.75	875.97	728.52	702.51	749.38	742.57
水浇地面积	亩		1603.65	1631.45	1495.37	1401.69	1437.76	1505.10
旱地总面积	亩	1923.75	1809.76	1821.89	1705.36	1810.55	1948.71	1889.17
家庭经营的本村耕地面积	亩	1668.75	2439.70	2538.88	2620.87	2602.71	2655.11	2546.44
集体经营的本村耕地面积	亩		190.57	287.24	289.57	231.99	147.25	296.61
合作经营的本村耕地面积	亩	0.00	20.23	35.36	76.72	53.59	62.76	115.48
企业经营的本村耕地面积	亩	0.00	26.37	31.63	41.32	27.52	48.18	91.42
其他形式经营的本村耕地面积	亩	0.00	110.67	105.21	60.85	63.20	82.61	73.84
其中：撂荒的本村耕地面积	亩	0.00	65.53	71.68	56.93	105.72	93.90	102.45
园地面积（果园、茶园、桑园等）	亩	327.04	426.52	408.03	424.54	425.95	401.55	456.00
林地面积（包括退耕还林）	亩	1401.47	1834.99	1966.57	1864.91	1778.28	1744.31	1830.71
草地面积（包括退耕还草）	亩	189.96	307.64	236.95	242.91	285.81	274.73	371.03
水面面积（包括鱼塘）	亩	19.52	40.61	41.96	41.71	28.64	35.51	22.14
内新增耕地面积（若减少则用负数表示）	亩	4.36	10.47	17.91	12.90	13.27	12.37	1.14
土地流转面积	亩	196.66	321.16	308.45	322.60	312.33	369.18	356.00
其中：转包	亩	123.23	232.53	269.59	258.68	262.83	317.49	322.12
出租	亩	58.90	154.03	150.72	131.51	129.56	105.22	144.46
互换	亩	1.81	14.92	16.17	12.38	10.22	14.18	12.30
转让	亩	2.99	10.57	15.79	16.57	6.69	7.38	2.70
入股	亩	0.00	0.00	0.00	0.00	0.00	0.00	0.00
抵押	亩	0.00	0.00	0.00	0.00	0.00	0.00	0.00
其他（请注明）	亩	0.00	0.00	0.00	0.00	0.00	0.00	0.00
本村未开发可以用于农业生产的土地面积	亩	13.16	54.35	65.51	49.86	35.62	46.41	20.06
本村被征用土地面积	亩	28.50	55.78	64.83	68.27	56.70	40.23	47.64
其中：耕地	亩	26.57	42.96	34.67	46.52	40.74	35.09	30.34
其他农用地	亩	3.75	16.71	23.80	15.00	12.75	10.06	8.76
工矿建设用地、村民住宅、道路等建设用地	亩	6.07	17.13	8.95	19.68	9.07	4.27	2.18
空闲地、荒山、荒地、荒滩、荒沟等未利用地	亩	4.48	15.57	18.26	11.64	7.26	9.91	1.36
本村农业生产用水单价（不收费填0）	元/亩	12.60	15.24	23.75	21.07	20.71	20.88	20.67
本村饮水困难人口比重	%	1.67	4.31	5.86	5.20	3.54	4.15	2.80
本村饮水不安全人口比重	%	9.68	12.07	18.44	19.82	10.66	10.72	6.77

9.1.3 人口、劳动力及就业情况

指标名称	单位	2012	2013	2014	2015	2016	2017	2018
本村总人口	人	1015.87	1010.00	1050.93	1042.59	1054.50	1093.96	1094.18
其中：15 岁及以下	人	167.73	164.99	173.20	170.87	166.13	166.38	171.58
16~40 岁	人	355.90	331.19	345.77	325.18	313.53	331.07	306.99
41~60 岁	人	316.16	311.51	320.45	314.70	307.42	337.27	320.97
61 岁及以上	人	142.37	150.32	151.60	157.55	155.27	161.96	167.30
总人口中男性人口所占比重	%	52.37	52.64	51.99	51.30	51.29	51.91	51.51
总人口中少数民族人口所占比重	%	16.05	20.88	23.34	23.14	20.30	20.78	22.48
其中：不识字或识字很少	人	76.26	87.99	79.20	85.50	80.23	76.40	80.13
小学	人	201.62	216.55	231.90	242.73	226.40	213.54	212.15
初中	人	342.21	360.43	351.71	356.59	349.87	397.18	366.88
高中 / 技校 / 职高	人	111.73	113.07	114.66	111.18	109.28	115.25	112.37
大专及以上	人	39.87	41.31	40.67	41.59	44.12	47.63	44.16
留守儿童（父母双方或一方在外打工累计 6 个月以上）	人	14.46	20.98	23.39	25.72	17.94	21.43	18.66
留守老人（全部子女在外累计半年以上的 60 岁以上老人）	人	15.65	19.49	20.47	20.74	16.79	18.80	18.20
留守妇女	人	16.67	21.57	21.90	21.05	18.13	20.40	17.96
本村常住人口（一年在本村居住累计 6 月以上）	人	766.62	802.85	829.66	841.83	799.88	781.59	768.49
其中：15 岁及以下	人	136.18	154.85	159.11	154.48	141.82	151.88	143.12
16~40 岁	人	220.52	245.02	251.82	252.92	226.99	248.96	224.50
41~60 岁	人	219.12	244.46	265.69	260.65	239.33	246.81	236.90
61 岁以上	人	121.88	140.77	146.01	153.77	144.91	154.95	148.78
本村劳动力（男 16~60 岁，女 16~55 岁）总数	人	556.93	555.27	575.70	546.03	548.14	583.14	563.22
其中：常年（累计 6 个月以上）外出务工人数	人	121.48	137.09	128.88	139.74	137.09	145.46	147.70
外出务工劳动力返乡创业的人数	人	3.44	5.06	6.64	6.16	5.38	5.45	4.55
其中：第一产业从业人员人数（农业）	人	435.60	454.17	442.59	434.60	402.99	412.10	382.68
第二产业从业人员人数（工业）	人	108.41	123.78	120.31	121.18	121.49	126.56	121.05
第三产业从业人员人数（商业与服务业）	人	71.42	85.28	96.96	104.06	89.31	103.74	89.73
举家外出户数	户	8.06	11.90	12.98	11.96	11.85	13.10	13.89
本地短期雇工工资	元 / 天	97.50	96.78	99.44	97.73	101.51	106.49	108.63

9.2 行政村经济发展

9.2.1 经济发展水平

指标名称	单位	2012	2013	2014	2015	2016	2017	2018
本村农业经营总收入	万元	659.55	686.10	666.95	639.74	671.06	685.65	620.45
其中：种植业收入	万元	549.43	562.50	555.38	473.06	494.88	523.85	536.96
畜牧业收入	万元	137.69	129.52	117.92	105.29	125.19	122.99	121.84
渔业收入	万元	2.91	6.72	8.19	6.86	4.54	5.93	5.26
林业收入	万元	19.65	38.95	41.01	41.99	35.85	37.10	26.73
本村工业收入	万元	45.86	84.99	99.56	100.06	91.62	88.90	94.00
其中：建筑业收入	万元	39.61	51.38	55.32	60.46	47.47	57.41	55.23
本村第三产业收入（指商业、餐饮业、服务业、运输业、旅游业等收入）	万元	63.03	78.86	82.57	82.21	90.96	95.40	87.73

9.2.2 农业发展

种植业

（1）稻谷

指标名称	单位	2012	2013	2014	2015	2016	2017	2018
播种面积或园地种植面积	亩	908.22	1149.74	1057.92	1064.40	1065.48	1081.25	1014.38
总产量	千克	509072.20	573927.80	503638.80	494307.90	522979.00	570948.50	536154.30

（2）小麦

指标名称	单位	2012	2013	2014	2015	2016	2017	2018
播种面积或园地种植面积	亩	1182.30	1172.13	1185.40	1263.69	1159.79	1196.35	1287.86
总产量	千克	430911.60	441846.00	431264.40	516720.40	533505.20	516054.70	519764.10

3. 玉米

指标名称	单位	2012	2013	2014	2015	2016	2017	2018
播种面积或园地种植面积	亩	1182.30	1172.13	1185.40	1263.69	1159.79	1196.35	1287.86
总产量	千克	430911.60	441846.00	431264.40	516720.40	533505.20	516054.70	519764.10

9.2.3 种植业现代化程度

指标名称	单位	2012	2013	2014	2015	2016	2017	2018
本村有效灌溉面积	亩	1361.27	1445.05	1463.09	1512.46	1515.07	1678.36	1588.83
其中：机电灌溉面积	亩	865.51	675.48	700.93	779.59	980.01	1172.54	1206.94
喷灌面积	亩	40.43	33.37	30.80	30.46	31.34	85.80	107.60

（续表）

指标名称	单位	2012	2013	2014	2015	2016	2017	2018
滴灌渗灌面积	亩	226.12	685.30	676.33	718.15	777.12	657.50	598.44
本村机耕面积	亩	2018.20	2191.58	2220.61	2290.91	2305.04	2307.19	2165.28
本村机播面积	亩	1605.69	2139.59	2173.78	2284.25	2329.63	2160.64	2367.03
本村机收面积	亩	1428.62	1723.97	1758.14	1975.72	1975.01	2049.12	2003.52
末本村累计农用机械总动力	千瓦	2802.70	4231.48	4038.95	4116.60	4615.80	4892.32	4683.52
末本村发展设施农业的温室和大棚总面积	亩	21.28	47.94	74.91	54.25	62.35	74.63	61.53
其中：温室面积（有调节温度设备）	亩	0.74	2.82	3.99	5.17	4.66	8.86	15.57
大棚面积（无调节温度设备、跨度≥ 5.9 米）	亩	8.07	29.73	20.00	31.36	26.19	40.49	26.44
中小棚面积（无调节温度设备、跨度＜ 5.9 米）	亩	0.09	0.79	1.63	1.72	0.91	2.26	1.16
其中：种植蔬菜的温室和大棚面积	亩	17.72	35.76	46.87	58.57	42.75	41.45	51.85
种植水果的温室和大棚面积	亩	0.00	0.00	0.00	0.00	0.00	0.00	0.00
种植苗木花卉的温室和大棚面积	亩	0.21	0.50	0.72	0.49	0.45	0.90	1.02

9.2.4 畜牧业生产

9.2.4.1 生产情况

（1）生猪

指标名称	单位	2012	2013	2014	2015	2016	2017	2018
年末存栏	头	844.60	942.54	856.82	954.94	1073.49	1023.70	1199.80
年末能繁母畜（或产奶牛、产蛋禽）存栏	头		144.42	132.69	145.29	159.41	136.09	155.04
出栏或产量	头	1303.19	1925.13	1839.00	1818.13	2018.56	1857.50	2360.09

（2）肉牛

指标名称	单位	2012	2013	2014	2015	2016	2017	2018
年末存栏	头	202.27	290.42	299.75	376.34	408.70	411.54	441.79
年末能繁母畜（或产奶牛、产蛋禽）存栏	头		140.39	116.97	105.76	184.61	166.82	186.56
出栏或产量	头	202.87	300.49	342.55	253.79	426.22	471.49	385.28

（3）肉羊

指标名称	单位	2012	2013	2014	2015	2016	2017	2018
年末存栏	只	1097.34	1186.62	1179.07	1108.51	1090.92	1047.54	1035.44
年末能繁母畜（或产奶牛、产蛋禽）存栏	只		677.84	784.90	709.62	550.28	585.39	705.30

（续表）

指标名称	单位	2012	2013	2014	2015	2016	2017	2018
出栏或产量	只	1065.71	916.47	1022.07	1013.37	789.33	997.27	864.85

（4）肉鸡

指标名称	单位	2012	2013	2014	2015	2016	2017	2018
年末存栏	只	7692.29	7271.09	8115.00	7122.45	6231.14	7888.32	7936.65
年末能繁母畜（或产奶牛、产蛋禽）存栏	只		2258.83	1989.98	1366.78	1531.51	1484.38	1089.81
出栏或产量	只	11529.56	24107.07	22544.99	20537.13	19152.16	17014.44	32947.05

9.2.4.2　畜牧业标准化程度

指标名称	单位	2012	2013	2014	2015	2016	2017	2018
年末本村养殖场占地面积	亩	82.33	89.92	40.89	23.85	55.53	78.78	68.95
其中：标准化养殖场占地面积	亩	13.11	19.43	16.36	12.86	21.72	15.10	14.37
年末本村兽医与防疫员人数合计	人	1.55	1.68	1.91	1.83	1.39	1.44	1.41

9.2.4.3　农民专业合作社（指在工商部门正式登记注册的合作社，不包括民政部门批准的协会）

指标名称	单位	2012	2013	2014	2015	2016	2017	2018
年末本村的农民专业合作社个数	个	1.24	2.22	2.74	2.71	3.16	3.18	3.01
年末本村入社总户数	户	48.93	73.85	81.54	80.72	79.34	94.51	100.77
年末本村示范合作社个数	个	0.38	0.87	1.18	1.04	0.91	1.03	0.78
其中：国家级示范合作社个数	个	0.02	0.03	0.10	0.10	0.16	0.15	0.14
省级示范合作社个数	个	0.08	0.30	0.35	0.43	0.32	0.29	0.43
截至年末，本村实现“农超对接”的合作社个数	个	0.07	0.28	0.26	0.32	0.22	0.42	0.19
截至年末，本村农产品对外出口的合作社个数（不包括经企业间接出口的情况）	个	0.04	0.09	0.53	394.87	0.13	0.35	0.06
本村获得优惠贷款的合作社个数	个	0.34	0.80	0.88	1.54	1.42	1.77	0.80
本村合作社获得各级政府财政补贴总额	元	23768.01	54803.25	109521.70	55324.90	94865.71	135147.70	82244.16
其中：国家级补贴额	元	12150.79	8444.83	9181.88	15590.49	4615.46	0.88	21158.54
省级补贴额	元	10370.96	35314.09	34095.45	17947.58	11020.00	10787.26	10913.37
地市级补贴额	元	5207.99	35473.75	94426.21	19867.43	72867.98	82503.13	1397.79
县级补贴额	元	5050.02	24357.14	26622.30	19610.85	48351.56	41226.98	43126.38
年末本村合作社拥有注册商标数	个	0.53	1.87	2.68	2.84	2.34	12.20	1.52
其中：省级及以上知名商标数	个	0.20	0.23	0.23	0.37	0.20	0.25	0.21

9.2.5　行政村集体经济

9.2.5.1　本村集体资产与债权

指标名称	单位	2012	2013	2014	2015	2016	2017	2018
年末本村集体资产总额	万元	141.91	195.58	185.53	212.60	236.86	219.26	268.59
年末本村集体存有生产性固定资产总额	万元	65.08	65.47	73.82	68.89	103.23	100.15	109.08
其中：村委会管理的资产数额	万元	37.10	44.20	48.11	44.11	72.29	80.19	85.69
本村集体固定投资完成额	万元	22.01	44.61	45.75	58.75	54.62	60.72	82.74
其中：农田水利建设投资完成额	万元	15.09	26.19	21.10	34.84	29.72	27.24	30.44
年末本村集体债权总额	万元	833.96	1429.68	1107.82	1133.37	788.42	825.84	1277.00

9.2.5.2　本村收入

指标名称	单位	2012	2013	2014	2015	2016	2017	2018
本村经营收入	元	121973.00	148930.40	161976.20	197068.00	120371.10	150223.00	151885.40
本村发包收入（指水面、山林、四荒、集体土地发包收入等）	元	32351.29	41043.21	37602.67	39077.79	34527.30	39283.55	32425.59
转移性收入（也即补助收入，不包括上级政府拨给农民种粮补贴、良种补贴、农机补贴等收入）	元	56580.37	105220.70	148425.70	141622.20	138394.00	124870.00	106831.40
其中：上级政府拨款转移性收入	元	34382.73	89849.01	93249.40	94345.29	92870.63	80472.53	61969.23
计划生育罚款收入（指留在本村支配使用的罚款收入，非本村支配的不计）	元	383.33	411.76	404.88	619.05	0.00	0.00	0.00
其他罚款收入	元	0.00	0.00	0.00	0.00	0.00	0.00	0.00
出卖土地收入	元	3316.27	5091.84	2647.06	2063.42	2054.76	5229.35	.
出卖企业收入	元	0.00	0.00	0.00	0.00	0.00	0.00	0.00
出卖其他资产收入（包括树林、房屋等）	元	37720.17	28553.54	25666.67	35123.82	36408.00	32184.75	45533.33
其他收入（请注明）	元	8047.53	20890.15	22254.74	7875.16	6759.02	11310.57	22290.23

9.2.5.3　本村支出

指标名称	单位	2012	2013	2014	2015	2016	2017	2018
专职干部与管理人员工资与补贴	元	29353.49	35706.10	42842.42	50975.26	54076.61	53752.80	52430.34
其他人员工资与补贴（非专职人员等）	元	10835.95	10134.23	11831.23	14197.98	11362.19	12714.67	11838.37

（续表）

指标名称	单位	2012	2013	2014	2015	2016	2017	2018
公共服务支出（运转和管理费用，不包括建设投资和大型维修）	元	35846.28	60508.69	68681.43	74076.57	93492.06	79549.16	79250.48
其中：道路维修支出	元	17970.60	24551.04	25897.44	25383.45	26824.31	24353.28	24595.83
灌溉设施维修支出	元	5857.75	9839.89	10515.15	15685.26	12455.91	12909.03	11162.84
环境卫生支出	元	8047.27	9974.92	11915.91	15868.14	14670.04	14817.40	21972.64
基础设施修缮支出（含电力、通讯、办公楼等修缮费）	元	7599.37	12971.10	15661.88	15424.70	14995.76	12746.17	10884.35
教育文化医疗卫生支出	元	5183.36	5589.82	7047.75	9253.61	9069.32	8153.95	8771.89
治安支出	元	2129.05	4581.97	4210.32	4682.05	3695.05	4099.27	2527.36
社会福利和保障支出	元	4340.87	9250.67	13178.79	12044.11	12796.28	14380.30	16091.89
其他支出（请注明）	元	3507.73	14818.64	12378.18	11095.09	16264.55	10528.71	7477.61
其他支出	元	10848.59	18253.57	21256.49	17671.40	9119.04	5850.19	7018.00

9.2.5.4 本村债务

指标名称	单位	2012	2013	2014	2015	2016	2017	2018
截至年末，本村累计债务总额（没有债务填“0”）	元	165271.40	224970.90	197607.30	249130.60	190380.40	199385.00	154010.40
其中：欠上级政府	元	57143.67	29554.04	43251.83	41364.42	20394.15	17763.54	17670.73
欠信用社贷款本金	元	15508.23	45884.78	49540.29	39400.51	32690.02	33295.35	18371.00
欠信用社贷款利息	元	991.46	11016.58	9811.89	5566.74	2408.84	3613.40	6303.58
欠村镇银行贷款本金	元							
欠村镇银行贷款利息	元	0.00	0.00	0.00	0.00	0.00	0.00	0.00
欠中国农业发展银行贷款本金	元	443.60	3035.71	1844.83	1562.50	2631.58	1351.35	2702.70
欠中国农业发展银行贷款利息	元	0.00	0.00	0.00	0.00	0.00	0.00	0.00
欠其他商业银行贷款本金	元	0.00	0.00	0.00	0.00	0.00	0.00	0.00
欠其他商业银行贷款利息	元	0.00	0.00	0.00	0.00	0.00	0.00	0.00
欠单位或个人拆借款本金	元	40385.53	89373.32	86425.75	79479.83	75609.17	73569.94	48184.63
欠单位或个人拆借款利息	元	2512.44	12018.36	7262.47	11216.64	12447.09	6086.93	6405.12
欠工程款	元	66864.70	166901.70	128978.60	140750.00	105701.00	119125.80	114906.80
其他（请注明）	元	6107.46	61538.92	30850.90	57463.39	23035.21	17750.00	1353.51
本村新增负债总额（没有新增债务填“0”）	元	14299.20	11149.32	16008.94	9748.16	16827.92	7279.42	12833.83

9.3 行政村村庄治理

9.3.1 村两委会概况

指标名称	单位	2012	2013	2014	2015	2016	2017	2018
本村党支部委员会委员的总人数	人	3.87	3.88	4.01	3.89	3.96	3.93	3.94
本村党支部委员会委员平均年龄	岁	44.99	45.04	45.66	45.31	45.87	47.38	46.75
本村党支部委员会委员平均受教育年限	年		9.75	9.95	9.79	9.95	10.18	10.11
现任村支书受教育年限	年	10.20	10.05	10.35	10.66	10.66	10.59	10.54
本村村民委员会委员的总人数	人	3.89	3.83	3.94	3.94	3.90	3.97	3.95
本村村民委员会委员的平均年龄	岁	42.31	44.19	43.41	43.89	44.81	45.15	45.61
本村村民委员会委员平均受教育年限	年	1.00	9.07	9.43	9.43	9.41	9.60	9.59
现任村主任受教育年限	年	9.02	9.30	9.70	9.82	9.90	9.92	9.71

9.3.2 基层党组织建设发展

指标名称	单位	2012	2013	2014	2015	2016	2017	2018
本村党员的总人数	人	44.50	45.87	48.64	47.14	47.71	51.69	53.34
其中：50 岁以上的党员	人	23.08	23.20	24.87	23.94	25.52	26.34	28.00
30 岁以下的党员	人	8.15	8.81	10.68	10.43	10.45	11.01	10.59
其中：高中及其以上文化程度	人	11.72	12.46	14.60	16.32	14.58	15.60	16.16
初中及以下文化程度	人	28.15	28.33	29.78	27.28	28.07	29.89	31.51
本村共有多少人提交了入党申请书	人	4.85	4.90	4.98	4.52	5.46	6.37	4.75
本村共发展了几位党员	人	1.88	1.96	2.12	1.49	1.36	1.82	1.48

9.3.3 一事一议

指标名称	单位	2012	2013	2014	2015	2016	2017	2018
本村一共举行了几次公共投资和基本建设一事一议？	次	1.00	1.84	1.58	1.76	2.25	3.06	2.80
其中：成功了几次？	次	1.00	1.74	1.53	1.65	2.15	2.91	2.77
共举行了几次这种非基本建设一事一议？	次		1.79	1.89	2.21	2.14	2.02	2.18
本村实行的一事一议需要筹资的有几次？	次	2.00	1.17	1.26	1.17	1.02	0.81	1.04

9.3.4 村庄管理及其他

指标名称	单位	2012	2013	2014	2015	2016	2017	2018
村务监督委员会有几位成员？	人	3.51	3.53	3.54	3.54	3.49	3.37	3.27
县乡共组织村干部召开多少次会议（不包括选举方面的会议）	次	13.61	13.96	15.03	17.60	18.12	20.12	18.06
县乡总共给村里发了多少个红头文件？	个	14.57	17.30	18.54	21.68	21.24	24.10	21.82
土地纠纷中：宅基地纠纷几起？	起	1.73	2.88	2.22	3.45	2.78	2.44	1.81
农村土地经营权纠纷几起？	起	1.81	2.08	1.94	2.54	2.15	1.91	1.96

9.4 行政村社会发展

9.4.1 农村公共设施

指标名称	单位	2012	2013	2014	2015	2016	2017	2018
本村商店个数	个	4.49	5.10	4.95	4.75	4.79	4.77	4.80
本村集贸市场个数	个	0.18	0.19	0.17	0.19	0.19	0.18	0.18
本村道路硬化比重	%	61.34	68.95	70.38	74.03	73.37	76.70	80.93
本村水库、池塘个数	个	1.51	2.74	2.33	2.23	2.31	2.30	2.25
其中：病险水库、池塘个数	个	0.20	0.50	0.62	0.56	0.45	0.42	0.28
本村水库容量	万立方米	17.58	22.49	24.87	26.52	26.33	22.34	53.54
本村池塘总容量	万立方米	38.54	30.34	64.33	37.80	29.75	33.67	80.69
本村小水窖数量	口	37.96	94.80	111.73	112.05	88.10	104.54	81.67
本村小水窖合计储水量	立方米	575.13	1831.61	1474.45	1500.07	1172.68	1371.20	1450.39
本村自来水普及率	%	68.38	83.57	83.21	85.99	82.72	81.22	88.55
本村自来水单价	元/立方米	1.11	1.51	1.65	1.86	1.66	2.02	1.76
本村断电天数	天	5.03	5.58	5.20	5.51	4.87	4.68	4.66
本村农用电价格	元/度		0.55	0.54	0.55	0.55	0.51	0.54
本村天然气/液化气普及率	%	31.39	45.04	41.22	50.30	53.13	48.86	46.90
本村电话普及率（包括固定电话与手机）	部/百人	81.39	83.63	82.18	88.23	86.32	91.79	88.94
本村接入互联网的户数比例	%	19.58	23.42	26.19	30.49	34.18	40.25	44.96
本村安装有线电视的户数比例	%	56.54	68.40	66.62	70.87	70.54	70.43	72.86
完成农村困难家庭危房改造户数	户	7.48	9.16	11.77	11.42	9.07	11.32	7.88

（续表）

指标名称	单位	2012	2013	2014	2015	2016	2017	2018
末农村困难家庭危房户数	户	14.76	14.74	17.51	15.85	13.00	11.32	8.93
本村人畜混居的农户数	户	13.53	21.02	19.26	16.75	10.30	8.67	7.71
本村卫生厕所普及率	%	33.28	48.82	46.39	57.96	49.36	49.29	56.14
本村有多少户属于生态移民搬迁	户	0.57	0.99	1.53	1.15	0.95	1.16	0.81
本村有几处垃圾集中堆放点	处	3.32	3.93	4.27	4.53	4.06	4.62	4.94
本村农村生活公共设施投资额	元	47678.92	96205.72	69281.98	69416.46	78858.83	76507.56	93002.61
其中：村集体投资	元	15248.98	32227.47	31700.64	29624.36	26410.71	26625.04	18799.04
本村农业生产基础设施投资额	元	23641.26	62127.08	45920.63	42585.50	58794.09	70562.36	50919.28
其中：村集体投资	元	8930.98	25525.59	21853.69	25287.34	17874.04	12132.65	16455.59

9.4.2　农村科教文卫体公共服务

指标名称	单位	2012	2013	2014	2015	2016	2017	2018
本村接受涉农职业教育的人数	人	49.37	70.61	72.76	70.52	81.24	79.43	57.79
具有或可以依托的科技特派员	人	0.30	0.64	0.62	0.59	0.62	0.62	0.63
具有或可以依托的科技示范户	户	3.74	5.78	6.41	5.95	5.39	5.09	3.83
具有或可以依托的农业专家大院	个	0.04	0.25	0.18	0.21	0.19	0.14	0.34
本村开展农机推广服务和培训次数	次	1.70	2.39	2.08	2.44	2.27	2.48	2.26
本村卫生室有几个床位?	个	2.88	3.39	3.50	3.66	3.26	3.37	3.25
本村卫生技术人员	人	1.74	1.79	1.95	1.88	1.88	1.91	1.82
其中：获得从业资格的医生人员	人	1.46	1.73	1.78	1.83	1.73	1.72	1.70
本村卫生室医疗人员培训人次	人次	2.69	3.67	3.99	4.59	6.21	6.52	7.16
本村参加新农合的人数	人	1118.38	1177.21	1272.59	1218.48	1266.28	1309.14	1323.38
本村享受低保的人数	人	62.57	67.88	66.96	64.14	55.57	52.73	44.90
本村五保户人数	人	3.86	4.12	4.49	4.39	4.33	4.30	4.42
本村获得自然灾害救济人数	人	16.96	32.98	29.76	29.34	23.05	25.06	21.14
新型农村社会养老保险参保率	%	78.81	83.29	84.53	83.97	86.66	88.64	86.59
领取养老金的农村老年居民	人	161.50	173.30	180.83	190.05	192.06	209.93	216.43

9.5 行政村生态建设

9.5.1 水土气候资源状况

指标名称	单位	2012	2013	2014	2015	2016	2017	2018
截至年末，本村测土配方施肥耕地面积	亩	727.19	687.12	848.03	827.83	740.63	884.49	737.05
截至年末，本村退耕还林面积	亩	159.27	136.68	131.90	138.25	165.76	119.74	110.13
截至年末，本村退耕还草面积	亩	0.00	0.00	0.00	0.00	0.00	0.00	0.00
截至年末，本村退牧还草面积	亩		5.56	1.62	6.84	1.28	1.48	0.00
截至年末，本村禁牧还草面积	亩		894.12	140.27	697.37	274.77	312.50	177.00
本村绿色农产品种植面积占农作物总播种面积比例	%	11.19	39.11	37.91	33.40	34.09	31.44	24.75
本村有机农产品种植面积占农作物总播种面积比例	%	4.64	15.49	18.78	17.89	19.23	21.54	19.10
本村无公害农产品种植面积占农作物总播种面积比例	%	15.18	47.44	42.77	36.02	35.98	36.30	21.60
截至年末，本村有机畜禽产品占畜禽产品总量的比例	%		30.13	45.45	33.42	33.07	35.50	45.54
截至年末，本村有机水产品占水产品总量的比例	%		16.18	19.34	5.51	0.00	6.38	22.73
本村每亩生产用水总量	立方米/亩	129.86	172.40	181.77	169.56	166.90	164.94	151.82
本村每亩灌溉用水支出	元/亩	29.16	42.43	47.80	51.78	52.40	57.75	53.51
其中：污水灌溉支出	元/亩	0.77	1.82	0.77	1.12	0.87	0.11	1.80
本村灌溉用水中地表水的比例	%	36.86	65.61	59.09	55.09	60.72	58.05	50.06

9.5.2 村污染和废弃物处理

指标名称	单位	2012	2013	2014	2015	2016	2017	2018
本村生态环境建设方面的支出	元	8508.74	12556.93	14224.16	19421.62	15055.29	14614.86	20120.55
本村环境管理工作人员人数	人	1.98	2.79	3.01	3.06	3.18	3.04	3.68
其中：专职人数	人	0.91	1.59	1.69	1.80	1.97	1.99	2.13
兼职人数	人	1.14	1.94	1.92	1.93	1.78	1.65	2.09
本村改水受益人数	人	334.08	657.96	650.42	663.01	565.32	524.78	558.80
本村改厕受益人数	人	194.68	310.86	352.35	353.90	292.89	286.40	333.33

（续表）

指标名称	单位	2012	2013	2014	2015	2016	2017	2018
本村排污系统个数	个	0.10	0.42	0.47	0.48	0.50	0.47	0.48
本村固态粪污弃物所占比例	%	26.09	50.60	50.69	45.38	44.24	42.40	46.63
本村液态粪污弃物所占比例	%	15.03	33.61	35.34	36.44	29.85	31.50	22.59
本村畜禽固体粪废弃物直接排入环境比例	%	8.27	20.51	21.16	14.93	19.36	20.06	14.60
本村畜禽固体粪废弃物出售比例	%	6.94	17.57	13.39	14.57	14.90	21.11	18.83
本村畜禽固体粪废弃物生产沼气比例	%	7.48	13.88	16.39	13.39	8.89	10.22	8.35
本村畜禽固体粪废弃物用作农田肥料还田比例	%	46.40	62.66	63.24	63.50	55.92	60.34	54.28
本村畜禽固体粪废弃物其他处理方式比例	%	0.32	2.03	0.69	0.33	0.16	0.18	0.61
本村畜禽污水排入氧化塘处理比例	%	1.04	7.29	6.11	6.39	5.83	8.41	12.00
本村畜禽污水用于灌溉比例	%	9.36	24.34	25.68	18.23	21.76	17.58	27.16
本村畜禽污水生产沼气比例	%	5.60	15.10	15.97	13.90	11.61	10.04	6.71
本村畜禽污水直接排入环境比例	%	30.16	57.42	56.20	55.67	47.80	52.37	35.15
本村畜禽污水其他处理方式比例	%	0.07	0.28	0.88	0.38	0.77	0.65	0.88

9.5.3 生产能源使用

指标名称	单位	2012	2013	2014	2015	2016	2017	2018
柴油使用量	升	8217.34	8228.68	8700.63	8059.45	7926.94	7894.92	9564.69
汽油使用量	升	3491.30	2931.10	3249.91	3067.15	2872.39	2808.62	3539.87
电使用量	度	94032.23	73387.25	90087.08	80025.34	96482.21	94996.42	91101.80
煤使用量	吨	204.42	254.45	337.67	292.79	289.39	323.98	233.66
秸秆使用量	吨	242.33	378.14	420.16	229.61	343.25	245.03	172.80
薪柴使用量	吨	161.78	202.31	273.12	207.40	200.96	191.12	215.94
沼气使用量	立方米	339.43	635.44	1136.09	974.59	789.54	608.43	876.10
本村沼气池合计产气量	立方米	1118.54	2851.88	3461.89	2934.20	4178.02	2959.73	2106.57
本村已有的大型沼气池个数	个	0.05	0.27	0.41	0.21	0.22	0.20	0.11

（续表）

指标名称	单位	2012	2013	2014	2015	2016	2017	2018
本村已有的联户沼气池个数	个	0.05	0.17	0.32	0.31	0.34	0.21	0.31
本村已有的户用沼气池个数	个	26.10	56.47	63.32	56.41	53.11	43.66	44.48
本村在用的大型沼气池个数	个	0.03	0.30	0.35	0.22	0.20	0.20	0.03
本村在用的联户沼气池个数	个	0.05	0.17	0.37	0.32	0.33	0.23	0.14
本村在用的户用沼气池个数	个	32.72	70.44	64.84	56.49	52.05	32.80	39.67
本村秸秆过腹还田利用的比例	%	34.97	55.56	53.97	51.77	52.18	59.62	44.47
本村秸秆食用菌培养基利用的比例	%	0.38	0.98	1.69	1.53	1.83	1.53	1.22
本村秸秆生活燃料利用的比例	%	18.46	30.77	32.97	23.14	27.15	19.13	25.05
本村秸秆田间焚烧利用的比例	%	7.83	17.15	15.55	17.25	13.71	13.95	14.02
本村秸秆出售的比例	%	6.16	13.46	14.50	14.89	11.96	13.10	11.67
本村秸秆沼气原料利用的比例	%	1.36	3.46	4.73	2.69	1.88	1.85	2.72
本村秸秆其他利用的比例	%	6.98	17.85	21.32	20.56	21.84	20.51	22.58

10

2018 年分省样本的村庄统计

10.1 行政村基本情况

10.1.1 概况

指标名称	单位	河北	吉林	福建	山东	河南	云南	陕西	新疆	全国
本村有多少自然村	个	1.11	4.30	5.78	1.00	4.06	7.65	3.52	2.04	3.47
本村共有多少户	户	205.30	381.04	543.00	258.09	577.68	664.63	325.94	276.71	376.98
其中：只务农的农户数	户	109.26	248.74	277.11	158.05	293.22	415.47	319.43	221.42	238.24
完全不务农农户数	户	37.33	74.67	95.44	17.00	42.38	60.95	23.90	57.11	51.23
第一种兼业农户数	户	40.81	53.00	66.24	50.00	72.75	77.81	74.00	41.11	55.39
第二种兼业农户数	户	24.08	31.00	74.00	37.00	96.67	29.00	63.86	37.15	43.47
其中：有自营工商业农户数	户	11.38	13.70	23.92	6.18	10.54	23.32	18.60	12.77	14.17
本村人均纯收入	元	8175.15	8938.55	10509.50	10072.22	7668.00	7668.14	8875.54	9703.26	8862.54
其中：非农收入	元	5396.96	4953.20	6266.92	3350.00	5458.86	2552.91	5592.90	5976.07	4894.37
本村委会距县政府距离	千米	23.52	31.30	18.21	11.66	19.68	22.39	20.24	19.31	21.16
距乡镇政府距离	千米	3.72	6.63	6.04	4.11	4.66	7.11	4.48	4.94	5.17
距最近的集贸市场距离	千米	2.89	6.12	5.12	2.24	3.18	5.06	3.97	4.38	4.13
距最近的车站 / 码头距离	千米	3.00	4.18	6.16	6.37	5.00	6.62	4.24	5.32	5.05
距最近的幼儿园距离	千米	1.42	4.29	2.27	2.05	0.75	2.38	2.29	2.61	2.29
距最近的小学距离	千米	1.36	3.71	2.39	2.39	1.04	0.71	2.27	3.08	2.16
距最近的初中距离	千米	5.80	6.81	5.06	5.16	3.18	6.31	3.88	6.24	5.46

（续表）

指标名称	单位	河北	吉林	福建	山东	河南	云南	陕西	新疆	全国
距最近卫生所（站）距离	千米	1.04	1.40	0.99	0.93	0.73	1.65	1.52	3.05	1.48
距最近农资销售点距离	千米	2.30	5.34	1.91	1.06	1.29	3.67	2.58	3.57	2.77
距最近的邮政所的距离	千米	5.07	5.48	4.69	3.09	4.55	5.16	4.36	4.57	4.64

10.1.2 土地、水等资源

指标名称	单位	河北	吉林	福建	山东	河南	云南	陕西	新疆	全国
本村村域土地总面积	亩	2006.73	18036.42	15280.58	1900.95	5095.16	17501.40	4888.01	7950.94	8700.28
其中：宅基地	亩	208.76	309.08	331.71	189.13	552.74	333.35	206.02	413.75	315.55
本村耕地总面积	亩	1172.89	6604.48	1882.02	1302.18	3783.96	3911.63	3228.23	4936.41	3259.74
其中：水田总面积	亩	205.86	1145.08	1362.74	0.00	235.00	1393.98	850.00	266.67	742.57
水浇地面积	亩	1127.63	1986.80	156.67	1221.73	2540.53	538.50	764.86	3274.84	1505.10
旱地总面积	亩	147.19	5241.16	750.45	80.55	2354.27	2190.61	2279.50	0.00	1889.17
其中：家庭经营的本村耕地面积	亩	1097.58	5676.30	1241.00	1017.43	3527.00	2932.86	3051.45	3102.44	2546.44
集体经营的本村耕地面积	亩	54.84	371.33	21.50	252.16	18.80	61.23	757.90	556.77	296.61
合作经营的本村耕地面积	亩	225.95	442.28	212.40	42.59	320.00	10.83	69.35	7.00	115.48
企业经营的本村耕地面积	亩	20.00	15.00	255.20	0.00	267.67	21.83	483.00	0.00	91.42
其他形式经营的本村耕地面积	亩	46.25		254.67	0.00	0.00	59.14	237.50	207.00	73.84
其中：撂荒的本村耕地面积	亩	19.43	176.50	146.80	0.00	0.00	192.15	449.25	175.00	102.45
园地面积（果园、茶园、桑园等）	亩	90.02	293.60	750.25	291.00	336.43	459.86	1138.40	239.63	456.00
林地面积（包括退耕还林）	亩	143.46	3147.53	4681.17	67.45	608.18	3688.77	1796.42	1313.05	1830.71
草地面积（包括退耕还草）	亩	615.08	2141.08	626.68	0.00	0.00	276.06	706.67	484.50	371.03
水面面积（包括鱼塘）	亩	8.00	70.25	55.82	1.82	40.50	25.31		5.00	22.14
内新增耕地面积（若减少则用负数表示）	亩	2.50	0.00	4.71	−0.91	21.50	8.67	−112.50	13.33	1.14
土地流转面积	亩	265.96	672.78	329.36	97.50	462.73	297.67	250.67	652.75	356.00

（续表）

指标名称	单位	河北	吉林	福建	山东	河南	云南	陕西	新疆	全国
其中：转包	亩	187.78	690.26	301.07	41.82	437.27	217.53	457.71	567.89	322.12
出租	亩	85.75	566.67	186.08	18.10	100.00	236.67	252.00	280.00	144.46
互换	亩	13.86		33.75	0.23	50.00	1.91	75.00	60.67	12.30
转让	亩	14.14		0.00	0.91	0.00	0.00		0.00	2.70
入股	亩	0.00		0.00	0.00	0.00	0.00		0.00	0.00
抵押	亩	0.00		0.00	0.00	0.00	0.00		0.00	0.00
其他（请注明）	亩	0.00		0.00	0.00	0.00	0.00		0.00	0.00
本村未开发可以用于农业生产的土地面积	亩	36.67	0.00	82.50	0.14	5.00	41.11	50.00	10.00	20.06
本村被征用土地面积	亩		0.00	24.00	55.45	11.33	18.65	210.67	51.60	47.64
其中：耕地	亩			16.33	26.36	11.33	18.81	137.33	46.40	30.34
其他农用地	亩	0.00	65.00	4.50	0.14	0.00	0.91	70.67	0.00	8.76
工矿建设用地、村民住宅、道路等建设用地	亩	0.00	0.00	3.75	0.85	0.00	3.55	20.00	0.00	2.18
空闲地、荒山、荒地、荒滩、荒沟等未利用地	亩	0.00	0.00	5.00	0.00	0.00	3.92		0.00	1.36
本村农业生产用水单价（不收费填 0）	元 / 亩	28.42	1.50	0.00	22.00	1.50	12.24	21.00	43.33	20.67
本村饮水困难人口比重	%	2.53	0.00	2.38	0.95	5.50	5.44	1.28	3.73	2.80
本村饮水不安全人口比重	%	0.59	0.00	3.44	0.91	26.45	10.75	0.00	10.59	6.77

10.1.3 人口、劳动力及就业情况

指标名称	单位	河北	吉林	福建	山东	河南	云南	陕西	新疆	全国
本村总人口	人	753.19	1250.04	1510.50	769.38	1424.27	1834.22	1095.33	991.56	1094.18
其中：15 岁及以下	人	149.69	169.26	281.08	118.36	339.00	202.13	155.29	109.26	171.58
16~40 岁	人	267.85	332.08	511.54	207.38	471.23	490.00	322.33	208.00	306.99
41~60 岁	人	209.78	312.08	472.14	217.90	507.00	571.56	419.47	233.30	320.97
61 岁及以上	人	112.44	203.10	220.58	179.11	248.82	233.60	183.00	101.69	167.30
总人口中男性人口所占比重	%	51.73	51.82	49.79	50.82	53.60	51.69	52.87	50.44	51.51
总人口中少数民族人口所占比重	%	1.98	12.20	3.90	0.13	0.03	37.79	0.00	63.48	22.48
其中：不识字或识字很少	人	82.60	74.17	112.07	40.59	125.00	84.27	100.33	47.10	80.13
小学	人	175.56	211.77	349.67	96.05	333.30	316.88	168.75	208.20	212.15
初中	人	302.50	347.60	495.42	311.52	560.10	551.58	455.47	224.50	366.88

（续表）

指标名称	单位	河北	吉林	福建	山东	河南	云南	陕西	新疆	全国
高中 / 技校 / 职高	人	103.22	120.05	108.73	92.28	150.11	144.92	168.82	62.64	112.37
大专及以上	人	34.33	42.86	62.20	33.94	51.33	57.77	70.62	30.62	44.16
留守儿童（父母双方或一方在外打工累计6个月以上）	人	21.68	9.96	23.63	2.32	31.33	28.80	34.92	15.13	18.66
留守老人（全部子女在外累计半年以上的60岁以上老人）	人	22.53	14.52	27.18	2.64	25.67	19.86	28.09	13.92	18.20
留守妇女	人	19.79	17.35	23.44	1.36	40.75	22.62	12.67	14.69	17.96
本村常住人口（一年在本村居住累计6月以上）	人	622.41	850.22	1099.23	682.43	1039.46	944.25	658.50	662.87	768.49
其中：15岁及以下	人	130.58	131.00	205.92	97.38	296.62	123.64	133.00	106.46	143.12
16~40岁	人	202.15	231.96	307.31	153.60	349.30	346.18	177.20	183.37	224.50
41~60岁	人	173.30	227.92	350.13	182.50	340.50	374.70	246.73	182.84	236.90
61岁以上	人	105.37	172.70	221.23	171.79	229.44	192.00	132.13	85.00	148.78
本村劳动力（男16~60岁，女16~55岁）总数	人	427.08	635.83	777.70	371.00	923.31	774.60	615.81	445.84	563.22
其中：常年（累计6个月以上）外出务工人数	人	132.25	212.55	241.23	23.24	220.30	279.71	184.31	71.92	147.70
外出务工劳动力返乡创业的人数	人	3.09	3.79	8.25	0.50	7.00	9.55	6.50	3.89	4.55
其中：第一产业从业人员人数（农业）	人	260.21	400.74	523.53	330.35	663.00	412.30	471.58	249.42	382.68
第二产业从业人员人数（工业）	人	114.56	120.69	195.50	51.81	225.83	184.22	149.69	50.18	121.05
第三产业从业人员人数（商业与服务业）	人	83.23	122.71	160.57	27.09	149.21	125.38	48.86	58.96	89.73
举家外出户数	户	10.53	23.13	19.58	1.82	20.93	18.45	11.55	13.83	13.89
本地短期雇工工资	元 / 天	88.33	122.00	127.20	124.12	93.75	91.46	103.13	125.00	108.63

10.2 行政村经济发展

10.2.1 经济发展水平

指标名称	单位	河北	吉林	福建	山东	河南	云南	陕西	新疆	全国
本村农业经营总收入	万元	291.88	956.00	664.92	618.59	684.44	1069.71	466.22	550.62	620.45
其中：种植业收入	万元	190.98	624.60	422.04	599.55	590.49	1196.61	424.49	289.75	536.96
畜牧业收入	万元	69.78	94.38	145.78	2.29	241.50	337.72	71.42	135.66	121.84
渔业收入	万元	1.40	17.00	10.90	0.00	5.02	10.77		0.00	5.26

（续表）

指标名称	单位	河北	吉林	福建	山东	河南	云南	陕西	新疆	全国
林业收入	万元	6.58	31.78	84.42	4.17	9.42	41.44	26.02	25.82	26.73
本村工业收入	万元	63.33	117.17	199.88	19.74	240.38	121.67	79.17	111.00	94.00
其中：建筑业收入	万元	37.22	122.83	111.13	8.70	92.50	86.88	48.33	42.64	55.23
本村第三产业收入（指商业、餐饮业、服务业、运输业、旅游业等收入）	万元	99.24	86.82	149.20	13.91	142.69	103.21	62.64	101.92	87.73

10.2.2 农业发展

种植业

（1）稻谷

指标名称	单位	河北	吉林	福建	山东	河南	云南	陕西	新疆	全国
播种面积或园地种植面积	亩	1040.00	1123.41	1149.69			891.74		650.00	1014.38
总产量	千克	512800.00	562978.50	719706.20			425225.20		227500.00	536154.30

（2）小麦

指标名称	单位	河北	吉林	福建	山东	河南	云南	陕西	新疆	全国
播种面积或园地种植面积	亩	955.20			1227.80	2533.13	582.50	959.23	1150.75	1287.86
总产量	千克	411833.30			520720.00	1156281.00	74720.95	405766.70	368269.30	519764.10

（3）玉米

指标名称	单位	河北	吉林	福建	山东	河南	云南	陕西	新疆	全国
播种面积或园地种植面积	亩	722.23	4105.35	71.50	887.87	2123.67	1554.34	607.99	1861.80	1749.41
总产量	千克	378569.60	1835191.00	55341.75	467886.70	872008.30	562286.70	251054.30	1227580.00	791413.50

10.2.3 种植业现代化程度

指标名称	单位	河北	吉林	福建	山东	河南	云南	陕西	新疆	全国
本村有效灌溉面积	亩	1106.44	1797.50	1477.73	1321.88	1611.45	1294.92	1138.20	3053.30	1588.83
其中：机电灌溉面积	亩	1098.79	1270.77	1107.81	989.25	1431.16	808.00	1105.20	1872.67	1206.94
喷灌面积	亩	0.05	750.00	0.00	0.42	285.23	156.54	500.00	0.00	107.60
滴灌渗灌面积	亩	0.00	596.40	0.00	220.54	33.33	193.21	487.50	2554.67	598.44

（续表）

指标名称	单位	河北	吉林	福建	山东	河南	云南	陕西	新疆	全国
本村机耕面积	亩	1500.98	3429.66	1073.89	1007.17	2824.53	1698.89	2139.80	3918.24	2165.28
本村机播面积	亩	1772.12	3268.82	525.50	971.75	3693.55	147.50	2120.33	4763.14	2367.03
本村机收面积	亩	1331.19	3065.57	800.20	958.42	3184.81	516.43	1745.93	4402.47	2003.52
末本村累计农用机械总动力	千瓦	1572.75	11502.00	476.00	6081.24	9705.33	1812.25	4223.00	2070.17	4683.52
末本村发展设施农业的温室和大棚总面积	亩	11.25	43.75	23.33	60.24	44.92	89.75	8.00	122.50	61.53
其中：温室面积（有调节温度设备）	亩	0.00	7.50	0.00	14.87	11.00	16.51		150.00	15.57
大棚面积（无调节温度设备、跨度≥5.9米）	亩	11.25	7.50	10.00	15.62	4.60	45.25	8.00	113.33	26.44
中小棚面积（无调节温度设备、跨度＜5.9米）	亩	0.00	6.00	5.00	0.42	0.00	1.82			1.16
其中：种植蔬菜的温室和大棚面积	亩	0.00	5.67	14.33	61.95	36.33	46.84	25.00	181.67	51.85
种植水果的温室和大棚面积	亩	0.00	0.00	0.00	0.00	0.00	0.00			0.00
种植苗木花卉的温室和大棚面积	亩	0.00	0.00	0.00	0.00	1.25	3.31			1.02

10.2.4 畜牧业生产

10.2.4.1 生产情况

（1）生猪

指标名称	单位	河北	吉林	福建	山东	河南	云南	陕西	新疆	全国
年末存栏	头	833.07	250.57	320.64	132.50	906.67	3750.60	452.92	171.00	1199.80
年末能繁母畜（或产奶牛、产蛋禽）存栏	头	138.83	66.55	261.57	38.00	99.44	279.16	109.40	7.20	155.04
出栏或产量	头	1040.92	864.21	3809.50	122.50	945.92	6127.05	667.67	185.67	2360.09

（2）肉牛

指标名称	单位	河北	吉林	福建	山东	河南	云南	陕西	新疆	全国
年末存栏	头	84.38	210.00	0.00	11.33	35.75	1124.39	34.60	531.82	441.79
年末能繁母畜（或产奶牛、产蛋禽）存栏	头	6.75	142.73			18.50	235.44		280.63	186.56
出栏或产量	头	485.88	159.06	300.00	3.67	27.25	1026.95	120.40	166.19	385.28

（3）肉羊

指标名称	单位	河北	吉林	福建	山东	河南	云南	陕西	新疆	全国
年末存栏	只	138.21	971.43	108.00	143.43	476.50	1849.83	138.75	2120.17	1035.44
年末能繁母畜（或产奶牛、产蛋禽）存栏	只	54.00	356.00	57.00	46.29	201.60	659.63	12.50	1942.00	705.30
出栏或产量	只	189.23	261.67	89.40	90.14	462.67	1126.88	96.25	2074.86	864.85

（4）肉鸡

指标名称	单位	河北	吉林	福建	山东	河南	云南	陕西	新疆	全国
年末存栏	只	25000.00	1971.43	2815.42	80.00	10989.00	14140.24		940.00	7936.65
年末能繁母畜（或产奶牛、产蛋禽）存栏	只		450.00	110.00	60.00	550.00	2005.47		270.00	1089.81
出栏或产量	只	310000.00	485.71	6402.67	30.00	49125.00	49692.00		438.33	32947.05

10.2.4.2 畜牧业标准化程度

指标名称	单位	河北	吉林	福建	山东	河南	云南	陕西	新疆	全国
年末本村养殖场占地面积	亩	16.31	37.37	21.68	8.67	43.19	282.27	19.95	66.00	68.95
其中：标准化养殖场占地面积	亩	9.86	19.38	16.76	3.04	29.67	21.84	14.86	11.25	14.37
年末本村兽医与防疫员人数合计	人	1.25	1.25	1.56	0.21	1.50	2.28	1.92	1.60	1.41

10.2.4.3 农民专业合作社（指在工商部门正式登记注册的合作社，不包括民政部门批准的协会）

指标名称	单位	河北	吉林	福建	山东	河南	云南	陕西	新疆	全国
年末本村的农民专业合作社个数	个	1.29	4.90	2.94	2.08	3.94	3.31	3.24	2.00	3.01
年末本村入社总户数	户	40.00	74.24	109.35	58.88	37.06	233.65	196.76	21.14	100.77
年末本村示范合作社个数	个	1.17	1.11	1.22	0.13	1.20	0.55	1.38	1.60	0.78
其中：国家级示范合作社个数	个	0.50	1.00	0.00	0.08	0.00	0.18		0.00	0.14
省级示范合作社个数	个	0.50	1.00	0.80	0.04	0.67	0.65		0.67	0.43
截至年末，本村实现“农超对接”的合作社个数	个	0.00	0.00	0.20	0.04	1.00	0.14	1.00	0.00	0.19

（续表）

指标名称	单位	河北	吉林	福建	山东	河南	云南	陕西	新疆	全国
截至年末，本村农产品对外出口的合作社个数（不包括经企业间接出口的情况）	个	0.00	0.00	0.00	0.08	0.00	0.07		0.00	0.06
本村获得优惠贷款的合作社个数	个	2.00	1.00	1.57	0.04	2.33	0.44	3.00	5.00	0.80
本村合作社获得各级政府财政补贴总额	元	250000.00	327000.30	75714.43	4895.83		26666.73	375042.50	500000.00	82244.16
其中：国家级补贴额	元	250000.00		0.00	4895.83		0.00		500000.00	21158.54
省级补贴额	元	0.00	75000.00	116666.70	0.00		134.33		0.00	10913.37
地市级补贴额	元	0.00		30000.00	0.00		0.00	52.50	0.00	1397.79
县级补贴额	元	0.00	50000.00	24000.20	0.00		30769.23	375016.30		43126.38
年末本村合作社拥有注册商标数	个	2.00	6.20	2.11	0.46	1.50	0.92	2.00	1.67	1.52
其中：省级及以上知名商标数	个	0.50	1.00	1.00	0.00		0.08	1.00		0.21

10.2.5 行政村集体经济

10.2.5.1 本村集体资产与债权

指标名称	单位	河北	吉林	福建	山东	河南	云南	陕西	新疆	全国
年末本村集体资产总额	万元	137.54	272.50	519.59	407.05	110.87	349.91	285.06	80.41	268.59
年末本村集体存有生产性固定资产总额	万元	88.38	104.77	209.10	27.42	80.57	158.76	192.04	30.55	109.08
其中：村委会管理的资产数额	万元	78.71	95.43	180.62	29.36	72.69	73.44	153.51	22.20	85.69
本村集体固定投资完成额	万元	45.93	29.00	82.34	85.33	51.25	73.40	620.00	10.86	82.74
其中：农田水利建设投资完成额	万元	32.39	8.25	34.67	18.64	2.25	23.75	134.17	8.08	30.44
年末本村集体债权总额	万元	32.04	141.62	398.87	1151.61	180.00	2761.34	19.63	8135.00	1277.00

10.2.5.2 本村收入

指标名称	单位	河北	吉林	福建	山东	河南	云南	陕西	新疆	全国
本村经营收入	元	21.13	121623.10	111005.80	56978.65	23333.33	208354.50	6667.60	160651.30	106518.10
本村发包收入（指水面、山林、四荒、集体土地发包收入等）	元	26657.34	72802.75	24668.40	13047.41	36358.33	38600.00	3600.00	16818.75	32425.59

（续表）

指标名称	单位	河北	吉林	福建	山东	河南	云南	陕西	新疆	全国
转移性收入（也即补助收入，不包括上级政府拨给农民种粮补贴、良种补贴、农机补贴等收入）	元	28022.75	113975.00	231205.60	2363.64	167774.00	158484.60	43563.21	151901.50	106831.40
其中：上级政府拨款转移性收入	元	64022.75	151126.50	87975.00	2363.64	158976.40	13337.42	53120.50	33466.67	61969.23
计划生育罚款收入（指留在本村支配使用的罚款收入，非本村支配的不计）	元	0.00	0.00	0.00	0.00	0.00	0.00		0.00	0.00
其他罚款收入	元	0.00	0.00	0.00	0.00		0.00		0.00	0.00
出卖土地收入	元									
出卖企业收入	元	0.00	0.00	0.00	0.00		0.00		0.00	0.00
出卖其他资产收入（包括树林、房屋等）	元	0.00	0.00	30000.00	0.00		0.00		11650.00	3415.00
其他收入（请注明）	元	2.00	60000.00	41585.55	4090.91	125000.00	24240.00	32156.50	5275.00	22290.23

10.2.5.3 本村支出

指标名称	单位	河北	吉林	福建	山东	河南	云南	陕西	新疆	全国
专职干部与管理人员工资与补贴	元	14215.20	83276.05	67595.45	46672.73	62531.47	35298.21	43629.08	78222.22	52430.34
其他人员工资与补贴（非专职人员等）	元	5839.87	12005.00	27007.71	2842.86	7626.78	14635.71	18522.86	13285.71	11838.37
公共服务支出（运转和管理费用，不包括建设投资和大型维修）	元	34454.66	64885.63	172102.40	82175.00	51318.21	76162.37	175400.00	73777.78	79250.48
其中：道路维修支出	元	15100.66	30643.75	62667.64	11315.79	15444.44	24357.50	22753.25	24688.89	24595.83
灌溉设施维修支出	元	6984.07	4250.00	32025.80	8380.95	250.00	7125.69	30250.00	8710.00	11162.84
环境卫生支出	元	12395.86	31050.50	45852.88	20850.00	12342.86	5583.75	19600.72	15437.50	21972.64
基础设施修缮支出（含电力、通信、办公楼等修缮费）	元	3800.15	20188.89	27877.95	5400.00	8789.00	4680.77	11000.53	12333.33	10884.35
教育文化医疗卫生支出	元	500.56	17125.00	21887.08	2795.46	2000.00	4538.69	28000.00	9300.00	8771.89
治安支出	元	1490.30	350.00	6618.40	500.00	1928.57	1538.54		9620.00	2527.36
社会福利和保障支出	元	9902.96	3400.00	38574.03	17050.00	1700.00	1352.73	24837.50	16033.33	16091.89

（续表）

指标名称	单位	河北	吉林	福建	山东	河南	云南	陕西	新疆	全国
其他支出（请注明）	元	333.90	14358.00	22209.00	454.55	4566.67	583.33	5000.00	55000.00	7477.61
其他支出	元	0.00	2550.00	21866.00	0.00	20860.00	909.09		43333.33	7018.00

10.2.5.4 本村债务

指标名称	单位	河北	吉林	福建	山东	河南	云南	陕西	新疆	全国
截至年末，本村累计债务总额（没有债务填“0”）	元	206840.40	457525.40	257174.20	24954.55	122000.00	94255.42	113457.80	131666.70	154010.40
其中：欠上级政府	元	0.00	103333.30	45000.00	0.00	12250.00	27272.73			17670.73
欠信用社贷款本金	元	20000.00	103956.00	14500.00	1363.64	210000.00	5545.46	8000.00		18371.00
欠信用社贷款利息	元									
欠村镇银行贷款本金	元	0.00	15000.00	0.00	0.00		0.00			416.67
欠村镇银行贷款利息	元	0.00		0.00	0.00		0.00			0.00
欠中国农业发展银行贷款本金	元	0.00	50000.00	25000.00	0.00		0.00			2702.70
欠中国农业发展银行贷款利息	元	0.00		0.00	0.00		0.00			0.00
欠其他商业银行贷款本金	元	0.00		0.00	0.00		0.00			0.00
欠其他商业银行贷款利息	元	0.00		0.00	0.00		0.00			0.00
欠单位或个人拆借款本金	元	62717.64	215000.00	91024.00	2272.73		12727.27	107468.60	136666.70	48184.63
欠单位或个人拆借款利息	元	8333.33	27500.00	0.00	1136.36	54666.67	0.00	15.00		6405.12
欠工程款	元	47529.00	233333.30	319165.00	14363.64	54000.00	189172.80	161502.40	149510.70	114906.80
其他（请注明）	元	80.00			909.09	30000.00	0.00		0.00	1353.51
本村新增负债总额（没有新增债务填“0”）	元	11574.29	25000.00	32558.25	0.00	11000.00	5.63	16000.00	60000.00	12833.83

10.3　行政村村庄治理

10.3.1　村两委会概况

指标名称	单位	河北	吉林	福建	山东	河南	云南	陕西	新疆	全国
本村党支部委员会委员的总人数	人	3.33	4.04	3.79	3.21	3.79	5.35	3.86	4.04	3.94
本村党支部委员会委员平均年龄	岁	48.74	50.04	45.35	49.40	48.39	42.72	48.27	42.68	46.75
本村党支部委员会委员平均受教育年限	年	10.31	9.00	10.54	10.33	9.54	9.89	10.68	10.91	10.11
现任村支书受教育年限	年	10.56	9.77	10.67	10.50	10.04	10.74	11.11	11.26	10.54
本村村民委员会委员的总人数	人	2.93	4.50	3.22	3.55	4.12	5.00	4.14	4.00	3.95
本村村民委员会委员的平均年龄	岁	47.81	48.11	44.09	48.96	46.00	42.11	46.67	41.25	45.61
本村村民委员会委员平均受教育年限	年	9.83	9.04	9.79	9.88	9.00	9.26	10.11	9.95	9.59
现任村主任受教育年限	年	9.86	9.35	9.73	8.04	8.86	11.05	11.39	9.91	9.71

10.3.2　基层党组织建设发展

指标名称	单位	河北	吉林	福建	山东	河南	云南	陕西	新疆	全国
本村党员的总人数	人	34.93	28.56	66.74	45.00	58.17	116.52	35.71	41.32	53.34
其中：50 岁以上的党员	人	21.52	15.88	36.05	28.63	36.83	52.60	20.81	15.68	28.00
30 岁以下的党员	人	6.30	4.32	20.63	7.44	13.33	24.56	4.52	5.00	10.59
其中：高中及其以上文化程度	人	12.30	7.32	26.11	12.44	22.28	27.36	11.05	11.21	16.16
初中及以下文化程度	人	21.74	19.00	40.21	22.50	30.76	73.00	17.63	20.88	31.51
本村共有多少人提交了入党申请书	人	4.25	3.38	2.83	3.25	3.56	4.67	2.90	11.16	4.75
本村共发展了几位党员	人	1.10	0.90	1.11	0.94	1.35	2.42	0.93	2.55	1.48

10.3.3 一事一议

指标名称	单位	河北	吉林	福建	山东	河南	云南	陕西	新疆	全国
本村一共举行了几次公共投资和基本建设一事一议？	次	1.70	3.30	2.62	4.21	1.43	2.56	2.50	2.94	2.80
其中：成功了几次？	次	1.76	3.44	2.62	4.04	2.00	2.67	2.18	2.44	2.77
共举行了几次这种非基本建设一事一议？	次	2.71	2.22	1.50	1.13	1.67	2.79	2.50	4.56	2.18
本村实行的一事一议需要筹资的有几次？	次	1.08	0.56	0.92	0.46	0.14	1.87	1.71	1.56	1.04

10.3.4 村庄管理及其他

指标名称	单位	河北	吉林	福建	山东	河南	云南	陕西	新疆	全国
村务监督委员会有几位成员？	人	3.50	3.00	3.47	2.96	3.11	2.92	3.25	4.05	3.27
县乡共组织村干部召开多少次会议（不包括选举方面的会议）？	次	17.55	14.80	13.00	23.91	19.58	17.48	18.42	18.91	18.06
县乡总共给村里发了多少个红头文件？	个	12.00	11.10	29.23	18.22	20.33	34.07	34.73	29.44	21.82
土地纠纷中：宅基地纠纷几起？	起	1.80	0.83	2.00	1.00	2.11	3.42	2.17	1.78	1.81
农村土地经营权纠纷几起？	起	0.00	2.33	1.30	0.00	1.50	4.38	4.00	1.25	1.96

10.4 行政村社会发展

10.4.1 农村公共设施

指标名称	单位	河北	吉林	福建	山东	河南	云南	陕西	新疆	全国
本村商店个数	个	3.04	5.19	6.53	2.09	4.17	8.46	4.00	5.48	4.80
本村集贸市场个数	个	0.11	0.15	0.28	0.22	0.09	0.36	0.14	0.13	0.18
本村道路硬化比重	%	85.67	84.00	89.78	75.00	73.10	84.84	88.40	66.86	80.93
本村水库、池塘个数	个	1.18	2.58	3.57	2.17	3.18	2.78	1.00	0.71	2.25
其中：病险水库、池塘个数	个	0.00	0.71	0.29	0.00	0.60	0.59		0.00	0.28
本村水库容量	万立方米	5.25	146.67	38.41	27.34	175.04	45.35		30.00	53.54

（续表）

指标名称	单位	河北	吉林	福建	山东	河南	云南	陕西	新疆	全国
本村池塘总容量	万立方米	2.30	119.17	22.66	76.46	311.77	21.05	0.02	0.12	80.69
本村小水窖数量	口	2.50	0.00	22.00	0.63	0.00	202.84	190.00	0.50	81.67
本村小水窖合计储水量	立方米	13.75	0.00	108.00	37.50	0.00	3860.10	1735.71	0.00	1450.39
本村自来水普及率	%	95.59	90.20	92.25	62.92	87.42	89.80	99.59	95.26	88.55
本村自来水单价	元/立方米	1.40	0.51	0.85	1.94	2.19	1.73	3.31	1.41	1.76
本村断电天数	天	3.60	5.78	6.27	0.54	4.53	8.32	6.17	4.10	4.66
本村农用电价格	元/度	0.57	0.55	0.51	0.68	0.56	0.43	0.50	0.47	0.54
本村天然气/液化气普及率	%	52.41	59.03	62.55	51.63	65.11	8.48	35.13	30.07	46.90
本村电话普及率（包括固定电话与手机）	部/百人	90.92	91.15	87.26	83.04	105.67	75.05	87.47	91.32	88.94
本村接入互联网的户数比例	%	42.60	49.17	63.82	46.96	32.28	30.96	47.38	49.47	44.96
本村安装有线电视的户数比例	%	68.35	90.46	86.83	75.08	50.89	67.56	68.43	73.00	72.86
完成农村困难家庭危房改造户数	户	2.00	4.53	3.00	1.25	6.18	27.60	3.27	19.36	7.88
末农村困难家庭危房户数	户	2.46	2.31	1.44	0.75	6.12	31.05	13.13	9.50	8.93
本村人畜混居的农户数	户	3.17	1.08	0.43	0.00	6.46	16.00	7.00	27.73	7.71
本村卫生厕所普及率	%	78.91	39.57	88.29	73.96	27.66	27.77	62.80	46.71	56.14
本村有多少户属于生态移民搬迁	户	0.33	0.46	1.50	0.21	0.00	0.25	5.43	0.78	0.81
本村有几处垃圾集中堆放点	处	4.28	3.90	5.33	4.10	6.23	7.32	3.35	5.81	4.94
本村农村生活公共设施投资额	元	38381.43	61709.50	281991.40	42358.33	76187.55	50970.67	304335.80	180000.00	93002.61
其中：村集体投资	元	19156.11	12375.25	57605.60	17739.13	18455.82	15795.83	2039.00	1500.00	18799.04
本村农业生产基础设施投资额	元	16937.50	45375.00	277599.40	12913.04	25000.00	35710.07	250000.00	96666.67	50919.28
其中：村集体投资	元	16195.45	20857.14	56666.67	7260.87	0.00	12694.64		50750.00	16455.59

10.4.2 农村科教文卫体公共服务

指标名称	单位	河北	吉林	福建	山东	河南	云南	陕西	新疆	全国
本村接受涉农职业教育的人数	人	54.52	68.35	36.15	9.88	72.00	104.06	123.90	29.80	57.79
具有或可以依托的科技特派员	人	1.08	1.00	1.00	0.00	1.25	0.67	2.00	1.00	0.63
具有或可以依托的科技示范户	户	5.38	4.40	8.00	0.29	4.73	1.18	12.33	6.80	3.83
具有或可以依托的农业专家大院	个	0.00	1.33	0.50	0.04	0.50	0.00	2.00	2.50	0.34
本村开展农机推广服务和培训次数	次	2.85	2.67	4.43	0.83	2.80	2.50	2.75	2.11	2.26
本村卫生室有几个床位?	个	3.48	2.25	3.69	2.68	4.88	4.00	3.28	2.39	3.25
本村卫生技术人员	人	1.41	1.04	2.39	1.35	2.65	2.95	1.74	1.63	1.82
其中：获得从业资格的医生人员	人	1.27	1.09	2.41	1.30	2.50	2.59	1.78	1.15	1.70
本村卫生室医疗人员培训人次	人次	5.72	8.29	7.82	2.29	8.20	5.62	17.00	9.86	7.16
本村参加新农合的人数	人	717.63	1117.88	2027.74	740.00	2160.26	2472.36	1256.72	1048.21	1323.38
本村享受低保的人数	人	13.30	48.50	28.58	17.17	50.22	130.25	47.28	34.85	44.90
本村五保户人数	人	4.05	5.33	4.83	1.21	8.18	5.52	3.67	2.22	4.42
本村获得自然灾害救济人数	人	2.89	48.07	20.27	7.50	23.83	35.14	20.86	10.38	21.14
新型农村社会养老保险参保率	%	96.85	81.22	92.39	83.13	79.68	87.23	81.11	88.37	86.59
领取养老金的农村老年居民	人	119.62	214.74	303.36	206.30	291.93	399.40	201.78	140.87	216.43

10.5 行政村生态建设

10.5.1 水土气候资源状况

指标名称	单位	河北	吉林	福建	山东	河南	云南	陕西	新疆	全国
截至年末，本村测土配方施肥耕地面积	亩	698.76	672.44	457.53	542.71	1170.81	1089.93	508.42	659.12	737.05
截至年末，本村退耕还林面积	亩	10.87	239.46	24.53	0.00	26.87	239.50	369.22	90.00	110.13

（续表）

指标名称	单位	河北	吉林	福建	山东	河南	云南	陕西	新疆	全国
截至年末，本村退耕还草面积	亩	0.00	0.00	0.00	0.00	0.00	0.00	0.00	0.00	0.00
截至年末，本村退牧还草面积	亩		0.00	0.00		0.00	0.00		0.00	0.00
截至年末，本村禁牧还草面积	亩		0.00	0.00		0.00	0.00		590.00	177.00
本村绿色农产品种植面积占农作物总播种面积比例	%	48.00	20.00	40.67	9.17	17.14	13.64	55.00	44.20	24.75
本村有机农产品种植面积占农作物总播种面积比例	%	35.00	17.50	37.20	4.29	7.14	20.58	40.00	42.80	19.10
本村无公害农产品种植面积占农作物总播种面积比例	%	50.00	36.67	22.50	5.05	43.00	22.45	20.00	31.57	21.60
截至年末，本村有机畜禽产品占畜禽产品总量的比例	%		40.40	17.50		14.33	32.50		68.30	45.54
截至年末，本村有机水产品占水产品总量的比例	%		40.00	15.00		50.00	0.00		30.00	22.73
本村每亩生产用水总量	立方米 / 亩	102.00	76.74	75.69	110.52	148.50	202.12	122.50	367.09	151.82
本村每亩灌溉用水支出	元 / 亩	68.05	47.88	22.01	62.95	28.36	15.09	150.90	54.67	53.51
其中：污水灌溉支出	元 / 亩	0.00	1.25	0.00	0.00	6.50	6.50		1.00	1.80
本村灌溉用水中地表水的比例	%	43.67	56.50	77.56	33.96	58.64	50.47	90.00	45.00	50.06

10.5.2　村污染和废弃物处理

指标名称	单位	河北	吉林	福建	山东	河南	云南	陕西	新疆	全国
本村生态环境建设方面的支出	元	18890.00	34575.00	55250.00	8541.67	20989.38	11923.15	26404.80	6223.56	20120.55
本村环境管理工作人员人数	人	3.30	3.91	3.25	2.39	5.29	4.40	4.69	4.22	3.68
其中：专职人数	人	1.78	2.69	1.82	1.83	3.00	1.45	3.43	0.75	2.13
兼职人数	人	2.20	4.60	2.44	0.29	5.50	1.64	3.38	2.25	2.09
本村改水受益人数	人	708.39	960.00	596.00	143.00	1062.75	314.50	973.60	772.50	558.80
本村改厕受益人数	人	568.00	374.20	259.67	235.91	112.00	53.38	480.60	601.80	333.33
本村排污系统个数	个	0.63	0.38	1.00	0.38	0.00	0.11	1.20	0.00	0.48
本村固态粪污弃物所占比例	%	70.32	54.75	26.33	32.92	45.00	29.62	43.00	65.36	46.63

（续表）

指标名称	单位	河北	吉林	福建	山东	河南	云南	陕西	新疆	全国
本村液态粪污弃物所占比例	%	25.34	20.00	39.40	3.75	53.18	20.42	52.00	18.11	22.59
本村畜禽固体粪废弃物直接排入环境比例	%	18.29	17.00	28.50	0.00	22.50	18.33	55.00	24.33	14.60
本村畜禽固体粪废弃物出售比例	%	35.71	15.00	12.75	0.00	25.00	8.33	66.33	48.80	18.83
本村畜禽固体粪废弃物生产沼气比例	%	14.17	0.00	26.83	0.00	34.00	1.67	20.00	0.00	8.35
本村畜禽固体粪废弃物用作农田肥料还田比例	%	64.05	92.73	39.44	30.43	53.33	46.94	20.50	75.00	54.28
本村畜禽固体粪废弃物其他处理方式比例	%	0.00	0.00	2.50	0.00		0.00		10.00	0.61
本村畜禽污水排入氧化塘处理比例	%	31.00		34.17	0.00	25.33	12.31	45.00	0.00	12.00
本村畜禽污水用于灌溉比例	%	67.50	60.00	26.25	16.67	26.67	11.07	70.00	35.93	27.16
本村畜禽污水生产沼气比例	%	23.33		23.14	0.00	25.00	3.50		1.33	6.71
本村畜禽污水直接排入环境比例	%	53.00	70.00	24.00	9.58	71.40	36.67	100.00	57.00	35.15
本村畜禽污水其他处理方式比例	%	0.00		10.00	0.00	10.00	0.00		0.00	0.88

10.5.3 生产能源使用

指标名称	单位	河北	吉林	福建	山东	河南	云南	陕西	新疆	全国
柴油使用量	升	3397.20	23311.11	801.41	5519.73	18323.53	5464.50	17447.06	7039.47	9564.69
汽油使用量	升	2055.77	3530.26	3491.00	1700.46	2756.62	4941.18	7596.06	3366.06	3539.87
电使用量	度	57021.15	63097.43	44065.38	185590.00	130073.30	57378.59	56939.46	130065.70	91101.80
煤使用量	吨	154.00	154.30	138.00	21.00	59.19	353.88	426.60	444.00	233.66
秸秆使用量	吨	31.83	644.50	0.00	16.86	427.50	137.67	345.75	102.80	172.80
薪柴使用量	吨	4.00	750.00	61.46	15.91	210.00	220.97	331.06	451.25	215.94
沼气使用量	立方米	7.50	0.00	3120.83	4.55	7900.00	922.44	550.00	75.00	876.10
本村沼气池合计产气量	立方米	596.67	0.00	516.25	9.09	34600.00	80.63	466.67	0.00	2106.57
本村已有的大型沼气池个数	个	0.00	0.00	2.00	0.00	0.00	0.00		0.00	0.11
本村已有的联户沼气池个数	个	0.00	0.00	3.50	0.18	0.00	0.00		0.00	0.31

（续表）

指标名称	单位	河北	吉林	福建	山东	河南	云南	陕西	新疆	全国
本村已有的户用沼气池个数	个	27.29	0.00	28.78	3.14	144.50	101.42	54.00	1.00	44.48
本村在用的大型沼气池个数	个		0.00		0.00	0.50	0.00		0.00	0.03
本村在用的联户沼气池个数	个		0.00	5.00	0.00	0.00	0.00		0.00	0.14
本村在用的户用沼气池个数	个	5.20	0.00	32.29	2.45	154.89	59.30	5.00	1.00	39.67
本村秸秆过腹还田利用的比例	%	25.90	47.50	58.71	42.27	47.87	23.92	70.00	60.00	44.47
本村秸秆食用菌培养基利用的比例	%	1.25	0.00	6.33	0.00	5.33	0.36		0.00	1.22
本村秸秆生活燃料利用的比例	%	28.18	39.18	5.00	20.91	13.64	13.80	36.00	55.00	25.05
本村秸秆田间焚烧利用的比例	%	0.00	26.00	30.17	0.00	0.00	22.50		16.17	14.02
本村秸秆出售的比例	%	19.27	15.00	43.00	0.45	20.00	10.50		14.00	11.67
本村秸秆沼气原料利用的比例	%	3.75		11.50	0.00	11.25	3.21		0.00	2.72
本村秸秆其他利用的比例	%	70.67	35.00	20.00	0.00	49.00	2.14		30.00	22.58

11

2017年分省样本的村庄统计

11.1 行政村基本情况

11.1.1 概况

指标名称	单位	河北	吉林	福建	山东	河南	云南	陕西	新疆	全国
本村有多少自然村	个	1.11	4.26	5.46	0.86	4.22	8.19	3.04	2.15	3.48
本村共有多少户	户	202.07	361.59	567.85	256.42	565.05	688.50	336.17	263.68	375.61
其中：只务农的农户数	户	116.19	261.65	302.48	165.33	335.58	444.81	287.43	168.06	242.52
完全不务农农户数	户	32.59	60.83	90.50	39.58	40.12	65.83	24.82	51.38	50.90
第一种兼业农户数	户	27.67	39.42	63.17	47.79	73.22	81.56	96.73	49.07	55.36
第二种兼业农户数	户	24.12	16.10	61.61	28.08	96.33	52.25	25.27	41.60	40.25
其中：有自营工商业农户数	户	10.48	6.33	28.89	5.32	11.45	21.38	15.39	12.48	13.37
本村人均纯收入	元	8174.69	8293.13	10290.79	9340.20	7417.50	8526.30	8784.53	12214.84	9301.24
其中：非农收入	元	4970.00	2821.43	5530.88	4190.10	5251.71	2994.79	3911.00	6181.28	4699.11
本村委会距县政府距离	千米	23.71	31.35	17.80	9.81	18.37	25.78	20.82	18.50	20.93
距乡镇政府距离	千米	3.61	7.40	5.72	4.33	4.74	7.95	4.89	4.78	5.33
距最近的集贸市场距离	千米	2.79	6.07	5.32	1.93	3.21	5.08	4.66	3.41	4.03
距最近的车站/码头距离	千米	2.98	4.95	5.97	5.77	7.06	6.01	4.54	4.18	5.04
距最近的幼儿园距离	千米	1.44	4.38	2.35	1.75	0.57	1.82	3.19	2.16	2.22
距最近的小学距离	千米	1.64	3.78	2.11	2.14	0.91	0.69	2.02	2.71	2.07
距最近的初中距离	千米	5.33	7.05	4.75	4.15	3.42	8.00	4.64	4.20	5.22
距最近卫生所（站）距离	千米	1.11	0.62	0.84	0.62	0.74	2.22	2.34	1.71	1.31
距最近农资销售点距离	千米	2.28	4.65	1.70	1.12	1.74	2.84	2.32	2.44	2.41
距最近的邮政所的距离	千米	5.06	6.46	4.47	2.75	4.61	5.27	4.93	3.14	4.48

11.1.2 土地、水等资源

指标名称	单位	河北	吉林	福建	山东	河南	云南	陕西	新疆	全国
本村村域土地总面积	亩	1704.31	9804.78	16241.46	1173.00	5004.68	14496.54	5269.79	7307.33	7602.07
其中：宅基地	亩	212.68	372.43	272.83	257.04	544.58	350.81	346.88	245.57	313.70
本村耕地总面积	亩	1151.90	6130.60	2041.50	1329.38	3712.94	3507.76	3011.09	4138.81	2981.66
其中：水田总面积	亩	208.66	743.51	1425.00	0.00	67.50	1257.32		942.13	749.38
水浇地面积	亩	1127.63	1352.86	170.57	1201.53	2061.33	528.79	1654.00	3145.23	1437.76
旱地总面积	亩	78.55	5267.08	552.10	119.78	2904.40	2481.74	2576.22	759.00	1948.71
其中：家庭经营的本村耕地面积	亩	1126.68	5209.81	1572.95	1295.01	3642.33	3366.44	2921.10	2972.64	2655.11
集体经营的本村耕地面积	亩	74.94	36.57	74.20	15.00	150.00	65.55	321.67	458.67	147.25
合作经营的本村耕地面积	亩	20.50	74.47	121.67	8.35	292.83	19.25	226.20	0.00	62.76
企业经营的本村耕地面积	亩	24.00	0.00	118.80	0.00	243.33	30.92	300.00	0.00	48.18
其他形式经营的本村耕地面积	亩	25.83	0.00	249.67	0.00	244.00	18.18	233.33	195.36	82.61
其中：撂荒的本村耕地面积	亩	10.86	0.00	210.38	34.78	0.00	183.92	6.00	192.00	93.90
园地面积（果园、茶园、桑园等）	亩	78.09	360.97	1100.64	223.91	301.38	449.20	1511.27	189.33	656.15
林地面积（包括退耕还林）	亩	140.25	5573.48	7795.50	8.23	476.09	7615.75	1154.64	1430.21	3371.48
草地面积（包括退耕还草）	亩	0.00	3593.91	4825.33	5.22	0.00	2727.36	1200.00	1600.33	1808.37
水面面积（包括鱼塘）	亩	80.00	67.31	144.31	1.36	133.57	38.00		33.33	64.65
内新增耕地面积（若减少则用负数表示）	亩	67.25	0.00	35.44	2.45	18.40	62.33		35.00	33.87
土地流转面积	亩	228.35	519.31	313.21	7.27	352.00	456.95	491.93	778.93	369.18
其中：转包	亩	182.17	471.82	233.30	1.82	324.00	335.03	491.93	710.43	317.49
出租	亩	71.40	80.06	219.82	16.52	143.33	109.32	154.50	250.00	105.22
互换	亩	4.00	25.00	71.40	10.86	0.00	1.91	25.00	0.00	14.18
转让	亩	10.57	38.67	28.50	0.00	0.00	0.00		50.00	7.38
入股	亩	0.00	0.00	0.00	0.00	0.00	0.00		0.00	0.00
抵押	亩	0.00	0.00	0.00	0.00	0.00	0.00		0.00	0.00
其他（请注明）	亩	0.00	0.00	0.00	0.00	0.00	0.00		0.00	0.00
本村未开发可以用于农业生产的土地面积	亩	268.88	150.00	104.55	9.09	25.00	230.00	190.50	333.33	130.83

（续表）

指标名称	单位	河北	吉林	福建	山东	河南	云南	陕西	新疆	全国
本村被征用土地面积	亩	0.00	75.00	65.75	20.45	17.50	37.92	157.33	58.20	40.23
其中：耕地	亩	0.00	75.00	44.60	20.45	17.50	37.92	96.00	48.50	35.09
其他农用地	亩	0.00	0.00	30.13	2.38	0.00	0.00		50.50	10.06
工矿建设用地、村民住宅、道路等建设用地	亩	0.00	0.00	34.20	0.00	0.00	1.91		0.00	4.27
空闲地、荒山、荒地、荒滩、荒沟等未利用地	亩	0.00	0.00	57.17	0.14	0.00	0.00	100.00	0.00	9.91
本村农业生产用水单价（不收费填0）	元/亩	25.54	1.12	1.24	4.69	2.11	11.80	57.87	56.32	20.88
本村饮水困难人口比重	%	2.69	10.20	5.85	0.00	7.50	15.60	5.20	16.63	8.59
本村饮水不安全人口比重	%	0.77	1.50	5.59	0.00	49.18	10.35	0.40	20.07	10.72

11.1.3 人口、劳动力及就业情况

指标名称	单位	河北	吉林	福建	山东	河南	云南	陕西	新疆	全国
本村总人口	人	763.42	1259.11	2168.89	912.79	2261.95	2572.80	1336.28	1077.78	1429.98
其中：15岁及以下	人	167.27	180.15	421.33	154.30	435.05	512.50	228.73	130.78	253.37
16~40岁	人	271.77	367.00	624.38	263.57	703.94	952.68	438.12	199.75	431.69
41~60岁	人	214.42	443.70	568.77	284.71	717.83	872.76	411.72	220.32	430.04
61岁及以上	人	111.15	245.35	334.42	186.58	340.56	401.39	188.61	98.30	219.91
总人口中男性人口所占比重	%	52.26	54.32	53.01	52.35	54.87	53.64	51.42	48.25	52.20
总人口中少数民族人口所占比重	%	0.66	10.20	0.74	0.04	0.10	33.75	13.72	58.03	20.78
其中：不识字或识字很少	人	101.23	97.44	179.56	83.54	184.24	326.82	139.35	51.48	135.03
小学	人	182.15	276.65	441.44	180.17	563.72	734.84	190.83	220.53	325.62
初中	人	333.42	562.56	792.87	344.38	776.53	902.75	539.38	333.58	543.97
高中/技校/职高	人	102.92	142.40	238.23	150.67	238.60	336.68	235.43	117.61	185.66
大专及以上	人	32.46	48.29	98.10	105.73	70.88	137.85	119.27	47.65	78.87
留守儿童（父母双方或一方在外打工累计6个月以上）	人	23.17	23.85	24.59	5.64	101.56	70.36	59.81	30.25	42.28
留守老人（全部子女在外累计半年以上的60岁以上老人）	人	18.88	28.42	41.88	13.45	27.00	60.74	36.00	18.33	31.27

（续表）

指标名称	单位	河北	吉林	福建	山东	河南	云南	陕西	新疆	全国
留守妇女	人	25.56	23.88	24.36	7.00	108.56	79.09	49.11	28.31	42.47
本村常住人口（一年在本村居住累计 6 月以上）	人	639.58	845.91	1516.72	844.13	1774.00	1845.07	912.48	554.73	1023.03
其中：15 岁及以下	人	149.54	138.32	342.56	137.88	373.76	364.82	225.29	124.33	218.80
16~40 岁	人	210.04	254.08	435.20	212.04	554.53	595.56	329.27	207.80	329.41
41~60 岁	人	180.81	300.17	430.24	210.25	533.50	666.80	365.50	175.67	336.31
61 岁以上	人	109.88	202.04	294.00	173.00	344.00	311.76	188.14	86.13	199.19
本村劳动力（男 16~60 岁，女 16~55 岁）总数	人	426.73	675.56	1314.09	391.87	1228.44	1512.33	726.31	509.59	773.21
其中：常年（累计 6 个月以上）外出务工人数	人	119.30	192.63	380.00	47.87	370.19	442.18	241.58	95.97	217.13
外出务工劳动力返乡创业的人数	人	4.20	4.82	18.43	0.91	5.73	23.05	13.64	8.83	10.47
其中：第一产业从业人员人数（农业）	人	293.83	442.21	606.30	405.00	796.00	1142.33	634.78	367.52	545.40
第二产业从业人员人数（工业）	人	104.58	107.27	334.55	80.17	437.18	300.52	125.78	59.17	184.05
第三产业从业人员人数（商业与服务业）	人	70.62	76.47	199.60	52.63	171.36	157.11	83.36	63.54	103.74
举家外出户数	户	9.53	37.14	34.37	1.50	15.43	42.19	14.41	30.64	23.88
本地短期雇工工资	元 / 天	93.75	125.91	130.20	128.64	92.65	92.73	99.05	139.48	114.44

11.2 行政村经济发展

11.2.1 经济发展水平

指标名称	单位	河北	吉林	福建	山东	河南	云南	陕西	新疆	全国
本村农业经营总收入	万元	287.00	4946.87	1717.12	3770.78	949.40	3459.98	731.53	5285.22	2779.30
其中：种植业收入	万元	206.66	703.13	1282.67	897.80	536.76	1788.49	573.45	447.65	797.48
畜牧业收入	万元	62.02	177.43	124.14	16.65	170.21	673.97	45.41	176.44	179.90
渔业收入	万元	1.58	12.50	19.46	0.09	5.29	10.48		0.00	8.07
林业收入	万元	7.45	70.83	129.32	12.52	11.15	71.52	21.75	12.87	50.58
本村工业收入	万元	134.64	204.29	379.61	105.00	522.67	221.38	172.14	33.63	211.55

（续表）

指标名称	单位	河北	吉林	福建	山东	河南	云南	陕西	新疆	全国
其中：建筑业收入	万元	83.01	217.78	175.41	51.36	246.75	151.74	107.00	26.52	121.99
本村第三产业收入（指商业、餐饮业、服务业、运输业、旅游业等收入）	万元	135.98	139.58	263.29	53.70	219.41	297.55	127.29	217.23	182.36

11.2.2 农业发展

种植业

（1）稻谷

指标名称	单位	河北	吉林	福建	山东	河南	云南	陕西	新疆	全国
播种面积或园地种植面积	亩	1040.00	1008.59	1319.27		270.00	1015.06		650.00	1081.25
总产量	千克	512800.00	623677.50	732976.80		162000.00	461811.20		227650.00	570948.50

（2）小麦

指标名称	单位	河北	吉林	福建	山东	河南	云南	陕西	新疆	全国
播种面积或园地种植面积	亩	999.00			1213.80	2431.00	640.47	976.43	837.88	1196.35
总产量	千克	467536.70			567020.00	1066925.00	99312.43	403657.90	501116.90	516054.70

（3）玉米

指标名称	单位	河北	吉林	福建	山东	河南	云南	陕西	新疆	全国
播种面积或园地种植面积	亩	769.93	3704.95	240.00	652.03	1851.78	1417.35	370.00	2142.23	1559.28
总产量	千克	445247.60	1910716.00	159178.00	911030.50	928813.30	547624.60	107371.40	1226792.00	893644.10

11.2.3 种植业现代化程度

指标名称	单位	河北	吉林	福建	山东	河南	云南	陕西	新疆	全国
本村有效灌溉面积	亩	1103.90	940.34	1910.89	1282.84	2053.84	1208.01	1522.22	2892.47	1678.36
其中：机电灌溉面积	亩	1096.25	812.96	1241.17	1274.14	1625.32	542.72	1522.22	1420.57	1172.54
喷灌面积	亩	0.04	357.14	235.71	0.00	271.69	101.86	100.00	0.00	85.80
滴灌渗灌面积	亩	0.00	715.00	0.00	132.64	340.00	234.94	966.67	2592.68	657.50
本村机耕面积	亩	1473.98	3796.07	1678.56	1006.48	3328.06	1776.01	2359.60	3434.42	2307.19
本村机播面积	亩	1742.12	3493.43	312.22	960.11	3287.50	34.29	2047.90	4042.72	2160.64

（续表）

指标名称	单位	河北	吉林	福建	山东	河南	云南	陕西	新疆	全国
本村机收面积	亩	1274.05	2816.06	985.00	1018.93	3228.94	543.35	1744.59	4233.92	2049.12
末本村累计农用机械总动力	千瓦	1437.65	4273.50	2553.13	5941.38	14068.67	9139.07	2499.09	889.36	4892.32
末本村发展设施农业的温室和大棚总面积	亩	12.50	14.47	72.50	68.95	88.33	59.63	95.00	227.40	74.63
其中：温室面积（有调节温度设备）	亩	0.00	7.50	40.00	0.00		12.50	70.00	0.50	8.86
大棚面积（无调节温度设备、跨度≥ 5.9 米）	亩	16.67	1.44	30.00	4.00	32.50	75.93	75.00	128.25	40.49
中小棚面积（无调节温度设备、跨度＜ 5.9 米）	亩	0.00	12.67	10.00	0.00		0.91		30.00	2.26
其中：种植蔬菜的温室和大棚面积	亩	0.00	1.63	23.06	21.11	86.67	51.08	46.67	137.50	41.45
种植水果的温室和大棚面积	亩	0.00	0.00	0.00	0.00		0.00		0.00	0.00
种植苗木花卉的温室和大棚面积	亩	0.00	0.00	0.00	0.00	5.00	1.00		10.00	0.90

11.2.4 畜牧业生产

11.2.4.1 生产情况

（1）生猪

指标名称	单位	河北	吉林	福建	山东	河南	云南	陕西	新疆	全国
年末存栏	头	829.65	244.60	478.16	293.71	1028.15	3583.95	370.67	179.00	1023.70
年末能繁母畜（或产奶牛、产蛋禽）存栏	头	118.53	95.46	72.60	100.00	172.18	288.67	59.75	29.38	136.09
出栏或产量	头	808.24	423.40	1440.78	658.57	1943.08	6730.00	798.80	88.10	1857.50

（2）肉牛

指标名称	单位	河北	吉林	福建	山东	河南	云南	陕西	新疆	全国
年末存栏	头	69.50	469.08	2.00	3.50	34.43	890.75	40.20	336.60	411.54
年末能繁母畜（或产奶牛、产蛋禽）存栏	头	8.50	227.90			18.00	217.83		159.25	166.82
出栏或产量	头	952.63	191.23	0.00	5.00	37.86	929.59	25.60	422.44	471.49

（3）肉羊

指标名称	单位	河北	吉林	福建	山东	河南	云南	陕西	新疆	全国
年末存栏	只	164.64	2122.22	205.67	146.00	487.73	1695.22	90.11	1577.31	1047.54
年末能繁母畜（或产奶牛、产蛋禽）存栏	只	69.13	1873.75	109.00	68.20	211.50	620.56	68.83	784.96	585.39
出栏或产量	只	278.00	375.56	1859.83	126.20	602.91	1749.07	51.11	1510.44	997.27

（4）肉鸡

指标名称	单位	河北	吉林	福建	山东	河南	云南	陕西	新疆	全国
年末存栏	只	10000.00	9306.00	3208.50	0.00	9836.36	14703.78		1895.67	7888.32
年末能繁母畜（或产奶牛、产蛋禽）存栏	只	0.00	1125.00	320.80	0.00	3650.00	3030.17		88.13	1484.38
出栏或产量	只	10003.50	1960.00	4403.90	3500.00	44445.45	29750.33		1707.78	17014.44

11.2.4.2 畜牧业标准化程度

指标名称	单位	河北	吉林	福建	山东	河南	云南	陕西	新疆	全国
年末本村养殖场占地面积	亩	17.52	34.25	29.18	4.67	41.41	206.69	20.78	217.43	78.78
其中：标准化养殖场占地面积	亩	9.20	28.03	25.18	0.78	40.38	17.16	14.20	7.89	15.10
年末本村兽医与防疫员人数合计	人	1.37	0.95	1.55	0.40	1.69	2.48	1.74	1.40	1.44

11.2.4.3 农民专业合作社（指在工商部门正式登记注册的合作社，不包括民政部门批准的协会）

指标名称	单位	河北	吉林	福建	山东	河南	云南	陕西	新疆	全国
年末本村的农民专业合作社个数	个	1.29	4.70	4.63	1.29	2.88	3.60	3.00	3.34	3.18
年末本村入社总户数	户	40.36	90.50	61.46	27.08	45.12	285.24	114.50	45.87	94.51
年末本村示范合作社个数	个	1.17	1.44	1.40	0.10	1.33	1.00	1.57	1.27	1.03
其中：国家级示范合作社个数	个	1.00	0.00	0.33	0.05		0.08	1.00	0.33	0.15
省级示范合作社个数	个	1.00	0.60	0.63	0.00	0.67	0.08	1.00	0.67	0.29
截至年末，本村实现“农超对接”的合作社个数	个		0.00	0.83	0.05	0.00	0.27	2.40	0.33	0.42
截至年末，本村农产品对外出口的合作社个数（不包括经企业间接出口的情况）	个		0.00	0.33	0.05	0.00	0.17		3.67	0.35
本村获得优惠贷款的合作社个数	个	1.00	2.80	7.83	0.43	1.50	0.77	3.00	1.50	1.77

（续表）

指标名称	单位	河北	吉林	福建	山东	河南	云南	陕西	新疆	全国
本村合作社获得各级政府财政补贴总额	元	1.00	208002.20	130000.00	150150.00	0.00	7066.75	391691.80	60002.00	135147.70
其中：国家级补贴额	元	25.00	0.00	0.00	0.00	0.00	0.00	10.00	0.00	0.88
省级补贴额	元		25001.25	116673.30	142.86	0.00	0.00	40.00	0.00	10787.26
地市级补贴额	元		0.00	150000.00	142857.10	0.00	0.00	41.67	0.00	82503.13
县级补贴额	元		46668.33	5015.00	0.00	0.00	909.09	258342.80	100000.00	41226.98
年末本村合作社拥有注册商标数	个	2.00	1.71	6.88	0.48	1.33	66.08	2.25	2.00	12.20
其中：省级及以上知名商标数	个	1.00	0.50	0.80	0.05	0.00	0.00	1.00	0.00	0.25

11.2.5　行政村集体经济

11.2.5.1　本村集体资产与债权

指标名称	单位	河北	吉林	福建	山东	河南	云南	陕西	新疆	全国
年末本村集体资产总额	万元	135.06	127.17	444.19	347.66	94.33	179.30	223.52	153.51	219.26
年末本村集体存有生产性固定资产总额	万元	88.34	77.04	172.85	119.65	70.83	84.40	121.36	54.25	100.15
其中：村委会管理的资产数额	万元	73.95	67.92	152.98	86.61	67.50	61.25	99.09	29.25	80.19
本村集体固定投资完成额	万元	34.09	11.50	134.87	3.57	58.71	21.55	326.67	53.63	60.72
其中：农田水利建设投资完成额	万元	33.42	7.50	18.38	3.14	3.00	18.55	161.50	52.34	27.24
年末本村集体债权总额	万元	3600.50	129.39	235.77	1866.91	102.14	36.36	86.13	33.77	825.84

11.2.5.2　本村收入

指标名称	单位	河北	吉林	福建	山东	河南	云南	陕西	新疆	全国
本村经营收入	元		117642.90	95588.98	325008.90	20000.00	42021.25		172355.40	150223.00
本村发包收入（指水面、山林、四荒、集体土地发包收入等）	元	50352.74	53619.53	32986.31	19104.30	24441.67	25197.08	3600.00	63394.50	39283.55
转移性收入（也即补助收入，不包括上级政府拨给农民种粮补贴、良种补贴、农机补贴等收入）	元	53366.67	104036.40	235937.90	17777.95	86215.60	242993.80	70134.73	174711.50	124870.00

（续表）

指标名称	单位	河北	吉林	福建	山东	河南	云南	陕西	新疆	全国
其中：上级政府拨款转移性收入	元	113366.70	108555.60	122540.70	13232.50	82923.27	84069.00	68055.00	167916.30	80472.53
计划生育罚款收入（指留在本村支配使用的罚款收入，非本村支配的不计）	元	0.00	0.00	0.00	0.00	0.00	0.00		0.00	0.00
其他罚款收入	元	0.00	0.00	0.00	0.00	0.00	0.00		0.00	0.00
出卖土地收入	元	25000.00	0.00	45000.00	4347.83	0.00	33.33	150.00	0.00	5229.35
出卖企业收入	元	0.00	0.00	0.00	0.00	0.00	0.00		0.00	0.00
出卖其他资产收入（包括树林、房屋等）	元	30000.00	63000.00	28539.00					7200.00	32184.75
其他收入（请注明）	元	0.00	0.00	31766.00	142.86	0.00	8461.54	64300.00	20900.00	11310.57

11.2.5.3 本村支出

指标名称	单位	河北	吉林	福建	山东	河南	云南	陕西	新疆	全国
专职干部与管理人员工资与补贴	元	34180.56	80890.83	84608.33	36878.87	50718.80	53398.46	54395.71	39176.83	53752.80
其他人员工资与补贴（非专职人员等）	元	12676.67	11364.40	22771.35	7213.64	11853.42	12770.42	12457.75	10300.00	12714.67
公共服务支出（运转和管理费用，不包括建设投资和大型维修）	元	59702.55	60984.86	144437.00	81045.65	32576.03	89613.71	40528.18	108546.20	79549.16
其中：道路维修支出	元	15679.17	24124.14	53276.29	15284.55	14130.92	34626.88	17700.71	8916.86	24353.28
灌溉设施维修支出	元	16122.50	28500.00	22113.85	3988.64	3666.67	14223.29	22000.00	10372.73	12909.03
环境卫生支出	元	15304.00	11519.33	33667.28	8080.35	7366.67	14521.43	17014.93	4400.16	14817.40
基础设施修缮支出（含电力、通信、办公楼等修缮费）	元	19507.27	17291.40	23443.29	7780.95	11466.78	2887.13	16417.50	9354.55	12746.17
教育文化医疗卫生支出	元	17911.11	18625.00	11639.85	4477.14	1990.00	2185.71	18750.00	8609.27	8153.95
治安支出	元	4140.00	2125.00	6672.67	580.00	1912.50	3661.12	1000.50	11765.10	4099.27
社会福利和保障支出	元	16125.00	23320.00	27929.45	9852.17	1543.33	8864.29	18790.40	13504.64	14380.30
其他支出（请注明）	元	53710.00	12692.40	29091.33	5000.00	1150.00	2054.43	3000.00	24250.00	10528.71
其他支出	元		6666.67	33333.33	2000.00	6033.33	6250.00	2003.33	10500.00	5850.19

11.2.5.4 本村债务

指标名称	单位	河北	吉林	福建	山东	河南	云南	陕西	新疆	全国
截至年末，本村累计债务总额（没有债务填“0”）	元	191685.20	389923.40	356077.50	63914.78	142515.00	175555.00	205114.30	193099.00	199385.00
其中：欠上级政府	元	13666.67	116666.70	0.00	0.00	21666.67	25001.67		24157.50	17763.54
欠信用社贷款本金	元	3000.00	164285.70	6750.00	1304.35	149986.00	9000.00	8000.00	14000.00	33295.35
欠信用社贷款利息	元	3000.00	70000.00	0.00	0.00	0.00	0.00	1536.00	0.00	3613.40
欠村镇银行贷款本金	元									
欠村镇银行贷款利息	元			0.00	0.00	0.00	0.00		0.00	0.00
欠中国农业发展银行贷款本金	元			25000.00	0.00	0.00	0.00		0.00	1351.35
欠中国农业发展银行贷款利息	元			0.00	0.00	0.00	0.00		0.00	0.00
欠其他商业银行贷款本金	元			0.00	0.00	0.00	0.00		0.00	0.00
欠其他商业银行贷款利息	元			0.00	0.00		0.00		0.00	0.00
欠单位或个人拆借款本金	元	124400.00	148800.00	133657.20	31826.09	87979.00	13341.67	103537.10	151761.00	73569.94
欠单位或个人拆借款利息	元	18333.33		0.00	0.00	35162.75	0.00		30000.00	6086.93
欠工程款	元	83345.33	413333.30	249329.90	31181.82	15333.33	120440.00	164865.40	123863.10	119125.80
其他（请注明）	元		200000.00	0.00	400.00		35916.67		0.00	17750.00
本村新增负债总额（没有新增债务填“0”）	元	1.73	0.00	13286.63	0.00	25833.33	13914.17	16666.67	4001.67	7279.42

11.3 行政村村庄治理

11.3.1 村两委会概况

指标名称	单位	河北	吉林	福建	山东	河南	云南	陕西	新疆	全国
本村党支部委员会委员的总人数	人	3.42	4.15	3.85	3.35	3.74	5.21	3.83	3.88	3.93
本村党支部委员会委员平均年龄	岁	49.91	50.39	48.00	50.62	48.94	44.53	48.51	42.98	47.38
本村党支部委员会委员平均受教育年限	年	10.06	9.57	9.60	10.30	10.33	10.09	11.08	10.47	10.18
现任村支书受教育年限	年	10.85	10.38	10.31	10.70	10.18	10.71	10.67	10.75	10.59
本村村民委员会委员的总人数	人	3.23	4.62	3.33	3.29	4.26	5.23	4.00	4.00	3.97
本村村民委员会委员的平均年龄	岁	48.96	47.22	44.68	44.95	45.88	43.22	47.62	41.45	45.15
本村村民委员会委员平均受教育年限	年	9.67	9.00	9.18	10.00	9.63	9.75	10.04	9.63	9.60
现任村主任受教育年限	年	9.48	9.29	10.10	10.00	10.22	10.11	11.23	9.11	9.92

11.3.2 基层党组织建设发展

指标名称	单位	河北	吉林	福建	山东	河南	云南	陕西	新疆	全国
本村党员的总人数	人	35.81	30.41	73.23	39.52	55.41	117.27	41.00	34.31	51.69
其中：50岁以上的党员	人	21.31	17.22	38.77	26.09	35.47	49.12	22.42	11.70	26.34
30岁以下的党员	人	8.35	5.41	21.77	6.04	11.71	27.12	7.42	3.98	11.01
其中：高中及其以上文化程度	人	13.15	9.68	24.81	10.83	22.82	28.65	13.08	7.26	15.60
初中及以下文化程度	人	20.35	19.28	39.42	25.26	29.06	69.50	24.46	15.23	29.89
本村共有多少人提交了入党申请书	人	4.08	3.65	3.92	1.48	5.50	4.92	2.70	16.14	6.37
本村共发展了几位党员	人	1.10	1.12	1.36	0.43	1.06	2.63	0.94	3.93	1.82

11.3.3 一事一议

指标名称	单位	河北	吉林	福建	山东	河南	云南	陕西	新疆	全国
本村一共举行了几次公共投资和基本建设一事一议？	次	2.07	2.71	2.05	5.90	2.29	4.94	2.38	1.21	3.06
其中：成功了几次？	次	2.00	2.69	1.95	5.38	2.60	5.06	2.00	1.05	2.91
共举行了几次这种非基本建设一事一议？	次	1.75	2.42	1.90	1.79	3.00	2.35	2.00	1.33	2.02
本村实行的一事一议需要筹资的有几次？	次	1.00	0.36	1.35	0.47	0.33	0.95	1.33	0.69	0.81

11.3.4 村庄管理及其他

指标名称	单位	河北	吉林	福建	山东	河南	云南	陕西	新疆	全国
村务监督委员会有几位成员？	人	3.58	3.00	3.60	3.90	2.78	2.84	3.41	3.63	3.37
县乡共组织村干部召开多少次会议（不包括选举方面的会议）？	次	14.44	20.67	14.41	19.41	17.53	17.36	28.36	28.89	20.12
县乡总共给村里发了多少个红头文件？	个	12.06	9.65	23.72	14.52	17.65	35.94	39.63	46.44	24.10
土地纠纷中：宅基地纠纷几起？	起	1.25	1.07	3.07	0.10	2.13	5.33	2.00	0.44	2.44
农村土地经营权纠纷几起？	起	0.33	2.67	1.54	0.09	0.88	3.19	2.89	0.91	1.91

11.4 行政村社会发展

11.4.1 农村公共设施

指标名称	单位	河北	吉林	福建	山东	河南	云南	陕西	新疆	全国
本村商店个数	个	3.20	5.85	6.52	2.23	5.00	9.50	3.88	3.49	4.77
本村集贸市场个数	个	0.12	0.15	0.27	0.35	0.17	0.38	0.04	0.05	0.18
本村道路硬化比重	%	82.08	83.81	86.41	71.25	54.35	71.89	88.40	71.58	76.70
本村水库、池塘个数	个	1.30	3.31	3.06	1.75	4.13	2.37	1.00	1.00	2.30
其中：病险水库、池塘个数	个	0.00	0.67	0.30	0.00	0.50	0.87	1.00	0.83	0.42
本村水库容量	万立方米	6.57	78.52	24.87	18.82	12.92	15.76	2.00	15.00	22.34
本村池塘总容量	万立方米	2.88	39.39	12.33	1.98	2.87	28.17	500.97		33.67
本村小水窖数量	口	0.00	0.00	44.00	3.86	0.00	216.17	196.42	0.00	104.54
本村小水窖合计储水量	立方米	0.00	0.00	106.00	54.55	0.00	2757.32	2720.60	0.00	1371.20
本村自来水普及率	%	95.77	87.85	91.00	27.73	74.00	75.30	97.52	91.26	81.22
本村自来水单价	元 / 立方米	1.38	1.96	1.02	1.50	2.59	1.48	3.90	2.12	2.02
本村断电天数	天	3.74	5.94	5.78	1.13	4.58	9.15	6.11	3.44	4.68
本村农用电价格	元 / 千瓦时	0.56	0.55	0.55	0.39	0.55	0.45	0.50	0.54	0.51
本村天然气 / 液化气普及率	%	57.86	58.36	60.57	43.40	52.29	10.58	40.17	55.90	48.86

（续表）

指标名称	单位	河北	吉林	福建	山东	河南	云南	陕西	新疆	全国
本村电话普及率（包括固定电话与手机）	部/百人	97.72	94.25	86.13	81.29	93.93	84.26	99.25	96.97	91.79
本村接入互联网的户数比例	%	37.96	54.44	51.17	39.78	25.28	27.38	40.65	40.85	40.25
本村安装有线电视的户数比例	%	60.24	82.52	87.84	73.88	53.43	56.96	68.11	72.48	70.43
完成农村困难家庭危房改造户数	户	1.70	10.28	3.52	16.21	7.00	25.21	4.24	16.06	11.32
未农村困难家庭危房户数	户	3.67	16.63	14.21	0.73	8.75	20.47	11.20	13.40	11.32
本村人畜混居的农户数	户	3.17	3.10	6.44	0.65	16.09	15.87	7.40	17.83	8.67
本村卫生厕所普及率	%	75.47	43.47	84.12	16.17	26.87	20.94	59.06	57.30	49.29
本村有多少户属于生态移民搬迁	户	0.00	0.45	1.50	0.43	0.00	1.86	4.00	2.17	1.16
本村有几处垃圾集中堆放点	处	5.04	3.90	4.79	5.30	4.50	7.50	3.71	2.57	4.62
本村农村生活公共设施投资额	元	50410.53	79837.50	246377.80	25253.25	39371.43	19682.27	141731.20	84562.44	76507.56
其中：村集体投资	元	21781.25	37000.00	64939.63	22955.00	5085.71	29454.55	16500.25	6250.00	26625.04
本村农业生产基础设施投资额	元	13225.50	60012.50	255208.80	51521.74	22000.00	39436.29	30801.25	158666.70	70562.36
其中：村集体投资	元	11981.82	9750.00	35564.00	5869.57	5000.00	9090.91	17667.33	33000.00	12132.65

11.4.2 农村科教文卫体公共服务

指标名称	单位	河北	吉林	福建	山东	河南	云南	陕西	新疆	全国
本村接受涉农职业教育的人数	人	75.65	99.44	31.47	33.52	90.38	131.40	110.58	92.04	79.43
具有或可以依托的科技特派员	人	0.90	0.50	1.00	0.14	1.00	0.21	2.00	1.00	0.62
具有或可以依托的科技示范户	户	5.50	4.78	9.31	1.33	5.85	3.09	10.78	3.50	5.09
具有或可以依托的农业专家大院	个	0.00	0.33	0.50	0.00	0.00	0.00	1.00	0.67	0.14

（续表）

指标名称	单位	河北	吉林	福建	山东	河南	云南	陕西	新疆	全国
本村开展农机推广服务和培训次数	次	2.54	3.58	4.14	1.20	2.17	2.79	2.11	2.44	2.48
本村卫生室有几个床位？	个	3.79	2.23	3.52	3.18	4.94	4.32	3.27	2.00	3.37
本村卫生技术人员	人	1.40	1.12	2.64	1.43	2.71	2.64	2.08	1.57	1.91
其中：获得从业资格的医生人员	人	1.29	1.04	2.56	1.30	2.71	2.10	1.74	0.92	1.72
本村卫生室医疗人员培训人次	人次	6.33	5.40	3.41	6.77	8.33	4.70	12.50	5.80	6.52
本村参加新农合的人数	人	729.50	1084.70	2027.89	655.38	2084.22	2437.14	1239.74	908.56	1309.14
本村享受低保的人数	人	17.23	70.72	32.30	15.29	41.37	178.65	56.65	49.37	52.73
本村五保户人数	人	3.75	5.24	4.44	1.71	7.82	6.57	3.16	2.43	4.30
本村获得自然灾害救济人数	人	24.75	69.92	15.00	15.09	5.50	25.32	21.90	0.00	25.06
新型农村社会养老保险参保率	%	96.61	80.56	93.28	80.96	86.83	92.79	88.46	88.50	88.64
领取养老金的农村老年居民	人	118.64	224.68	289.95	176.75	317.53	327.88	174.39	121.48	209.93

11.5 行政村生态建设

11.5.1 水土气候资源状况

指标名称	单位	河北	吉林	福建	山东	河南	云南	陕西	新疆	全国
截至年末，本村测土配方施肥耕地面积	亩	640.94	1442.05	791.31	712.52	1158.87	1071.46	676.59	768.91	884.49
截至年末，本村退耕还林面积	亩	10.64	215.93	37.27	0.00	28.24	261.27	315.53	133.21	119.74
截至年末，本村退耕还草面积	亩	0.00	0.00	0.00	0.00	0.00	0.00	0.00	0.00	0.00
截至年末，本村退牧还草面积	亩		0.00	0.00	0.00	0.00	5.67	0.00	0.00	1.48
截至年末，本村禁牧还草面积	亩		2500.00	0.00	0.00	0.00	0.00	0.00	0.00	312.50
本村绿色农产品种植面积占农作物总播种面积比例	%	46.00	3.67	48.56	26.90	11.00	29.23	60.00	34.10	31.44

（续表）

指标名称	单位	河北	吉林	福建	山东	河南	云南	陕西	新疆	全国
本村有机农产品种植面积占农作物总播种面积比例	%	35.00	20.00	44.38	10.00	3.33	23.00	35.00	27.63	21.54
本村无公害农产品种植面积占农作物总播种面积比例	%	25.00	27.50	58.50	20.75	62.00	36.83	65.00	36.10	36.30
截至年末，本村有机畜禽产品占畜禽产品总量的比例	%	100.00	57.86	71.67	5.26	32.67	29.64	58.00	53.13	35.50
截至年末，本村有机水产品占水产品总量的比例	%		26.67		0.00	95.00	0.00	26.67	0.00	6.38
本村每亩生产用水总量	立方米 / 亩	104.60	186.67	72.45	111.21	152.00	200.00	108.00	367.00	164.94
本村每亩灌溉用水支出	元 / 亩	52.76	43.21	22.50	54.42	24.89	35.79	148.88	84.36	57.75
其中：污水灌溉支出	元 / 亩	0.00	0.00	1.67	0.00	0.00	0.00		0.00	0.11
本村灌溉用水中地表水的比例	%	51.88	53.50	69.86	37.83	58.50	84.93	67.50	60.00	58.05

11.5.2　村污染和废弃物处理

指标名称	单位	河北	吉林	福建	山东	河南	云南	陕西	新疆	全国
本村生态环境建设方面的支出	元	18800.00	9586.36	45888.75	5095.24	5550.00	11731.19	10686.29	9506.63	14614.86
本村环境管理工作人员人数	人	3.59	2.47	3.09	2.67	2.44	3.00	4.74	1.38	3.04
其中：专职人数	人	1.67	1.70	2.11	2.00	2.40	1.58	3.14	1.40	1.99
兼职人数	人	3.12	2.17	2.33	0.13	2.00	1.40	2.22	0.86	1.65
本村改水受益人数	人	703.18	691.46	478.50	22.27	1415.00	797.92	536.00	539.50	524.78
本村改厕受益人数	人	492.53	330.67	369.00	40.67	280.00	334.38	210.50	313.33	286.40
本村排污系统个数	个	0.63	0.43	1.50	0.36	0.00	0.00	1.33	0.00	0.47
本村固态粪污弃物所占比例	%	68.26	49.83	31.63	22.50	51.33	29.65	54.33	45.00	42.40
本村液态粪污弃物所占比例	%	25.66	25.00	47.75	22.50	43.33	41.54	24.75	25.71	31.50
本村畜禽固体粪废弃物直接排入环境比例	%	21.33	0.00	39.00	5.50	35.64	19.83	15.00	17.50	20.06

（续表）

指标名称	单位	河北	吉林	福建	山东	河南	云南	陕西	新疆	全国
本村畜禽固体粪废弃物出售比例	%	35.67	0.00	25.20	9.44	25.71	3.42	59.75	30.00	21.11
本村畜禽固体粪废弃物生产沼气比例	%	8.33	0.00	26.50	0.00	23.88	6.43	20.00	20.00	10.22
本村畜禽固体粪废弃物用作农田肥料还田比例	%	57.89	90.83	45.85	36.00	55.50	69.25	60.13	81.15	60.34
本村畜禽固体粪废弃物其他处理方式比例	%	0.00	0.00	2.50	0.00	0.67	0.00			0.18
本村畜禽污水排入氧化塘处理比例	%	23.25	0.00	26.67	0.00	15.00	6.17			8.41
本村畜禽污水用于灌溉比例	%	26.25	56.67	33.00	6.50	3.33	3.46	55.00	100.00	17.58
本村畜禽污水生产沼气比例	%	17.50	0.00	27.20	0.00	16.67	6.15	10.00	20.00	10.04
本村畜禽污水直接排入环境比例	%	57.13	66.00	48.89	24.00	81.00	51.11	70.00	80.00	52.37
本村畜禽污水其他处理方式比例	%	0.00	0.00	5.20	0.00	0.00	0.00			0.65

11.5.3 生产能源使用

指标名称	单位	河北	吉林	福建	山东	河南	云南	陕西	新疆	全国
柴油使用量	升	3561.67	16656.32	1770.04	8060.73	12473.27	5832.91	7601.82	11586.63	7894.92
汽油使用量	升	1895.60	1750.68	3956.04	2534.52	1687.50	4839.14	2354.96	3228.89	2808.62
电使用量	度	57296.00	81830.59	60779.55	159080.60	183625.00	30215.95	74944.15	135291.80	94996.42
煤使用量	吨	193.14	377.30	191.25	80.41	10.75	813.39	271.40	418.00	323.98
秸秆使用量	吨	74.58	825.25	0.00	89.57	258.57	287.36	452.78	135.00	245.03
薪柴使用量	吨	17.40	763.75	171.04	6.79	105.00	240.42	708.46	14.14	191.12
沼气使用量	立方米	445.00	5.00	2041.00	47.27	1266.67	551.07	400.00	0.00	608.43
本村沼气池合计产气量	立方米	463.33	0.00	561.11	2153.81	25950.00	425.91	620.00	0.00	2959.73
本村已有的大型沼气池个数	个		0.00	1.67	0.05	0.50	0.08		0.00	0.20
本村已有的联户沼气池个数	个		0.00	2.33	0.05	0.00	0.00		0.00	0.21
本村已有的户用沼气池个数	个	31.83	0.00	31.08	2.52	129.00	90.36	30.60	0.00	43.66
本村在用的大型沼气池个数	个		0.00	2.00	0.05	0.33	0.00		0.00	0.20

（续表）

指标名称	单位	河北	吉林	福建	山东	河南	云南	陕西	新疆	全国
本村在用的联户沼气池个数	个		0.00	2.67	0.05	0.00	0.00		0.00	0.23
本村在用的户用沼气池个数	个	6.00	0.00	27.11	1.95	118.43	60.00	12.50	0.00	32.80
本村秸秆过腹还田利用的比例	%	27.11	62.78	66.11	76.36	44.71	51.72	80.00	58.33	59.62
本村秸秆食用菌培养基利用的比例	%	2.33	0.00	6.00	0.00	5.33	1.00		0.00	1.53
本村秸秆生活燃料利用的比例	%	23.21	42.10	2.50	14.55	15.08	12.34	35.00	10.00	19.13
本村秸秆田间焚烧利用的比例	%	0.00	25.44	24.14	4.35	0.33	20.75		10.00	13.95
本村秸秆出售的比例	%	22.57	10.00	29.20	0.00	21.67	8.27	20.00	30.00	13.10
本村秸秆沼气原料利用的比例	%	5.00	0.00	6.00	0.00	5.75	2.73		0.00	1.85
本村秸秆其他利用的比例	%	65.63	52.50	9.00	2.38	49.14	3.75		0.00	20.51

12

2016 年分省样本的村庄统计

12.1　行政村基本情况

12.1.1　概况

指标名称	单位	河北	吉林	福建	山东	河南	云南	陕西	新疆	全国
本村有多少自然村	个	1.12	4.44	5.46	0.80	3.50	7.75	3.05	2.74	3.47
本村共有多少户	户	203.69	371.70	559.85	247.32	483.12	653.63	257.37	260.59	361.93
其中：只务农的农户数	户	121.77	277.31	295.00	171.76	305.62	495.75	267.94	165.61	245.08
完全不务农农户数	户	29.46	52.73	84.48	32.08	29.24	45.00	10.50	52.60	43.98
第一种兼业农户数	户	26.65	43.43	61.74	29.80	58.43	72.60	82.56	43.76	47.97
第二种兼业农户数	户	25.46	31.18	73.53	33.60	75.20	42.07	21.25	42.76	43.63
其中：有自营工商业农户数	户	10.08	10.00	31.26	3.96	8.28	23.25	9.20	14.00	13.21
本村人均纯收入	元	7839.39	8393.57	9555.53	9572.77	7276.09	7300.73	8596.51	9509.68	8519.17
其中：非农收入	元	4700.52	3455.46	5781.94	3750.00	4760.00	2214.33	4177.18	8243.07	4612.41
本村委会距县政府距离	千米	23.90	32.79	18.31	9.78	18.02	25.50	21.50	23.78	21.75
距乡镇政府距离	千米	3.73	7.22	5.72	4.09	4.50	8.42	3.43	4.92	5.24
距最近的集贸市场距离	千米	2.82	5.98	5.78	1.63	3.87	5.00	3.94	4.49	4.19
距最近的车站 / 码头距离	千米	3.23	6.61	6.13	7.22	5.08	6.71	3.19	5.17	5.42
距最近的幼儿园距离	千米	1.47	4.43	2.33	1.66	0.92	1.71	2.26	2.78	2.21
距最近的小学距离	千米	1.70	3.80	2.11	2.55	0.94	0.63	1.63	2.88	2.04
距最近的初中距离	千米	5.42	5.90	4.68	4.71	3.37	8.07	3.22	5.80	5.24

（续表）

指标名称	单位	河北	吉林	福建	山东	河南	云南	陕西	新疆	全国
距最近卫生所（站）距离	千米	1.18	2.10	0.98	1.03	0.64	1.54	1.74	2.66	1.55
距最近农资销售点距离	千米	2.31	4.59	1.70	1.19	1.37	3.01	2.17	3.00	2.44
距最近的邮政所的距离	千米	5.19	5.60	4.43	3.16	4.28	5.19	3.91	3.95	4.43

12.1.2 土地、水等资源

指标名称	单位	河北	吉林	福建	山东	河南	云南	陕西	新疆	全国
本村村域土地总面积	亩	2117.04	11017.95	16104.79	942.64	3774.61	18346.62	3731.59	7335.05	7893.22
其中：宅基地	亩	213.24	372.27	264.97	209.04	461.13	328.37	220.47	426.03	322.35
本村耕地总面积	亩	1205.49	5987.95	2014.08	1129.34	2749.30	3254.54	2960.63	3819.26	2848.50
其中：水田总面积	亩	239.99	775.45	1414.38	4.00	130.70	1323.91	820.00	505.87	702.51
水浇地面积	亩	1229.02	2232.00	248.58	1017.50	1824.60	413.80	945.71	3239.42	1401.69
旱地总面积	亩	91.00	5213.47	606.21	128.44	1733.79	2351.81	2279.63	2043.04	1810.55
其中：家庭经营的本村耕地面积	亩	1238.41	4761.00	1699.86	750.32	2938.88	3589.28	2500.02	3856.85	2602.71
集体经营的本村耕地面积	亩	108.93	328.45	344.00	8.80	93.75	70.08	395.83	731.86	231.99
合作经营的本村耕地面积	亩	27.33	55.37	134.00	32.79	146.29	0.00	36.00	82.50	53.59
企业经营的本村耕地面积	亩	59.00	0.00	0.00	0.00	138.33	1.69	162.50	0.00	27.52
其他形式经营的本村耕地面积	亩	43.33	0.00	495.50	0.00	162.67	41.67	117.50	122.25	63.20
其中：撂荒的本村耕地面积	亩	15.25	64.17	215.71	0.00	8.57	221.19	288.00	173.33	105.72
园地面积（果园、茶园、桑园等）	亩	82.50	103.69	1206.13	242.64	107.50	567.00	1349.40	69.89	599.27
林地面积（包括退耕还林）	亩	133.45	6537.12	8109.16	55.00	99.44	8692.88	1032.13	872.76	3517.78
草地面积（包括退耕还草）	亩	0.00	4460.78	4032.32	0.00	0.00	2649.69	0.00	474.46	1553.52
水面面积（包括鱼塘）	亩	112.00	40.86	125.09	0.96	99.43	34.47	0.00	25.00	50.70
内新增耕地面积（若减少则用负数表示）	亩	89.21	42.80	51.75	0.80	66.33	56.96	40.00	55.63	40.80
土地流转面积	亩	240.88	524.97	367.29	31.20	269.14	363.65	301.07	512.59	312.33
其中：转包	亩	200.61	460.76	275.50	14.20	240.53	169.59	301.07	506.93	262.83
出租	亩	83.44	90.86	206.25	9.00	147.14	186.26	385.80	243.29	129.56
互换	亩	3.67	0.00	91.40	0.00	0.00	5.08	2.50	0.00	10.22
转让	亩	6.67	12.50	57.00	0.04	20.00	9.09	10.00	10.00	6.69

（续表）

指标名称	单位	河北	吉林	福建	山东	河南	云南	陕西	新疆	全国
入股	亩	0.00	0.00		0.00	0.00	0.00		0.00	0.00
抵押	亩	0.00	0.00		0.00	0.00	0.00		0.00	0.00
其他（请注明）	亩	0.00	0.00		0.00	0.00	0.00		0.00	0.00
本村未开发可以用于农业生产的土地面积	亩	328.71	218.75	122.50	2.00	1.40	241.57	350.00	33.33	130.48
本村被征用土地面积	亩	0.00	206.25	90.11	25.77	16.75	38.07	74.83	92.00	56.70
其中：耕地	亩	0.00	137.50	60.43	15.29	16.75	17.02	71.50	105.83	40.74
其他农用地	亩	0.00	22.50	46.50	8.33	0.00	4.18	8.50	0.00	12.75
工矿建设用地、村民住宅、道路等建设用地	亩	0.00	0.00	31.20	0.40	1.87	15.00	90.00	0.00	9.07
空闲地、荒山、荒地、荒滩、荒沟等未利用地	亩	50.00	15.00	26.60	0.00	0.00	0.00	100.00	0.00	7.26
本村农业生产用水单价（不收费填0）	元/亩	28.65	6.94	2.36	7.20	4.93	17.43	23.08	56.21	20.71
本村饮水困难人口比重	%	1.36	1.06	7.93	2.08	1.75	23.85	0.00	7.27	6.91
本村饮水不安全人口比重	%	0.92	1.06	5.63	0.00	27.85	26.85	0.00	14.86	10.66

12.1.3 人口、劳动力及就业情况

指标名称	单位	河北	吉林	福建	山东	河南	云南	陕西	新疆	全国
本村总人口	人	760.38	1236.11	2093.67	827.16	1793.09	2630.38	1071.05	1110.94	1364.27
其中：15岁及以下	人	166.31	158.96	414.85	138.44	339.83	442.11	161.89	145.91	231.88
16~40岁	人	274.08	393.89	615.19	240.71	563.86	833.37	395.21	199.33	404.07
41~60岁	人	210.62	430.74	551.04	205.20	535.18	928.47	344.78	210.84	398.23
61岁及以上	人	105.88	231.08	304.54	170.44	259.17	386.63	176.68	121.13	204.84
总人口中男性人口所占比重	%	51.94	54.53	50.73	51.48	50.22	53.16	54.58	48.59	51.59
总人口中少数民族人口所占比重	%	0.55	14.37	0.75	2.12	0.17	33.02	4.40	56.46	20.30
其中：不识字或识字很少	人	106.38	84.83	181.84	67.80	144.59	267.69	105.33	55.17	118.94
小学	人	182.35	262.81	431.36	177.56	495.45	678.22	240.56	221.65	318.41
初中	人	328.12	559.46	773.35	330.28	700.27	845.11	366.67	267.78	496.53
高中/技校/职高	人	101.54	111.92	231.78	136.56	156.68	326.91	189.84	105.29	163.99
大专及以上	人	29.85	49.40	89.45	84.38	53.18	114.65	95.68	45.49	66.48

（续表）

指标名称	单位	河北	吉林	福建	山东	河南	云南	陕西	新疆	全国
留守儿童（父母双方或一方在外打工累计6个月以上）	人	28.88	6.96	24.61	4.80	74.27	66.00	35.79	30.67	33.31
留守老人（全部子女在外累计半年以上的60岁以上老人）	人	20.12	17.14	39.85	20.48	33.62	65.68	26.60	18.73	31.59
留守妇女	人	25.65	12.67	23.35	6.16	79.19	79.45	37.08	72.55	40.33
本村常住人口（一年在本村居住累计6月以上）	人	650.13	1018.32	1519.52	752.36	1485.05	1893.60	651.73	573.53	1027.16
其中：15岁及以下	人	152.73	136.83	332.76	118.84	306.95	449.50	130.29	112.82	209.53
16~40岁	人	214.54	291.23	443.76	181.54	476.45	574.47	221.41	168.14	309.08
41~60岁	人	188.12	323.77	433.84	190.52	391.65	696.26	247.82	170.75	317.06
61岁以上	人	107.88	208.92	296.21	161.32	234.23	327.83	145.59	103.77	190.95
本村劳动力（男16~60岁，女16~55岁）总数	人	426.96	732.41	1329.46	392.71	1048.78	1410.64	637.94	490.65	755.01
其中：常年（累计6个月以上）外出务工人数	人	114.26	175.64	384.68	57.32	299.24	439.71	204.38	115.07	209.44
外出务工劳动力返乡创业的人数	人	3.46	7.58	17.93	0.80	6.44	23.45	6.30	17.00	10.48
其中：第一产业从业人员人数（农业）	人	283.83	540.12	606.13	330.96	665.31	915.59	569.13	335.28	501.64
第二产业从业人员人数（工业）	人	102.09	104.59	318.19	86.56	341.00	258.29	130.82	89.25	174.74
第三产业从业人员人数（商业与服务业）	人	69.00	57.21	190.85	33.56	107.28	157.50	66.94	56.83	89.31
举家外出户数	户	7.00	46.60	42.52	0.60	15.56	37.67	7.57	22.86	23.86
本地短期雇工工资	元/天	84.44	125.20	125.84	121.74	73.81	85.68	96.67	133.16	108.10

12.2 行政村经济发展

12.2.1 经济发展水平

指标名称	单位	河北	吉林	福建	山东	河南	云南	陕西	新疆	全国
本村农业经营总收入	万元	293.72	2027.73	1743.51	970.88	923.93	2913.81	1484.41	7555.96	2582.98
其中：种植业收入	万元	219.04	990.08	1306.97	872.62	440.42	1473.82	1226.77	447.61	840.81

（续表）

指标名称	单位	河北	吉林	福建	山东	河南	云南	陕西	新疆	全国
畜牧业收入	万元	57.13	135.39	120.62	34.88	193.00	643.20	40.47	161.61	172.83
渔业收入	万元	1.40	8.02	19.03	0.08	4.45	9.44		2.00	6.46
林业收入	万元	5.11	20.13	123.32	0.52	10.41	69.48	17.75	23.40	43.28
本村工业收入	万元	180.17	68.38	280.56	156.40	455.00	246.64	83.90	20.14	208.50
其中：建筑业收入	万元	105.27	164.66	132.70	62.80	229.82	151.42	29.25	19.44	115.17
本村第三产业收入（指商业、餐饮业、服务业、运输业、旅游业等收入）	万元	152.36	117.08	252.77	46.54	264.00	267.00	75.38	158.86	165.96

12.2.2　农业发展

种植业

（1）稻谷

指标名称	单位	河北	吉林	福建	山东	河南	云南	陕西	新疆	全国
播种面积或园地种植面积	亩	1040.00	970.00	1381.00			909.00		650.00	1065.48
总产量	千克	450245.00	502949.50	734250.80			372424.20		227500.00	522979.00

（2）小麦

指标名称	单位	河北	吉林	福建	山东	河南	云南	陕西	新疆	全国
播种面积或园地种植面积	亩	1026.47			842.88	2312.67	921.72	968.11	831.87	1159.79
总产量	千克	490728.50			294195.80	1105000.00	164481.30	446573.60	599496.20	533505.20

（3）玉米

指标名称	单位	河北	吉林	福建	山东	河南	云南	陕西	新疆	全国
播种面积或园地种植面积	亩	828.00	3391.18	235.57	713.55	1919.77	1699.04	697.50	1931.81	1611.37
总产量	千克	470391.60	1636612.00	151994.40	484492.10	911164.70	640899.60	308512.50	1165141.00	803594.70

12.2.3　种植业现代化程度

指标名称	单位	河北	吉林	福建	山东	河南	云南	陕西	新疆	全国
本村有效灌溉面积	亩	1149.30	963.64	1735.82	1102.50	2165.33	1146.90	358.82	2751.85	1515.07
其中：机电灌溉面积	亩	1141.70	412.00	1287.96	1094.10	1672.78	452.83	211.76	1300.64	980.01

（续表）

指标名称	单位	河北	吉林	福建	山东	河南	云南	陕西	新疆	全国
喷灌面积	亩	0.00	31.58	235.71	0.40	119.07	43.55	22.35	0.00	31.34
滴灌渗灌面积	亩	0.00	337.50	812.50	116.72	346.67	293.75	233.33	2644.90	777.12
本村机耕面积	亩	1656.72	4469.75	1680.73	966.74	2932.36	1897.44	1577.36	3372.55	2305.04
本村机播面积	亩	2075.03	4797.02	418.33	871.90	3954.56	50.77	1590.79	3549.63	2329.63
本村机收面积	亩	1520.61	2835.48	836.43	864.70	3518.50	514.21	1568.85	3456.67	1975.01
末本村累计农用机械总动力	千瓦	1932.89	5407.90	2718.13	3573.44	11239.88	9730.71	5570.92	1295.39	4615.80
末本村发展设施农业的温室和大棚总面积	亩	32.50	3.86	72.50	59.55	57.00	35.33	10.00	147.92	62.35
其中：温室面积（有调节温度设备）	亩	0.00	0.25	120.00	0.00	0.00	6.36	0.00	0.00	4.66
大棚面积（无调节温度设备、跨度≥5.9米）	亩	65.00	2.00	30.00	3.33	15.00	31.64	0.00	114.71	26.19
中小棚面积（无调节温度设备、跨度＜5.9米）	亩		5.00	10.00	0.00	0.00	1.00	0.00	0.00	0.91
其中：种植蔬菜的温室和大棚面积	亩		14.00	26.26	29.05	70.00	33.64	10.00	99.86	42.75
种植水果的温室和大棚面积	亩		0.00		0.00	0.00	0.00	0.00	0.00	0.00
种植苗木花卉的温室和大棚面积	亩		0.00		0.00	2.50	1.36	0.00	0.00	0.45

12.2.4 畜牧业生产

12.2.4.1 生产情况

（1）生猪

指标名称	单位	河北	吉林	福建	山东	河南	云南	陕西	新疆	全国
年末存栏	头	875.13	353.50	582.86	325.00	1365.00	3483.95	440.64	232.50	1073.49
年末能繁母畜（或产奶牛、产蛋禽）存栏	头	97.57	129.45	156.80	113.33	209.50	309.42	56.67	41.54	159.41
出栏或产量	头	859.27	682.93	2244.91	601.67	1647.00	5915.86	933.64	231.29	2018.56

（2）肉牛

指标名称	单位	河北	吉林	福建	山东	河南	云南	陕西	新疆	全国
年末存栏	头	48.38	321.94	2.00	21.50	33.17	1034.32	14.67	297.59	408.70
年末能繁母畜（或产奶牛、产蛋禽）存栏	头	8.25	248.25			20.00	192.68		208.12	184.61

（续表）

指标名称	单位	河北	吉林	福建	山东	河南	云南	陕西	新疆	全国
出栏或产量	头	538.75	152.13	2.00	5.00	18.33	871.50	21.67	430.96	426.22

（3）肉羊

指标名称	单位	河北	吉林	福建	山东	河南	云南	陕西	新疆	全国
年末存栏	只	171.25	1800.25	122.17	92.00	497.00	1860.41	144.17	1688.92	1090.92
年末能繁母畜（或产奶牛、产蛋禽）存栏	只	80.40	871.25	15.25	50.20	223.89	522.88	60.50	1101.82	550.28
出栏或产量	只	185.25	1294.00	368.67	100.20	477.50	1053.06	50.33	1257.78	789.33

（4）肉鸡

指标名称	单位	河北	吉林	福建	山东	河南	云南	陕西	新疆	全国
年末存栏	只	2700.00	3072.86	3070.79	0.00	8840.00	15874.13	13000.00	1826.88	6231.14
年末能繁母畜（或产奶牛、产蛋禽）存栏	只	0.00	3122.00	345.56	0.00	2483.33	2440.53	13000.00	71.79	1531.51
出栏或产量	只	23533.33	14260.00	4711.26	52500.00	43945.45	31491.29	9000.00	4825.29	19152.16

12.2.4.2 畜牧业标准化程度

指标名称	单位	河北	吉林	福建	山东	河南	云南	陕西	新疆	全国
年末本村养殖场占地面积	亩	28.37	108.03	37.84	4.26	49.23	96.55	14.31	74.47	55.53
其中：标准化养殖场占地面积	亩	9.08	10.29	37.84	0.07	29.70	56.70	10.67	14.29	21.72
年末本村兽医与防疫员人数合计	人	1.44	1.30	1.41	0.43	1.58	2.04	1.64	1.42	1.39

12.2.4.3 农民专业合作社（指在工商部门正式登记注册的合作社，不包括民政部门批准的协会）

指标名称	单位	河北	吉林	福建	山东	河南	云南	陕西	新疆	全国
年末本村的农民专业合作社个数	个	1.38	4.12	4.70	1.20	2.69	3.24	2.73	4.07	3.16
年末本村入社总户数	户	42.77	65.32	35.78	31.80	57.81	249.88	66.67	52.93	79.34
年末本村示范合作社个数	个	1.00	1.17	2.17	0.12	1.50	0.71	1.00	1.13	0.91
其中：国家级示范合作社个数	个	0.50	0.00	0.50	0.04	1.00	0.08	0.50	1.00	0.16
省级示范合作社个数	个	1.00	1.00	0.57	0.00	1.00	0.08	0.50	0.50	0.32
截至年末，本村实现“农超对接”的合作社个数	个	0.00	0.00	1.00	0.04		0.27	1.00	0.00	0.22

（续表）

指标名称	单位	河北	吉林	福建	山东	河南	云南	陕西	新疆	全国
截至年末，本村农产品对外出口的合作社个数（不包括经企业间接出口的情况）	个	0.00	0.00	0.40	0.04		0.08	1.00	0.67	0.13
本村获得优惠贷款的合作社个数	个	0.50	0.73	6.71	0.36	1.33	1.31	1.50	1.43	1.42
本村合作社获得各级政府财政补贴总额	元	62500.00	122727.40	116000.20	120120.00		50454.55	23734.40	50000.00	94865.71
其中：国家级补贴额	元	41500.00	21428.57	0.00	0.00		2727.27	21.00	0.00	4615.46
省级补贴额	元	37500.00	8333.33	155000.00	120.00		0.00	250.00	50000.00	11020.00
地市级补贴额	元	24700.00	0.00	200000.00	120000.00		0.00	47.50	0.00	72867.98
县级补贴额	元	21300.00	164714.30	111666.80	0.00		48636.36	70008.75	0.00	48351.56
年末本村合作社拥有注册商标数	个	1.33	2.91	6.70	0.32	1.50	1.86	2.50	3.75	2.34
其中：省级及以上知名商标数	个	0.50	0.17	1.25	0.04		0.00	0.50	0.50	0.20

12.2.5 行政村集体经济

12.2.5.1 本村集体资产与债权

指标名称	单位	河北	吉林	福建	山东	河南	云南	陕西	新疆	全国
年末本村集体资产总额	万元	105.22	82.22	430.31	343.74	87.81	460.48	263.57	94.96	236.86
年末本村集体存有生产性固定资产总额	万元	58.41	41.22	159.88	118.38	60.44	164.41	174.71	73.12	103.23
其中：村委会管理的资产数额	万元	48.87	22.19	128.15	89.63	52.94	86.60	142.57	37.13	72.29
本村集体固定投资完成额	万元	26.19	68.67	90.24	4.48	11.38	65.17	306.50	48.30	54.62
其中：农田水利建设投资完成额	万元	31.46	16.50	58.10	3.70	3.17	16.69	156.60	42.00	29.72
年末本村集体债权总额	万元	5010.83	30.82	138.93	10.13	69.17	30.43	31.06	2046.67	788.42

12.2.5.2 本村收入

指标名称	单位	河北	吉林	福建	山东	河南	云南	陕西	新疆	全国
本村经营收入	元		59295.92	83849.64	233738.70	15000.00	2682.33	385850.00	126264.80	120371.10
本村发包收入（指水面、山林、四荒、集体土地发包收入等）	元	38040.28	62712.14	37339.15	7284.96	26130.00	11822.10	2766.67	63305.32	34527.30

（续表）

指标名称	单位	河北	吉林	福建	山东	河南	云南	陕西	新疆	全国
转移性收入（也即补助收入，不包括上级政府拨给农民种粮补贴、良种补贴、农机补贴等收入）	元	80021.83	107545.50	305656.00	15934.48	94931.11	247469.30	88130.00	185605.10	138394.00
其中：上级政府拨款转移性收入	元	110021.80	95400.00	103617.20	27534.48	69317.50	155029.80	114266.70	166315.40	92870.63
计划生育罚款收入（指留在本村支配使用的罚款收入，非本村支配的不计）	元	0.00		0.00	0.00	0.00	0.00	0.00	0.00	0.00
其他罚款收入	元	0.00		0.00	0.00	0.00	0.00	0.00	0.00	0.00
出卖土地收入	元	0.00		43000.00	0.00	0.00	27.27	0.00	0.00	2054.76
出卖企业收入	元	0.00		0.00	0.00	0.00	0.00	0.00	0.00	0.00
出卖其他资产收入（包括树林、房屋等）	元	50000.00		25632.00					20000.00	36408.00
其他收入（请注明）	元	0.00		18840.98	0.00		7666.67	32150.00	0.00	6759.02

12.2.5.3　本村支出

指标名称	单位	河北	吉林	福建	山东	河南	云南	陕西	新疆	全国
专职干部与管理人员工资与补贴	元	35035.50	67420.82	86653.42	34100.00	45177.33	64878.67	67996.67	36718.37	54076.61
其他人员工资与补贴（非专职人员等）	元	11520.59	11600.56	28067.79	4595.65	8030.91	11692.31	7312.00	8591.09	11362.19
公共服务支出（运转和管理费用，不包括建设投资和大型维修）	元	36011.00	64000.00	181319.90	99911.60	13053.33	102356.90	57366.14	119459.80	93492.06
其中：道路维修支出	元	7057.69	34327.50	47935.41	21240.00	13661.54	43288.67	31137.50	3330.00	26824.31
灌溉设施维修支出	元	9241.18	4800.00	22760.37	5230.00	5500.00	18734.40	21666.67	15400.00	12455.91
环境卫生支出	元	13859.52	11942.35	30773.19	5697.74	4255.56	19963.64	19444.44	9250.00	14670.04
基础设施修缮支出（含电力、通信、办公楼等修缮费）	元	18121.54	19000.00	18405.68	7812.50	14877.78	9820.00	24823.29	19088.89	14995.76
教育文化医疗卫生支出	元	14125.00	20500.00	15271.71	5480.00	2453.33	4900.00	15675.00	8012.50	9069.32

（续表）

指标名称	单位	河北	吉林	福建	山东	河南	云南	陕西	新疆	全国
治安支出	元	3666.67	3333.33	6921.18	416.00	1475.00	3636.36	5000.00	6950.29	3695.05
社会福利和保障支出	元	7125.00	14450.00	26354.78	10000.00	1850.00	9096.15	30316.67	4923.00	12796.28
其他支出（请注明）	元	31855.00	6116.00	53283.40	4000.00	2300.00	13381.23	5000.00	22730.00	16264.55
其他支出	元	87500.00	6000.00	64226.67	1200.00	4680.00	2272.73	22500.00	2838.13	9119.04

12.2.5.4　本村债务

指标名称	单位	河北	吉林	福建	山东	河南	云南	陕西	新疆	全国
截至年末，本村累计债务总额（没有债务填“0”）	元	296033.30	373875.40	305791.60	45201.20	99400.00	202326.80	245812.30	168754.90	190380.40
其中：欠上级政府	元		75000.00	69657.75	0.00	52500.00	19000.00	210000.00	2250.00	20394.15
欠信用社贷款本金	元	300000.00	115490.00	13500.00	0.00	200000.00	21100.00	8000.00	14095.50	32690.02
欠信用社贷款利息	元	40000.00			0.00		5000.00	1536.00	0.00	2408.84
欠村镇银行贷款本金	元									
欠村镇银行贷款利息	元									
欠中国农业发展银行贷款本金	元		50000.00	50000.00	0.00		0.00		0.00	2631.58
欠中国农业发展银行贷款利息	元									
欠其他商业银行贷款本金	元									
欠其他商业银行贷款利息	元									
欠单位或个人拆借款本金	元	144884.00	180798.00	130623.80	17583.33		13123.48	128442.50	178284.00	75609.17
欠单位或个人拆借款利息	元	21666.67	50024.00		0.00	49000.00	18060.00	5000.00	0.00	12447.09
欠工程款	元	164007.20	178000.00	143056.00	0.00	19666.67	142708.20	378333.30	123333.30	105701.00
其他（请注明）	元	450000.00	2000.00		320.00	0.00	19272.73		79628.50	23035.21
本村新增负债总额（没有新增债务填“0”）	元	66666.67	2857.14	46486.82	0.00	2500.00	2294.32	76666.67	30000.00	16827.92

12.3 行政村村庄治理

12.3.1 村两委会概况

指标名称	单位	河北	吉林	福建	山东	河南	云南	陕西	新疆	全国
本村党支部委员会委员的总人数	人	3.38	4.26	3.85	3.28	3.83	5.44	3.50	3.95	3.96
本村党支部委员会委员平均年龄	岁	49.24	49.72	42.91	48.20	49.13	41.86	45.18	43.69	45.87
本村党支部委员会委员平均受教育年限	年	10.17	9.53	9.19	10.25	9.48	9.72	11.27	10.33	9.95
现任村支书受教育年限	年	10.92	10.63	10.27	10.44	10.05	10.96	10.80	11.00	10.66
本村村民委员会委员的总人数	人	3.23	4.67	3.35	3.36	3.91	5.45	3.65	3.76	3.90
本村村民委员会委员的平均年龄	岁	48.04	44.62	42.72	48.05	47.71	42.10	46.63	41.95	44.81
本村村民委员会委员平均受教育年限	年	9.63	8.96	8.88	9.91	8.95	9.11	10.33	9.80	9.41
现任村主任受教育年限	年	9.90	9.65	9.52	10.14	9.74	9.32	12.20	9.29	9.90

12.3.2 基层党组织建设发展

指标名称	单位	河北	吉林	福建	山东	河南	云南	陕西	新疆	全国
本村党员的总人数	人	35.65	30.68	71.41	32.48	44.45	107.96	30.81	28.98	47.71
其中：50 岁以上的党员	人	21.00	18.80	38.00	21.24	28.95	46.54	17.31	15.00	25.52
30 岁以下的党员	人	7.85	4.68	20.15	5.24	10.81	27.69	4.88	3.30	10.45
其中：高中及其以上文化程度	人	11.85	8.24	23.70	10.33	16.77	27.04	10.73	8.35	14.58
初中及以下文化程度	人	21.04	19.38	39.56	20.67	26.05	60.12	17.29	18.29	28.07
本村共有多少人提交了入党申请书	人	4.78	3.96	4.07	1.43	2.65	5.83	1.92	11.93	5.46
本村共发展了几位党员	人	1.39	1.00	1.38	0.52	0.76	2.58	0.63	1.67	1.36

12.3.3 一事一议

指标名称	单位	河北	吉林	福建	山东	河南	云南	陕西	新疆	全国
本村一共举行了几次公共投资和基本建设一事一议？	次	1.32	2.50	2.25	5.48	0.41	3.25	1.50	1.27	2.25
其中：成功了几次？	次	1.27	2.33	2.05	5.48	0.50	3.33	1.36	0.94	2.15
共举行了几次这种非基本建设一事一议？	次	2.00	2.29	2.00	1.73	1.80	2.33	2.00	2.71	2.14
本村实行的一事一议需要筹资的有几次？	次	1.70	0.58	1.37	0.43	1.00	1.24	0.91	1.18	1.02

12.3.4 村庄管理及其他

指标名称	单位	河北	吉林	福建	山东	河南	云南	陕西	新疆	全国
村务监督委员会有几位成员？	人	4.08	2.92	3.58	3.82	3.18	2.96	3.12	3.92	3.49
县乡共组织村干部召开多少次会议（不包括选举方面的会议）？	次	13.44	16.44	13.23	17.91	15.74	16.62	26.18	28.05	18.12
县乡总共给村里发了多少个红头文件？	个	8.95	10.13	22.67	12.70	21.74	24.86	33.69	47.56	21.24
土地纠纷中：宅基地纠纷几起？	起	0.67	0.75	2.60	0.15	2.44	6.39	1.50	5.89	2.78
农村土地经营权纠纷几起？	起	0.50	2.48	1.53	0.08	1.13	4.05	2.71	2.38	2.15

12.4 行政村社会发展

12.4.1 农村公共设施

指标名称	单位	河北	吉林	福建	山东	河南	云南	陕西	新疆	全国
本村商店个数	个	3.25	6.19	6.62	2.21	4.13	10.08	3.21	3.49	4.79
本村集贸市场个数	个	0.12	0.15	0.27	0.36	0.14	0.27	0.16	0.09	0.19
本村道路硬化比重	%	84.72	78.96	81.85	67.72	60.91	72.80	88.94	59.39	73.37
本村水库、池塘个数	个	1.38	2.21	3.37	1.88	3.50	2.32	0.75	0.50	2.31
其中：病险水库、池塘个数	个	0.25	0.36	0.44	0.00	0.60	1.05	1.00	0.00	0.45
本村水库容量	万立方米	0.22	22.38	14.92	33.90	16.72	17.25	175.00	0.00	26.33
本村池塘总容量	万立方米	2.33	7.75	2.58	0.35	3.79	108.76	0.00	0.00	29.75
本村小水窖数量	口	0.00	0.00	13.33	2.29	0.00	208.45	157.00	0.00	88.10
本村小水窖合计储水量	立方米	0.00	0.00	66.67	48.00	0.00	2889.68	2054.90	0.00	1172.68
本村自来水普及率	%	99.39	87.38	88.33	59.62	81.33	60.70	94.24	94.15	82.72
本村自来水单价	元/立方米	1.64	1.00	0.86	1.60	2.21	0.99	3.75	1.72	1.66
本村断电天数	天	3.76	5.13	6.58	0.29	5.89	9.10	4.85	4.54	4.87
本村农用电价格	元/度	0.59	0.53	0.54	0.71	0.56	0.44	0.50	0.55	0.55
本村天然气/液化气普及率	%	61.68	54.18	58.91	71.52	58.78	6.68	30.14	61.66	53.13
本村电话普及率（包括固定电话与手机）	部/百人	96.32	94.62	87.83	73.52	97.95	66.68	79.93	90.16	86.32
本村接入互联网的户数比例	%	33.15	36.86	47.62	35.50	21.69	19.95	34.14	37.14	34.18

（续表）

指标名称	单位	河北	吉林	福建	山东	河南	云南	陕西	新疆	全国
本村安装有线电视的户数比例	%	54.57	89.11	86.29	77.68	46.75	58.05	71.29	74.00	70.54
完成农村困难家庭危房改造户数	户	2.50	7.41	5.78	0.64	10.40	22.10	5.93	23.00	9.07
末农村困难家庭危房户数	户	4.54	9.13	4.13	3.50	9.94	36.21	10.08	22.72	13.00
本村人畜混居的农户数	户	0.00	0.00	7.25	0.00	14.36	20.37	1.40	35.36	10.30
本村卫生厕所普及率	%	75.33	48.50	82.36	20.28	23.39	29.81	74.64	47.32	49.36
本村有多少户属于生态移民搬迁	户	0.29	0.36	0.03	0.16	0.29	1.63	3.00	3.11	0.95
本村有几处垃圾集中堆放点	处	3.96	3.00	4.74	5.57	3.75	5.59	3.00	2.65	4.06
本村农村生活公共设施投资额	元	50371.58	69694.00	345680.00	25435.43	16044.44	36675.00	156112.80	46500.00	78858.83
其中：村集体投资	元	19900.00	20082.22	89561.75	23200.40	10455.56	25623.85	9702.00	20916.67	26410.71
本村农业生产基础设施投资额	元	40650.42	45000.00	159877.10	33083.33	77666.67	78000.67	4866.67	56820.00	58794.09
其中：村集体投资	元	14611.44	11534.29	62028.00	7160.00	10200.00	27272.73	4300.00	27785.71	17874.04

12.4.2 农村科教文卫体公共服务

指标名称	单位	河北	吉林	福建	山东	河南	云南	陕西	新疆	全国
本村接受涉农职业教育的人数	人	87.53	108.06	34.35	30.63	71.69	164.59	104.85	73.00	81.24
具有或可以依托的科技特派员	人	0.67	1.00	1.00	0.13	1.38	0.18	1.50	1.43	0.62
具有或可以依托的科技示范户	户	5.94	6.82	8.92	1.50	5.13	2.50	10.29	7.36	5.39
具有或可以依托的农业专家大院	个	0.00	0.60	0.50	0.04		0.00	1.00	0.75	0.19
本村开展农机推广服务和培训次数	次	2.58	2.77	3.25	1.41	2.57	2.05	3.25	2.17	2.27
本村卫生室有几个床位？	个	3.57	2.27	3.63	2.84	5.25	4.00	2.65	2.26	3.26
本村卫生技术人员	人	1.38	1.19	2.75	1.48	2.52	2.57	1.56	1.47	1.88
其中：获得从业资格的医生人员	人	1.22	1.15	2.65	1.28	2.41	2.00	1.61	1.14	1.73

（续表）

指标名称	单位	河北	吉林	福建	山东	河南	云南	陕西	新疆	全国
本村卫生室医疗人员培训人次	人次	7.00	3.27	10.32	4.67	9.94	3.35	5.36	1.33	6.21
本村参加新农合的人数	人	715.73	1083.60	1993.88	769.20	1668.58	2474.06	1002.18	771.87	1266.28
本村享受低保的人数	人	27.96	67.00	37.92	13.76	32.79	217.76	45.94	49.24	55.57
本村五保户人数	人	3.80	5.54	4.88	1.76	6.30	5.86	2.69	3.47	4.33
本村获得自然灾害救济人数	人	50.89	32.17	33.91	4.48	2.43	17.79	59.60	32.40	23.05
新型农村社会养老保险参保率	%	93.76	85.38	88.82	92.13	84.17	91.60	85.26	68.00	86.66
领取养老金的农村老年居民	人	104.88	171.73	267.47	184.60	257.21	320.06	151.61	108.33	192.06

12.5 行政村生态建设

12.5.1 水土气候资源状况

指标名称	单位	河北	吉林	福建	山东	河南	云南	陕西	新疆	全国
截至年末，本村测土配方施肥耕地面积	亩	650.50	980.78	792.65	662.92	722.61	1103.17	362.78	644.32	740.63
截至年末，本村退耕还林面积	亩	6.95	415.75	31.42	0.00	29.91	267.52	531.94	165.18	165.76
截至年末，本村退耕还草面积	亩	0.00	0.00	0.00	0.00	0.00	0.00	0.00	0.00	0.00
截至年末，本村退牧还草面积	亩	0.00	0.00	0.00	0.00		5.45		0.00	1.28
截至年末，本村禁牧还草面积	亩	0.00	2418.00	0.00	0.00		0.00		0.00	274.77
本村绿色农产品种植面积占农作物总播种面积比例	%	45.00	37.43	47.44	24.79	10.00	27.62	30.00	74.50	34.09
本村有机农产品种植面积占农作物总播种面积比例	%	30.00	20.00	40.71	9.17	15.00	19.50	40.00	45.00	19.23
本村无公害农产品种植面积占农作物总播种面积比例	%	20.00	25.00	57.56	14.79	77.50	45.83	60.00	63.33	35.98
截至年末，本村有机畜禽产品占畜禽产品总量的比例	%	75.00	51.11	92.50	12.50	4.00	36.75	60.00	34.00	33.07
截至年末，本村有机水产品占水产品总量的比例	%	0.00	0.00		0.00		0.00	0.00	0.00	0.00
本村每亩生产用水总量	立方米/亩	105.45	119.88	79.27	161.88	120.71	232.33	100.61	350.53	166.90
本村每亩灌溉用水支出	元/亩	51.50	56.59	22.50	48.47	29.64	29.90	169.20	76.73	52.40
其中：污水灌溉支出	元/亩	0.00	0.00	1.67	0.00	0.00	2.73	6.80	0.00	0.87
本村灌溉用水中地表水的比例	%	51.36	67.00	72.92	33.80	67.10	88.69	60.00	65.45	60.72

12.5.2 村污染和废弃物处理

指标名称	单位	河北	吉林	福建	山东	河南	云南	陕西	新疆	全国
本村生态环境建设方面的支出	元	15164.71	13000.00	37468.92	5000.00	15228.57	16733.40	2.00	8666.83	15055.29
本村环境管理工作人员人数	人	3.73	3.10	3.09	2.56	2.40	3.38	3.20	3.79	3.18
其中：专职人数	人	1.64	1.58	2.17	1.91	2.13	1.25	2.67	2.67	1.97
兼职人数	人	3.06	2.77	2.22	0.00	2.67	1.23	2.14	2.56	1.78
本村改水受益人数	人	730.35	939.36	501.50	19.60	1350.00	668.18	490.80	836.38	565.32
本村改厕受益人数	人	538.74	482.22	552.33	35.58	338.00	290.36	273.50	90.00	292.89
本村排污系统个数	个	0.88	0.17	1.20	0.44	0.00	0.00	1.00	0.50	0.50
本村固态粪污弃物所占比例	%	69.32	59.60	31.18	19.57	55.00	35.00	32.75	79.33	44.24
本村液态粪污弃物所占比例	%	25.78	33.33	49.11	19.57	43.75	38.67	33.00	7.33	29.85
本村畜禽固体粪废弃物直接排入环境比例	%	44.71	0.50	36.67	4.35	24.29	12.93		56.67	19.36
本村畜禽固体粪废弃物出售比例	%	30.00	0.00	27.00	6.52	25.83	7.06	44.50	15.80	14.90
本村畜禽固体粪废弃物生产沼气比例	%	10.83	0.00	24.33	0.00	24.29	7.44		3.50	8.89
本村畜禽固体粪废弃物用作农田肥料还田比例	%	62.06	98.31	37.00	34.00	57.85	55.47	60.25	65.83	55.92
本村畜禽固体粪废弃物其他处理方式比例	%		1.00	5.00	0.00	0.00	0.00		0.00	0.16
本村畜禽污水排入氧化塘处理比例	%	46.50	0.00	13.33	0.00	16.67	6.07		0.00	5.83
本村畜禽污水用于灌溉比例	%	52.50	63.33	32.56	10.00	5.00	13.07	70.00	25.00	21.76
本村畜禽污水生产沼气比例	%	23.25	0.00	32.44	0.00	22.00	11.07		0.00	11.61
本村畜禽污水直接排入环境比例	%	53.86	76.25	45.00	23.75	80.00	46.94		62.50	47.80
本村畜禽污水其他处理方式比例	%	0.00	0.00	10.00	0.00		0.00		0.00	0.77

12.5.3 生产能源使用

指标名称	单位	河北	吉林	福建	山东	河南	云南	陕西	新疆	全国
柴油使用量	升	3847.08	16082.50	1596.84	7069.57	11151.44	7030.23	8657.78	11165.97	7926.94
汽油使用量	升	1986.80	2689.77	3222.97	2654.05	1972.22	5253.57	4294.50	1507.48	2872.39
电使用量	度	54947.29	128643.50	94263.18	145559.50	135650.00	62051.62	46797.76	96139.65	96482.21
煤使用量	吨	220.38	80.00	223.00	63.65	14.00	684.41	180.21	659.43	289.39
秸秆使用量	吨	84.14	1533.33	0.00	15.65	382.00	284.08	160.35	290.29	343.25
薪柴使用量	吨	46.00	673.33	212.06	42.81	140.00	343.21	313.25	10.80	200.96
沼气使用量	立方米	475.00	0.00	2102.50	5.22	1233.33	1327.94	350.00	0.00	789.54
本村沼气池合计产气量	立方米	551.43	0.00	2306.36	79.57	67900.00	2436.82	450.00	150.00	4178.02
本村已有的大型沼气池个数	个	0.00	0.00	2.50	0.04	3.00	0.00	0.00	0.00	0.22
本村已有的联户沼气池个数	个		0.00	4.00	0.04		0.00	0.00	0.50	0.34
本村已有的户用沼气池个数	个	41.67	0.00	32.60	0.87	220.00	132.14	55.80	1.50	53.11
本村在用的大型沼气池个数	个	0.00	0.00	3.00	0.04	2.00	0.00	0.00	0.00	0.20
本村在用的联户沼气池个数	个		0.00	4.00	0.04		0.00	0.00	0.00	0.33
本村在用的户用沼气池个数	个	13.25	0.00	29.42	0.04	161.40	138.80	45.33	1.50	52.05
本村秸秆过腹还田利用的比例	%	23.60	46.00	56.00	72.92	40.56	61.20	83.33	44.00	52.18
本村秸秆食用菌培养基利用的比例	%	1.75	0.00	7.25	0.00	6.17	1.23		5.00	1.83
本村秸秆生活燃料利用的比例	%	18.42	52.93	5.50	22.61	19.23	23.27	66.67	28.33	27.15
本村秸秆田间焚烧利用的比例	%	0.00	22.00	28.22	3.48	6.50	18.50	15.00	13.00	13.71
本村秸秆出售的比例	%	25.64	8.75	35.20	0.00	14.33	3.64		19.13	11.96
本村秸秆沼气原料利用的比例	%	3.00	0.00	8.50	0.00	5.00	3.79		0.00	1.88
本村秸秆其他利用的比例	%	64.70	6.67	18.00	2.08	58.67	4.55		43.33	21.84

13

2015 年分省样本的村庄统计

13.1 行政村基本情况

13.1.1 概况

指标名称	单位	河北	吉林	福建	山东	河南	云南	陕西	新疆	全国
本村有多少自然村	个	1.11	4.11	6.00	0.95	3.96	7.80	3.12	2.58	3.44
本村共有多少户	户	196.11	351.06	593.86	265.14	552.91	654.47	333.19	268.37	369.00
其中：只务农的农户数	户	123.85	260.06	369.57	125.38	306.35	546.63	298.87	202.77	258.24
完全不务农农户数	户	23.85	53.60	84.74	15.20	32.67	53.69	14.85	36.65	38.48
第一种兼业农户数	户	28.83	59.89	62.56	67.85	68.93	51.06	55.38	45.86	53.02
第二种兼业农户数	户	30.04	37.17	63.21	16.62	95.86	35.81	29.00	29.15	39.98
其中：有自营工商业农户数	户	11.74	11.43	26.47	8.43	13.18	19.95	9.94	10.48	13.44
本村人均纯收入	元	7164.85	8198.75	8966.83	8831.58	7834.00	7064.84	7790.25	9765.73	8317.53
其中：非农收入	元	4746.36	3583.64	3633.14	3098.57	4877.74	2409.48	4079.92	5837.26	4157.60
本村委会距县政府距离	千米	20.79	29.17	17.83	15.83	17.33	27.39	17.80	24.69	21.60
距乡镇政府距离	千米	3.73	4.53	5.10	3.60	4.28	7.02	4.12	5.55	4.79
距最近的集贸市场距离	千米	2.79	5.25	5.08	1.79	2.87	4.80	4.02	4.90	3.98
距最近的车站 / 码头距离	千米	3.25	5.82	6.53	6.29	5.07	6.92	5.58	6.24	5.71
距最近的幼儿园距离	千米	1.44	4.53	1.21	2.29	1.20	2.82	2.36	3.21	2.37
距最近的小学距离	千米	1.64	3.55	1.68	2.74	0.94	0.66	2.12	2.81	2.02
距最近的初中距离	千米	5.35	6.64	6.38	4.33	3.21	6.70	3.92	6.01	5.31

（续表）

指标名称	单位	河北	吉林	福建	山东	河南	云南	陕西	新疆	全国
距最近卫生所（站）距离	千米	1.09	1.96	1.38	0.80	0.45	1.51	1.81	2.02	1.42
距最近农资销售点距离	千米	2.30	4.41	1.29	0.90	0.97	3.36	2.28	3.51	2.44
距最近的邮政所的距离	千米	5.07	4.50	4.08	2.86	4.11	4.97	4.11	4.68	4.36

13.1.2 土地、水等资源

指标名称	单位	河北	吉林	福建	山东	河南	云南	陕西	新疆	全国
本村村域土地总面积	亩	2194.02	13296.08	15954.54	785.76	3900.32	16581.57	5097.32	5423.34	7584.80
其中：宅基地	亩	202.34	422.59	300.57	188.90	488.08	384.17	306.77	375.11	336.49
本村耕地总面积	亩	1124.29	6580.03	2084.60	1309.21	2734.55	3302.46	2971.08	3921.26	2992.59
其中：水田总面积	亩	223.31	1118.75	1289.46	0.00	134.38	1235.61	2200.00	503.57	728.52
水浇地面积	亩	1126.46	273.33	244.00	1226.55	1844.71	478.24	815.00	3704.05	1495.37
旱地总面积	亩	80.08	4632.33	613.39	82.67	1713.24	2241.53	2711.17	1077.93	1705.36
其中：家庭经营的本村耕地面积	亩	1130.97	4889.52	1624.51	1107.93	3104.36	3186.55	2840.79	3544.11	2620.87
集体经营的本村耕地面积	亩	84.13	936.20	78.50	50.24	12.00	22.58	262.14	701.65	289.57
合作经营的本村耕地面积	亩	20.50		1.60	0.00	0.00	80.00	228.57	257.14	76.72
企业经营的本村耕地面积	亩	30.00	50.00	176.36	0.00	207.50	16.23	90.00	0.00	41.32
其他形式经营的本村耕地面积	亩	59.40	300.00	126.00	0.00	22.00	61.54	286.75	53.50	60.85
其中：撂荒的本村耕地面积	亩	10.00		173.11	0.00	12.50	90.94	76.67	30.00	56.93
园地面积（果园、茶园、桑园等）	亩	91.75	1518.00	1162.64	104.76	324.29	583.00	1406.25	685.91	756.97
林地面积（包括退耕还林）	亩	135.18	4603.15	8881.91	106.19	439.50	8107.20	1089.11	1207.24	3309.54
草地面积（包括退耕还草）	亩	0.00	5738.85	476.67	0.00	113.33	4506.18	500.00	174.29	2088.59
水面面积（包括鱼塘）	亩	121.00	293.55	315.59	0.14	40.71	51.62		29.00	117.61
内新增耕地面积（若减少则用负数表示）	亩	107.06	4.00	39.56	1.90	57.20	42.63	34.00	1.43	29.82
土地流转面积	亩	160.92	429.05	412.00	53.86	262.21	423.86	317.70	623.00	322.60

（续表）

指标名称	单位	河北	吉林	福建	山东	河南	云南	陕西	新疆	全国
其中：转包	亩	133.87	518.96	244.20	22.90	227.07	232.80	306.42	513.21	258.68
出租	亩	71.22	90.75	198.38	2.38	124.29	220.48	480.00	193.00	131.51
互换	亩	9.33	20.00	84.40	0.00	16.67	4.92	2.50	7.50	12.38
转让	亩	5.00	94.00	28.50	0.00	83.33	9.09		6.25	16.57
入股	亩	0.00		0.00	0.00	0.00	0.00		0.00	0.00
抵押	亩	0.00		0.00	0.00	0.00	0.00		0.00	0.00
其他（请注明）	亩			0.00	0.00	0.00	0.00		0.00	0.00
本村未开发可以用于农业生产的土地面积	亩	450.20		201.30	0.19	8.53	100.83	275.00	125.00	114.98
本村被征用土地面积	亩	100.00	100.00	118.67	61.10	32.75	26.36	129.40	43.00	68.27
其中：耕地	亩	100.00	100.00	65.17	27.29	32.75	21.86	125.40	50.83	46.52
其他农用地	亩	0.00		56.88	0.00	12.50	5.73	31.00	26.00	15.00
工矿建设用地、村民住宅、道路等建设用地	亩	0.00		15.14	24.05	0.00	1.18	66.00	7.50	19.68
空闲地、荒山、荒地、荒滩、荒沟等未利用地	亩	0.00		33.40	0.71	0.00	0.00	65.00	50.00	11.64
本村农业生产用水单价（不收费填 0）	元 / 亩	21.42	1.83	0.21	19.32	5.00	19.03	33.83	46.23	21.07
本村饮水困难人口比重	%	9.91	4.20	9.73	3.16	5.73	32.09	37.00	12.75	13.52
本村饮水不安全人口比重	%	0.10	1.22	8.13	14.29	21.92	39.18	0.00	32.04	19.82

13.1.3 人口、劳动力及就业情况

指标名称	单位	河北	吉林	福建	山东	河南	云南	陕西	新疆	全国
本村总人口	人	743.07	1223.15	2244.21	841.95	1773.83	2786.61	1268.58	932.67	1363.35
其中：15 岁及以下	人	160.85	163.46	459.13	155.76	336.65	495.50	206.15	127.02	237.88
16~40 岁	人	269.37	401.27	737.57	245.50	548.23	894.44	401.12	202.30	416.51
41~60 岁	人	208.63	429.77	626.00	197.57	572.24	907.84	423.87	246.90	419.50
61 岁及以上	人	103.85	212.19	309.09	169.10	246.09	361.26	218.50	92.87	196.44
总人口中男性人口所占比重	%	52.50	54.15	51.00	48.28	52.25	53.08	53.94	49.14	51.59
总人口中少数民族人口所占比重	%	0.64	15.31	0.47	2.67	0.19	37.28	4.40	54.10	23.14
其中：不识字或识字很少	人	106.44	106.00	205.21	103.95	135.86	287.27	97.79	36.04	125.78

（续表）

指标名称	单位	河北	吉林	福建	山东	河南	云南	陕西	新疆	全国
小学	人	178.67	364.54	509.79	152.62	453.27	719.68	319.00	209.42	343.05
初中	人	322.96	426.62	783.18	330.62	729.70	788.76	593.42	176.60	484.59
高中 / 技校 / 职高	人	98.44	85.24	250.86	160.67	181.30	297.58	186.65	76.29	158.17
大专及以上	人	28.67	50.76	121.10	44.50	61.74	119.18	85.65	42.27	66.21
留守儿童（父母双方或一方在外打工累计6个月以上）	人	24.39	17.27	50.09	10.71	80.57	80.36	69.71	28.54	48.26
留守老人（全部子女在外累计半年以上的60岁以上老人）	人	16.89	30.00	44.57	13.57	33.90	65.82	39.90	17.79	34.20
留守妇女	人	24.00	48.13	27.25	4.57	116.77	76.04	43.76	57.87	51.16
本村常住人口（一年在本村居住累计6月以上）	人	638.04	1004.39	1747.17	788.67	1432.44	2048.71	1047.74	691.30	1099.18
其中：15岁及以下	人	148.44	151.33	387.63	143.86	288.50	439.82	196.46	128.44	221.16
16~40岁	人	210.11	327.48	504.46	234.10	446.43	672.82	316.04	222.86	346.91
41~60岁	人	182.19	371.50	531.75	181.05	387.29	684.84	401.96	200.42	348.74
61岁以上	人	93.41	190.44	325.65	162.19	259.70	340.11	205.30	102.85	196.74
本村劳动力（男16~60岁，女16~55岁）总数	人	434.15	677.88	1477.13	471.67	1018.09	1543.58	770.32	450.80	785.53
其中：常年（累计6个月以上）外出务工人数	人	101.76	202.70	336.90	89.81	271.05	388.29	202.43	113.87	206.26
外出务工劳动力返乡创业的人数	人	5.44	16.73	24.29	0.33	8.56	37.43	26.73	34.45	19.09
其中：第一产业从业人员人数（农业）	人	297.50	523.11	732.87	346.24	628.48	1072.63	651.85	286.87	543.34
第二产业从业人员人数（工业）	人	99.96	87.64	349.36	71.38	264.22	309.65	195.08	61.33	182.14
第三产业从业人员人数（商业与服务业）	人	63.79	110.33	194.37	53.52	120.58	147.10	114.95	70.56	104.06
举家外出户数	户	8.83	34.43	29.95	0.57	12.53	35.91	12.61	23.62	20.55
本地短期雇工工资	元 / 天	87.95	118.33	113.75	104.44	88.57	75.21	96.32	132.00	102.74

13.2 行政村经济发展

13.2.1 经济发展水平

指标名称	单位	河北	吉林	福建	山东	河南	云南	陕西	新疆	全国
本村农业经营总收入	万元	263.33	6639.97	1784.45	1146.49	824.80	2804.53	1064.21	12714.02	4117.64
其中：种植业收入	万元	190.32	378.14	1263.01	1097.25	436.15	1438.12	633.67	513.99	717.93
畜牧业收入	万元	54.09	112.11	139.12	8.90	182.04	583.77	36.87	179.18	160.68
渔业收入	万元	1.58	21.55	22.90	0.01	4.84	14.89		4.00	9.26
林业收入	万元	3.64	60.33	132.49	1.60	15.82	82.14	45.13	13.92	49.90
本村工业收入	万元	166.63	151.69	401.27	32.75	386.20	242.98	132.17	86.39	204.72
其中：建筑业收入	万元	97.06	164.03	159.53	20.25	209.00	150.61	51.75	21.31	108.20
本村第三产业收入（指商业、餐饮业、服务业、运输业、旅游业等收入）	万元	119.21	139.66	312.61	5.95	207.73	348.74	211.41	173.43	186.78

13.2.2 农业发展

种植业

（1）稻谷

指标名称	单位	河北	吉林	福建	山东	河南	云南	陕西	新疆	全国
播种面积或园地种植面积	亩	1040.00	1004.63	1304.70		929.20	952.95		475.00	1064.40
总产量	千克	760850.00	370063.30	709597.80		201920.00	381728.40		413750.00	494307.90

（2）小麦

指标名称	单位	河北	吉林	福建	山东	河南	云南	陕西	新疆	全国
播种面积或园地种植面积	亩	1043.07			1030.07	2049.24	997.00	1330.67	790.76	1263.69
总产量	千克	495838.50			633880.00	932080.00	139663.70	479454.70	296367.90	516720.40

（3）玉米

指标名称	单位	河北	吉林	福建	山东	河南	云南	陕西	新疆	全国
播种面积或园地种植面积	亩	842.32	3976.19	227.81	887.56	2038.55	1819.13	815.71	1391.46	1714.25
总产量	千克	479141.80	1674944.00	74291.00	596890.60	1016047.00	641536.70	374000.00	1047617.00	850463.80

13.2.3 种植业现代化程度

指标名称	单位	河北	吉林	福建	山东	河南	云南	陕西	新疆	全国
本村有效灌溉面积	亩	1065.39	1527.19	1425.48	1306.62	1796.26	1039.25	352.80	3057.73	1512.46
其中：机电灌溉面积	亩	1058.02	283.01	69.12	1270.43	1232.44	395.57	188.00	1433.18	779.59
喷灌面积	亩	0.00	33.86	1.67	0.00	81.83	66.67	0.00	58.73	30.46
滴灌渗灌面积	亩	0.00	1271.50	200.00	28.57	380.00	257.69	1166.67	2020.47	718.15
本村机耕面积	亩	1513.86	4324.98	1582.56	1088.91	2462.05	1844.87	1689.74	3413.60	2290.91
本村机播面积	亩	1733.97	5533.43	330.00	1072.24	2391.65	27.86	1903.84	3449.24	2284.25
本村机收面积	亩	1217.45	3866.18	781.83	1050.81	2344.52	363.21	1782.94	3257.94	1975.72
末本村累计农用机械总动力	千瓦	1867.05	13029.60	2944.33	5777.80	6192.00	5777.08	2631.19	2025.44	4116.60
年末本村发展设施农业的温室和大棚总面积	亩	11.17	153.00	20.00	87.63	26.25	13.87		91.78	54.25
其中：温室面积（有调节温度设备）	亩	0.00	34.63		1.50		6.36		2.00	5.17
大棚面积（无调节温度设备、跨度≥5.9米）	亩	16.75	2.00	26.00	28.53	31.50	6.75		83.67	31.36
中小棚面积（无调节温度设备、跨度＜5.9米）	亩	0.00		14.00	0.00		1.73		5.00	1.72
其中：种植蔬菜的温室和大棚面积	亩	0.57	69.63	18.00	87.63	31.40	2.64		112.85	58.57
种植水果的温室和大棚面积	亩	0.00		0.00	0.00		0.00		0.00	0.00
种植苗木花卉的温室和大棚面积	亩	0.00		0.00	0.00	0.50	1.36		1.00	0.49

13.2.4 畜牧业生产

13.2.4.1 生产情况

（1）生猪

指标名称	单位	河北	吉林	福建	山东	河南	云南	陕西	新疆	全国
年末存栏	头	867.88	443.77	459.30	190.00	768.67	3468.39	529.79	179.86	954.94
年末能繁母畜（或产奶牛、产蛋禽）存栏	头	83.65	163.00	124.00	29.88	186.09	295.85	21.50	137.36	145.29
出栏或产量	头	694.00	518.77	2170.23	256.25	1011.67	5791.32	1802.64	216.29	1818.13

（2）肉牛

指标名称	单位	河北	吉林	福建	山东	河南	云南	陕西	新疆	全国
年末存栏	头	40.43	313.44	41.50	30.00	34.80	850.25	16.00	292.72	376.34
年末能繁母畜（或产奶牛、产蛋禽）存栏	头	9.75	141.64	10.00	10.00	16.00	182.79	20.00	61.17	101.49
出栏或产量	头	59.14	157.33	56.00	35.00	18.20	858.38	2.50	101.50	253.79

（3）肉羊

指标名称	单位	河北	吉林	福建	山东	河南	云南	陕西	新疆	全国
年末存栏	只	168.67	787.50	123.00	222.00	365.00	1441.50	89.17	2149.33	1108.51
年末能繁母畜（或产奶牛、产蛋禽）存栏	只	68.15	440.25	30.67	79.00	185.67	389.33	54.00	1760.19	709.62
出栏或产量	只	186.86	417.75	332.57	122.00	454.64	2034.00	66.00	1504.79	1013.37

（4）肉鸡

指标名称	单位	河北	吉林	福建	山东	河南	云南	陕西	新疆	全国
年末存栏	只	3875.00	9650.00	3282.88	250.00	12697.78	13446.50	0.00	1530.07	7122.45
年末能繁母畜（或产奶牛、产蛋禽）存栏	只	9.75	141.64			16.00	182.79		61.17	105.76
出栏或产量	只	17650.00	15841.67	4742.69	13700.00	51910.50	33740.33	550.00	8157.93	20537.13

13.2.4.2 畜牧业标准化程度

指标名称	单位	河北	吉林	福建	山东	河南	云南	陕西	新疆	全国
年末本村养殖场占地面积	亩	21.68	18.22	21.15	4.32	53.18	32.35	13.07	23.78	23.85
其中：标准化养殖场占地面积	亩	6.94	15.41	16.00	0.29	26.25	8.00	16.70	19.16	12.86
年末本村兽医与防疫员人数合计	人	1.33	1.65	1.87	0.71	1.88	2.41	1.95	2.21	1.83

13.2.4.3 农民专业合作社（指在工商部门正式登记注册的合作社，不包括民政部门批准的协会）

指标名称	单位	河北	吉林	福建	山东	河南	云南	陕西	新疆	全国
年末本村的农民专业合作社个数	个	0.87	4.00	5.05	1.94	2.68	2.54	1.28	2.94	2.71
年末本村入社总户数	户	29.20	67.68	40.32	44.82	76.37	247.50	54.88	54.59	80.72
年末本村示范合作社个数	个	1.00	1.67	0.91	0.19	1.88	0.81	1.29	1.64	1.04
其中：国家级示范合作社个数	个	0.50	0.00	0.00	0.00	0.25	0.09	1.00	0.00	0.10

（续表）

指标名称	单位	河北	吉林	福建	山东	河南	云南	陕西	新疆	全国
省级示范合作社个数	个	0.67	1.75	0.50	0.13	0.25	0.23	1.00	0.60	0.43
截至年末，本村实现“农超对接”的合作社个数	个	0.50	0.50	0.75	0.38	0.00	0.00	1.00	0.00	0.32
截至年末，本村农产品对外出口的合作社个数（不包括经企业间接出口的情况）	个	0.00	0.00	0.00	0.25	5000.00	0.09		0.00	394.87
本村获得优惠贷款的合作社个数	个	0.50	1.00	9.20	0.13	1.00	0.93	2.00	1.14	1.54
本村合作社获得各级政府财政补贴总额	元	85166.67	100000.00	69778.25	16708.33	0.00	14090.91	25170.50	210000.00	55324.90
其中：国家级补贴额	元	32500.00		0.00	3164.06	0.00	3000.00	42.00	133333.30	15590.49
省级补贴额	元	22750.00	100000.00	56.50	0.00	0.00	0.00	500.00	250000.00	17947.58
地市级补贴额	元	12500.00		115000.00	0.00	0.00	4545.46	95.00	143333.30	19867.43
县级补贴额	元	46666.67	100000.00	16333.33	12500.00	0.00	6818.18	33348.33	70000.00	19610.85
年末本村合作社拥有注册商标数	个	1.00	3.60	6.44	0.56	3.50	1.92	3.40	5.50	2.84
其中：省级及以上知名商标数	个	0.50	1.50	1.00	0.19	0.00	0.00	1.00	1.00	0.37

13.2.5 行政村集体经济

13.2.5.1 本村集体资产与债权

指标名称	单位	河北	吉林	福建	山东	河南	云南	陕西	新疆	全国
年末本村集体资产总额	万元	92.64	108.79	444.54	148.79	278.92	339.13	157.68	167.06	212.60
年末本村集体存有生产性固定资产总额	万元	46.03	42.31	107.23	55.01	47.95	133.26	115.30	32.15	68.89
其中：村委会管理的资产数额	万元	38.49	23.35	96.95	51.96	26.73	42.11	90.72	10.75	44.11
本村集体固定投资完成额	万元	29.40	127.33	81.51	5.19	6.25	82.49	206.14	18.06	58.75
其中：农田水利建设投资完成额	万元	12.71	84.33	37.19	5.04	4.80	56.53	131.80	39.41	34.84
年末本村集体债权总额	万元	685.50	45.73	95.06	1.51	11201.43	638.25	26.31	1158.28	1133.37

13.2.5.2　本村收入

指标名称	单位	河北	吉林	福建	山东	河南	云南	陕西	新疆	全国
本村经营收入	元		168511.20	172255.40	386004.00	37500.00	200367.00	257720.00	181722.00	197068.00
本村发包收入（指水面、山林、四荒、集体土地发包收入等）	元	36004.88	69952.86	40216.00	18350.42	33416.67	32843.68	18400.00	49883.68	39077.79
转移性收入（也即补助收入，不包括上级政府拨给农民种粮补贴、良种补贴、农机补贴等收入）	元	69566.38	130934.10	275159.00	33071.43	89642.50	286611.80	93941.00	141454.90	141622.20
其中：上级政府拨款转移性收入	元	83941.38	87340.00	136329.30	25452.38	46888.89	175771.30	51088.89	179755.70	94345.29
计划生育罚款收入（指留在本村支配使用的罚款收入，非本村支配的不计）	元	0.00			142.86	4600.00	0.00		0.00	619.05
其他罚款收入	元	0.00			0.00	0.00	0.00		0.00	0.00
出卖土地收入	元	0.00	50000.00		0.00	0.00	30.00	30000.00	1075.00	2063.42
出卖企业收入	元	0.00			0.00	0.00	0.00		0.00	0.00
出卖其他资产收入（包括树林、房屋等）	元		4000.00	18266.00		5580.00	106426.00	2000.00	56561.00	35123.82
其他收入（请注明）	元	1333.33		17063.88	0.00	1490.00	7557.69	64300.00	24465.00	7875.16

13.2.5.3　本村支出

指标名称	单位	河北	吉林	福建	山东	河南	云南	陕西	新疆	全国
专职干部与管理人员工资与补贴	元	34276.67	68907.13	82721.65	49981.09	34274.29	69169.23	28996.25	34521.77	50975.26
其他人员工资与补贴（非专职人员等）	元	13326.92	20265.18	23241.21	7285.71	12168.33	13589.38	13976.00	14000.01	14197.98
公共服务支出（运转和管理费用，不包括建设投资和大型维修）	元	36313.50	43892.00	156783.80	74466.67	11030.00	134404.60	44651.23	75466.60	74076.57
其中：道路维修支出	元	14508.33	17052.00	33130.05	25659.52	9538.33	43190.77	26410.00	29622.67	25383.45
灌溉设施维修支出	元	7641.67	3380.00	16728.57	14992.86	1140.00	26236.67	26514.29	18162.50	15685.26
环境卫生支出	元	10678.57	13144.21	28439.90	14173.68	7266.67	26272.73	17693.33	9093.55	15868.14

（续表）

指标名称	单位	河北	吉林	福建	山东	河南	云南	陕西	新疆	全国
基础设施修缮支出（含电力、通信、办公楼等修缮费）	元	9530.77	19691.67	18850.31	13380.95	6725.00	16902.23	17037.57	18933.11	15424.70
教育文化医疗卫生支出	元	12088.89	3326.67	17460.00	3222.22	1758.00	4727.27	23340.00	12350.00	9253.61
治安支出	元	2577.78	2233.33	8088.00	1266.67	1250.00	4527.27	3000.00	8863.16	4682.05
社会福利和保障支出	元	4100.00	23333.33	47220.83	1357.14	4333.33	9319.15	8550.00	7873.33	12044.11
其他支出（请注明）	元	3000.00	15000.00	15799.89	2380.95	720.00	21333.00	23666.67	32000.00	11095.09
其他支出	元	55333.33	54717.00	54696.00	0.00	11250.00	3844.44	26000.00	150000.00	17671.40

13.2.5.4　本村债务

指标名称	单位	河北	吉林	福建	山东	河南	云南	陕西	新疆	全国
截至年末，本村累计债务总额（没有债务填“0”）	元	256884.50	523837.00	495499.10	32190.48	63888.89	304756.20	209408.40	199374.00	249130.60
其中：欠上级政府	元	10000.00	88946.56	68857.75	17619.05	38333.33	21111.11	50000.00	85000.00	41364.42
欠信用社贷款本金	元	156000.00	104574.70	30000.00	0.00	76666.67	23444.44	8000.00	250000.00	39400.51
欠信用社贷款利息	元	40000.00	26250.00		0.00	0.00	5555.56	1536.00	15000.00	5566.74
欠村镇银行贷款本金	元									
欠村镇银行贷款利息	元				0.00	0.00	0.00			0.00
欠中国农业发展银行贷款本金	元			50000.00	0.00	0.00	0.00			1562.50
欠中国农业发展银行贷款利息	元				0.00	0.00	0.00			0.00
欠其他商业银行贷款本金	元				0.00	0.00	0.00			0.00
欠其他商业银行贷款利息	元				0.00	0.00	0.00			0.00
欠单位或个人拆借款本金	元	73333.33	207148.30	104716.70	4523.81	37440.00	2777.78	142767.10	150313.80	79479.83
欠单位或个人拆借款利息	元	20000.00	56666.67	14000.00	55.67	14295.00	18860.00	5000.00	10400.00	11216.64
欠工程款	元	169404.80	70084.25	297772.70	0.00	6666.67	224732.50	156366.50	178210.80	140750.00
其他（请注明）	元	122260.00	450000.00	306034.50	9300.00	10000.00	28224.28	118333.30	20000.74	57463.39

（续表）

指标名称	单位	河北	吉林	福建	山东	河南	云南	陕西	新疆	全国
本村新增负债总额（没有新增债务填“0”）	元	6252.05	0.00	22500.00	0.00	0.00	0.00	60622.22	0.00	9748.16

13.3 行政村村庄治理

13.3.1 村两委会概况

指标名称	单位	河北	吉林	福建	山东	河南	云南	陕西	新疆	全国
本村党支部委员会委员的总人数	人	3.38	4.38	4.32	3.14	3.58	5.17	4.26	3.24	3.89
本村党支部委员会委员平均年龄	岁	49.43	45.13	46.42	49.95	48.13	42.88	45.73	40.83	45.31
本村党支部委员会委员平均受教育年限	年	10.33	8.96	10.10	10.38	9.52	9.68	10.18	9.47	9.79
现任村支书受教育年限	年	11.08	9.00	10.60	11.29	9.80	10.71	10.57	11.49	10.66
本村村民委员会委员的总人数	人	3.27	4.36	3.48	3.35	3.83	5.35	3.83	4.02	3.94
本村村民委员会委员的平均年龄	岁	47.80	42.38	43.00	46.42	45.14	42.65	45.61	41.05	43.89
本村村民委员会委员平均受教育年限	年	9.56	8.48	9.56	9.80	8.70	9.64	9.48	9.91	9.43
现任村主任受教育年限	年	9.83	8.76	10.00	9.47	8.90	10.00	10.76	10.40	9.82

13.3.2 基层党组织建设发展

指标名称	单位	河北	吉林	福建	山东	河南	云南	陕西	新疆	全国
本村党员的总人数	人	35.27	29.88	72.96	38.14	43.86	109.56	40.04	23.98	47.14
其中：50 岁以上的党员	人	20.88	16.60	38.96	23.62	28.32	44.40	20.46	9.80	23.94
30 岁以下的党员	人	6.92	4.04	17.60	6.67	9.36	24.68	9.19	6.88	10.43
其中：高中及其以上文化程度	人	11.38	7.36	23.92	14.76	15.77	24.42	14.80	17.85	16.32
初中及以下文化程度	人	21.27	17.60	41.28	20.00	27.59	58.25	22.71	14.38	27.28
本村共有多少人提交了入党申请书	人	4.76	4.64	4.60	2.48	3.67	5.32	3.68	5.94	4.52
本村共发展了几位党员	人	1.58	1.16	1.43	1.00	1.10	2.68	1.24	1.47	1.49

13.3.3 一事一议

指标名称	单位	河北	吉林	福建	山东	河南	云南	陕西	新疆	全国
本村一共举行了几次公共投资和基本建设一事一议?	次	0.86	1.29	1.68	1.06	0.52	3.16	1.12	3.44	1.76
其中：成功了几次?	次	0.82	1.29	1.56	1.06	0.52	3.16	0.96	3.03	1.65
共举行了几次这种非基本建设一事一议?	次	2.57	2.17	1.56	1.63	1.17	2.28	1.80	4.00	2.21
本村实行的一事一议需要筹资的有几次?	次	1.29	0.71	1.37	0.30	0.64	1.30	1.31	2.67	1.17

13.3.4 村庄管理及其他

指标名称	单位	河北	吉林	福建	山东	河南	云南	陕西	新疆	全国
村务监督委员会有几位成员?	人	4.08	2.88	3.61	4.70	3.05	3.00	3.42	3.65	3.54
县乡共组织村干部召开多少次会议（不包括选举方面的会议）?	次	13.20	18.70	14.68	16.05	11.45	19.79	18.35	25.28	17.60
县乡总共给村里发了多少个红头文件?	个	7.85	8.00	27.33	14.60	7.78	32.05	23.55	39.23	21.68
土地纠纷中：宅基地纠纷几起?	起	0.57	3.59	2.58	0.76	2.57	7.94	2.71	5.17	3.45
农村土地经营权纠纷几起?	起	0.67	2.82	1.56	0.65	1.00	4.40	4.25	3.62	2.54

13.4 行政村社会发展

13.4.1 农村公共设施

指标名称	单位	河北	吉林	福建	山东	河南	云南	陕西	新疆	全国
本村商店个数	个	3.16	6.56	8.06	1.80	4.00	8.25	3.73	3.74	4.75
本村集贸市场个数	个	0.12	0.17	0.29	0.24	0.13	0.24	0.15	0.20	0.19
本村道路硬化比重	%	85.35	81.92	80.12	73.33	58.95	70.22	78.13	65.92	74.03
本村水库、池塘个数	个	1.71	2.08	3.59	1.76	2.50	2.55	0.50	0.50	2.23
其中：病险水库、池塘个数	个	0.33	0.57	0.63	0.00	0.83	1.11		0.50	0.56
本村水库容量	万立方米	12.80	66.43	7.87	31.30	14.63	19.03		0.00	26.52
本村池塘总容量	万立方米	2.33	17.50	8.71	19.47	1.63	121.94		10.00	37.80
本村小水窖数量	口	0.00		0.00	5.05	0.00	228.47	210.30	20.33	112.05

（续表）

指标名称	单位	河北	吉林	福建	山东	河南	云南	陕西	新疆	全国
本村小水窖合计储水量	立方米	33.00		0.00	619.05	1.25	2896.83	1808.25	0.00	1500.07
本村自来水普及率	%	99.46	91.41	85.60	75.95	80.00	60.79	92.29	91.76	85.99
本村自来水单价	元 / 立方米	1.73	1.62	1.24	1.53	2.05	1.10	3.82	1.56	1.86
本村断电天数	天	2.94	4.94	6.58	0.74	5.29	12.45	6.69	4.81	5.51
本村农用电价格	元 / 度	0.58	0.54	0.53	0.61	0.57	0.53	0.50	0.55	0.55
本村天然气 / 液化气普及率	%	56.09	55.92	66.35	62.86	58.80	6.40	36.78	40.00	50.30
本村电话普及率（包括固定电话与手机）	部 / 百人	75.85	89.36	103.25	93.33	91.43	68.32	94.92	90.62	88.23
本村接入互联网的户数比例	%	30.63	34.60	39.86	43.50	17.58	16.72	27.33	32.03	30.49
本村安装有线电视的户数比例	%	61.15	90.20	87.77	87.24	47.56	68.00	46.25	69.91	70.87
完成农村困难家庭危房改造户数	户	3.29	14.63	9.29	1.29	6.90	22.50	10.30	21.71	11.42
年末农村困难家庭危房户数	户	5.33	22.26	10.86	2.67	11.58	49.38	12.76	15.35	15.85
本村人畜混居的农户数	户	1.00	13.00	6.63	0.00	20.64	35.71	1.67	35.38	16.75
本村卫生厕所普及率	%	75.82	62.93	73.76	70.48	24.66	32.24	65.34	55.68	57.96
本村有多少户属于生态移民搬迁	户	0.50	1.67	3.38	0.00	0.00	1.54	6.50	1.29	1.15
本村有几处垃圾集中堆放点	处	4.00	4.40	3.63	6.21	4.93	7.11	2.96	3.70	4.53
本村农村生活公共设施投资额	元	39183.33	50526.00	213166.70	53619.05	37850.00	76613.21	98618.95	75625.00	69416.46
其中：村集体投资	元	25800.00	16250.00	32250.00	31300.00	12909.27	26250.00	12295.93	70200.00	29624.36
本村农业生产基础设施投资额	元	34793.21		127000.00	23476.19	9857.14	46667.33	66078.00	67508.57	42585.50
其中：村集体投资	元	13818.45	3500.00	47000.00	23476.19	1260.00	30000.00	80006.00	35750.00	25287.34

13.4.2 农村科教文卫体公共服务

指标名称	单位	河北	吉林	福建	山东	河南	云南	陕西	新疆	全国
本村接受涉农职业教育的人数	人	62.48	55.09	41.58	39.16	68.05	130.56	111.00	69.28	70.52
具有或可以依托的科技特派员	人	0.29	1.33	1.00	0.14	1.38	0.33	1.67	0.86	0.59
具有或可以依托的科技示范户	户	6.69	6.92	10.83	1.45	4.75	3.91	8.94	6.00	5.95
具有或可以依托的农业专家大院	个	0.00	2.00	1.00	0.14	0.00	0.00	1.00	0.50	0.21
本村开展农机推广服务和培训次数	次	2.08	2.82	2.43	1.00	2.77	2.16	3.75	3.30	2.44
本村卫生室有几个床位?	个	3.63	2.78	4.84	3.60	4.00	4.24	2.75	3.42	3.66
本村卫生技术人员	人	1.38	1.12	3.17	1.76	2.39	2.05	1.80	1.48	1.88
其中：获得从业资格的医生人员	人	1.29	1.18	3.04	1.48	2.32	1.88	1.83	1.41	1.83
本村卫生室医疗人员培训人次	人次	5.50	3.00	5.47	1.75	7.67	2.94	7.23	3.29	4.59
本村参加新农合的人数	人	706.38	1028.50	2099.48	739.33	1609.43	2439.44	1212.42	723.20	1218.48
本村享受低保的人数	人	22.31	69.23	65.29	14.48	76.29	216.93	62.21	54.22	64.14
本村五保户人数	人	3.05	5.24	5.71	2.29	6.35	5.29	3.16	4.15	4.39
本村获得自然灾害救济人数	人	36.42	40.09	14.60	29.05	3.67	40.38	6.20	44.38	29.34
新型农村社会养老保险参保率	%	92.15	73.09	92.28	83.50	82.71	90.68	79.16	78.92	83.97
领取养老金的农村老年居民	人	110.04	160.77	288.38	153.48	283.45	309.00	184.00	120.82	190.05

13.5 行政村生态建设

13.5.1 水土气候资源状况

指标名称	单位	河北	吉林	福建	山东	河南	云南	陕西	新疆	全国
截至年末，本村测土配方施肥耕地面积	亩	625.42	899.00	770.96	769.12	797.22	1226.61	685.67	859.64	827.83
截至年末，本村退耕还林面积	亩	19.68	302.54	40.92	0.00	26.33	222.92	328.79	154.37	138.25

（续表）

指标名称	单位	河北	吉林	福建	山东	河南	云南	陕西	新疆	全国
截至年末，本村退耕还草面积	亩	0.00	0.00	0.00	0.00	0.00	0.00	0.00	0.00	0.00
截至年末，本村退牧还草面积	亩	0.00	100.00	0.00	0.00		5.45	0.00	0.00	6.84
截至年末，本村禁牧还草面积	亩	0.00	250.00	0.00	0.00		0.00		8666.67	697.37
本村绿色农产品种植面积占农作物总播种面积比例	%	43.75	20.00	35.40	17.50	10.00	32.62	30.00	62.84	33.40
本村有机农产品种植面积占农作物总播种面积比例	%	30.00	10.25	36.25	1.50	10.00	19.27	36.67	45.00	17.89
本村无公害农产品种植面积占农作物总播种面积比例	%	30.00	15.15	54.22	11.00	78.00	39.33	41.67	62.00	36.02
截至年末，本村有机畜禽产品占畜禽产品总量的比例	%	56.40	48.40	62.50	8.50	4.00	37.42	56.00	68.00	33.42
截至年末，本村有机水产品占水产品总量的比例	%	0.00	0.00	68.00	0.00		0.00	0.00	0.00	5.51
本村每亩生产用水总量	立方米 / 亩	115.88	78.33	81.63	174.72	181.43	242.82	85.64	361.92	169.56
本村每亩灌溉用水支出	元 / 亩	56.05	28.33	18.33	37.83	43.50	45.59	116.67	75.47	51.78
其中：污水灌溉支出	元 / 亩	0.00	0.00	1.67	0.00	13.00	2.73		0.00	1.12
本村灌溉用水中地表水的比例	%	45.77	72.67	68.07	36.67	48.40	88.87	73.75	42.42	55.09

13.5.2 村污染和废弃物处理

指标名称	单位	河北	吉林	福建	山东	河南	云南	陕西	新疆	全国
本村生态环境建设方面的支出	元	19156.25	7040.00	32095.17	15523.81	4223.60	21324.21	23003.75	28333.33	19421.62
本村环境管理工作人员人数	人	3.92	3.07	3.09	2.67	2.25	2.80	2.93	2.95	3.06
其中：专职人数	人	2.00	1.22	1.88	1.95	2.17	1.00	2.27	1.33	1.80
兼职人数	人	2.72	3.00	1.82	0.33	2.00	1.00	2.43	3.20	1.93
本村改水受益人数	人	748.07	1268.29	705.75	247.95	1341.80	623.27	997.20	433.43	663.01
本村改厕受益人数	人	449.50	246.67	683.75	229.86	337.50	270.86	414.00	357.00	353.90
本村排污系统个数	个	0.71	0.50	1.17	0.40	0.00	0.00	1.14	0.00	0.48
本村固态粪污弃物所占比例	%	55.07	52.00	40.23	39.50	52.86	36.47	28.75	56.67	45.38

（续表）

指标名称	单位	河北	吉林	福建	山东	河南	云南	陕西	新疆	全国
本村液态粪污弃物所占比例	%	30.42	10.00	57.45	29.50	36.15	41.67	34.75	28.75	36.44
本村畜禽固体粪废弃物直接排入环境比例	%	24.80	20.00	28.36	0.00	17.27	15.67		10.00	14.93
本村畜禽固体粪废弃物出售比例	%	28.18	35.00	20.00	1.05	19.44	8.13	69.00	23.33	14.57
本村畜禽固体粪废弃物生产沼气比例	%	23.57	60.00	20.85	0.00	21.25	11.90	20.00		13.39
本村畜禽固体粪废弃物用作农田肥料还田比例	%	62.21	87.00	35.07	62.11	57.81	61.53	65.20	86.56	63.50
本村畜禽固体粪废弃物其他处理方式比例	%	0.00		10.00	0.00	0.00	0.00			0.33
本村畜禽污水排入氧化塘处理比例	%	7.50		22.67	0.00	16.00	2.73			6.39
本村畜禽污水用于灌溉比例	%	25.00		28.50	5.26	16.14	14.33	50.00	55.00	18.23
本村畜禽污水生产沼气比例	%	22.00		32.14	0.00	10.75	13.13		20.00	13.90
本村畜禽污水直接排入环境比例	%	66.88	100.00	39.40	26.32	80.91	60.75		84.29	55.67
本村畜禽污水其他处理方式比例	%			10.00	0.00		0.10			0.38

13.5.3 生产能源使用

指标名称	单位	河北	吉林	福建	山东	河南	云南	陕西	新疆	全国
柴油使用量	升	3801.20	19340.00	1619.43	8770.97	11896.61	7420.88	7340.40	8669.23	8059.45
汽油使用量	升	1846.80	5761.26	3259.29	2042.86	1780.00	5207.04	2292.83	2871.79	3067.15
电使用量	度	65032.00	102292.90	97926.62	96384.62	130000.00	43391.46	69894.20	51051.07	80025.34
煤使用量	吨	193.75	175.00	7.40	21.31	34.51	820.50	347.85	339.43	292.79
秸秆使用量	吨	124.08	801.33	177.50	0.24	442.86	299.15	210.75	116.00	229.61
薪柴使用量	吨	43.25	660.20	415.22	11.98	92.00	396.29	257.33	10.03	207.40
沼气使用量	立方米	347.14	325.00	2575.92	11.19	1550.00	1402.71	850.00	100.00	974.59
本村沼气池合计产气量	立方米	1194.29		3140.50	66.32	17736.67	2338.85	581.67	375.00	2934.20
本村已有的大型沼气池个数	个	0.00		2.50	0.00	1.00	0.00		0.00	0.21
本村已有的联户沼气池个数	个	0.00		4.00	0.00	0.00	0.00		0.00	0.31
本村已有的户用沼气池个数	个	34.13		34.75	3.48	105.11	148.93	76.75	19.60	56.41
本村在用的大型沼气池个数	个	0.00		2.50	0.00	1.50	0.00		0.00	0.22

（续表）

指标名称	单位	河北	吉林	福建	山东	河南	云南	陕西	新疆	全国
本村在用的联户沼气池个数	个	0.00		4.00	0.00	0.00	0.00		0.00	0.32
本村在用的户用沼气池个数	个	11.83		34.44	2.70	103.88	161.40	47.00	8.25	56.49
本村秸秆过腹还田利用的比例	%	26.12	42.14	55.29	61.90	50.47	55.94	65.13	62.77	51.77
本村秸秆食用菌培养基利用的比例	%	0.00	0.00	5.80	0.00	5.29	1.09	0.10	0.00	1.53
本村秸秆生活燃料利用的比例	%	17.48	48.75	6.60	15.00	17.93	14.06	70.00	37.50	23.14
本村秸秆田间焚烧利用的比例	%	18.00	32.27	27.20	0.00	18.60	17.81	20.00	13.33	17.25
本村秸秆出售的比例	%	24.80	32.50	20.93	0.00	17.75	6.62		32.00	14.89
本村秸秆沼气原料利用的比例	%	4.17		10.00	0.00	5.00	2.79		0.00	2.69
本村秸秆其他利用的比例	%	47.08		5.00	0.00	49.50	3.33		60.00	20.56

14

2014 年分省样本的村庄统计

14.1 行政村基本情况

14.1.1 概况

指标名称	单位	河北	吉林	福建	山东	河南	云南	陕西	新疆	全国
本村有多少自然村	个	1.11	3.96	5.19	1.17	3.67	8.18	3.36	2.27	3.46
本村共有多少户	户	198.89	340.33	591.48	246.78	505.92	668.94	316.04	256.45	368.52
其中：只务农的农户数	户	124.67	271.65	357.35	151.67	309.09	529.72	309.35	171.71	261.91
完全不务农农户数	户	17.38	45.00	80.09	29.82	33.88	61.74	19.92	32.14	40.06
第一种兼业农户数	户	27.75	60.80	55.17	47.61	76.00	60.17	76.13	47.78	53.03
第二种兼业农户数	户	34.27	48.25	48.47	23.78	77.79	37.41	40.57	41.37	42.61
其中：有自营工商业农户数	户	11.52	8.14	24.71	6.56	12.00	17.56	16.14	9.42	13.48
本村人均纯收入	元	6538.33	8169.17	8237.11	8272.82	7174.59	6254.63	8111.63	9587.18	7930.63
其中：非农收入	元	4711.92	4426.54	3935.67	5400.00	4496.18	2202.47	2911.57	6373.63	4364.46
本村委会距县政府距离	千米	20.40	28.78	17.09	10.92	19.22	29.85	18.40	23.26	21.37
距乡镇政府距离	千米	3.69	6.39	5.11	4.58	4.81	8.11	4.44	4.12	5.00
距最近的集贸市场距离	千米	3.27	5.89	5.00	2.34	3.57	4.86	4.03	4.00	4.13
距最近的车站 / 码头距离	千米	3.96	7.85	7.08	8.39	5.29	6.69	5.09	5.65	6.08
距最近的幼儿园距离	千米	1.50	4.03	1.46	2.43	1.31	2.54	2.88	3.02	2.39
距最近的小学距离	千米	1.54	3.48	1.76	2.59	1.09	0.64	2.03	2.41	1.93
距最近的初中距离	千米	5.37	6.70	5.83	5.56	3.57	8.31	3.28	5.52	5.51
距最近卫生所（站）距离	千米	1.17	1.67	1.62	0.60	0.65	1.45	2.40	2.32	1.57
距最近农资销售点距离	千米	2.62	4.67	1.19	1.54	1.21	3.32	2.65	3.00	2.53
距最近的邮政所的距离	千米	5.30	4.76	4.27	3.86	4.57	4.94	3.93	4.04	4.43

14.1.2　土地、水等资源

指标名称	单位	河北	吉林	福建	山东	河南	云南	陕西	新疆	全国
本村村域土地总面积	亩	2026.61	10455.88	15276.86	2863.50	4823.90	10765.80	3922.20	5754.44	6907.27
其中：宅基地	亩	202.52	446.90	338.85	260.67	419.00	380.70	325.28	263.41	322.21
本村耕地总面积	亩	1130.15	5726.23	2026.94	1110.87	2981.04	3514.48	2559.04	3825.94	2931.33
其中：水田总面积	亩	274.53	1076.11	1355.71	0.00	194.20	1229.63	2227.50	1048.25	875.97
水浇地面积	亩	1170.75	3750.00	329.00	1051.98	1917.29	449.79	2092.14	3544.51	1631.45
旱地总面积	亩	136.20	4589.52	597.30	58.89	2365.26	2545.43	2415.36	738.42	1821.89
其中：家庭经营的本村耕地面积	亩	1040.64	5210.73	1616.42	621.17	3386.57	3607.85	2673.06	3099.67	2538.88
集体经营的本村耕地面积	亩	62.17	606.25	53.17	0.00	50.00	111.91	262.86	715.13	287.24
合作经营的本村耕地面积	亩	0.00	34.50	1.60	0.00	300.00	16.45	124.67	133.33	35.36
企业经营的本村耕地面积	亩	0.00		44.00	0.00	730.00	0.00	52.67	59.88	31.63
其他形式经营的本村耕地面积	亩	71.17		278.00	55.56	302.50	16.67	220.00	136.60	105.21
其中：撂荒的本村耕地面积	亩	10.00	147.75	130.44	0.00	64.00	143.33	90.00	0.00	71.68
园地面积（果园、茶园、桑园等）	亩	87.58	1031.93	1074.96	128.44	641.75	628.94	1115.12	530.87	662.57
林地面积（包括退耕还林）	亩	116.09	3594.93	8929.08	8.89	525.08	8270.13	1009.19	894.58	3294.56
草地面积（包括退耕还草）	亩	0.00	4734.76	552.00	0.00	186.25	3119.41	418.60	295.30	1557.03
水面面积（包括鱼塘）	亩	21.00	249.47	235.55	2.56	88.00	34.55		180.00	112.24
内新增耕地面积（若减少则用负数表示）	亩	18.33	50.25	49.22	7.78	102.67	42.31	125.25	66.67	42.12
土地流转面积	亩	153.53	315.11	405.88	56.44	384.17	395.90	202.88	513.47	308.45
其中：转包	亩	145.56	353.27	280.47	35.00	337.69	230.00	201.50	551.86	269.59
出租	亩	110.71	98.33	237.31	16.44	105.83	158.46	23.00	336.10	150.72
互换	亩	5.75	35.00	94.40	0.00	25.00	5.40	45.00	7.50	16.17
转让	亩	6.00	40.25	35.67	3.89	125.00	8.75		6.25	15.79
入股	亩	0.00	0.00	0.00	0.00		0.00		0.00	0.00
抵押	亩	0.00	0.00	0.00	0.00		0.00		0.00	0.00
其他（请注明）	亩	0.00	0.00	0.00	0.00		0.00		0.00	0.00
本村未开发可以用于农业生产的土地面积	亩	350.14	125.00	192.17	1.11	12.60	120.23	275.00	275.00	136.96
本村被征用土地面积	亩	0.00	105.00	103.86	53.11	32.75	10.15	144.00	102.50	64.83
其中：耕地	亩	0.00	55.00	55.96	0.00	32.75	2.15	155.20	68.33	34.67
其他农用地	亩	0.00	66.67	55.14	11.56	25.00	9.27	150.00	0.00	23.80
工矿建设用地、村民住宅、道路等建设用地	亩	0.00	40.81	13.75	2.11		0.00	50.00	33.33	8.95
空闲地、荒山、荒地、荒滩、荒沟等未利用地	亩	0.00	33.33	33.08	25.00		0.08		18.00	18.26
本村农业生产用水单价（不收费填 0）	元 / 亩	23.84	1.64	0.87	10.39	7.00	17.12	49.00	54.39	23.75
本村饮水困难人口比重	%	7.70	0.83	9.71	1.11	5.33	37.78	13.73	10.96	12.36
本村饮水不安全人口比重	%	0.00	1.38	8.63	2.78	19.33	36.62	26.28	49.62	18.44

14.1.3 人口、劳动力及就业情况

指标名称	单位	河北	吉林	福建	山东	河南	云南	陕西	新疆	全国
本村总人口	人	744.74	1170.08	2239.82	864.53	1915.33	2680.24	1307.22	838.31	1382.61
其中：15岁及以下	人	160.26	151.92	467.44	194.93	386.15	453.25	200.48	180.57	260.25
16~40岁	人	275.85	351.58	767.89	302.73	617.35	905.50	442.70	280.49	466.83
41~60岁	人	207.59	442.54	625.31	200.47	560.19	848.53	424.30	276.00	428.04
61岁及以上	人	103.67	222.17	323.62	166.07	272.63	381.85	176.64	91.06	202.35
总人口中男性人口所占比重	%	50.52	55.42	51.44	52.20	53.17	53.26	52.47	50.72	52.23
总人口中少数民族人口所占比重	%	0.71	8.74	1.53	0.08	0.29	36.99	4.66	58.61	23.34
其中：不识字或识字很少	人	107.74	110.22	209.52	57.60	152.27	346.59	108.18	28.34	132.82
小学	人	174.11	283.75	493.52	117.53	410.19	773.33	238.35	184.88	318.97
初中	人	316.04	549.92	742.92	206.27	687.91	866.00	447.26	215.26	484.29
高中 / 技校 / 职高	人	95.26	141.21	237.65	128.57	211.56	263.91	159.91	80.12	157.73
大专及以上	人	27.07	50.35	133.12	48.92	63.00	101.38	91.48	35.53	66.43
留守儿童（父母双方或一方在外打工累计6个月以上）	人	16.24	11.17	49.42	11.47	90.48	88.24	40.36	12.50	48.15
留守老人（全部子女在外累计半年以上的60岁以上老人）	人	12.35	22.08	50.44	16.33	28.32	52.23	30.50	22.23	31.85
留守妇女	人	23.17	34.09	28.33	8.73	98.67	81.56	67.71	29.45	51.78
本村常住人口（一年在本村居住累计6月以上）	人	644.19	932.87	1717.93	818.33	1538.00	2201.44	856.11	607.80	1122.36
其中：15岁及以下	人	148.15	143.55	405.26	179.93	298.54	403.71	144.71	168.05	230.70
16~40岁	人	201.00	251.43	507.31	273.53	418.77	612.11	306.68	243.85	341.51
41~60岁	人	189.67	369.14	497.56	196.47	386.24	644.05	344.57	215.55	343.74
61岁以上	人	93.52	198.04	328.37	163.07	242.19	354.89	178.20	84.65	195.07
本村劳动力（男16~60岁，女16~55岁）总数	人	447.44	648.74	1386.96	423.80	1071.63	1459.22	784.73	420.88	786.20
其中：常年（累计6个月以上）外出务工人数	人	103.96	173.23	352.96	76.80	295.40	403.82	207.78	91.88	212.47
外出务工劳动力返乡创业的人数	人	0.67	24.50	27.83	1.20	7.90	30.74	27.86	13.42	16.07
其中：第一产业从业人员人数（农业）	人	282.77	432.77	782.54	317.40	647.08	899.53	573.06	333.80	517.88

（续表）

指标名称	单位	河北	吉林	福建	山东	河南	云南	陕西	新疆	全国
第二产业从业人员人数（工业）	人	115.62	95.79	328.13	52.13	282.05	239.50	99.00	58.80	168.14
第三产业从业人员人数（商业与服务业）	人	60.50	70.29	186.00	66.53	103.21	163.73	85.24	55.38	96.96
举家外出户数	户	8.05	30.67	30.64	4.20	18.00	32.41	16.67	17.00	20.70
本地短期雇工工资	元 / 天	87.73	122.92	110.77	101.33	99.05	72.12	93.50	132.50	104.31

14.2 行政村经济发展

14.2.1 经济发展水平

指标名称	单位	河北	吉林	福建	山东	河南	云南	陕西	新疆	全国
本村农业经营总收入	万元	298.09	3096.43	1503.55	633.57	720.42	2704.77	8305.54	5358.94	3051.47
其中：种植业收入	万元	198.56	1142.58	1113.50	585.38	526.59	1480.67	614.62	823.73	814.26
畜牧业收入	万元	58.06	127.54	146.74	12.00	154.15	595.33	49.13	195.01	171.89
渔业收入	万元	10.65	11.67	21.73	0.00	6.32	11.58	1.50	10.00	9.93
林业收入	万元	4.67	9.92	137.72	3.06	8.71	108.03	61.19	55.72	64.53
本村工业收入	万元	149.59	334.00	353.60	5.88	346.56	257.07	207.83	47.65	204.33
其中：建筑业收入	万元	91.41	200.60	134.65	0.53	239.38	132.64	78.50	25.08	113.75
本村第三产业收入（指商业、餐饮业、服务业、运输业、旅游业等收入）	万元	101.79	159.53	232.76	36.41	108.92	398.76	177.94	130.49	177.83

14.2.2 农业发展

种植业

（1）稻谷

指标名称	单位	河北	吉林	福建	山东	河南	云南	陕西	新疆	全国
播种面积或园地种植面积	亩	1039.67	1237.39	1312.95	2.00	401.67	1086.44	0.00	650.00	1057.92
总产量	千克	662333.30	433606.50	621142.40	515.00	199500.00	573297.60	0.00	227500.00	503638.80

（2）小麦

指标名称	单位	河北	吉林	福建	山东	河南	云南	陕西	新疆	全国
播种面积或园地种植面积	亩	768.69			655.61	2188.04	1022.44	1141.37	789.77	1185.40
总产量	千克	296858.00			178311.80	961820.10	210558.40	307126.30	358639.00	431264.40

（3）玉米

指标名称	单位	河北	吉林	福建	山东	河南	云南	陕西	新疆	全国
播种面积或园地种植面积	亩	642.71	3560.60	237.17	565.07	2118.35	1702.30	779.38	1523.75	1539.18
总产量	千克	375235.20	2329875.00	105917.60	162150.00	852715.30	668976.30	250825.00	847552.40	813496.10

14.2.3 种植业现代化程度

指标名称	单位	河北	吉林	福建	山东	河南	云南	陕西	新疆	全国
本村有效灌溉面积	亩	1106.46	1625.15	1336.04	1175.92	1727.07	1160.17	672.40	2331.43	1463.09
其中：机电灌溉面积	亩	1098.80	646.85	63.89	1125.92	1153.22	445.36	216.40	883.89	700.93
喷灌面积	亩	0.00	122.89	0.00	0.00	104.48	30.00	32.00	2.64	30.80
滴灌渗灌面积	亩	0.00	1087.35	266.67	0.00	0.00	182.35	250.00	2183.48	676.33
本村机耕面积	亩	1552.86	3850.82	1588.25	1050.92	2905.96	1782.79	1621.76	2882.96	2220.61
本村机播面积	亩	1833.58	4905.24	375.00	926.73	2986.33	32.86	1542.24	2890.74	2173.78
本村机收面积	亩	1084.03	3426.67	780.00	923.61	2712.88	241.00	1502.10	2658.25	1758.14
年末本村累计农用机械总动力	千瓦	1435.05	8844.31	3138.10	2417.65	7006.46	7543.77	1550.21	1227.91	4038.95
年末本村发展设施农业的温室和大棚总面积	亩	24.50	4.00	56.25	193.25	30.63	11.18	85.00	70.88	74.91
其中：温室面积（有调节温度设备）	亩	0.00	1.00	0.00	0.00	2.50	5.38	3.00	10.50	3.99
大棚面积（无调节温度设备、跨度≥5.9米）	亩	49.00	3.67	20.00	0.00	40.00	5.79	83.33	93.33	20.00
中小棚面积（无调节温度设备、跨度＜5.9米）	亩	0.00	3.00	10.00	0.00		1.93	5.00	1.33	1.63
其中：种植蔬菜的温室和大棚面积	亩	0.75	3.67	18.00	130.15	25.00	1.93	63.33	38.86	46.87
种植水果的温室和大棚面积	亩	0.00		0.00	0.00		0.00		0.00	0.00
种植苗木花卉的温室和大棚面积	亩	0.00		0.00	0.47	0.50	1.15		0.67	0.72

14.2.4 畜牧业生产

14.2.4.1 生产情况

（1）生猪

指标名称	单位	河北	吉林	福建	山东	河南	云南	陕西	新疆	全国
年末存栏	头	718.89	263.95	587.54	215.86	636.47	3508.82	459.93	251.93	856.82
年末能繁母畜（或产奶牛、产蛋禽）存栏	头	80.00	70.67	121.95	54.00	166.79	287.00	70.86	48.25	132.69
出栏或产量	头	746.78	283.00	2159.39	295.71	895.58	7629.50	642.29	249.79	1839.0

（2）肉牛

指标名称	单位	河北	吉林	福建	山东	河南	云南	陕西	新疆	全国
年末存栏	头	32.83	270.42	85.00	15.00	34.14	708.00	12.00	167.30	299.75
年末能繁母畜（或产奶牛、产蛋禽）存栏	头	6.00	128.00			13.14	182.35		102.35	116.97
出栏或产量	头	56.67	129.25	123.00	10.00	34.86	1090.85	18.00	87.20	342.55

（3）肉羊

指标名称	单位	河北	吉林	福建	山东	河南	云南	陕西	新疆	全国
年末存栏	只	220.67	1588.50	102.50	126.67	372.00	1444.05	90.00	2128.58	1179.07
年末能繁母畜（或产奶牛、产蛋禽）存栏	只	105.91	842.88	25.00	53.33	161.33	437.21	30.25	1913.62	784.90
出栏或产量	只	171.79	767.55	159.00	113.33	437.50	888.29	2649.75	1780.80	1022.07

（4）肉鸡

指标名称	单位	河北	吉林	福建	山东	河南	云南	陕西	新疆	全国
年末存栏	只	10300.00	7811.11	3258.82		9716.33	12545.32	30000.00	3407.53	8115.00
年末能繁母畜（或产奶牛、产蛋禽）存栏	只	0.00	3557.50	562.00	0.00	2211.71	3304.00		338.13	1989.98
出栏或产量	只	32500.00	17229.44	5214.71	360000.00	39612.92	22852.94	29000.00	4242.27	22544.99

14.2.4.2 畜牧业标准化程度

指标名称	单位	河北	吉林	福建	山东	河南	云南	陕西	新疆	全国
年末本村养殖场占地面积	亩	12.57	136.70	24.78	11.05	29.31	75.76	21.62	25.09	40.89
其中：标准化养殖场占地面积	亩	7.40	10.17	27.55	0.00	21.71	6.23	9.00	43.05	16.36
年末本村兽医与防疫员人数合计	人	1.29	1.43	1.88	0.91	2.05	2.27	2.69	2.23	1.91

14.2.4.3 农民专业合作社（指在工商部门正式登记注册的合作社，不包括民政部门批准的协会）

指标名称	单位	河北	吉林	福建	山东	河南	云南	陕西	新疆	全国
年末本村的农民专业合作社个数	个	0.86	3.47	4.20	1.07	3.35	2.73	2.00	2.97	2.74
年末本村入社总户数	户	20.21	84.26	39.05	18.79	94.65	196.04	103.32	42.97	81.54
年末本村示范合作社个数	个	0.75	3.00	1.43	0.00	1.75	0.59	2.00	1.14	1.18
其中：国家级示范合作社个数	个	0.33	0.00	0.00	0.00	0.00	0.00		0.33	0.10
省级示范合作社个数	个	0.67	0.67	0.75	0.00	0.67	0.15	1.00	0.44	0.35
截至年末，本村实现“农超对接”的合作社个数	个	0.25	0.67	3.00	0.00	0.33	0.00	1.00	0.00	0.26
截至年末，本村农产品对外出口的合作社个数（不包括经企业间接出口的情况）	个	0.00	0.00		0.10		0.15	1.25	2.75	0.53
本村获得优惠贷款的合作社个数	个	0.25	3.25	3.00	0.30	1.00	0.40	1.00	0.75	0.88
本村合作社获得各级政府财政补贴总额	元	61250.00	66666.67	36113.75	0.00	200001.00	27502.39	718500.00	305147.10	109521.70
其中：国家级补贴额	元	30000.00	0.00	50125.00	0.00	7501.50	2500.00		24437.25	9181.88
省级补贴额	元	45000.00	50000.00	15075.00	0.00	600000.00	23076.92		0.00	34095.45
地市级补贴额	元	25000.00	25000.00	55.00	0.00		0.00	985000.00	342668.30	94426.21
县级补贴额	元	70500.00	0.00	4668.33	0.00		4230.77	322500.00	21670.00	26622.30
年末本村合作社拥有注册商标数	个	0.67	3.50	5.44	0.70	4.80	0.67	1.75	6.00	2.68
其中：省级及以上知名商标数	个	1.00	0.00	1.00	0.20		0.00	1.00	0.50	0.23

14.2.5 行政村集体经济

14.2.5.1 本村集体资产与债权

指标名称	单位	河北	吉林	福建	山东	河南	云南	陕西	新疆	全国
年末本村集体资产总额	万元	86.82	103.43	384.86	132.50	268.06	290.62	165.83	91.06	185.53
年末本村集体存有生产性固定资产总额	万元	42.85	82.27	84.25	56.94	41.48	123.12	118.00	55.92	73.82
其中：村委会管理的资产数额	万元	38.78	28.69	70.07	48.00	28.30	70.45	105.38	19.36	48.11
本村集体固定投资完成额	万元	16.88	25.00	78.90	21.90	13.56	61.65	152.57	28.05	45.75

（续表）

指标名称	单位	河北	吉林	福建	山东	河南	云南	陕西	新疆	全国
其中：农田水利建设投资完成额	万元	5.85	8.75	40.18	3.61	3.33	24.29	90.00	14.58	21.10
年末本村集体债权总额	万元	3674.67	1659.45	79.97	3.40	5051.63	591.71	45.28	20.27	1107.82

14.2.5.2 本村收入

指标名称	单位	河北	吉林	福建	山东	河南	云南	陕西	新疆	全国
本村经营收入	元		66735.99	166118.00	208335.30	1050000.00	20753.93	82750.00	189971.60	161976.20
本村发包收入（指水面、山林、四荒、集体土地发包收入等）	元	58153.33	19196.43	40008.10	22642.86	29083.33	9302.59	27000.00	66535.00	37602.67
转移性收入（也即补助收入，不包括上级政府拨给农民种粮补贴、良种补贴、农机补贴等收入）	元	143168.50	78692.31	350465.90	5387.50	63091.88	198878.10	75092.22	238057.10	148425.70
其中：上级政府拨款转移性收入	元	37481.63	71783.33	187644.90	4585.71	38191.33	160234.70	95255.00	166890.80	93249.40
计划生育罚款收入（指留在本村支配使用的罚款收入，非本村支配的不计）	元	0.00	0.00	866.67	0.00	2800.00	0.00		0.00	404.88
其他罚款收入	元	0.00	0.00	0.00	0.00	0.00	0.00		0.00	0.00
出卖土地收入	元	0.00	0.00	45000.00	0.00	0.00	0.00		0.00	2647.06
出卖企业收入	元	0.00	0.00	0.00	0.00	0.00	0.00		0.00	0.00
出卖其他资产收入（包括树林、房屋等）	元	50000.00		20000.00					7000.00	25666.67
其他收入（请注明）	元	2266.67	5000.00	37774.83	6666.67	23200.00	21232.71	64300.00	41150.00	22254.74

14.2.5.3 本村支出

指标名称	单位	河北	吉林	福建	山东	河南	云南	陕西	新疆	全国
专职干部与管理人员工资与补贴	元	32039.55	47483.68	91285.95	23562.50	20143.33	58325.00	20646.94	39045.23	42842.42
其他人员工资与补贴（非专职人员等）	元	9149.04	13103.50	28693.94	1187.50	5264.62	12615.53	17458.50	8828.65	11831.23
公共服务支出（运转和管理费用，不包括建设投资和大型维修）	元	31519.47	32850.17	148063.10	50016.00	16006.88	120117.80	39091.73	75746.40	68681.43
其中：道路维修支出	元	20258.33	33877.00	40395.22	18250.00	15177.78	42256.00	18210.80	9315.01	25897.44
灌溉设施维修支出	元	7566.47	15383.33	13132.14	7333.33	996.67	16153.77	8377.33	12561.53	10515.15
环境卫生支出	元	13562.86	13179.07	24825.13	7533.33	3025.00	8108.00	14171.57	4595.24	11915.91
基础设施修缮支出（含电力、通信、办公楼等修缮费）	元	13403.85	9290.75	21152.57	22562.50	2649.09	10461.27	23197.38	16710.15	15661.88
教育文化医疗卫生支出	元	8341.82	1975.00	13303.00	5302.50	3555.56	3916.67	10550.00	6423.58	7047.75
治安支出	元	4320.00	5000.00	7220.00	162.50	1861.82	2816.67	4383.33	6831.82	4210.32
社会福利和保障支出	元	9100.00	1000.00	35485.64	16737.50	2387.50	8561.36	10860.00	8545.00	13178.79
其他支出（请注明）	元	0.00	0.00	17573.45	0.63	1100.00	18363.27	51400.00	12400.00	12378.18
其他支出	元	22400.00	15105.50	45976.34	6875.00	4064.29	27610.65	3000.00	42256.67	21256.49

14.2.5.4 本村债务

指标名称	单位	河北	吉林	福建	山东	河南	云南	陕西	新疆	全国
截至年末，本村累计债务总额（没有债务填“0”）	元	168451.80	334347.70	326877.10	61538.46	198769.70	162858.00	191462.70	98093.27	197607.30
其中：欠上级政府	元	75000.00	58000.00	82110.00	9166.67	47500.00	21637.99	182700.00	45020.00	43251.83
欠信用社贷款本金	元	104000.00	55516.44	137999.00	8333.33	93818.00	19181.82	96013.33	77500.00	49540.29
欠信用社贷款利息	元		28172.50		8333.33	29781.50	4545.46	769.75	0.00	9811.89
欠村镇银行贷款本金	元									
欠村镇银行贷款利息	元		0.00		0.00		0.00		0.00	0.00
欠中国农业发展银行贷款本金	元		17500.00		0.00		0.00	1000.00	0.00	1844.83
欠中国农业发展银行贷款利息	元		0.00		0.00		0.00		0.00	0.00

（续表）

指标名称	单位	河北	吉林	福建	山东	河南	云南	陕西	新疆	全国
欠其他商业银行贷款本金	元		0.00		0.00		0.00		0.00	0.00
欠其他商业银行贷款利息	元		0.00		0.00		0.00		0.00	0.00
欠单位或个人拆借款本金	元	59250.00	256537.50	51625.00	9090.91	138827.00	21363.64	115159.90	78006.08	86425.75
欠单位或个人拆借款利息	元	48000.00	22040.00	10000.00	0.00	29208.00	1863.64	5196.33	1169.65	7262.47
欠工程款	元	184477.50	170231.30	238191.70	1666.67	48328.50	118966.30	180255.50	101826.00	128978.60
其他（请注明）	元	24030.00	0.00	188032.30	0.00	12393.33	23650.05	6000.00	22421.67	30850.90
本村新增负债总额（没有新增债务填“0”）	元	64200.00	11271.62	0.00	0.00	1857.14	0.00	31628.75	43934.82	16008.94

14.3 行政村村庄治理

14.3.1 村两委会概况

指标名称	单位	河北	吉林	福建	山东	河南	云南	陕西	新疆	全国
本村党支部委员会委员的总人数	人	3.37	4.00	4.15	3.56	3.62	5.23	4.09	3.98	4.01
本村党支部委员会委员平均年龄	岁	49.76	47.58	44.98	46.59	49.41	42.39	48.42	41.26	45.66
本村党支部委员会委员平均受教育年限	年	10.28	9.17	10.00	9.80	10.16	9.62	10.05	10.18	9.95
现任村支书受教育年限	年	10.78	9.18	10.85	10.50	10.14	10.00	9.43	11.04	10.35
本村村民委员会委员的总人数	人	3.11	4.71	3.48	3.06	4.04	5.21	3.87	3.93	3.94
本村村民委员会委员的平均年龄	岁	48.15	45.22	44.54	37.36	44.27	42.13	45.43	40.22	43.41
本村村民委员会委员平均受教育年限	年	9.40	9.42	9.51	8.50	8.41	9.40	9.83	10.21	9.43
现任村主任受教育年限	年	9.56	9.36	10.08	10.23	8.64	9.63	10.56	9.77	9.70

14.3.2 基层党组织建设发展

指标名称	单位	河北	吉林	福建	山东	河南	云南	陕西	新疆	全国
本村党员的总人数	人	35.54	28.92	71.00	38.63	47.42	111.52	36.96	28.06	48.64
其中：50 岁以上的党员	人	21.04	16.71	39.33	21.75	30.81	43.85	22.48	11.68	24.87
30 岁以下的党员	人	6.79	4.33	17.48	9.00	8.88	24.67	8.28	7.06	10.68
其中：高中及其以上文化程度	人	11.57	7.54	22.59	12.31	16.62	23.88	12.21	10.10	14.60

（续表）

指标名称	单位	河北	吉林	福建	山东	河南	云南	陕西	新疆	全国
初中及以下文化程度	人	22.25	18.83	40.81	22.06	30.35	64.12	23.00	18.14	29.78
本村共有多少人提交了入党申请书	人	4.52	4.00	6.28	2.00	3.13	8.58	5.12	4.91	4.98
本村共发展了几位党员	人	2.12	1.05	2.14	0.50	1.09	6.12	1.72	1.39	2.12

14.3.3 一事一议

指标名称	单位	河北	吉林	福建	山东	河南	云南	陕西	新疆	全国
本村一共举行了几次公共投资和基本建设一事一议？	次	1.00	1.04	1.22	2.93	0.72	3.54	1.04	1.59	1.58
其中：成功了几次？	次	1.00	1.04	1.26	2.93	0.72	3.54	1.08	1.32	1.53
共举行了几次这种非基本建设一事一议？	次	2.43	1.63	1.42	1.91	1.33	2.09	2.20	1.94	1.89
本村实行的一事一议需要筹资的有几次？	次	1.27	1.11	1.30	0.62	1.00	1.50	1.33	1.45	1.26

14.3.4 村庄管理及其他

指标名称	单位	河北	吉林	福建	山东	河南	云南	陕西	新疆	全国
村务监督委员会有几位成员？	人	4.41	2.95	3.56	3.86	3.12	3.30	3.44	3.71	3.54
县乡共组织村干部召开多少次会议（不包括选举方面的会议）？	次	12.81	15.10	12.45	14.13	12.15	14.08	14.43	21.46	15.03
县乡总共给村里发了多少个红头文件？	个	8.38	6.88	20.00	9.56	8.96	30.62	33.89	25.25	18.54
土地纠纷中：宅基地纠纷几起？	起	0.60	1.58	2.73	0.27	1.62	5.19	2.00	2.25	2.22
农村土地经营权纠纷几起？	起	0.82	1.71	1.59	0.18	1.73	3.36	2.44	2.80	1.94

14.4 行政村社会发展

14.4.1 农村公共设施

指标名称	单位	河北	吉林	福建	山东	河南	云南	陕西	新疆	全国
本村商店个数	个	3.08	6.04	8.52	2.94	4.52	9.00	3.13	3.77	4.95
本村集贸市场个数	个	0.11	0.14	0.27	0.27	0.16	0.30	0.19	0.08	0.17
本村道路硬化比重	%	79.59	77.00	79.76	74.06	52.33	66.79	70.18	65.81	70.38
本村水库、池塘个数	个	1.50	4.36	2.72	1.06	3.44	2.32	1.00	0.64	2.33

（续表）

指标名称	单位	河北	吉林	福建	山东	河南	云南	陕西	新疆	全国
其中：病险水库、池塘个数	个	0.20	0.50	1.20	0.00	0.83	1.05		0.50	0.62
本村水库容量	万立方米	8.53	74.07	101.72	0.83	13.44	17.45	0.00	0.00	24.87
本村池塘总容量	万立方米	2.33	6.42	4.87	85.94	102.18	113.92		20.56	64.33
本村小水窖数量	口	0.00		0.00	0.00	0.33	215.19	183.31	27.20	111.73
本村小水窖合计储水量	立方米	750.00	0.00	0.00	0.00	33.00	3225.33	1718.17	0.00	1474.45
本村自来水普及率	%	99.46	88.43	88.88	66.88	70.30	56.39	87.85	91.40	83.21
本村自来水单价	元/立方米	1.31	1.57	1.13	1.01	2.12	0.96	3.82	1.56	1.65
本村断电天数	天	3.59	3.69	6.57	0.31	3.86	10.48	6.22	4.70	5.20
本村农用电价格	元/度	0.57	0.53	0.53	0.63	0.59	0.55	0.50	0.48	0.54
本村天然气/液化气普及率	%	43.00	70.83	62.15	27.19	51.86	9.09	43.07	29.10	41.22
本村电话普及率（包括固定电话与手机）	部/百人	76.37	92.14	95.33	92.19	65.79	59.44	78.30	93.85	82.18
本村接入互联网的户数比例	%	30.58	26.94	37.83	38.00	15.43	14.30	27.02	22.75	26.19
本村安装有线电视的户数比例	%	47.96	87.29	89.29	82.50	42.86	53.60	49.57	74.28	66.62
完成农村困难家庭危房改造户数	户	2.89	16.41	6.94	2.88	6.86	17.76	9.69	30.00	11.77
年末农村困难家庭危房户数	户	4.89	21.33	17.63	5.44	12.25	37.33	22.94	23.38	17.51
本村人畜混居的农户数	户	0.75	34.00	9.22	0.25	19.08	38.37	31.20	24.10	19.26
本村卫生厕所普及率	%	58.63	54.68	68.96	10.19	29.27	22.97	53.15	63.35	46.39
本村有多少户属于生态移民搬迁	户	0.00	0.75	4.57	0.00	0.22	1.45	7.75	2.33	1.53
本村有几处垃圾集中堆放点	处	4.00	3.63	4.60	5.07	4.33	5.35	4.45	3.18	4.27
本村农村生活公共设施投资额	元	43669.25	53338.33	223830.70	30400.00	28154.55	27858.21	150121.60	53367.50	69281.98
其中：村集体投资	元	29576.92	19126.00	85000.00	31714.29	10312.50	19857.14	83254.25	20722.22	31700.64
本村农业生产基础设施投资额	元	43350.00	20005.00	177576.00	28133.33	2814.57	15000.57	6532.50	85506.67	45920.63
其中：村集体投资	元	13538.46	16253.75	50711.25	30000.00	1000.00	24230.77	8338.33	18028.57	21853.69

14.4.2 农村科教文卫体公共服务

指标名称	单位	河北	吉林	福建	山东	河南	云南	陕西	新疆	全国
本村接受涉农职业教育的人数	人	65.68	73.88	39.35	15.27	51.81	106.95	101.00	109.46	72.76
具有或可以依托的科技特派员	人	0.25	1.00	1.00	0.23	1.09	0.46		0.67	0.62
具有或可以依托的科技示范户	户	7.14	6.62	11.70	2.07	4.55	5.15	8.50	9.08	6.41
具有或可以依托的农业专家大院	个	0.00		1.00	0.07	0.50	0.00	1.00	1.00	0.18
本村开展农机推广服务和培训次数	次	1.92	2.15	1.88	0.57	1.50	1.86	2.36	3.70	2.08
本村卫生室有几个床位?	个	3.42	2.64	4.45	3.57	4.16	3.81	3.63	2.28	3.50
本村卫生技术人员	人	1.40	1.40	3.09	1.40	2.45	2.36	1.75	1.52	1.95
其中：获得从业资格的医生人员	人	1.32	1.27	3.00	1.50	2.14	2.05	1.61	1.13	1.78
本村卫生室医疗人员培训人次	人次	5.36	4.50	3.94	0.27	5.85	2.65	6.20	4.06	3.99
本村参加新农合的人数	人	709.52	1051.22	2103.76	797.33	1763.41	2535.61	1118.00	692.69	1272.59
本村享受低保的人数	人	23.64	61.74	68.62	22.93	84.08	199.06	60.00	52.68	66.96
本村五保户人数	人	2.81	3.70	6.58	1.93	6.38	5.29	2.94	4.78	4.49
本村获得自然灾害救济人数	人	19.73	36.09	13.50	15.87	15.08	59.53	34.25	40.89	29.76
新型农村社会养老保险参保率	%	91.98	76.39	91.80	79.00	79.10	84.88	92.08	81.21	84.53
领取养老金的农村老年居民	人	102.46	146.14	268.00	140.80	248.65	316.83	160.14	110.17	180.83

14.5 行政村生态建设

14.5.1 水土气候资源状况

指标名称	单位	河北	吉林	福建	山东	河南	云南	陕西	新疆	全国
截至年末，本村测土配方施肥耕地面积	亩	603.19	1126.14	811.67	653.42	1410.30	928.88	516.24	797.58	848.03
截至年末，本村退耕还林面积	亩	19.49	413.02	37.78	0.00	26.59	158.10	284.71	133.85	131.90
截至年末，本村退耕还草面积	亩	0.00	0.00	0.00	0.00	0.00	0.00	0.00	0.00	0.00
截至年末，本村退牧还草面积	亩	0.00		0.00	0.00	0.00	0.00	0.00	20.00	1.62
截至年末，本村禁牧还草面积	亩	0.00	2250.00	0.00	0.00	0.00	0.00	195.00	150.00	140.27
本村绿色农产品种植面积占农作物总播种面积比例	%	33.33	37.50	44.08	51.88	10.75	24.00	44.00	41.47	37.91
本村有机农产品种植面积占农作物总播种面积比例	%	0.50	20.50	50.63	6.67	3.33	11.13	48.00	12.50	18.78
本村无公害农产品种植面积占农作物总播种面积比例	%	15.33	65.00	68.55	20.63	51.67	25.44	43.33	72.11	42.77

（续表）

指标名称	单位	河北	吉林	福建	山东	河南	云南	陕西	新疆	全国
截至年末，本村有机畜禽产品占畜禽产品总量的比例	%	52.50	75.00	78.83	13.33	36.80	34.67		64.69	45.45
截至年末，本村有机水产品占水产品总量的比例	%	0.00	10.00	89.00	3.57	54.00	0.18	20.00	16.67	19.34
本村每亩生产用水总量	立方米 / 亩	121.45	37.50	85.78	219.23	144.83	216.11	122.00	355.91	181.77
本村每亩灌溉用水支出	元 / 亩	49.29	36.19	16.00	26.94	26.56	51.45	113.33	58.88	47.80
其中：污水灌溉支出	元 / 亩	0.00		0.00	0.00	0.00	2.31		0.00	0.77
本村灌溉用水中地表水的比例	%	43.18	58.40	74.67	15.63	48.85	84.32	61.25	75.88	59.09

14.5.2　村污染和废弃物处理

指标名称	单位	河北	吉林	福建	山东	河南	云南	陕西	新疆	全国
本村生态环境建设方面的支出	元	21581.25	21500.00	25553.18	6000.00	1142.86	9791.33	6470.75	12000.00	14224.16
本村环境管理工作人员人数	人	3.96	2.73	3.00	3.36	1.90	2.47	3.50	2.35	3.01
其中：专职人数	人	2.13	1.88	1.82	1.79	1.75	1.00	2.29	0.87	1.69
兼职人数	人	2.88	1.63	1.82	1.29	1.25	1.06	4.00	1.65	1.92
本村改水受益人数	人	745.79	1042.56	652.88	147.13	1271.38	566.47	683.75	532.80	650.42
本村改厕受益人数	人	336.13	606.70	721.60	7.33	293.20	258.00	537.60	265.18	352.35
本村排污系统个数	个	1.00	1.00	1.13	0.13	0.00	0.00	1.25	0.50	0.47
本村固态粪污弃物所占比例	%	48.20	62.50	40.23	57.14	53.33	39.00	59.20	68.89	50.69
本村液态粪污弃物所占比例	%	37.92	30.00	55.64	7.14	31.07	47.53	56.80	18.33	35.34
本村畜禽固体粪废弃物直接排入环境比例	%	23.45	10.00	33.07	11.67	23.07	13.78	60.00	10.00	21.16
本村畜禽固体粪废弃物出售比例	%	28.73	90.00	12.50	0.00	11.67	7.47	69.00	5.00	13.39
本村畜禽固体粪废弃物生产沼气比例	%	24.00		27.07	6.15	19.27	12.27	16.67	4.00	16.39
本村畜禽固体粪废弃物用作农田肥料还田比例	%	66.58	85.56	33.71	41.43	55.55	65.33	73.25	90.95	63.24
本村畜禽固体粪废弃物其他处理方式比例	%	0.00		0.00	0.00	0.00	0.00		10.00	0.69
本村畜禽污水排入氧化塘处理比例	%	25.00		20.00	0.00	13.33	2.50		0.00	6.11
本村畜禽污水用于灌溉比例	%	41.25		30.46	15.38	20.00	16.88	70.00	40.00	25.68
本村畜禽污水生产沼气比例	%	25.00		32.00	0.00	20.71	10.63	15.00	5.00	15.97
本村畜禽污水直接排入环境比例	%	76.36	76.67	39.33	21.43	80.36	54.38	75.00	80.00	56.20
本村畜禽污水其他处理方式比例	%	0.00		1.67	0.00	0.00	0.00	20.00	0.00	0.88

14.5.3 生产能源使用

指标名称	单位	河北	吉林	福建	山东	河南	云南	陕西	新疆	全国
柴油使用量	升	4283.08	23938.89	1050.00	3375.63	16744.44	4805.04	7402.30	9912.12	8700.63
汽油使用量	升	1657.50	4538.52	2762.50	2800.00	1608.31	5163.27	2508.77	4423.47	3249.91
电使用量	度	50736.60	161462.60	66495.45	68800.00	83812.50	98267.92	64393.45	112473.60	90087.08
煤使用量	吨	203.00	97.89	89.75	70.63	29.83	658.17	437.89	517.70	337.67
秸秆使用量	吨	118.17	1526.62	0.00	77.89	540.00	228.94	430.98	94.00	420.16
薪柴使用量	吨	49.86	868.57	315.53	78.13	90.83	373.63	353.90	10.64	273.12
沼气使用量	立方米	1112.00	325.00	1768.00	8.50	1281.50	1673.24	1800.50	650.00	1136.09
本村沼气池合计产气量	立方米	1425.56		2622.19	393.57	11061.73	2881.29	4750.00	1020.00	3461.89
本村已有的大型沼气池个数	个	0.00		2.50	0.00	1.00	0.00		0.00	0.41
本村已有的联户沼气池个数	个	0.00		2.50	0.00	0.00	0.00		0.00	0.32
本村已有的户用沼气池个数	个	48.08		36.32	5.36	95.92	133.76	60.44	30.00	63.32
本村在用的大型沼气池个数	个	0.00		2.67	0.00	1.00	0.00		0.00	0.35
本村在用的联户沼气池个数	个	0.00		2.75	0.00	0.00	0.00		0.00	0.37
本村在用的户用沼气池个数	个	13.17		35.68	2.45	108.56	161.71	51.25	23.00	64.84
本村秸秆过腹还田利用的比例	%	36.85	55.33	51.77	46.43	53.40	58.47	66.43	66.00	53.97
本村秸秆食用菌培养基利用的比例	%	0.00		4.75	0.00	6.75	1.20		1.50	1.69
本村秸秆生活燃料利用的比例	%	29.00	59.38	9.60	32.14	24.94	14.71	71.88	34.09	32.97
本村秸秆田间焚烧利用的比例	%	33.00	24.00	24.43	0.00	5.00	13.75	10.00	18.86	15.55
本村秸秆出售的比例	%	34.92	10.00	16.40	0.00	17.82	5.50	10.00	16.67	14.50
本村秸秆沼气原料利用的比例	%	7.67		10.00	2.86	8.20	3.08		0.00	4.73
本村秸秆其他利用的比例	%	41.33	5.00	0.00	5.00	51.17	6.00			21.32

15

2013 年分省样本的村庄统计

15.1　行政村基本情况

15.1.1　概况

指标名称	单位	河北	吉林	福建	山东	河南	云南	陕西	新疆	全国
本村有多少自然村	个	1.15	4.33	5.19	1.32	3.76	8.36	3.25	1.73	3.44
本村共有多少户	户	196.85	355.44	565.96	279.24	436.70	659.00	249.06	196.69	343.90
其中：只务农的农户数	户	125.96	280.96	362.40	206.20	364.15	579.37	213.36	138.82	265.08
完全不务农农户数	户	16.69	48.04	75.71	20.96	27.88	59.43	7.78	41.22	39.27
第一种兼业农户数	户	27.43	69.53	58.77	39.28	47.65	42.30	63.22	23.46	43.80
第二种兼业农户数	户	32.48	36.45	56.10	9.25	45.86	23.72	27.63	29.71	31.74
其中：有自营工商业农户数	户	10.84	6.95	23.79	7.79	8.16	16.33	6.54	9.93	11.63
本村人均纯收入	元	6822.82	8424.92	7189.46	8084.00	5308.19	5240.12	8942.07	9111.78	7401.55
其中：非农收入	元	4521.58	2872.25	3249.83	2278.00	3650.65	983.44	4838.90	5078.50	3375.36
本村委会距县政府距离	千米	23.46	28.69	17.09	11.52	17.25	28.83	21.94	23.71	21.63
距乡镇政府距离	千米	3.59	7.14	4.98	3.62	4.89	8.35	3.57	4.44	5.05
距最近的集贸市场距离	千米	2.91	5.88	5.00	1.52	3.35	5.08	4.20	4.14	3.99
距最近的车站 / 码头距离	千米	3.19	7.23	7.08	8.15	5.17	6.30	4.57	4.67	5.77
距最近的幼儿园距离	千米	1.61	4.74	1.68	2.38	1.26	1.42	2.83	3.77	2.49
距最近的小学距离	千米	1.31	3.48	1.61	2.48	0.81	0.54	1.44	2.87	1.86
距最近的初中距离	千米	5.06	7.44	5.87	4.10	3.41	7.76	3.13	5.51	5.39
距最近卫生所（站）距离	千米	1.26	1.79	1.60	0.89	1.04	1.13	2.14	2.68	1.61
距最近农资销售点距离	千米	2.37	5.06	1.17	0.81	1.42	3.05	2.93	3.41	2.54

（续表）

指标名称	单位	河北	吉林	福建	山东	河南	云南	陕西	新疆	全国
距最近的邮政所的距离	千米	5.30	5.70	4.27	2.58	4.61	4.96	4.07	4.55	4.52

15.1.2 土地、水等资源

指标名称	单位	河北	吉林	福建	山东	河南	云南	陕西	新疆	全国
本村村域土地总面积	亩	2009.71	10831.05	13604.07	1144.84	3779.97	10641.82	2224.81	8569.18	6862.69
其中：宅基地	亩	202.41	343.79	263.10	207.24	427.33	283.25	196.44	347.18	293.44
本村耕地总面积	亩	1162.19	5823.49	2058.02	1342.04	2848.33	3443.92	2728.31	3688.30	2906.51
其中：水田总面积	亩	260.53	981.83	1359.92	5.00	320.83	1329.51	0.00	329.92	756.75
水浇地面积	亩	1171.66	3400.50	329.00	1316.24	1790.20	904.53	1802.00	2707.75	1603.65
旱地总面积	亩	119.45	4487.47	597.30	377.00	2526.06	1994.86	2117.07	1281.25	1809.76
其中：家庭经营的本村耕地面积	亩	1113.45	5276.89	1710.78	972.25	3630.00	2958.11	2641.91	2728.09	2439.70
集体经营的本村耕地面积	亩	117.56	492.42	88.43	3.57	61.43	80.00	102.71	522.94	190.57
合作经营的本村耕地面积	亩	0.00	0.00	1.60	0.00	50.00	15.08	48.50	94.00	20.23
企业经营的本村耕地面积	亩	0.00	0.00	35.20	1.50	138.33	0.00	35.00	75.00	26.37
其他形式经营的本村耕地面积	亩	43.86	147.75	264.17	18.50	16.67	117.86	110.00	308.49	110.67
其中：撂荒的本村耕地面积	亩	15.00	0.00	97.90	0.45	8.33	149.67	125.00	150.00	65.53
园地面积（果园、茶园、桑园等）	亩	88.00	192.70	1034.56	271.46	217.00	923.47	898.15	570.08	618.88
林地面积（包括退耕还林）	亩	97.47	3494.36	8894.04	93.17	621.18	9531.59	976.10	654.57	3415.04
草地面积（包括退耕还草）	亩	0.00	3427.64	501.67	1.17	0.00	3366.47	370.00	727.60	1400.07
水面面积（包括鱼塘）	亩	75.63	218.03	215.22	9.87	81.82	28.38	0.00	0.00	94.50
内新增耕地面积（若减少则用负数表示）	亩	7.14	0.00	28.46	0.00	93.86	42.67	8.33	88.86	30.70
土地流转面积	亩	133.08	388.50	414.11	145.65	226.00	373.33	106.14	676.74	321.16
其中：转包	亩	121.31	330.45	259.25	100.00	126.00	192.83	98.86	547.29	232.53
出租	亩	45.57	197.50	219.65	73.07	69.44	187.33	35.00	271.25	154.03
互换	亩	3.29	35.00	78.67	2.15	8.33	3.57	16.00	20.50	14.92
转让	亩	9.00	33.33	35.67	1.58	0.00	0.00		36.17	10.57

（续表）

指标名称	单位	河北	吉林	福建	山东	河南	云南	陕西	新疆	全国
入股	亩	0.00	0.00	0.00	0.00	0.00	0.00		0.00	0.00
抵押	亩	0.00	0.00	0.00	0.00	0.00	0.00		0.00	0.00
其他（请注明）	亩	0.00	0.00	0.00	0.00	0.00	0.00		0.00	0.00
本村未开发可以用于农业生产的土地面积	亩	306.38	200.00	166.00	0.54	0.88	103.46	283.33	0.00	103.09
本村被征用土地面积	亩	50.00	225.00	89.92	31.64	73.52	3.63	132.40	116.50	55.78
其中：耕地	亩	50.00	75.00	67.06	22.32	65.74	8.52	116.35	99.00	42.96
其他农用地	亩	0.00	100.00	44.85	0.00	6.00	3.23		40.00	16.71
工矿建设用地、村民住宅、道路等建设用地	亩	0.00	61.22	11.14	23.33	28.74	3.85	57.50	1.33	17.13
空闲地、荒山、荒地、荒滩、荒沟等未利用地	亩	0.00	50.00	29.31	0.00	17.86	15.38	16.05	36.50	15.57
本村农业生产用水单价（不收费填 0）	元 / 亩	19.66	5.30	0.82	4.33	6.50	18.82	24.70	42.44	15.24
本村饮水困难人口比重	%	0.15	1.11	10.05	0.24	5.27	35.07	8.75	11.00	10.09
本村饮水不安全人口比重	%	0.00	1.29	8.00	0.00	19.55	38.07	0.00	15.54	12.07

15.1.3 人口、劳动力及就业情况

指标名称	单位	河北	吉林	福建	山东	河南	云南	陕西	新疆	全国
本村总人口	人	740.00	1236.70	2247.85	881.68	1912.48	2687.41	1001.69	746.96	1328.93
其中：15 岁及以下	人	158.48	161.93	458.48	165.16	344.08	354.25	213.50	127.21	232.00
16~40 岁	人	275.07	389.33	760.33	259.72	631.00	931.26	360.06	252.60	450.92
41~60 岁	人	206.22	473.48	602.42	246.64	555.15	835.00	289.38	204.93	395.23
61 岁及以上	人	100.19	208.26	302.96	141.70	257.00	383.24	138.81	79.12	190.83
总人口中男性人口所占比重	%	52.02	55.40	53.10	47.38	53.19	52.97	54.04	53.91	52.81
总人口中少数民族人口所占比重	%	0.78	8.16	1.46	2.77	0.23	34.38	2.79	61.03	20.88
其中：不识字或识字很少	人	111.81	119.64	210.65	87.24	146.19	335.75	120.14	53.96	139.68
小学	人	175.59	319.52	529.33	209.44	437.27	750.87	182.00	131.11	317.39
初中	人	312.85	504.30	719.08	371.56	728.65	888.52	498.81	227.37	500.74
高中 / 技校 / 职高	人	93.70	104.96	229.09	138.22	211.56	278.45	133.75	68.81	149.97
大专及以上	人	24.59	37.62	126.44	42.56	61.04	99.71	57.80	41.65	59.20

（续表）

指标名称	单位	河北	吉林	福建	山东	河南	云南	陕西	新疆	全国
留守儿童（父母双方或一方在外打工累计6个月以上）	人	16.87	9.50	49.25	3.00	97.68	81.95	48.38	16.80	45.15
留守老人（全部子女在外累计半年以上的60岁以上老人）	人	12.75	28.44	44.60	10.36	38.09	58.82	20.33	9.60	29.81
留守妇女	人	21.76	37.14	24.55	1.04	102.52	76.13	66.22	15.40	44.66
本村常住人口（一年在本村居住累计6月以上）	人	643.11	1005.00	1690.22	794.04	1534.74	1780.20	848.71	569.59	1061.29
其中：15岁及以下	人	146.11	142.16	411.89	151.80	295.00	404.18	182.20	102.36	220.47
16~40岁	人	219.67	287.62	503.15	237.68	428.96	519.53	243.13	206.32	321.84
41~60岁	人	178.44	413.40	482.04	212.40	401.04	556.71	270.53	182.12	324.93
61岁以上	人	97.52	178.38	319.69	130.50	239.67	371.05	134.00	62.85	186.81
本村劳动力（男16~60岁，女16~55岁）总数	人	452.15	678.33	1367.33	481.72	1074.56	1631.06	609.88	393.07	780.93
其中：常年（累计6个月以上）外出务工人数	人	104.56	218.16	332.71	102.68	283.65	453.00	179.56	66.68	208.63
外出务工劳动力返乡创业的人数	人	4.55	22.67	28.69	0.29	7.59	28.40	9.14	16.90	14.03
其中：第一产业从业人员人数（农业）	人	266.12	509.83	793.64	451.92	641.36	1115.29	481.67	325.51	542.62
第二产业从业人员人数（工业）	人	111.84	142.92	364.08	39.16	288.52	217.05	150.45	52.23	172.98
第三产业从业人员人数（商业与服务业）	人	61.20	67.18	165.86	57.58	89.67	185.27	34.63	36.70	85.28
举家外出户数	户	9.17	30.39	29.04	0.72	16.25	51.63	8.93	31.74	22.99
本地短期雇工工资	元/天	84.25	118.80	97.00	113.04	92.50	72.40	90.71	124.00	100.04

15.2 行政村经济发展

15.2.1 经济发展水平

指标名称	单位	河北	吉林	福建	山东	河南	云南	陕西	新疆	全国
本村农业经营总收入	万元	369.19	770.12	1330.89	602.05	662.34	2542.98	692.41	4713.77	1661.93
其中：种植业收入	万元	207.12	629.44	683.84	564.53	465.96	1316.21	578.34	588.90	631.73
畜牧业收入	万元	33.58	139.64	144.43	11.60	142.96	558.66	68.43	248.18	175.10
渔业收入	万元	0.43	11.25	21.91	0.00	5.20	12.52	0.00	0.00	9.12

（续表）

指标名称	单位	河北	吉林	福建	山东	河南	云南	陕西	新疆	全国
林业收入	万元	5.43	14.50	138.03	9.50	12.23	103.98	9.12	46.78	59.39
本村工业收入	万元	121.92	210.82	538.44	48.35	160.35	264.56	102.17	93.73	201.00
其中：建筑业收入	万元	99.97	191.08	170.78	8.10	175.64	162.77	62.67	84.66	122.72
本村第三产业收入（指商业、餐饮业、服务业、运输业、旅游业等收入）	万元	95.89	122.11	256.42	44.92	95.14	372.97	81.83	177.30	161.50

15.2.2 农业发展

种植业

（1）稻谷

指标名称	单位	河北	吉林	福建	山东	河南	云南	陕西	新疆	全国
播种面积或园地种植面积	亩	1039.67	1140.55	1334.43	400.00	733.75	1253.95		475.00	1149.74
总产量	千克	617166.70	510028.00	655438.90	5000.00	397375.00	635923.40	1050000.00	156850.00	573927.80

（2）小麦

指标名称	单位	河北	吉林	福建	山东	河南	云南	陕西	新疆	全国
播种面积或园地种植面积	亩	728.19			1265.07	1893.10	1095.53	1036.71	730.20	1172.13
总产量	千克	314098.60			404642.00	925103.90	244384.50	293689.30	297625.60	441846.00

（3）玉米

指标名称	单位	河北	吉林	福建	山东	河南	云南	陕西	新疆	全国
播种面积或园地种植面积	亩	622.38	3436.38	295.72	1006.64	2269.55	1675.00	1242.50	1689.95	1662.56
总产量	千克	351055.20	2365407.00	99362.00	414609.10	952590.50	495699.80	538750.00	834061.90	831204.80

15.2.3 种植业现代化程度

指标名称	单位	河北	吉林	福建	山东	河南	云南	陕西	新疆	全国
本村有效灌溉面积	亩	1106.65	1623.14	1402.27	1241.40	1591.11	1070.29	512.50	2432.82	1445.05
其中：机电灌溉面积	亩	1098.23	753.78	46.85	1233.40	1153.04	246.37	118.75	571.06	675.48
喷灌面积	亩	0.00	34.09	0.00	0.00	83.46	15.83	25.00	82.63	33.37
滴灌渗灌面积	亩	0.00	729.65	160.00	0.00	0.00	230.77	2500.00	2276.68	685.30

（续表）

指标名称	单位	河北	吉林	福建	山东	河南	云南	陕西	新疆	全国
本村机耕面积	亩	1275.34	4431.04	1592.00	1163.64	2870.02	1667.79	2029.42	2587.73	2191.58
本村机播面积	亩	1215.34	5089.47	519.17	1009.44	3022.62	7.14	1962.09	3099.89	2139.59
本村机收面积	亩	833.98	3705.64	737.92	1078.17	2947.62	314.79	1562.30	2071.91	1723.97
年末本村累计农用机械总动力	千瓦	1310.57	8792.42	3126.67	4375.25	6294.31	7959.38	1451.13	883.64	4231.48
年末本村发展设施农业的温室和大棚总面积	亩	20.67	4.50	66.67	103.43	34.09	10.12		30.20	47.94
其中：温室面积（有调节温度设备）	亩	0.00	1.00		1.00	0.00	6.43		0.00	2.82
大棚面积（无调节温度设备、跨度≥ 5.9 米）	亩	20.00	3.67	30.00	41.00	37.20	5.27		122.75	29.73
中小棚面积（无调节温度设备、跨度 < 5.9 米）	亩	0.00	2.50		0.00	0.38	1.53		0.00	0.79
其中：种植蔬菜的温室和大棚面积	亩	0.25	3.67	16.00	185.33	34.09	1.20		37.75	35.76
种植水果的温室和大棚面积	亩	0.00			0.00	0.00	0.00		0.00	0.00
种植苗木花卉的温室和大棚面积	亩	0.00			0.00	0.00	1.21		0.00	0.50

15.2.4 畜牧业生产

15.2.4.1 生产情况

（1）生猪

指标名称	单位	河北	吉林	福建	山东	河南	云南	陕西	新疆	全国
年末存栏	头	728.61	258.62	621.25	189.17	862.32	3668.26	422.22	288.27	942.54
年末能繁母畜（或产奶牛、产蛋禽）存栏	头	85.08	95.59	122.40	36.83	245.67	340.73	81.25	95.75	144.42
出栏或产量	头	989.00	267.46	2177.61	338.75	969.47	7530.89	1142.22	167.18	1925.13

（2）肉牛

指标名称	单位	河北	吉林	福建	山东	河南	云南	陕西	新疆	全国
年末存栏	头	38.75	273.14		26.00	29.14	542.32	20.00	277.25	290.42
年末能繁母畜（或产奶牛、产蛋禽）存栏	头	104.00	157.36			9.86	167.47		161.11	140.39
出栏或产量	头	77.33	191.79		15.50	26.14	495.83	12.67	370.45	300.49

（3）肉羊

指标名称	单位	河北	吉林	福建	山东	河南	云南	陕西	新疆	全国
年末存栏	只	171.23	1470.08	77.60	95.00	265.77	992.58	68.00	2642.89	1186.62
年末能繁母畜（或产奶牛、产蛋禽）存栏	只	99.00	1272.57	26.00	18.00	170.50	356.14	30.00	1482.77	677.84
出栏或产量	只	147.31	670.17	152.40	90.00	521.54	857.91	2120.00	1577.87	916.47

（4）肉鸡

指标名称	单位	河北	吉林	福建	山东	河南	云南	陕西	新疆	全国
年末存栏	只	4750.00	6180.00	3089.33	0.00	11213.33	12006.25	1200.00	3729.77	7271.09
年末能繁母畜（或产奶牛、产蛋禽）存栏	只		1600.00	497.56		3310.00	2967.67		3171.25	2258.83
出栏或产量	只	17000.00	11484.50	4828.33	0.00	34140.50	54498.86	3600.00	2777.31	24107.07

15.2.4.2 畜牧业标准化程度

指标名称	单位	河北	吉林	福建	山东	河南	云南	陕西	新疆	全国
年末本村养殖场占地面积	亩	12.33	308.87	22.46	9.96	28.46	76.45	15.46	144.00	89.92
其中：标准化养殖场占地面积	亩	6.81	8.60	20.07	3.65	17.61	7.92	17.40	68.71	19.43
年末本村兽医与防疫员人数合计	人	1.26	1.26	1.76	0.63	1.73	2.58	1.75	2.08	1.68

15.2.4.3 农民专业合作社（指在工商部门正式登记注册的合作社，不包括民政部门批准的协会）

指标名称	单位	河北	吉林	福建	山东	河南	云南	陕西	新疆	全国
年末本村的农民专业合作社个数	个	0.67	3.11	3.50	1.18	1.79	2.38	2.33	2.34	2.22
年末本村入社总户数	户	16.67	78.61	33.55	30.59	44.25	210.08	116.17	49.55	73.85
年末本村示范合作社个数	个	0.75	2.50	1.00	0.14	0.73	0.53	1.40	0.80	0.87
其中：国家级示范合作社个数	个	0.50	0.00	0.00	0.00	0.00	0.00		0.00	0.03
省级示范合作社个数	个	0.67	1.00	0.67	0.00	0.25	0.07	1.00	0.25	0.30
截至年末，本村实现“农超对接”的合作社个数	个	0.33	0.50	1.33	0.33	0.00	0.08	1.00	0.00	0.28
截至年末，本村农产品对外出口的合作社个数（不包括经企业间接出口的情况）	个	0.00	0.00	0.00	0.00	0.00	0.07		0.40	0.09
本村获得优惠贷款的合作社个数	个	0.33	5.00	1.75	0.00	0.14	0.23	1.00	1.57	0.80

（续表）

指标名称	单位	河北	吉林	福建	山东	河南	云南	陕西	新疆	全国
本村合作社获得各级政府财政补贴总额	元	42500.00	100000.00	33500.33	0.00	5558.56	3846.15	377507.00	91666.67	54803.25
其中：国家级补贴额	元	25000.00	85000.00	150.00	0.00	2146.71	250.00	18.00	25000.00	8444.83
省级补贴额	元	15000.00	50000.00	33350.33	0.00	85714.29	0.00		58333.33	35314.09
地市级补贴额	元	10000.00	32500.00	75.00	0.00	7142.86	0.00	450005.00	25000.00	35473.75
县级补贴额	元	23333.33		0.00	0.00	0.00	166.67	305000.00	0.00	24357.14
年末本村合作社拥有注册商标数	个	0.67	4.25	4.70	0.71	1.00	0.58	2.17	0.60	1.87
其中：省级及以上知名商标数	个	0.50	0.00	0.67	0.00	0.00	0.08	1.00	0.50	0.23

15.2.5 行政村集体经济

15.2.5.1 本村集体资产与债权

指标名称	单位	河北	吉林	福建	山东	河南	云南	陕西	新疆	全国
年末本村集体资产总额	万元	77.99	113.69	411.02	145.50	193.44	401.42	215.37	64.72	195.58
年末本村集体存有生产性固定资产总额	万元	38.91	84.74	87.68	33.23	37.26	129.37	143.57	26.76	65.47
其中：村委会管理的资产数额	万元	37.55	61.05	73.12	33.06	36.07	32.84	123.74	9.49	44.20
本村集体固定投资完成额	万元	19.98	24.44	69.07	17.98	5.18	80.79	163.50	25.89	44.61
其中：农田水利建设投资完成额	万元	6.67	4.00	39.92	30.09	1.96	31.20	215.00	11.73	26.19
年末本村集体债权总额	万元	2447.67	1108.00	75.75	2.86	4039.10	35.69	21.05	3715.41	1429.68

15.2.5.2 本村收入

指标名称	单位	河北	吉林	福建	山东	河南	云南	陕西	新疆	全国
本村经营收入	元		82371.62	231634.80	186351.30	15000.00	194148.90	150000.00	105861.20	
本村发包收入（指水面、山林、四荒、集体土地发包收入等）	元	45814.21	56992.93	31302.89	8500.00	19204.00	24218.66	53300.00	92380.74	41043.21
转移性收入（也即补助收入，不包括上级政府拨给农民种粮补贴、良种补贴、农机补贴等收入）	元	67000.60	94185.43	211661.90	20528.57	82878.00	204988.00	77429.44	74226.62	105220.70
其中：上级政府拨款转移性收入	元	71563.92	60062.93	151246.00	27864.29	117902.50	120856.30	107768.00	54000.56	89849.01

（续表）

指标名称	单位	河北	吉林	福建	山东	河南	云南	陕西	新疆	全国
计划生育罚款收入（指留在本村支配使用的罚款收入，非本村支配的不计）	元	0.00	0.00	0.00	0.00	2625.00	0.00		0.00	411.76
其他罚款收入	元	0.00	0.00	0.00	0.00	0.00	0.00		0.00	0.00
出卖土地收入	元	0.00	0.00	5892.50	0.48	0.00	0.00		75306.67	5091.84
出卖企业收入	元	0.00	0.00	0.00	0.00	0.00	0.00		0.00	0.00
出卖其他资产收入（包括树林、房屋等）	元	1500.00	25.40	6000.00				95000.00	35402.00	28553.54
其他收入（请注明）	元	680.00	65266.67	34762.36	0.00	13666.67	37091.54	31800.00	20403.70	20890.15

15.2.5.3　本村支出

指标名称	单位	河北	吉林	福建	山东	河南	云南	陕西	新疆	全国
专职干部与管理人员工资与补贴	元	30544.88	37459.63	81362.86	19525.00	19797.78	40340.00	9481.82	34646.30	35706.10
其他人员工资与补贴（非专职人员等）	元	8809.74	8886.76	24185.41	6618.18	4488.33	8265.33	6676.00	9746.80	10134.23
公共服务支出（运转和管理费用，不包括建设投资和大型维修）	元	39042.22	26011.93	126384.20	55990.91	15506.56	97247.24	94175.27	41619.98	60508.69
其中：道路维修支出	元	16493.75	27206.47	30431.89	29921.05	10087.50	21795.56	73500.00	20273.02	24551.04
灌溉设施维修支出	元	7230.00	7537.50	19365.00	2888.89	2094.29	11251.43	14200.00	19200.00	9839.89
环境卫生支出	元	11072.80	14973.95	16238.30	7072.22	2877.20	7219.00	3988.75	9666.56	9974.92
基础设施修缮支出（含电力、通信、办公楼等修缮费）	元	8943.33	4205.75	24633.71	14777.78	4081.43	9671.13	20893.67	14607.00	12971.10
教育文化医疗卫生支出	元	8153.85	1375.00	10158.94	3500.00	1869.23	1269.23	15096.55	7068.75	5589.82
治安支出	元	3807.14	3027.50	6332.13	1250.00	2400.00	3076.92	9300.00	9018.18	4581.97
社会福利和保障支出	元	5777.78	235.17	29041.85	6052.63	2632.73	1421.07	21100.00	11300.00	9250.67
其他支出（请注明）	元	5798.57	2000.00	21365.09	3684.21	850.00	35098.18	77250.00	13944.44	14818.64
其他支出	元	9910.00	10981.67	56580.75	50.00	4807.27	30441.38	13100.00	20300.00	18253.57

15.2.5.4　本村债务

指标名称	单位	河北	吉林	福建	山东	河南	云南	陕西	新疆	全国
截至年末，本村累计债务总额（没有债务填“0”）	元	67710.77	280521.30	504559.40	87142.86	182852.20	208884.90	300752.50	212197.50	224970.90
其中：欠上级政府	元	0.00	40000.28	100532.00	0.00	10000.00	0.00	189750.00		29554.04

（续表）

指标名称	单位	河北	吉林	福建	山东	河南	云南	陕西	新疆	全国
欠信用社贷款本金	元	30000.00	58987.11	137999.00	4285.71	64994.40	18181.82	8000.00	132666.70	45884.78
欠信用社贷款利息	元	0.00	28278.20		2857.14	13780.00	10090.91	1536.00	17250.00	11016.58
欠村镇银行贷款本金	元									
欠村镇银行贷款利息	元	0.00	0.00		0.00	0.00	0.00			0.00
欠中国农业发展银行贷款本金	元	0.00	25000.00		0.00	0.00	0.00		10000.00	3035.71
欠中国农业发展银行贷款利息	元	0.00	0.00		0.00	0.00	0.00			0.00
欠其他商业银行贷款本金	元	0.00	0.00		0.00	0.00	0.00			0.00
欠其他商业银行贷款利息	元	0.00	0.00		0.00	0.00	0.00			0.00
欠单位或个人拆借款本金	元	22625.00	137385.40	108900.00	125833.30	76039.78	27681.55	170160.00	81256.09	89373.32
欠单位或个人拆借款利息	元	6600.00	25000.00		11428.57	8234.25	11658.36	10000.00	16209.02	12018.36
欠工程款	元	88771.11	193573.90	276409.10	30000.00	63730.20	179878.60	296142.90	126202.00	166901.70
其他（请注明）	元	20716.67	50000.00	176079.80	1428.57	0.00	25522.61	6000.00	217250.00	61538.92
本村新增负债总额（没有新增债务填“0”）	元	16296.25	1008.77	833.33	10000.00	1800.00	3853.08	16802.29	42222.22	11149.32

15.3 行政村村庄治理

15.3.1 村两委会概况

指标名称	单位	河北	吉林	福建	山东	河南	云南	陕西	新疆	全国
本村党支部委员会委员的总人数	人	3.52	4.20	4.19	3.28	3.44	5.20	3.57	3.70	3.88
本村党支部委员会委员平均年龄	岁	48.62	44.76	44.90	47.95	49.81	40.29	48.28	40.59	45.04
本村党支部委员会委员平均受教育年限	年	10.17	9.19	10.16	10.10	9.92	9.24	9.93	9.59	9.75
现任村支书受教育年限	年	10.96	8.79	9.96	10.75	9.82	9.84	10.86	9.85	10.05
本村村民委员会委员的总人数	人	3.12	4.74	3.41	2.96	4.19	5.35	3.44	3.69	3.83
本村村民委员会委员的平均年龄	岁	48.01	45.15	43.46	47.67	46.59	41.97	44.77	39.83	44.19
本村村民委员会委员平均受教育年限	年	9.22	9.08	9.11	9.12	8.96	9.41	9.08	8.75	9.07
现任村主任受教育年限	年	10.00	9.11	10.00	9.29	8.87	8.53	10.17	8.94	9.30

15.3.2 基层党组织建设发展

指标名称	单位	河北	吉林	福建	山东	河南	云南	陕西	新疆	全国
本村党员的总人数	人	34.52	28.56	70.16	38.32	46.15	108.12	21.56	25.82	45.87
其中：50 岁以上的党员	人	20.59	15.81	36.84	23.80	28.67	40.08	14.63	11.05	23.20
30 岁以下的党员	人	5.93	3.44	19.76	6.88	7.70	20.31	1.94	5.07	8.81
其中：高中及其以上文化程度	人	10.67	7.44	21.72	10.16	16.54	21.56	7.56	6.49	12.46
初中及以下文化程度	人	22.35	16.50	41.12	24.20	28.19	68.76	13.67	15.74	28.33
本村共有多少人提交了入党申请书	人	4.92	4.65	6.08	2.04	3.04	10.56	2.92	4.40	4.90
本村共发展了几位党员	人	1.84	1.38	2.20	0.68	1.40	5.12	1.75	1.38	1.96

15.3.3 一事一议

指标名称	单位	河北	吉林	福建	山东	河南	云南	陕西	新疆	全国
本村一共举行了几次公共投资和基本建设一事一议？	次	1.46	1.08	1.44	2.72	0.96	3.46	1.33	2.09	1.84
其中：成功了几次？	次	1.42	1.08	1.33	2.72	0.93	3.46	1.07	1.79	1.74
共举行了几次这种非基本建设一事一议？	次	1.40	0.90	1.92	1.31	1.00	2.50	1.25	2.53	1.79
本村实行的一事一议需要筹资的有几次？	次	1.38	1.00	1.39	0.38	1.00	1.48	1.17	1.42	1.17

15.3.4 村庄管理及其他

指标名称	单位	河北	吉林	福建	山东	河南	云南	陕西	新疆	全国
村务监督委员会有几位成员？	人	4.22	3.00	3.65	3.90	3.15	3.54	3.44	3.47	3.53
县乡共组织村干部召开多少次会议（不包括选举方面的会议）？	次	13.12	15.63	12.73	12.38	11.80	13.52	12.63	17.80	13.96
县乡总共给村里发了多少个红头文件？	个	8.04	6.06	19.35	18.17	8.43	23.80	19.73	32.12	17.30
土地纠纷中：宅基地纠纷几起？	起	1.30	1.00	2.56	0.36	2.64	6.85	1.80	3.50	2.88
农村土地经营权纠纷几起？	起	1.11	1.90	1.27	1.25	0.91	2.82	2.00	3.68	2.08

15.4 行政村社会发展

15.4.1 农村公共设施

指标名称	单位	河北	吉林	福建	山东	河南	云南	陕西	新疆	全国
本村商店个数	个	3.04	6.15	8.10	2.83	4.15	8.79	3.93	4.42	5.10
本村集贸市场个数	个	0.11	0.19	0.31	0.24	0.11	0.17	0.47	0.09	0.19
本村道路硬化比重	%	76.26	72.38	78.77	63.44	49.85	68.63	76.00	69.00	68.95
本村水库、池塘个数	个	1.00	4.15	2.83	2.40	3.87	2.50	1.50	1.00	2.74
其中：病险水库、池塘个数	个	0.00	0.29	1.00	0.12	0.50	1.00	0.00	0.67	0.50
本村水库容量	万立方米	2.67	17.75	101.72	4.72	7.15	18.10	0.00	103.33	22.49
本村池塘总容量	万立方米	1.46	13.20	3.99	1.49	6.15	113.94		0.00	30.34
本村小水窖数量	口	0.17	7.00	0.00	0.00	0.00	227.09	155.33	0.00	94.80
本村小水窖合计储水量	立方米	500.00	0.00	0.00	0.00	0.00	3556.98	3577.78	0.00	1831.61
本村自来水普及率	%	99.48	92.35	88.80	63.86	77.06	61.17	89.36	91.38	83.57
本村自来水单价	元/立方米	1.23	1.40	1.11	1.75	2.03	0.90	2.98	1.46	1.51
本村断电天数	天	4.17	3.58	7.00	1.83	4.39	12.22	4.44	6.61	5.58
本村农用电价格	元/度	0.57	0.53	0.49	0.67	0.56	0.54	0.49	0.54	0.55
本村天然气/液化气普及率	%	41.21	72.33	53.84	53.80	50.25	10.42	31.00	37.63	45.04
本村电话普及率（包括固定电话与手机）	部/百人	70.56	85.85	99.10	89.32	70.81	54.72	87.00	107.24	83.63
本村接入互联网的户数比例	%	23.81	24.57	32.72	30.64	15.13	12.18	14.83	27.17	23.42
本村安装有线电视的户数比例	%	42.83	85.08	81.00	78.92	42.45	52.74	66.92	89.07	68.40
完成农村困难家庭危房改造户数	户	3.05	11.26	10.06	1.44	5.27	14.96	22.00	14.75	9.16
年末农村困难家庭危房户数	户	5.48	19.87	21.56	1.80	11.13	41.43	21.09	11.11	14.74
本村人畜混居的农户数	户	1.09	9.75	16.38	0.08	17.81	47.12	15.00	58.23	21.02
本村卫生厕所普及率	%	36.40	50.21	67.63	50.00	26.54	22.37	74.08	64.81	48.82
本村有多少户属于生态移民搬迁	户	0.00	0.29	2.40	0.17	0.00	2.33	10.00	1.67	0.99

（续表）

指标名称	单位	河北	吉林	福建	山东	河南	云南	陕西	新疆	全国
本村有几处垃圾集中堆放点	处	3.70	3.56	5.77	3.88	4.00	3.55	2.79	3.76	3.93
本村农村生活公共设施投资额	元	64822.22	97363.08	194982.30	69666.67	6620.16	122060.80	221671.70	34602.79	96205.72
其中：村集体投资	元	32807.69	19087.22	67930.08	17600.00	6277.78	11334.00	153333.30	33751.81	32227.47
本村农业生产基础设施投资额	元	58062.50	117500.00	188090.00	32681.82	5182.20	18001.13	171933.30	73000.65	62127.08
其中：村集体投资	元	17291.67	10666.67	72385.00	17900.00	3270.00	29066.80	37900.00	24500.80	25525.59

15.4.2 农村科教文卫体公共服务

指标名称	单位	河北	吉林	福建	山东	河南	云南	陕西	新疆	全国
本村接受涉农职业教育的人数	人	68.89	76.32	39.14	38.91	67.81	123.86	190.20	53.45	70.61
具有或可以依托的科技特派员	人	0.30	0.75	1.00	0.26	0.92	0.38	1.00	1.25	0.64
具有或可以依托的科技示范户	户	6.44	6.35	7.00	3.94	5.50	4.93	9.00	6.32	5.78
具有或可以依托的农业专家大院	个	0.00	0.00	1.00	0.00	0.00	0.00	2.50	1.40	0.25
本村开展农机推广服务和培训次数	次	1.77	2.50	2.17	1.57	1.40	2.39	3.50	3.63	2.39
本村卫生室有几个床位？	个	3.44	1.79	4.65	4.00	3.71	3.81	2.82	2.50	3.39
本村卫生技术人员	人	1.42	1.24	3.10	1.50	2.38	2.06	1.21	1.42	1.79
其中：获得从业资格的医生人员	人	1.36	1.11	2.90	1.72	2.15	2.06	1.25	1.06	1.73
本村卫生室医疗人员培训人次	人次	5.20	3.55	4.31	2.13	3.50	3.50	3.57	3.79	3.67
本村参加新农合的人数	人	671.33	1105.37	2008.50	738.25	1778.70	2390.56	807.73	552.85	1177.21
本村享受低保的人数	人	26.83	68.48	71.41	20.71	80.00	227.25	52.36	50.56	67.88
本村五保户人数	人	2.90	4.70	5.90	1.17	5.64	6.38	3.18	2.96	4.12
本村获得自然灾害救济人数	人	13.17	39.92	41.60	30.91	9.00	54.00	107.33	2.33	32.98
新型农村社会养老保险参保率	%	91.56	79.30	90.90	79.91	77.61	88.55	89.73	76.55	83.29
领取养老金的农村老年居民	人	105.85	147.54	266.88	118.50	248.50	316.15	123.20	99.00	173.30

15.5 行政村生态建设

15.5.1 水土气候资源状况

指标名称	单位	河北	吉林	福建	山东	河南	云南	陕西	新疆	全国
截至年末，本村测土配方施肥耕地面积	亩	600.68	1052.33	698.27	582.24	700.08	952.60	372.00	528.48	687.12
截至年末，本村退耕还林面积	亩	18.03	353.74	50.19	0.00	27.15	212.23	404.15	158.01	136.68
截至年末，本村退耕还草面积	亩	0.00	0.00	0.00	0.00	0.00	0.00	0.00	0.00	0.00
截至年末，本村退牧还草面积	亩	0.00	200.00	0.00	0.00	0.00	0.00		0.00	5.56
截至年末，本村禁牧还草面积	亩	0.00	15200.00	0.00	0.00	0.00	0.00		0.00	894.12
本村绿色农产品种植面积占农作物总播种面积比例	%	31.43	23.33	46.27	48.79	6.60	20.93	25.00	66.55	39.11
本村有机农产品种植面积占农作物总播种面积比例	%	15.00	10.00	45.00	3.53	2.00	9.27	35.00	43.33	15.49
本村无公害农产品种植面积占农作物总播种面积比例	%	29.29	54.00	63.09	49.47	39.38	27.27	50.00	82.86	47.44
截至年末，本村有机畜禽产品占畜禽产品总量的比例	%	56.00	52.50	80.00	6.82	45.00	0.00		60.00	30.13
截至年末，本村有机水产品占水产品总量的比例	%	0.00		89.00	0.00	47.50	0.00		5.00	16.18
本村每亩生产用水总量	立方米/亩	118.43	47.00	82.80	128.00	208.95	242.75	151.50	289.78	172.40
本村每亩灌溉用水支出	元/亩	38.22	39.05	16.00	38.00	34.50	33.80	115.00	57.04	42.43
其中：污水灌溉支出	元/亩	0.00		0.00	0.00	6.00	2.14	0.00	7.50	1.82
本村灌溉用水中地表水的比例	%	74.55	50.25	67.50	63.24	42.50	84.17	51.25	65.63	65.61

15.5.2 村污染和废弃物处理

指标名称	单位	河北	吉林	福建	山东	河南	云南	陕西	新疆	全国
本村生态环境建设方面的支出	元	30275.00	24012.00	19515.60	3613.04	700.00	9647.93	12000.00	5925.00	12556.93
本村环境管理工作人员人数	人	3.81	3.19	3.00	2.54	1.53	1.87	2.91	2.76	2.79
其中：专职人数	人	2.00	1.56	2.15	2.13	1.00	0.46	2.29	0.93	1.59
兼职人数	人	2.61	2.25	2.33	0.71	1.30	1.47	2.71	2.56	1.94
本村改水受益人数	人	563.24	1026.25	812.09	177.89	877.22	861.79	890.43	426.20	657.96
本村改厕受益人数	人	236.38	606.30	449.60	107.33	145.64	432.14	572.00	177.43	310.86
本村排污系统个数	个	0.55	0.75	1.14	0.14	0.00	0.18	1.33	0.80	0.42
本村固态粪污弃物所占比例	%	53.36	53.33	41.00	45.14	51.69	41.67	51.40	66.05	50.60

（续表）

指标名称	单位	河北	吉林	福建	山东	河南	云南	陕西	新疆	全国
本村液态粪污弃物所占比例	%	39.46	50.00	60.18	19.36	28.13	34.06	45.75	20.83	33.61
本村畜禽固体粪废弃物直接排入环境比例	%	32.50	10.00	35.07	8.57	20.65	15.00	23.00	12.89	20.51
本村畜禽固体粪废弃物出售比例	%	30.58	50.00	15.00	6.92	9.55	7.13	68.00	44.00	17.57
本村畜禽固体粪废弃物生产沼气比例	%	19.50		21.73	0.00	18.62	12.29	23.33	9.40	13.88
本村畜禽固体粪废弃物用作农田肥料还田比例	%	62.00	84.55	29.88	55.56	57.35	69.35	73.67	76.87	62.66
本村畜禽固体粪废弃物其他处理方式比例	%	0.00		10.00	0.00	2.00	0.00	27.00	20.00	2.03
本村畜禽污水排入氧化塘处理比例	%	10.00		13.75	4.17	5.71	4.33	42.50	1.67	7.29
本村畜禽污水用于灌溉比例	%	25.56	85.00	29.09	19.23	20.00	13.00	87.50	21.00	24.34
本村畜禽污水生产沼气比例	%	22.50		31.92	0.00	21.11	9.05	20.00	10.00	15.10
本村畜禽污水直接排入环境比例	%	72.08	76.67	43.85	44.38	80.00	49.32		54.30	57.42
本村畜禽污水其他处理方式比例	%	0.00		10.00	0.00	0.00	0.00		0.00	0.28

15.5.3　生产能源使用

指标名称	单位	河北	吉林	福建	山东	河南	云南	陕西	新疆	全国
柴油使用量	升	4084.69	21859.50	1469.20	12664.80	11502.23	4434.76	8299.39	5507.25	8228.68
汽油使用量	升	1464.62	4439.44	2481.43	3390.40	883.04	4541.31	1994.46	3483.71	2931.10
电使用量	度	48573.08	123673.10	58548.80	50870.00	99575.60	76012.04	12523.30	80710.62	73387.25
煤使用量	吨	180.00	73.27	47.00	15.00	31.00	751.78	328.75	377.17	254.45
秸秆使用量	吨	152.33	913.60	0.00	3.18	475.56	213.38	93.35	811.54	378.14
薪柴使用量	吨	43.10	484.00	311.00	38.68	84.29	366.40	450.00	35.06	202.31
沼气使用量	立方米	1188.18	186.67	278.22	13.64	786.50	1244.22	1233.33	336.00	635.44
本村沼气池合计产气量	立方米	1447.86		1427.00	234.94	11365.36	1812.75	7261.25	500.00	2851.88
本村已有的大型沼气池个数	个	0.00		2.33	0.00	0.33	0.00		0.33	0.27
本村已有的联户沼气池个数	个	0.00		2.00	0.00	0.00	0.00		0.00	0.17

（续表）

指标名称	单位	河北	吉林	福建	山东	河南	云南	陕西	新疆	全国
本村已有的户用沼气池个数	个	50.13		35.20	2.89	91.38	97.82	59.25	30.00	56.47
本村在用的大型沼气池个数	个	0.00		2.33	0.00	0.33	0.00	1.00	0.50	0.30
本村在用的联户沼气池个数	个	0.00		2.00	0.00	0.00	0.00		0.00	0.17
本村在用的户用沼气池个数	个	14.06		34.11	2.89	82.58	182.15	81.00	33.50	70.44
本村秸秆过腹还田利用的比例	%	34.13	52.50	53.17	74.21	59.90	50.21	70.00	53.94	55.56
本村秸秆食用菌培养基利用的比例	%	0.00		4.50	0.00	2.25	1.50		0.00	0.98
本村秸秆生活燃料利用的比例	%	17.86	64.38	10.75	35.71	19.71	14.80	72.29	26.19	30.77
本村秸秆田间焚烧利用的比例	%	25.00	26.67	25.50	1.18	12.50	16.16	8.33	22.97	17.15
本村秸秆出售的比例	%	34.00	10.00	23.00	1.76	15.42	4.69	10.00	11.22	13.46
本村秸秆沼气原料利用的比例	%	9.29		11.67	0.00	4.00	3.33		0.40	3.46
本村秸秆其他利用的比例	%	34.36	60.00		0.00	25.00	9.80	34.00	30.83	17.85

16

2012 年分省样本的村庄统计

16.1 行政村基本情况

16.1.1 概况

指标名称	单位	河北	吉林	福建	山东	河南	云南	陕西	新疆	全国
本村有多少自然村	个	1.19	4.15	5.32	1.00	3.76	8.05	2.69	1.66	3.31
本村共有多少户	户	190.63	331.52	496.92	259.12	482.26	618.76	277.77	213.50	338.17
其中：只务农的农户数	户	145.07	287.41	302.46	165.08	402.23	549.67	251.62	156.49	263.79
完全不务农农户数	户	16.70	34.58	48.62	23.79	22.89	50.96	17.42	33.91	31.17
第一种兼业农户数	户		50.00					7.00	10.00	22.33
第二种兼业农户数	户		30.00					5.00		17.50
其中：有自营工商业农户数	户	10.63	7.84	19.38	12.22	10.96	14.91	8.04	13.38	12.13
本村人均纯收入	元	6505.59	7618.56	7085.30	7858.29	5711.11	5272.96	7006.44	9087.59	7091.54
其中：非农收入	元	4024.85	2381.19	2333.26	3686.87	3274.77	1092.96	2804.48	2737.06	2775.36
本村委会距县政府距离	千米	23.82	29.08	19.44	11.56	18.56	29.59	17.90	25.88	22.08
距乡镇政府距离	千米	3.65	7.14	5.54	4.00	4.56	7.82	3.47	3.99	4.89
距最近的集贸市场距离	千米	3.09	6.12	5.21	1.38	3.39	4.99	4.30	3.97	4.03
距最近的车站 / 码头距离	千米	3.60	5.81	6.08	6.85	6.44	5.73	5.16	4.31	5.44
距最近的幼儿园距离	千米	1.53	3.91	1.72	1.77	1.05	2.58	3.16	3.00	2.34
距最近的小学距离	千米	1.56	2.90	1.84	1.62	0.84	0.60	1.92	2.59	1.75
距最近的初中距离	千米	5.85	6.65	6.73	3.81	3.49	6.94	3.49	5.19	5.28
距最近卫生所（站）距离	千米	1.28	1.94	2.06	0.63	0.94	1.40	2.01	2.32	1.60
距最近农资销售点距离	千米	2.08	4.88	2.16	0.82	1.40	3.08	3.37	3.08	2.60
距最近的邮政所的距离	千米	5.29	4.98	4.28	2.96	4.50	4.77	4.33	4.12	4.39

16.1.2 土地、水等资源

指标名称	单位	河北	吉林	福建	山东	河南	云南	陕西	新疆	全国
本村村域土地总面积	亩		6643.08	7954.87	1661.82	8670.00	14277.50	4022.20	7459.55	5983.56
其中：宅基地	亩	210.75	250.82	146.02	192.72	387.94	273.62	262.85	531.18	289.85
本村耕地总面积	亩	1169.07	5142.65	1608.28	1281.65	3009.30	3451.71	2685.17	3257.82	2693.85
其中：水田总面积	亩	196.49	522.19	897.65	62.80	178.89	1317.50	286.80	1005.09	534.41
水浇地面积	亩									
旱地总面积	亩	1045.10	3653.27	405.04	1218.85	2935.37	1856.91	2095.20	2477.56	1923.75
其中：家庭经营的本村耕地面积	亩					0.00	2427.00	1848.00	2400.00	1668.75
集体经营的本村耕地面积	亩									
合作经营的本村耕地面积	亩					0.00	0.00			0.00
企业经营的本村耕地面积	亩					0.00	0.00			0.00
其他形式经营的本村耕地面积	亩					0.00	0.00			0.00
其中：撂荒的本村耕地面积	亩					0.00	0.00			0.00
园地面积（果园、茶园、桑园等）	亩	62.00	172.52	1367.90	257.48	15.07	631.56	1171.75	497.92	539.08
林地面积（包括退耕还林）	亩	55.23	3288.81	9107.72	79.60	135.96	7367.38	840.04	796.03	2659.62
草地面积（包括退耕还草）	亩	0.00	2452.00	314.07	1.20	1.11	2744.96	150.00	131.25	804.13
水面面积（包括鱼塘）	亩	6.43	144.72	145.36	6.26	46.88	33.26	0.00	72.50	55.00
内新增耕地面积（若减少则用负数表示）	亩	1.50	7.14	7.70	1.06	18.15	7.88	29.38	62.73	13.84
土地流转面积	亩	63.20	151.67	142.00	29.24	167.74	284.72	58.88	628.47	196.66
其中：转包	亩	45.30	142.37	30.52	10.52	56.11	126.18	43.60	502.58	123.23
出租	亩	18.11	5.36	125.41	12.72	25.00	129.18	7.50	176.52	58.90
互换	亩	0.53	2.36	0.00	0.40	0.00	3.31	0.00	20.50	1.81
转让	亩	1.68	5.70	0.11	2.80	7.69	0.00	3.33	1.67	2.99
入股	亩					0.00	0.00			0.00
抵押	亩					0.00	0.00			0.00
其他（请注明）	亩	0.00	0.00	0.00	0.00	0.00	0.00	0.00	0.00	0.00
本村未开发可以用于农业生产的土地面积	亩	12.05	35.71	89.44	0.00	3.04	58.54	26.46	157.14	37.87
本村被征用土地面积	亩	28.00	23.04	21.58	14.27	29.67	6.65	60.29	88.00	28.50
其中：耕地	亩	43.33	21.74	40.73	2.60	20.64	4.70	38.50	88.00	26.57
其他农用地	亩	0.00	0.00	19.20	0.00	1.11	1.23	3.83	6.00	3.75
工矿建设用地、村民住宅、道路等建设用地	亩	0.00	0.00	4.15	8.60	14.03	1.42	8.29	24.00	6.07

（续表）

指标名称	单位	河北	吉林	福建	山东	河南	云南	陕西	新疆	全国
空闲地、荒山、荒地、荒滩、荒沟等未利用地	亩	0.16	1.36	1.23	2.00	4.81	10.77	10.42	0.00	4.48
本村农业生产用水单价（不收费填 0）	元 / 亩	9.61	5.14	0.03	3.58	3.70	14.41	17.61	44.07	12.60
本村饮水困难人口比重	%	0.01	0.00	2.59	0.00	0.74	37.48	6.42	9.53	6.82
本村饮水不安全人口比重	%	0.01	0.33	1.33	4.88	14.07	39.80	2.00	11.69	9.68

16.1.3 人口、劳动力及就业情况

指标名称	单位	河北	吉林	福建	山东	河南	云南	陕西	新疆	全国
本村总人口	人	728.81	1210.70	1841.67	829.38	1895.07	2640.26	1217.12	749.29	1310.53
其中：15 岁及以下	人	155.41	150.04	372.37	212.04	368.23	406.94	228.80	140.64	242.42
16~40 岁	人	282.74	405.65	670.23	298.83	634.96	951.00	411.84	284.95	469.89
41~60 岁	人	204.07	409.78	515.78	355.67	572.41	893.06	347.54	213.46	412.67
61 岁及以上	人	97.00	169.50	238.92	148.68	251.41	373.50	156.27	77.30	180.46
总人口中男性人口所占比重	%	51.93	53.88	53.39	49.33	53.17	53.17	53.25	53.23	52.72
总人口中少数民族人口所占比重	%	0.51	9.09	0.43	2.15	0.06	39.17	1.03	58.48	16.05
其中：不识字或识字很少	人	109.44	88.00	122.52	60.17	147.19	326.82	114.96	56.89	119.34
小学	人	175.04	327.56	449.63	152.08	438.92	758.00	229.81	128.21	306.34
初中	人	300.74	457.37	639.00	276.50	715.17	847.54	419.24	235.74	470.65
高中 / 技校 / 职高	人	90.96	123.89	249.13	152.21	209.32	219.14	188.42	80.74	158.52
大专及以上	人	23.44	36.30	123.15	57.83	57.59	102.17	93.77	36.88	65.45
留守儿童（父母双方或一方在外打工累计 6 个月以上）	人	7.52	9.42	27.46	3.25	82.88	80.55	35.63	11.44	32.77
留守老人（全部子女在外累计半年以上的 60 岁以上老人）	人	7.39	16.85	26.67	7.42	33.04	46.61	27.08	12.50	22.74
留守妇女	人	14.57	20.59	20.96	2.67	97.57	76.52	38.20	61.90	39.51
本村常住人口（一年在本村居住累计 6 月以上）	人	636.85	963.74	1424.59	637.46	1540.19	2024.11	837.81	580.23	1028.86
其中：15 岁及以下	人	141.15	121.37	307.85	137.25	288.16	419.11	148.35	104.63	198.23
16~40 岁	人	230.96	327.27	440.92	147.75	436.35	529.74	270.08	218.80	317.41
41~60 岁	人	168.81	329.07	364.15	214.13	385.64	532.13	257.88	190.90	292.59
61 岁以上	人	92.67	142.48	233.63	97.86	227.12	350.23	127.12	56.52	162.13
本村劳动力（男 16~60 岁，女 16~55 岁）总数	人	428.67	670.41	1084.30	420.38	1072.44	1612.82	656.19	434.00	749.28
其中：常年（累计 6 个月以上）外出务工人数	人	81.15	158.81	221.46	85.75	274.35	410.19	181.24	73.82	177.16

（续表）

指标名称	单位	河北	吉林	福建	山东	河南	云南	陕西	新疆	全国
外出务工劳动力返乡创业的人数	人	2.75	2.43	8.58	0.13	5.44	23.52	8.16	12.79	8.08
其中：第一产业从业人员人数（农业）	人	250.67	471.27	609.89	484.83	621.67	1046.50	517.96	334.14	512.97
第二产业从业人员人数（工业）	人	88.30	87.40	279.72	94.58	274.64	246.79	131.52	51.00	156.98
第三产业从业人员人数（商业与服务业）	人	49.52	30.08	142.36	44.22	82.19	133.92	58.35	42.28	71.42
举家外出户数	户	5.54	23.46	11.12	0.25	12.00	44.29	7.73	22.72	15.71
本地短期雇工工资	元 / 天		130.00				0.00			97.50

16.2 行政村经济发展

16.2.1 经济发展水平

指标名称	单位	河北	吉林	福建	山东	河南	云南	陕西	新疆	全国
本村农业经营总收入	万元	178.72	1039.35	6672.08	1012.85	635.75	2452.92	848.30	1740.75	1890.44
其中：种植业收入	万元	90.89	678.24	420.63	952.75	492.99	1245.92	621.46	652.70	668.61
畜牧业收入	万元	50.94	139.22	126.49	11.44	91.75	482.96	66.56	283.93	164.44
渔业收入	万元	5.90	1.92	18.20	0.00	3.44	9.67	0.00	0.19	5.39
林业收入	万元	2.07	4.80	70.45	0.75	5.38	95.46	11.62	73.79	33.01
本村工业收入	万元	73.48	18.04	136.40	25.42	63.44	234.51	18.36	82.05	83.47
其中：建筑业收入	万元	50.97	103.83	71.50	25.87	174.48	122.59	31.08	68.63	84.13
本村第三产业收入（指商业、餐饮业、服务业、运输业、旅游业等收入）	万元	41.76	117.21	201.88	40.29	72.27	288.40	103.81	165.40	135.22

16.2.2 农业发展

种植业

（1）稻谷

指标名称	单位	河北	吉林	福建	山东	河南	云南	陕西	新疆	全国
播种面积或园地种植面积	亩	1039.67	966.93	977.44	900.00	402.83	927.74		1100.00	908.22
总产量	千克	614833.30	506418.20	489042.40		183650.00	617228.50		440000.00	509072.20

（2）小麦

指标名称	单位	河北	吉林	福建	山东	河南	云南	陕西	新疆	全国
播种面积或园地种植面积	亩	687.07	30.00	50.00	965.43	2199.44	962.33	1229.75	695.38	1182.30
总产量	千克	270563.00	30000.00	800.00	459485.70	840749.50	154968.80	314150.00	384224.40	430911.60

（3）玉米

指标名称	单位	河北	吉林	福建	山东	河南	云南	陕西	新疆	全国
播种面积或园地种植面积	亩	616.43	3213.51	44.50	639.96	2504.48	1664.08	581.11	1316.18	1564.26
总产量	千克	341370.70	2105524.00	13350.00	417304.30	1036539.00	731903.30	260522.20	860479.20	845509.40

16.2.3 种植业现代化程度

指标名称	单位	河北	吉林	福建	山东	河南	云南	陕西	新疆	全国
本村有效灌溉面积	亩	1145.07	1608.52	977.29	1245.25	1490.26	1065.12	525.92	2718.16	1361.27
其中：机电灌溉面积	亩	1142.76	753.42	48.43	1159.64	999.48	193.07	252.08	2198.81	865.51
喷灌面积	亩	3.13	65.79	25.00	41.20	83.33	0.00	19.23	185.71	40.43
滴灌渗灌面积	亩	0.00	130.45	0.00	22.00	0.00	111.11	24.00	1883.78	226.12
本村机耕面积	亩	1298.65	4385.18	362.95	1158.17	3271.70	1283.68	1372.27	2700.55	2018.20
本村机播面积	亩	1323.05	3034.79	40.24	1097.37	3007.85	3.70	1239.58	2917.99	1605.69
本村机收面积	亩	879.40	1949.40	199.76	1124.49	3237.78	225.48	1125.08	2514.28	1428.62
年末本村累计农用机械总动力	千瓦	673.00	5031.04	413.95	1197.58	5926.72	4934.44	1556.80	1008.37	2802.70
年末本村发展设施农业的温室和大棚总面积	亩	0.00	1.24	14.67	92.08	15.04	5.85	1.12	52.05	21.28
其中：温室面积（有调节温度设备）	亩	0.00	0.12	0.95	0.00	0.00	2.59	0.00	4.57	0.74
大棚面积（无调节温度设备、跨度≥ 5.9 米）	亩	0.00	1.17	0.00	0.00	14.93	2.93	1.84	82.46	8.07
中小棚面积（无调节温度设备、跨度＜ 5.9 米）	亩	0.09	0.21	0.00	0.00	0.00	0.33	0.00	0.00	0.09
其中：种植蔬菜的温室和大棚面积	亩	0.09	1.30	5.14	92.08	15.04	0.19	1.84	28.22	17.72
种植水果的温室和大棚面积	亩	0.00	0.00	0.00	0.00	0.00	0.00	0.00	0.00	0.00
种植苗木花卉的温室和大棚面积	亩	0.00	0.86	0.00	0.00	0.00	0.68	0.00	0.00	0.21

16.2.4 畜牧业生产

16.2.4.1 生产情况

（1）生猪

指标名称	单位	河北	吉林	福建	山东	河南	云南	陕西	新疆	全国
年末存栏	头	845.60	427.95	631.17	565.44	895.11	4215.88	450.18	370.36	844.60
年末能繁母畜（或产奶牛、产蛋禽）存栏	头									
出栏或产量	头	1147.62	455.36	777.52	807.18	1194.42	6358.00	563.13	408.33	1303.19

（2）肉牛

指标名称	单位	河北	吉林	福建	山东	河南	云南	陕西	新疆	全国
年末存栏	头	14.17	186.60	5.00	130.00	18.80	718.83	28.67	222.67	202.27
年末能繁母畜（或产奶牛、产蛋禽）存栏	头									
出栏或产量	头	8.50	289.18	5.00	130.00	14.40	834.13	107.17	104.66	202.87

（3）肉羊

指标名称	单位	河北	吉林	福建	山东	河南	云南	陕西	新疆	全国
年末存栏	只	111.67	1128.00	66.50	469.60	200.90	1481.80	112.00	2089.64	1097.34
年末能繁母畜（或产奶牛、产蛋禽）存栏	只									
出栏或产量	只	70.83	186.33	65.00	883.00	883.80	1020.00	86.80	2055.80	1065.71

（4）肉鸡

指标名称	单位	河北	吉林	福建	山东	河南	云南	陕西	新疆	全国
年末存栏	只		2000.00	5191.20		6313.33	16561.50	4750.00	4121.43	7692.29
年末能繁母畜（或产奶牛、产蛋禽）存栏	只									
出栏或产量	只			8700.50		3619.00	12920.33	60000.00	5594.00	11529.56

16.2.4.2 畜牧业标准化程度

指标名称	单位	河北	吉林	福建	山东	河南	云南	陕西	新疆	全国
年末本村养殖场占地面积	亩	14.35	328.40	20.36	15.53	26.36	104.15	11.71	105.21	82.33
其中：标准化养殖场占地面积	亩	9.82	4.85	7.16	7.63	10.92	2.35	3.24	59.65	13.11
年末本村兽医与防疫员人数合计	人	1.05	0.88	1.56	1.70	1.64	2.05	1.06	2.26	1.55

16.2.4.3 农民专业合作社（指在工商部门正式登记注册的合作社，不包括民政部门批准的协会）

指标名称	单位	河北	吉林	福建	山东	河南	云南	陕西	新疆	全国
年末本村的农民专业合作社个数	个	0.35	2.05	1.10	0.94	0.85	0.71	1.24	2.28	1.24
年末本村入社总户数	户	26.47	55.21	42.90	41.88	32.33	63.06	83.71	49.62	48.93
年末本村示范合作社个数	个	0.00	0.88	0.30	0.24	0.33	0.00	0.59	0.71	0.38
其中：国家级示范合作社个数	个	0.00	0.00	0.00	0.00	0.00	0.00	0.12	0.14	0.02
省级示范合作社个数	个	0.00	0.20	0.10	0.06	0.07	0.00	0.12	0.13	0.08
截至年末，本村实现“农超对接”的合作社个数	个	0.00	0.13	0.10	0.24	0.00	0.00	0.06	0.00	0.07
截至年末，本村农产品对外出口的合作社个数（不包括经企业间接出口的情况）	个	0.00	0.06	0.10	0.12	0.00	0.00	0.00	0.13	0.04
本村获得优惠贷款的合作社个数	个	0.00	0.73	0.40	0.24	0.07	0.18	0.19	1.67	0.34
本村合作社获得各级政府财政补贴总额	元	0.00	13333.33	140100.00	5941.12	6111.11	235.29	6250.13	111111.10	23768.01
其中：国家级补贴额	元	0.00	5333.33	30000.00	58.76	0.00	0.00	12500.00	95000.00	12150.79
省级补贴额	元	0.00	4666.67	40100.00	58.76	25925.93	235.29	625.00	12500.00	10370.96
地市级补贴额	元	0.00	3333.33	20000.00	5941.12	1851.85	0.00	0.00	27777.78	5207.99
县级补贴额	元	0.00	0.00	55555.56	71.36	0.00	285.86	0.17	0.00	5050.02
年末本村合作社拥有注册商标数	个	0.00	0.93	0.33	0.47	0.24	0.36	1.00	1.45	0.53
其中：省级及以上知名商标数	个	0.00	0.00	0.13	0.14	0.00	0.00	2.00	0.50	0.20

16.2.5 行政村集体经济

16.2.5.1 本村集体资产与债权

指标名称	单位	河北	吉林	福建	山东	河南	云南	陕西	新疆	全国
年末本村集体资产总额	万元	63.16	107.30	332.58	76.10	81.11	264.08	95.75	94.84	141.91
年末本村集体存有生产性固定资产总额	万元	38.53	78.74	80.11	41.10	36.59	88.54	97.18	57.56	65.08
其中：村委会管理的资产数额	万元	36.42	54.70	37.94	22.35	21.78	18.36	78.29	31.72	37.10
本村集体固定投资完成额	万元	16.13	30.74	23.99	7.45	0.83	25.21	54.33	21.24	22.01

（续表）

指标名称	单位	河北	吉林	福建	山东	河南	云南	陕西	新疆	全国
其中：农田水利建设投资完成额	万元	10.67	23.54	21.29	11.71	0.91	18.49	24.90	3.00	15.09
年末本村集体债权总额	万元	1770.05	858.56	19.83	53.69	1554.27	19.63	8.05	5043.63	833.96

16.2.5.2 本村收入

指标名称	单位	河北	吉林	福建	山东	河南	云南	陕西	新疆	全国
本村经营收入	元		66708.69	280635.40	52943.50		22100.00	500.00	137376.00	121973.00
本村发包收入（指水面、山林、四荒、集体土地发包收入等）	元	38681.93	53176.38	28287.37	31250.00	4462.96	18075.96	13784.29	78577.87	32351.29
转移性收入（也即补助收入，不包括上级政府拨给农民种粮补贴、良种补贴、农机补贴等收入）	元	23538.78	69993.66	126516.10	10091.88	24425.11	106936.00	23187.00	67516.80	56580.37
其中：上级政府拨款转移性收入	元	23214.87	31696.04	71660.00	16565.17	42771.04	22992.00	25202.11	41105.71	34382.73
计划生育罚款收入（指留在本村支配使用的罚款收入，非本村支配的不计）	元	0.00	0.00	1280.00	49.95	1000.00	0.00	147.62	0.00	383.33
其他罚款收入	元	0.00	0.00	0.00	0.00	0.00	0.00	0.00	0.00	0.00
出卖土地收入	元	555.56	4761.91	7083.33	260.87	2222.22	0.00	9142.86	2083.33	3316.27
出卖企业收入	元	0.00	0.00	0.00	0.00	0.00	0.00	0.00	0.00	0.00
出卖其他资产收入（包括树林、房屋等）	元			1.00			40000.00	77500.00	15660.00	37720.17
其他收入（请注明）	元	2882.35	47.62	13493.92	0.00	185.19	31699.56	4571.43	10083.33	8047.53

16.2.5.3 本村支出

指标名称	单位	河北	吉林	福建	山东	河南	云南	陕西	新疆	全国
专职干部与管理人员工资与补贴	元	28133.32	30626.33	59377.31	28387.50	13081.67	25448.00	9683.81	38790.60	29353.49
其他人员工资与补贴（非专职人员等）	元	6425.50	9206.22	23378.07	5188.13	4022.67	10120.00	10837.50	16390.77	10835.95
公共服务支出（运转和管理费用，不包括建设投资和大型维修）	元	36004.05	12371.20	58119.70	60671.63	15342.59	44066.38	21022.38	43286.76	35846.28
其中：道路维修支出	元	8430.95	15369.23	26270.75	44950.00	11235.19	9741.71	13378.57	11106.67	17970.60

（续表）

指标名称	单位	河北	吉林	福建	山东	河南	云南	陕西	新疆	全国
灌溉设施维修支出	元	10216.67	413.04	8164.72	8350.00	525.93	3123.08	5119.05	16142.31	5857.75
环境卫生支出	元	13612.00	10612.51	17435.56	4279.17	1827.78	2374.59	5119.05	10398.81	8047.27
基础设施修缮支出（含电力、通信、办公楼等修缮费）	元	8100.00	6441.67	9005.65	12845.83	1144.44	7092.12	3496.67	15657.00	7599.37
教育文化医疗卫生支出	元	5895.65	563.64	10572.68	8854.17	677.78	1351.85	6072.38	9773.37	5183.36
治安支出	元	2980.00	875.00	4352.62	1408.33	1363.70	777.81	180.95	5660.03	2129.05
社会福利和保障支出	元	1660.71	1043.48	14288.83	6323.71	900.00	1777.78	2585.71	6525.71	4340.87
其他支出（请注明）	元	7009.28	5476.19	3689.92	4067.50	313.70	2076.92	805.26	9333.56	3507.73
其他支出	元	6975.23	13589.25	24574.64	679.17	1455.00	23301.76	2041.43	15318.64	10848.59

16.2.5.4 本村债务

指标名称	单位	河北	吉林	福建	山东	河南	云南	陕西	新疆	全国
截至年末，本村累计债务总额（没有债务填“0”）	元	91123.25	243844.70	167355.30	129791.70	108506.30	265694.80	101352.50	200410.80	165271.40
其中：欠上级政府	元		55600.00	97039.00	15499.50	30000.00		20000.00	80000.00	57143.67
欠信用社贷款本金	元	7058.82	52783.29	0.00	20833.33	12996.88	10912.81	3238.10	0.00	15508.23
欠信用社贷款利息	元	0.00	138.10	0.00	0.00	1679.26	3370.37	1065.14	0.00	991.46
欠村镇银行贷款本金	元									
欠村镇银行贷款利息	元	0.00	0.00	0.00	0.00	0.00	0.00	0.00	0.00	0.00
欠中国农业发展银行贷款本金	元	0.00	2380.95	0.00	0.00	0.00	0.00	0.00	7879.00	443.60
欠中国农业发展银行贷款利息	元	0.00	0.00	0.00	0.00	0.00	0.00	0.00	0.00	0.00
欠其他商业银行贷款本金	元	0.00	0.00	0.00	0.00	0.00	0.00	0.00	0.00	0.00
欠其他商业银行贷款利息	元	0.00	0.00	0.00	0.00	0.00	0.00	0.00	0.00	0.00
欠单位或个人拆借款本金	元	30210.53	96636.52	17836.00	29166.67	24167.62	24129.52	29717.24	122101.00	40385.53
欠单位或个人拆借款利息	元	847.06	5000.00	0.00	500.00	2701.37	4860.82	0.00	17799.60	2512.44
欠工程款	元	12332.89	77459.50	113496.50	10416.67	12168.93	156213.90	47299.67	109337.50	66864.70
其他（请注明）	元	4750.00	26059.32	6090.68	0.00	1292.59	1917.92	476.19	21600.00	6107.46
本村新增负债总额（没有新增债务填“0”）	元	21905.56	4545.82	9607.32	3347.83	2362.59	6296.85	40578.24	62447.00	14299.20

16.3 行政村村庄治理

16.3.1 村两委会概况

指标名称	单位	河北	吉林	福建	山东	河南	云南	陕西	新疆	全国
本村党支部委员会委员的总人数	人	3.48	4.50	3.92	3.24	3.19	5.33	3.68	3.64	3.87
本村党支部委员会委员平均年龄	岁	47.72	47.99	44.31	49.00	47.12	40.69	46.67	39.98	44.99
本村党支部委员会委员平均受教育年限	年									
现任村支书受教育年限	年	11.04	10.28	10.15	11.25	9.35	9.33	10.68	9.77	10.20
本村村民委员会委员的总人数	人	3.19	4.63	3.72	3.24	4.00	4.79	4.04	3.65	3.89
本村村民委员会委员的平均年龄	岁	45.33	45.63	42.02	41.84	44.00	39.25	44.85	38.17	42.31
本村村民委员会委员平均受教育年限	年									
现任村主任受教育年限	年	9.78	8.88	10.19	8.63	8.04	8.00	10.30	8.39	9.02

16.3.2 基层党组织建设发展

指标名称	单位	河北	吉林	福建	山东	河南	云南	陕西	新疆	全国
本村党员的总人数	人	33.37	28.00	52.76	41.78	44.77	104.70	33.96	25.80	44.50
其中：50 岁以上的党员	人	20.11	15.70	31.44	24.13	28.27	40.59	19.16	11.76	23.08
30 岁以下的党员	人	4.52	3.92	12.08	7.09	7.12	16.44	6.00	7.45	8.15
其中：高中及其以上文化程度	人	10.48	6.07	17.52	9.57	14.23	20.33	11.24	6.61	11.72
初中及以下文化程度	人	20.67	19.63	33.96	29.96	27.73	65.85	15.52	17.03	28.15
本村共有多少人提交了入党申请书	人	3.92	4.00	5.48	2.87	3.35	7.89	6.08	4.86	4.85
本村共发展了几位党员	人	1.52	1.33	1.80	0.91	1.42	4.70	1.52	1.57	1.88

16.3.3 一事一议

指标名称	单位	河北	吉林	福建	山东	河南	云南	陕西	新疆	全国
本村一共举行了几次公共投资和基本建设一事一议？	次		0.50					2.00		1.00
其中：成功了几次？	次		0.50					2.00		1.00
共举行了几次这种非基本建设一事一议？	次									
本村实行的一事一议需要筹资的有几次？	次							2.00		2.00

16.3.4　村庄管理及其他

指标名称	单位	河北	吉林	福建	山东	河南	云南	陕西	新疆	全国
村务监督委员会有几位成员？	人	3.84	2.89	3.32	4.00	3.23	4.11	3.00	3.69	3.51
县乡共组织村干部召开多少次会议（不包括选举方面的会议）？	次	14.00	13.33	14.00	11.84	11.08	12.37	15.35	16.35	13.61
县乡总共给村里发了多少个红头文件？	个	8.16	4.00	15.65	16.20	7.12	17.56	21.08	29.55	14.57
土地纠纷中：宅基地纠纷几起？	起	0.50	1.10	1.10	0.00	0.83	4.27	1.89	3.42	1.73
农村土地经营权纠纷几起？	起	1.17	1.87	1.09	0.82	0.30	3.46	0.94	4.35	1.81

16.4　行政村社会发展

16.4.1　农村公共设施

指标名称	单位	河北	吉林	福建	山东	河南	云南	陕西	新疆	全国
本村商店个数	个	2.77	6.04	5.83	2.70	4.15	6.24	4.12	4.15	4.49
本村集贸市场个数	个	0.10	0.09	0.20	0.32	0.04	0.24	0.23	0.25	0.18
本村道路硬化比重	%	68.33	61.78	71.37	60.64	47.88	53.45	60.46	65.44	61.34
本村水库、池塘个数	个	0.73	1.43	1.81	2.72	2.08	2.12	0.04	0.45	1.51
其中：病险水库、池塘个数	个	0.06	0.00	0.07	0.44	0.24	0.58	0.00	0.17	0.20
本村水库容量	万立方米	3.53	3.12	16.58	81.13	2.29	14.35	0.00	0.00	17.58
本村池塘总容量	万立方米	0.58	1.02	0.56	128.35	42.55	89.94	0.00	28.57	38.54
本村小水窖数量	口	0.00	0.05	0.07	24.00	0.00	185.54	62.50	0.00	37.96
本村小水窖合计储水量	立方米	0.00	45.45	0.00	79.92	0.00	2746.48	1281.92	0.00	575.13
本村自来水普及率	%	98.44	70.13	63.07	63.40	32.81	51.55	66.92	91.44	68.38
本村自来水单价	元 / 立方米	1.07	1.23	0.60	0.91	0.70	0.66	2.27	1.44	1.11
本村断电天数	天	3.74	2.13	5.36	1.40	3.77	11.00	5.85	7.13	5.03
本村农用电价格	元 / 度									
本村天然气 / 液化气普及率	%	45.00	37.80	42.78	52.12	30.23	7.74	9.04	27.89	31.39
本村电话普及率（包括固定电话与手机）	部 / 百人	80.30	96.15	71.82	84.28	76.12	53.28	84.04	98.57	81.39
本村接入互联网的户数比例	%	19.70	24.69	25.88	31.07	14.88	9.41	11.84	19.69	19.58
本村安装有线电视的户数比例	%	43.87	75.56	72.59	86.88	34.15	39.81	24.69	72.68	56.54
完成农村困难家庭危房改造户数	户	1.71	10.27	9.19	1.92	4.19	14.38	6.36	11.57	7.48

（续表）

指标名称	单位	河北	吉林	福建	山东	河南	云南	陕西	新疆	全国
末农村困难家庭危房户数	户	3.96	13.62	17.77	2.12	10.23	36.44	24.65	14.13	14.76
本村人畜混居的农户数	户	4.61	12.95	3.52	1.80	14.42	34.38	4.42	38.50	13.53
本村卫生厕所普及率	%	36.69	35.27	54.73	19.68	20.74	10.57	35.04	53.00	33.28
本村有多少户属于生态移民搬迁	户	0.11	0.23	0.00	0.00	0.00	2.64	0.43	1.19	0.57
本村有几处垃圾集中堆放点	处	3.88	3.27	6.31	2.46	2.54	2.54	2.46	2.81	3.32
本村农村生活公共设施投资额	元	65908.33	73273.58	60480.81	27900.00	14404.37	45204.51	43724.52	54370.42	47678.92
其中：村集体投资	元	18809.09	15305.39	24440.72	9587.96	7865.54	8889.80	14423.85	33351.79	15248.98
本村农业生产基础设施投资额	元	55818.18	11818.32	47907.52	23200.00	384.74	18671.15	12922.00	13633.33	23641.26
其中：村集体投资	元	10421.05	454.68	18969.23	14800.00	309.23	9592.39	5923.08	12888.89	8930.98

16.4.2 农村科教文卫体公共服务

指标名称	单位	河北	吉林	福建	山东	河南	云南	陕西	新疆	全国
本村接受涉农职业教育的人数	人	27.65	43.92	41.77	60.84	48.58	84.16	71.96	12.43	49.37
具有或可以依托的科技特派员	人	0.11	0.14	0.19	0.29	0.35	0.30	0.26	1.17	0.30
具有或可以依托的科技示范户	户	5.16	2.58	1.44	2.88	4.04	4.54	4.08	6.10	3.74
具有或可以依托的农业专家大院	个	0.00	0.05	0.07	0.08	0.00	0.00	0.04	0.22	0.04
本村开展农机推广服务和培训次数	次	1.05	1.24	1.19	1.60	0.88	2.37	1.80	3.39	1.70
本村卫生室有几个床位?	个	2.64	2.30	2.41	3.59	3.60	3.44	3.00	1.89	2.88
本村卫生技术人员	人	1.35	1.44	2.11	1.52	2.23	2.38	1.50	1.40	1.74
其中：获得从业资格的医生人员	人	1.15	1.28	1.89	1.40	1.91	1.61	1.31	1.06	1.46
本村卫生室医疗人员培训人次	人次	2.65	2.87	2.33	1.87	2.83	2.77	3.71	2.29	2.69
本村参加新农合的人数	人	693.26	937.93	1422.85	823.40	1559.46	2396.35	1045.80	538.74	1118.38
本村享受低保的人数	人	23.96	54.59	53.74	22.40	71.50	222.47	55.72	42.06	62.57
本村五保户人数	人	2.19	4.26	6.42	1.52	5.78	5.72	2.24	2.74	3.86
本村获得自然灾害救济人数	人	5.79	19.59	6.37	26.44	5.38	44.00	12.52	14.38	16.96
新型农村社会养老保险参保率	%	92.81	67.04	81.88	81.96	67.08	80.70	89.16	72.06	78.81
领取养老金的农村老年居民	人	98.74	97.88	200.23	160.33	206.50	320.19	127.88	72.30	161.50

16.5 行政村生态建设

16.5.1 水土气候资源状况

指标名称	单位	河北	吉林	福建	山东	河南	云南	陕西	新疆	全国
截至年末，本村测土配方施肥耕地面积	亩	692.07	1957.82	219.15	217.20	531.23	625.22	667.35	1055.71	727.19
截至年末，本村退耕还林面积	亩	26.16	366.05	19.89	0.40	67.00	179.12	399.76	294.37	159.27
截至年末，本村退耕还草面积	亩	0.00	0.00	0.00	0.00	0.00	0.00	0.00	0.00	0.00
截至年末，本村退牧还草面积	亩									
截至年末，本村禁牧还草面积	亩									
本村绿色农产品种植面积占农作物总播种面积比例	%	2.78	1.19	10.74	19.00	1.27	9.67	11.88	50.00	11.19
本村有机农产品种植面积占农作物总播种面积比例	%	0.00	0.00	9.63	6.20	0.38	3.56	5.00	24.29	4.64
本村无公害农产品种植面积占农作物总播种面积比例	%	6.95	1.43	8.33	36.48	11.92	14.85	8.75	47.78	15.18
截至年末，本村有机畜禽产品占畜禽产品总量的比例	%									
截至年末，本村有机水产品占水产品总量的比例	%									
本村每亩生产用水总量	立方米 / 亩	120.67	12.68	9.41	81.75	208.35	188.38	37.50	335.25	129.86
本村每亩灌溉用水支出	元 / 亩	39.21	15.67	4.96	32.42	22.00	25.10	43.75	56.32	29.16
其中：污水灌溉支出	元 / 亩	0.83	0.50	0.00	1.60	0.00	1.25	0.00	5.00	0.77
本村灌溉用水中地表水的比例	%	30.00	10.33	20.56	67.92	32.77	52.63	14.06	64.06	36.86

16.5.2 村污染和废弃物处理

指标名称	单位	河北	吉林	福建	山东	河南	云南	陕西	新疆	全国
本村生态环境建设方面的支出	元	11389.47	2159.09	16463.22	12383.96	807.92	1907.41	3088.24	32900.00	8508.74
本村环境管理工作人员人数	人	3.46	1.60	2.22	2.71	0.81	0.59	2.06	2.73	1.98
其中：专职人数	人	1.96	0.48	0.96	1.18	0.54	0.41	0.94	0.95	0.91
兼职人数	人	2.31	0.95	1.33	1.04	0.27	0.19	1.29	1.91	1.14
本村改水受益人数	人	530.57	412.72	348.85	225.79	197.31	358.84	251.56	332.00	334.08
本村改厕受益人数	人	209.21	328.00	155.00	157.56	99.60	200.78	301.63	56.67	194.68

（续表）

指标名称	单位	河北	吉林	福建	山东	河南	云南	陕西	新疆	全国
本村排污系统个数	个	0.28	0.00	0.15	0.13	0.08	0.04	0.07	0.17	0.10
本村固态粪污弃物所占比例	%	32.95	17.43	5.37	34.71	27.92	17.97	17.94	65.56	26.09
本村液态粪污弃物所占比例	%	27.18	4.09	9.44	12.75	15.77	23.85	8.35	17.92	15.03
本村畜禽固体粪废弃物直接排入环境比例	%	10.50	2.86	10.93	5.65	11.35	6.83	3.13	20.63	8.27
本村畜禽固体粪废弃物出售比例	%	20.26	1.43	2.88	4.78	3.85	4.11	2.94	33.89	6.94
本村畜禽固体粪废弃物生产沼气比例	%	17.11	0.00	11.35	0.83	7.60	10.15	4.18	10.40	7.48
本村畜禽固体粪废弃物用作农田肥料还田比例	%	56.04	38.38	14.81	47.20	49.81	59.84	32.94	68.38	46.40
本村畜禽固体粪废弃物其他处理方式比例	%	0.00	0.95	0.00	0.00	0.40	0.00	0.06	10.00	0.32
本村畜禽污水排入氧化塘处理比例	%	1.18	0.05	2.59	0.00	1.54	1.48	0.00	0.00	1.04
本村畜禽污水用于灌溉比例	%	13.25	4.29	5.00	5.20	2.31	13.12	15.88	29.55	9.36
本村畜禽污水生产沼气比例	%	14.44	0.00	7.39	0.42	8.00	8.48	1.76	0.33	5.60
本村畜禽污水直接排入环境比例	%	45.65	5.00	14.26	46.00	46.54	36.29	0.00	43.91	30.16
本村畜禽污水其他处理方式比例	%	0.00	0.00	0.00	0.42	0.04	0.00	0.00	0.00	0.07

16.5.3 生产能源使用

指标名称	单位	河北	吉林	福建	山东	河南	云南	陕西	新疆	全国
柴油使用量	升	6568.70	22208.06	734.40	10301.04	10324.08	4590.82	6204.44	8366.67	8217.34
汽油使用量	升	3787.22	6430.00	1340.00	3955.57	3016.04	2440.08	1735.69	6257.86	3491.30
电使用量	度	163739.60	160691.30	27513.62	108879.90	84031.29	61660.46	42252.12	82533.06	94032.23
煤使用量	吨	141.15	96.43	3.28	264.04	15.92	716.05	89.06	247.67	204.42
秸秆使用量	吨	61.05	1004.36	4.80	256.32	155.62	137.04	90.56	228.53	242.33
薪柴使用量	吨	14.20	223.21	54.08	275.00	40.38	321.28	214.76	126.88	161.78
沼气使用量	立方米	617.65	6.00	280.68	88.32	79.50	1106.46	159.33	76.00	339.43
本村沼气池合计产气量	立方米	1203.43	0.00	351.72	400.44	2500.33	2042.67	1521.25	100.00	1118.54
本村已有的大型沼气池个数	个	0.00	0.00	0.21	0.00	0.08	0.00	0.00	0.17	0.05
本村已有的联户沼气池个数	个	0.00	0.00	0.35	0.00	0.00	0.00	0.00	0.00	0.05

（续表）

指标名称	单位	河北	吉林	福建	山东	河南	云南	陕西	新疆	全国
本村已有的户用沼气池个数	个	40.23	0.00	8.60	1.72	32.84	77.43	12.75	37.18	26.10
本村在用的大型沼气池个数	个	0.00	0.00	0.08	0.00	0.08	0.00	0.00	0.17	0.03
本村在用的联户沼气池个数	个	0.00	0.00	0.33	0.00	0.00	0.00	0.00	0.00	0.05
本村在用的户用沼气池个数	个	9.23	0.45	6.24	1.48	30.44	163.78	15.13	24.89	32.72
本村秸秆过腹还田利用的比例	%	21.61	19.52	11.00	60.00	52.23	35.59	17.88	51.52	34.97
本村秸秆食用菌培养基利用的比例	%	0.00	0.53	0.20	0.20	0.38	0.74	0.00	2.50	0.38
本村秸秆生活燃料利用的比例	%	19.83	26.13	1.20	20.40	14.81	12.11	41.13	22.58	18.46
本村秸秆田间焚烧利用的比例	%	9.00	8.91	8.70	1.40	1.15	14.83	1.25	20.53	7.83
本村秸秆出售的比例	%	19.61	1.50	2.20	4.40	5.29	2.93	7.40	13.17	6.16
本村秸秆沼气原料利用的比例	%	4.00	0.00	1.40	0.40	0.77	2.63	0.63	0.24	1.36
本村秸秆其他利用的比例	%	27.06	0.00	0.00	1.20	11.15	3.96	0.00	31.67	6.98

后　记

中国农村微观经济数据库从问卷设计到数据收集、数据整理、数据核查、出版整理得到了诸多领导、专家和学生的关心与协助，借此机会表示衷心感谢。

数据收集工作得到了河北省发改委农业资源区划办、河南省农业科学院、福建省农业科学院农业经济与科技信息研究所、吉林省农业区划研究所、西北农林科技大学、云南省农业科学院农业经济与信息研究所、青岛农业大学、新疆畜牧科学院畜牧业经济与信息研究所、陕西省农业宣传信息中心、云南省委政研室、河南省农业资源区划办、福建省农业区划研究所、安徽省农业科学院、塔里木大学、四川农业大学、浙江大学、广东省农业科学院农业经济与农村发展研究所、湖南省农业科学院农业经济和农业区划研究所等单位的大力支持。数据整理过程得到了中国农业科学院农业经济与发展研究所薛平，西北农林科技大学经济管理学院赵殷钰博士、田雪、韩如梦、贾俊贤、沈祺琪以及中国人民大学农业与农村发展学院杨三思博士的协助。数据核查过程得到了中国农业科学院农业经济与发展研究所薛平、关昕、甘林针、周娜、于琦、尚青松、郑怡、王佳美、赵玉涵、陈同辉、孔莉的协助。出版整理过程得到了中国农业科学院农业经济与发展研究所薛平、陈同辉的协助。同样感谢中国农业科学院农业经济与发展研究所科技处、综合办公室、财务处、人事处（党办）和各研究室同事的鼎力相助。

未来，中国农村微观经济数据库将继续开展农户和村庄调查，服务中国农业科学院贯彻落实习近平总书记“三个面向”“两个一流”和一个“整体跃升”贺信精神，服务农业经济与发展研究所建设成为我国农业与政策研究的主力军、具有国际先进水平的农业公共政策创新策源地、国家“三农”问题的决策咨询中心、国家农业政策思想库、高层次农业政策及管理人才的培养基地，为中国农业现代化建设，推动乡村振兴战略实施贡献新的智慧和力量。

编　者

2020 年 11 月